当代中国经济学家

Research on the Law of Total Demand Changes and Macro-policy Options

总需求变动规律与宏观政策选择

——中国（1952~1990年）经验的理论分析

刘迎秋／著

经济管理出版社
ECONOMY & MANAGEMENT PUBLISHING HOUSE

图书在版编目（CIP）数据

总需求变动规律与宏观政策选择/刘迎秋著．—北京：经济管理出版社，2009.12

ISBN 978 - 7 - 5096 - 0864 - 7

Ⅰ．①总…　Ⅱ．①刘…　Ⅲ．①宏观经济—经济政策—研究—中国　Ⅳ．①F120

中国版本图书馆 CIP 数据核字（2009）第 223822 号

出版发行：**经济管理出版社**

北京市海淀区北蜂窝 8 号中雅大厦 11 层

电话：(010) 51915602　邮编：100038

印刷：世界知识印刷厂　　　　　　经销：新华书店

组稿编辑：陈　力　　　　责任编辑：陈　力　李晓宪

技术编辑：黄　铄　　　　责任校对：陈　颖

720mm×1000mm/16　　　　　18.25 印张　　357 千字

2009 年 12 月第 1 版　　　　2009 年 12 月第 1 次印刷

定价：42.00 元

书号：ISBN 978 - 7 - 5096 - 0864 - 7

根据书本争论社会主义纲领的时代已经过去了，我深信已经一去不复返了。今天只能根据经验来谈论社会主义。

——列　宁

中国宏观经济走势分析的逻辑
与方法探讨（代再版序）[①]

中国宏观经济走势分析与预测水平和质量的高低，主要看预测结果是更接近还是明显偏离经济运行的实绩。多数宏观预测结果之所以经常偏离宏观经济运行实绩，一个重要原因，就是展开分析和预测的逻辑和方法存在缺陷。本书试图在总结已有研究成果基础上，就此做些研讨，着重论证和阐明科学分析和确切判断中国宏观经济走势必须把握的逻辑起点及与其相匹配的均衡目标增长率、适度通货膨胀率和货币供给增长倍数三大政策参数，以达到更好地指导宏观政策选择与操作实践、保证中国经济长期较快增长和持续健康发展的目的。

一、展开中国宏观经济走势分析的逻辑起点

科学地确认和清晰地把握中国经济发展所处阶段以及与其相适应的均衡目标增长率，是展开宏观经济走势分析的逻辑起点。在不了解也未确切理解和把握中国经济发展所处阶段的情况下，不仅不可能确切理解和把握表明未来宏观经济走势的均衡增长率目标，也不可能确切理解和把握实际发生的经济增长率会怎样演变以及它与均衡增长率目标到底会有多大程度的偏离，因此也就很难使宏观政策选择与操作达到准确、及时、有效的要求。

关于当前中国经济发展所处阶段，学术界已有很多重要成果问世。其中，较具代表性的是陈佳贵、黄群慧等人论证和阐明的"中国处于工业化中期阶段论"。他们从经济发展水平、产业结构、工业结构、就业结构和空间结构等方面入手，在构建综合评价指标体系的基础上，通过统计分析，先后得出了"2004年中国的工业化综合指数上升到42，进入到工业化中期的前半段"[②] 和 "2005年中国的整体工业化进程已经达到中期的后半段"[③] 的结论，阐明了未来 10～15

---

① 这是笔者刚刚发表在 2009 年第 9 期《经济研究》上的一篇学术论文。这篇论文所述内容是笔者长期从事这方面研究的一项重要成果，同时也是《总需求变动规律与宏观政策选择》一书研究的继续，故以其作为本书代再版序。

② 参见陈佳贵、黄群慧：《中国地区工业化进程的综合评价和特征分析》，《经济研究》2006 年第 6 期，第 11 页。

③ 参见陈佳贵、黄群慧等著：《中国工业化报告（2009）》，社会科学文献出版社 2009 年版，第 21 页。

年或更长时间内中国经济仍将保持7%以上的增长的看法。① 20世纪末，笔者曾从经济长期增长的角度，通过实证分析，论证和阐明了到2020年前后中国将一直处于"次高增长阶段"或者说"较快增长阶段"的观点。②上述两种分析虽然存在一定差异，但其结论大体接近，具有互补性。如果将上述两种分析的基本结论进行整合，似可得出未来10～15年中国经济发展将处于从工业化中期后半段向工业现代化迅速过渡的较高增长阶段的结论。

未来10～15年中国经济发展的一个突出特点是，在继续完成工业化基本任务的同时，国民经济增长仍将保持一个较高的水平。这就要求我们对未来可能发生的经济增长率以及与国民经济未来发展阶段相适应的长期均衡目标增长率有一个科学的理解和把握。要确切理解和把握与这样一个经济发展特定阶段相适应的长期均衡增长率目标，实际上是很困难的。即使不加任何怀疑地直接用潜在经济增长率代表未来长期均衡增长率目标，要确切计算当期潜在经济增长率也并非易事。郭庆旺、贾俊雪曾运用消除趋势法、增长率推算法和生产函数法将1978～2002年中国平均潜在产出率估算为9.56%。③ 后来，刘树成、张晓晶、张平等人又进一步运用HP滤波法、生产函数法和菲利普斯曲线法对中国潜在经济增长率进行了估算，并得出了"未来5～8年的中期内，潜在经济增长率可把握在9%，适度增长区间可把握在8%～10%"的结论。④ 两篇大作均为洋洋万言弘论。尽管他们所使用的方法存在很大差异，但两种估值的结果都非常接近于同期相关指标的均值。可能正因如此，张曙光才干脆把过去较长时期实际发生的平均经济增长率直接视同于同期潜在经济增长率，然后再用这个潜在经济增长率作为衡量同期实际经济增长率是适度还是过热的标准。⑤ 不过一个毋庸置疑的现实问题是，上述所有估值方法都面临所谓"过去一个较长时期"的具体长度如何确定的挑战。用改革开放以来实际经济增长率均值代表同期潜在经济增长率，至少存在两大缺陷：一是完全忽略了客观存在的经济波动和经济周期对长期均衡增长的影响；二是完全忽略了经济发展水平的提高对年度经济增长率的影响甚至决定作

---

① 参见陈佳贵、黄群慧、张涛：《从高速增长走向和谐发展的中国经济》，《中国工业经济》2007年第7期，第5页。

② 参见本人主笔的《次高增长阶段的中国经济》第一章（中国社会科学出版社2002年版或2007年再版）。由于2002年春季国家统计局对国民经济统计方法进行了修改，相应地，各项统计指标值也有所调整，有的甚至上浮很多。有鉴于此，应对当时我们关于中国国民经济均衡增长率的估值做出调整。比如，不再是当初所估计的均衡目标增长率为7.5%±1%，而是比这个估计略高一点儿。尽管如此，我们仍坚持认为，直至2020年左右的一个较长时期内，中国经济发展仍将处于一个"次高"或者说"较高"增长阶段，而不会是一个"超高"增长或者完全相反的"低"增长阶段。

③ 郭庆旺、贾俊雪：《中国潜在产出与产出缺口的估算》，《经济研究》2004年第5期，第31～39页。

④ 参见刘树成、张晓晶、张平：《实现经济周期波动在适度高位的平滑化》，《经济研究》2005年第11期，第18～19页。

⑤ 参见张曙光：《货币政策独立性和操作空间》，《党政干部学刊》2004年第10期，第4页。

用。例如，按照这样一种长期平均估值法进行计算，1978～2008 年中国 GDP 年均经济增长率应为 9.89%。① 那么，能不能就把 9.89% 视为未来一个较长时期，比如 10～15 年，中国经济的潜在增长率呢？

显然，无论如何也不能做这么"绝对"的回答。因为，即使不考虑经济波动和经济周期的影响，随着国民经济活动总量的增加和基数的扩大，与等量产出相对应的经济增长率也必然会有所下降。要使当期经济增长率不低于前期，就必须有更多的资金投入、更深入的体制变革、更好的技术改进和更大的社会产出。而随着体制转轨过程的逐渐完成，改革的边际收益会明显下降，外生性增长因素的推动作用也会明显减弱，内生性增长因素的作用及其约束则会明显上升，实现较快增长的代价会进一步增大，继续保持与过去相同甚至更高的经济增长率，必然会变得越来越困难。虽然不能否认未来 10～15 年或更长时期内个别年份的实际经济增长出现高于 9.89% 的可能性和现实性，但必须承认，由于以上提及的种种原因，未来一个较长时期内中国经济增长的基本趋向或者说年平均水平将低于 9.89%。鉴于进入 21 世纪以来中国国民经济不仅持续高位运行，而且波动幅度较小，多数情况下波动幅度不超过 1 个百分点，少数年份出现过高于 2 个百分点的这样一个现实，② 考虑到未来经济增长总是过去增长实绩的延续这样一个基本经验，在逻辑上将 9% 作为未来 10～15 年中国经济持续平稳较快增长的轴心，③ 将 9%±1% 作为中国经济长期均衡增长的目标区间，可能是合适的。其主要理由如下：

第一，个人收入水平及其落差仍然较大。当前中国人均收入水平已超过 3000

---

① GDP 年均增长 9.89%，是 1978～2008 年中国 GDP 年均增长率的简单算术平均值。胡锦涛总书记 2008 年 12 月 18 日《在纪念党的十一届三中全会召开 30 周年大会上的讲话》中也曾概括指出，"从 1978 年到 2007 年，我国国内生产总值由 3645 亿元增长到 24.95 万亿元，年均实际增长 9.8%"（参见 2008 年 12 月 19 日《人民日报》第 1 版）。在长达 30 年内保持近 10% 的 GDP 增长率，不能不说是一个经济发展的世界性奇迹。对此，世界银行 1992 年发展报告曾首次做出了"中国奇迹"的评价与概括，2003 年麻省理工学院的乔治·J. 吉尔博特博士在其《中国奇迹背后的谜思》一文中，又对此做了进一步阐发（参见 DaleWen 著：《少数人的改革——中国与通往经济全球化之路》，载 http：//www. chinareform. org. cn/cird-bbs/dispbbs. asp？boardid＝2&id＝116228）。

② 这是与改革开放前的 25 年（1953～1977 年）完全不同的。在那一阶段，中国 GDP 年均增长 6.2%，增长速度虽不算低，但波动频率高且波幅大，增长率最高达到过 1958 年的 21.3%，最低落到过 1961 年的 −27.3%（参见国家统计局：《中国统计年鉴》2002 年卷表 3-3"国内生产总值指数"，中国统计出版社 2002 年版）。改革开放后的 30 年（1978～2008 年），虽曾于 1984 年出现过 15.2% 的 GDP 增长率高峰，也曾于 1990 年出现过 3.8% 的 GDP 增长率低谷，但波动频率明显下降、波动幅度明显缩小。特别是进入 21 世纪以来的这十来年，除 2008 年外，经济增长率波动幅度很少超过 2 个百分点的情况（参见国家统计局：《中国统计年鉴》2008 年卷表 2-4"国内生产总值指数"，中国统计出版社 2008 年版）。

③ 沈立生研究员曾借鉴克莱因所使用的反映投入产出关系的生产函数分析法，通过一定程度的调整与变通，对中国潜在经济增长率及其变动趋势做过估计，得出了 1999～2010 年中国潜在经济增长率为 9.1% 的结论（参见沈立生：《我国潜在经济增长率变动趋势估计》，《数量经济技术经济研究》1999 年第 12 期，第 3～6 页）。他在十年前所做估计与当前国民经济运行实绩十分接近，故值得借鉴。

美元，① 但基尼系数仍然偏高，② 收入差距仍然较大。从道德学角度看，收入差距过大肯定不是一件好事。但是，在经济学视角下，收入水平存在一定差距但不是过大，则始终不是一件坏事。因为，收入由能力和贡献决定，是经济社会进步和发展的原动力和根本基础；低收入人群力图赶上高收入人群的收入及其生活水平的要求，更是经济由以增长、社会由以发展的一个最基本和最重要的动力来源。就此而言，在其他条件给定的情况下，较大的（但不是过度的）收入差距，对于经济增长的推力也往往较大；反之，则反是。这是人类社会发展过程中一个普遍存在的客观规律。从国民经济总体发展的角度看，也是一样。正如著名经济学家库兹涅茨（Simon Kuznets）曾分析指出的：随着一国人均收入水平的提高，"高收入阶层收入份额缩小，低收入阶层收入份额扩大"；不同国家相比较，低收入国家的人口收入差距较小从而基尼系数均较低，中等收入国家的人口收入差距会扩大从而基尼系数也将较高，随着人均收入水平的进一步上升，在进入高收入阶段后，人口间的收入差距和基尼系数将出现持续下降。正因如此，才有了随着人均收入水平的提高，产业结构呈现出一次产业比重持续下降、二次产业比重迅速上升后三次产业更快上升的趋势。③ 我们搞社会主义市场经济的一个基本目标是实现"共同富裕"。但是，走向"共同富裕"的道路不是简单地否认差距，而只能是在承认差距的基础上，通过遵循规律、积极促进国民经济持续较快增长，来加速实现"共同富裕"的目标。中国作为一个人口大国，不同人群间、不同地区间人们的能力和收入等，必然存在较大差距。因此，其他很多国家曾经历的人均收入超过3000美元后基尼系数从而收入差距会逐渐缩小的"库兹涅茨经验"，在中国难免发生变异，很可能会表现为在总体上达到一个更高的人均收入水平之后，才会出现一个人口收入差距缩小从而基尼系数持续降低的过程。这就不仅要求我们进一步深入研究和努力遵循客观规律，而且要求我们继续用主动推进国民经济持续较快增长的办法，来实现人口间收入差距在一个更高人均收入水平上明显缩小的目标。

---

① 根据国家统计局公布的2008年中国GDP为300670亿元和同期总人口为13.6亿，按同期6.81元人民币兑换1美元的官方汇率估算，到2008年底中国人均GDP约为3246.4美元。

② 有研究认为2007年中国基尼系数为0.46（参见国家统计局：《2007年中国全面建设小康社会进程统计监测报告》，载 http://www.npc.gov.cn/npc/xinwen/fztd/yfxz/2008 - 12/19/content_ 1462768.htm），联合国计划开发署的研究报告则认为2007年中国基尼系数已经达到了0.47（参见 UNDP：《2007/2008 Human Development Report》，载 http://hdrstats.undp.org/indicators/147.html），更有人认为2008年中国基尼系数甚至高达0.65（参见政华：《房市危局：求救不如自救》，载2009年2月17日《人民日报·海外版》）。尽管各家的估计值差异较大，但都一致认为目前中国基尼系数明显高于世界平均水平或联合国提出的所谓0.40的警戒线。

③ 参见西蒙·库兹涅茨编著：《现代经济增长》（中译本），北京经济学院出版社1989年版，第432～436页。

第二，地区发展不平衡问题仍然突出。中国经济地理上的东中西部地区恰与自然地理上的东中西部地带高度吻合，既与地区间自然条件上存在较大差异有关，更与现代市场经济发展水平上存在较大差异有关。因此，不能把中国的东中西部差异看做是一种根本不可改变的存在。否则，我们不仅无法理解诸如美国"拉斯维加斯现象"，① 也无法理解中国"东北振兴"、"中部崛起"和"西部大开发"等战略的提出及其重要实践意义。经济发展水平较低和较落后的地区，赶上和超过经济发展水平较高和较发达地区的原动力，仍然是建立在人口收入水平和福利水平大幅度提高要求基础上的体制和机制、制度和市场、经济和文化的创新。从这个角度看，不同地区间收入和发展水平的差距，同样是一个国家国民经济持续较快增长的重要动力来源。不仅如此，观察还表明，在其他条件给定的情况下，地区间经济发展水平的差距有多大，后发地区赶上先发地区的要求和冲动就有多大，消除地区间收入水平差距的动力从而推动国民经济实现持续较快增长的空间就有多大。

第三，人口红利还大量存在。虽然说到目前为止中国的生产技术发展与应用水平仍明显落后于美国，但美国产成品中的劳动力成本一直明显高于中国，中国劳动力的年均收入水平大约相当于美国劳动力的3%。如果不考虑其他影响和决定企业产品成本的因素，那么，这个高出的部分就是中国工业品生产企业获得的人口红利。毫无疑问，随着国民经济的发展，中国劳动力年均收入水平也会不断上升，从而会使企业获得的人口红利有所下降，甚至绝对减少，但需要一个过程。因为，尽管中国的出生率和人口自然增长率均在持续下降，但每年净增人口仍然高达千万。新增人口是新增劳动力的基本来源。在"劳动力剩余经济规律"的作用下，劳动力的边际生产力还必然较低，由此决定的劳动力的工资收入水平还不可能持续大幅度提升。② 随着市场经济的发展和劳动的边际成本上升，中国的人口红利会有所下降，但到2020～2025年前，这种人口红利不会彻底消失。虽然伴随"民工荒"现象的出现，"刘易斯转折点"问题已经被提到了日程，③ 甚至"转折"的苗头也已经有所显现，但"转折点"的全面到来仍尚需时日。随着中国工业化中期向工业现代化跨越任务的逐渐完成，随着人口自然增长率降至或接近3‰左右，"刘易斯转折点"才会成为不可改变的现实。在"刘易斯转折点"全面到来之前，由人口红利所决定的较高的工业产出边际收益将继续存

---

① 拉斯维加斯地处美国中西部沙漠地带，原本贫瘠落后，但通过产业和制度创新，最终实现了这一地区经济的发展和人均收入水平的大幅度提升。

② 虽然《劳动合同法》正式生效后企事业单位外聘人员工资水平会有所上升，但在"劳动剩余"这个大格局未发生根本转变之前，全社会劳动力平均工资水平不会出现持续性较快增长。

③ 蔡昉研究员"通过估算农村劳动力的真实剩余现状"得出了中国劳动年龄人口"预计在2017年左右停止增长"的判断，得出了"刘易斯转折点"已经到来的结论。他的分析是深刻和有启发意义的。参见其大作《刘易斯转折点——中国经济发展新阶段》，社会科学文献出版社2008年版，"前言"及有关章节。

在，并继续构成支撑中国国民经济持续较快增长的一个重要人力资源基础。

第四，市场需求潜力巨大。市场需求规模的大小决定于三个基本因素。一是人口，二是人口收入水平，三是消费文化、传统与政策。中国有13亿多的人口，占世界人口的1/5。无论是从世界平均消费水平角度看，还是与发达国家相比较，中国绝大部分消费都是低水平的。[①] 虽然中国民众节俭之风盛行、储蓄倾向较高，但随着中国城乡居民收入水平的提高和启动内需政策的全面实施，其消费需求总量必然相应提高。对于一个人口大国来说，这无异于一个巨大的市场。一定要看到，在市场经济条件下，并不总是"供给创造自身的需求"，而是"有效需求不足会妨碍经济繁荣"。[②] 因此，只要中国能够在提高广大劳动者收入水平的过程中，对广大民众的消费需求加以引导，巨大且持续增长的市场需求必然会支撑中国国民经济实现一个新的持续时期更长的较快增长。

第五，科学技术的迅猛发展也是一个巨大支撑。在中国，特别是改革开放后30年来，高深的原创性先进科学技术的发明和应用，不仅得到了迅速发展，而且较好地促进了国民经济整体质量的提升和增长水平的提高。与此同时，一般的、非原创性的实用型适用先进科学技术的大面积发展及其在经济社会生活各个领域的广泛应用，对于推动和促进中国国民经济更好更快增长和发展，同样发挥了非常重要的积极作用。特别是在传统产业改造与技术升级的过程中，这类科学技术的发明和应用，更具推进和支撑作用。随着中国科学技术的发明和发展从传统的"经验试错法"为主向"实验试错法"为主的过渡及其最后完成，科学技术的更快发展以及由此产生的推动和促进国民经济持续增长与较快发展的作用会更加明显。[③] 在中国人均收入超过3000美元以后，产业结构升级换代的要求进一步上升，实用型先进科学技术的大量发明、迅速发展及其在传统产业改造领域的广泛应用，尤其显得突出和重要。例如，在传统的陶瓷工艺上加进纳米技术，通过制品釉面质量的提高便可从根本上大幅度提升整个陶瓷制品的质量；通过运用转基因技术，低产农业会迅速成长为高产农业；通过激光和超导等新技术的应用，传统工业产品花色、品种和质量也会因此而得到更大幅度的改进和提升；如此等等。当前，中国传统产业面临众多此类改造。随着改造的深化，由此导致的国民经济的持续较快增长也会不断继续下去。

第六，集约性内涵型增长的要求持续上升。随着市场经济的发展和竞争的进一步展开与深化，传统的粗放性外延型经济发展方式将越来越失去其主导意义。虽然到目前为止中国经济发展还没有脱离这一传统发展方式的窠臼，并且还常常

---

① 参见国家统计局：《中国经济景气月报》2008年第12期，第74页。

② 引自凯恩斯：《就业利息和货币通论》（魏埙译本），陕西人民出版社2004年版，第25~31页。

③ 参见刘迎秋、刘春江：《"李约瑟难题"与中国科技创新和现代化建设路径选择》，《经济学动态》2007年第7期，第29~35页。

表现出一定程度的粗放性和外延型特征，但向集约性内涵型发展方式的转变过程已经在众多层面展开。在这个过程中，花较少的钱即可实现较大技术改进的可能性迅速增加，传统的经济发展方式原本蕴涵着的增长能量，将因此而得到更多的集聚和更大的释放。随着实践的发展，这一发展脉络会展现得越来越清晰。

第七，制度变革进一步深化。经过 30 年的改革开放，社会主义市场经济体制虽已基本建立起来，但与之相配套的行政体制、社会体制、文化体制以及整个政治体制的改革还远未完成，还经常表现出较为明显的机制不协调和掣肘，甚至带来大量的效率损失。随着改革的进一步深化和各项配套改革的全面展开，机制不协调造成的效率损失将进一步下降，国民经济发展将因此而得到更大的推动，并由此实现一个更加持续有效的较快增长。

总之，中国当前正处于工业化中后期向工业现代化迅速过渡的国民经济较高增长阶段，众多客观条件决定了与这个阶段相适应的国民经济均衡目标增长率为 9%，±1% 是这个阶段增长率的正常波动范围。低于 8% 的经济增长，意味着宏观经济运行偏冷，就业和国民福利均将因此而蒙受一定程度的伤害；高于 10% 的经济增长，意味着经济运行存在过热苗头，资源紧张甚至导致通货膨胀的可能性会明显上升，国民的根本福祉百年大计将因此而受到更大程度的伤害。GDP 增长率处于或接近 9% 的水平，表明国民经济高位平稳运行、持续健康有效。此时，政府宏观调控的重点应是服务与力推经济发展方式的根本转变和增长质量的大幅度提升。

二、展开中国宏观经济走势分析的重要基础

科学地分析和确定与经济发展阶段相适应的适度通货膨胀区间，是展开中国宏观经济走势分析的重要基础。

人人都希望生活在一个既无通货膨胀又无通货紧缩的经济环境中。这是由人的利益保护要求及其理性决定的。然而，正是这种利益保护要求及其理性，在客观上决定了通货膨胀或通货紧缩出现的必然性。因为，人归根结底是经济的人。作为经济的人，或者说是"经济人"，一个最突出的特点，就是他或她总是本能地倾向于用较小的支出获取更大的收益（效用）。人所具有的这种"经济人"特性，在客观上决定了有其参与的国民经济运行过程，必然是一个充满个人利益诉求的行为博弈过程。在这个过程中，难免出现个人利益诉求不能顺利实现的情况，从而也就难免出现有其参与的国民经济活动总量失调或结构失衡，不是表现为供大于求和通货紧缩，就是表现为求大于供和通货膨胀的问题。

市场交易主体的多元性及其偏好的差异性和多变性，在客观上决定了市场供求关系的复杂性和不均衡性。现实经济生活中，市场主体的这种多元性及其偏好差异性和多变性，不仅经常通过不同主体间的互不相同和复杂多变表现出来，还常常通过同一个主体在不同时间和不同地点的各不相同甚至迥然有异、完全相反表现出来。在市场供求关系中，均衡的实现机制是价格，失衡的发生原因是利益。这就在客观上决定了市场上的商品供求和货币供求出现失衡的不可避免性，因此，才有了不均衡是市场供求关系的常态、均衡是市场供求关系的偶然的看法与实践。一旦市场上商品和服务的供给在总量或结构上不能满足需求，供求关系存在的矛盾就会通过价格上升或下降的方式表现出来。在这个过程中，如果伴有货币的供给不足或过剩，那么，经济运行的"大轮毂"（亚当·斯密语）就会因为"缺油"或"过剩"而出现市场运转"失灵"或"失效"，表现为"缺油"性质的通货紧缩，或表现为"多油"的通货膨胀。

市场经济本质上是一种货币经济。在货币经济体系中，市场交易过程所反映的不仅是商品和服务的供给和需求，而且是作为交易媒介的货币的供给和需求。作为交易媒介的货币供求，既派生于实体经济交易活动，又反作用于实体经济交易活动，甚至直接影响和决定实体经济交易活动的总量和结构。如果作为交易媒介的货币供给在总量和结构上不能适应实体经济交易活动总量和结构的要求，不仅实体经济交易关系无法顺利实现，就是作为交易媒介的货币供求关系本身也会发生断裂，不是表现为货币的供给过多即通货膨胀，就是表现为货币的供给不足即通货紧缩。

虽然对于广大"经济人"来说，通货膨胀和通货紧缩都一样，均不是什么好消息（Good news）。但是，在货币充当一般等价物和财富象征的现阶段，人人都有持有更多"货币财富"的愿望，甚至表现出极强的"货币拜物教"（马克思语）倾向。这也是纸币流通情况下通货膨胀发生率远远高于通货紧缩发生率的一个重要原因。自 20 世纪 70 年代布雷顿森林货币体系解体后，这一点表现得尤为突出。中国改革开放 30 年来，真正的通货紧缩曾于 1998～2001 年发生过一次，其他多数年份先后发生的多为程度不同的通货膨胀。在这种情况下，寻求和找到一种与中国经济发展阶段及其均衡增长目标相适应的适度通货膨胀率，就有了特别重要的意义。

寻求与经济发展特定阶段相适应的适度通货膨胀率，必须借助于实证。但研究表明，在进行实证性分析之前，首先求助于理论抽象力，寻求和找到一个有助于分析和阐明通货膨胀与经济增长关系的理论参照，可能更是必要和可行的。

如果以纵轴代表经济增长率、横轴代表通货膨胀率、以倒 U 形曲线代表"通货膨胀的经济增长效应"（简称曲线），① 可得到一个通货膨胀的经济增长效应曲线图（参见图 1）。

观察图 1，至少可以得到如下三点启示：

---

① 这条曲线与我在 20 世纪 80 年代末完成的博士学位论文中分析和阐述的"总需求变动的供给效应曲线"大体相同。参见拙作：《我国需求总量变动的供给效应剖析》，《经济研究》1991 年第 10 期。

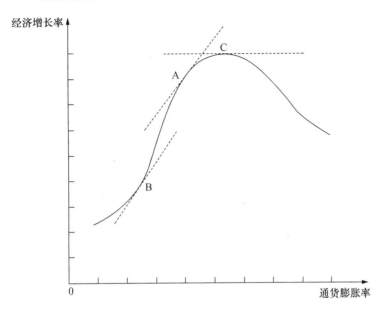

经济增长率

C

A

B

0   通货膨胀率

图1　通货膨胀的经济增长效应曲线

第一，曲线正斜率较大的区间（BA），也就是通货膨胀的经济增长效应较大的区间。在这个区间内，通货膨胀率的较小变动，可以带来经济增长率的较大变动。这意味着，此间国民福利的改进程度要大于通货膨胀带来的国民福利损失。

第二，在曲线的B点左侧或A点至C点的区间内，曲线斜率均比较小。在这两个区间，通货膨胀率的较大变动，对应的均是经济增长率的较小变动。这意味着，此间通货膨胀的产出效应明显下降，国民福利的改进程度明显小于国民福利的损失。

第三，在C点，曲线的斜率为零，而过了这一点之后，曲线的斜率为负。这意味着，在这个区间，通货膨胀率的大幅度上升所对应的不是经济增长率的大幅度提高，而是经济增长率的大幅度下降。也就是说，进入此区间后，国民福利会随着通货膨胀率的不断上升而呈现出越来越大的损失效应。因此，在这一区间发生的通货膨胀，无论如何都带有绝对不可救药性质。

显然，曲线AB两点所构成的区间，是经济增长的通货膨胀代价最小、国民福利改进程度最大的区间。因此，我们可以说，在理论上它应当成为政府实施宏观管理和调控的重要目标区间。

从理论与逻辑相统一的角度搞清经济增长的通货膨胀代价最小、国民福利改进程度最大的适度通货膨胀目标区间后，还必须从理论与实践相结合的角度，进一步分析和阐明与中国经济发展阶段相适应的适度通货膨胀率的具体控制区间。

为尽可能较为全面地反映经济发展的实际，避免分析结论出现过大偏颇，我们在这里用国内生产总值平减指数（GDP Deflator）[①] 代替用消费价格指数（CPI）表示的通货膨胀率及其变动。用国内生产总值平减指数（GDPD）代表通货膨胀率，不仅有助于充分反映同期消费价格和商品零售价格以及服务和生产资料价格的变动，而且有助于充分反映同期进出口，特别是进口商品和劳务以及资产价格的变动。

在上述设定基础上，我们构建了如下一个理论模型：

$$GDP - GDP_{-1} = C + \alpha GDPD + \beta GDPD_e + \mu\ (t) \qquad （模型Ⅰ）$$

式中，GDP 为 GDP 增长率，GDP_{-1} 为滞后 1 期的 GDP，$GDP - GDP_{-1}$ 表示通货膨胀变动导致的 GDP 增长率的波动；$GDPD_e$ 表示同期内预期的 GDP 平减指数；$\mu\ (t)$ 为影响 GDP 增长率波动的其他因子。

在不考虑通货膨胀预期影响（即 $\beta = 0$）的情况下，通过采用 WLS 方法对 1978 ~ 2008 年间中国 GDP 平减指数和 GDP 增长率[②]进行回归，可得到如下分析结果：

$$GDP - GDP_{-1} = -0.0653 GDPD + 0.3324 \qquad （模型Ⅱ）$$
$$（-3.0378）\qquad （2.2688）$$
$$R^2 = 0.2479 \qquad D.\ W.\ = 1.633$$

在 0.05 的置信区间内，虽然 t 值检验较为显著，但因变量与自变量间的相关系数较低。这种情况表明，通货膨胀与经济增长之间的关系不仅是非线性的，而且是负向变动的。

在现实经济生活中，由于当期实际发生的通货膨胀常常是前期曾经发生的通货膨胀的继续（如经常发生的所谓"买涨不买落"现象），因此，应当把通货膨胀预期引入分析框架。在假定民众的通货膨胀预期处于稳定状态，或者说，假定民众预期的通货膨胀率 $GDPD_e$ 等于前期实际发生的通货膨胀率 $GDPD_{-1}$ 的情况下，通过对 1978 ~ 2008 年经济增长和通货膨胀关系做 WLS 回归分析，可得到一个远比模型Ⅱ具有更大说服力的分析结果：

[①] 国内生产总值平减指数（GDP Deflator），又称缩减指数，指用当年价格计算的 GDP 增长率与用不变价格计算的 GDP 增长率之差。GDP 平减指数所反映的是同期国民经济活动的总体价格水平变动情况。参见 Richard G. Lipsey and Peter O. Steiner, *Economics* (Sixth Edition), Harper & Row Publishers Inc., 1981, p. 502。

[②] 1978 ~ 2007 年相关数据均是根据国家统计局编辑出版的历年《中国统计年鉴》提供的数据计算得出的。其中，2007 年相关数据为国家统计局公布的调整后数据，2008 年相关数据为国家统计局公布的初步核定结果。

$$GDP - GDP_{-1} = 0.1030GDPD - 0.2561GDPD_{-1} + 0.8198 \qquad （模型Ⅲ）$$
$$(5.6220) \qquad (-13.4455) \qquad (18.9205)$$
$$R^2 = 0.9152 \quad D.W. = 1.6642$$

依据上述回归分析结果进行相关计算，可得到一个无加速通货膨胀假设的 GDP 平减指数阈值（Threshold value）GDPD″，约为 5.4%。这个阈值近似地对应于图 2（a）中的 A 点和图 2（b）中的 B 点。

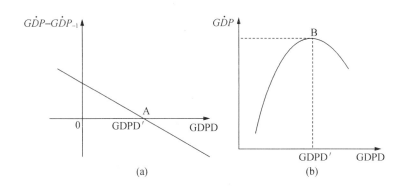

图 2　经济增长率波动与通货膨胀率变动

上述 GDP 平减指数阈值与改革开放 30 年来中国 GDPD 平均值（5.5%）十分接近。这种情况似可表明，上述统计分析结果符合宏观经济运行的实绩。将上述 GDP 平减指数阈值与图 2 结合起来进行分析，不难得到如下一些能够表明宏观调控政策效应的重要结论：

第一，当实际通货膨胀率较小且低于 5.4% 的 GDP 平减指数阈值时，有 $GDP - GDP_{-1} > 0$，经济增长率会呈上升状态，但其上升速率将逐渐减缓。

第二，当通货膨胀率超过 5.4% 的阈值之后，将有 $GDP - GDP_{-1} < 0$。这时，经济增长的变动速率会随之变为负值，经济运行将出现较为明显的下滑倾向［如图 2（b）所示］。

第三，适度的通货膨胀率有助于经济增长变动速率的较快上升和国民经济的较快增长。

第四，过低的通货膨胀率会对经济增长的变动速率产生抑制效应，从而会损害国民经济的持续较快增长。

第五，过高的通货膨胀率则会从另一个方面对经济增长变动速率产生更大的抑制作用，并会严重损害国民经济的持续较快增长，甚至还会因此导致经济增长率的大幅度下滑。

这就是说，为保持国民经济持续健康较快增长，实际通货膨胀率必须处于既不高于也不低于 GDP 平减指数阈值 GDPD″（5.4%）过多的范围内。根据中国市场经济发展的实际，按照宏观调控政策操作应当留有必要余地的原则，以 6% 作为中国未来一个较长时期适度通货膨胀率的控制上限，可能是合适的。

在求解和得到适度通货膨胀率的上限后，还需进一步求解适度通货膨胀率的下限。由于上述求解适度通货膨胀率上限的方法不适用于求解下限，因此，必须寻求其他可行的办法。经比较，借鉴国外学术界曾使用过的、通过确定最低通货膨胀目标（Inflation targeting）或者说名义锚（Nominal anchor）的方式，求解和确定适度通货膨胀率控制目标下限，可能是可行的。

毋庸置疑，对于广大民众来说，最合理的通货膨胀目标下限，应当是零通货膨胀率，而不应当是低于零的所谓负通货膨胀率，或者说通货紧缩率。因此，把零通货膨胀率作为宏观政策操作的名义锚，可能是最好的通货膨胀目标下限选择。但是，零通货膨胀率仅仅是人们的一个良好愿望，而不是一个真实和普遍的存在，更不是一个科学和合理的宏观调控目标。因为，第一，正如阿科拉夫、狄肯斯和波雷（Akerlof, Dickens and Perry）于 1996 年曾论证指出的，由于工资下降刚性的存在，零或过低的通货膨胀率，将给衰退期间劳动力需求的下降及其实现带来巨大压力甚至障碍，进而会导致长期自然失业率的上升。第二，又如萨莫斯（Summers）早在 1991 年就曾论证指出，零或过低的通货膨胀率将导致过低的名义利率，结果会使经济衰退期间的货币政策失灵。这一点已为日本的实践所证明。第三，也如伯南克、劳巴克、米申和鲍森（Ben S. Bernanke, Thomas Laubach, Frederic S. Mishhin and Adam S. Posen）等人强调指出的，零或过低的通货膨胀率目标，难免引发通货紧缩，进而会给经济生活带来更大的困难。[1] 国际货币基金研究所的莫新·坎和埃德海克·森亥德基（Mohsin S. Khan and Abdelhak S. Senhadji）通过对全世界 140 多个国家在 1960~1998 年期间发生的通货膨胀与经济增长相关关系的计量分析，得出了工业化国家的通货膨胀对经济增长影响的阈值小于发展中国家的结论：前者的阈值为 1%~3%，后者的阈值为 7%~11%。[2] 伯南克等人（Ben S. Bernanke, Thomas Laubach, Frederic S. Mishhin and Adam S. Posen）则通过总结德国、瑞士、瑞典、西班牙、英联邦、加拿大、奥地利、新西兰和伊朗等国的实际经验，得出了这些国家的一般通货膨胀率目标是

---

① 参见 George Akerlof, William Dickens and George Perry, "The Macroeconomics of Low Inflation" (Brookings Paerson Economic Activity 1: 1~59); Lawrence Summers, "How Should Long–Term Monetary Policy Be Determined?" [Journal of Money, Credit, and Banking 23 (3): 625~31] 转引自 Ben S. Bernanke, Thomas Laubach, Frederic S. Mishhin and Adam S. Posen, *Inflation Targeting,*: *Lessons From The In Ternational Experince.* Princeton University Press, 1999, pp. 28~30。

② 参见 Mohsin S. Khan and Abdelhak S. Senhadji, "Threshold Effects in the Relationship Between Inflation and Growth", IMF Working Paper, 2000, WP/00/110, p. 16。

1% ~3% 的结论。① 由此可见，实际经济生活中根本不存在一个适用于所有国家的适度通货膨胀目标或者说通货膨胀名义锚。不同国家会有不同的通货膨胀名义锚。就是同一国家，在其不同经济发展阶段上，通货膨胀的名义锚也会有所不同。中国属于发展中国家，因此，通货膨胀的名义锚会高一些。但是，由于中国已经开始走出低收入发展中国家行列，因此，比照莫新·坎和埃德海克·森亥德基的分类标准，中国的通货膨胀名义锚也不应过高。从中国改革开放以来的30年实践看，年通货膨胀率接近或明显低于2%的年份，大都是经济趋于不景气甚至开始陷入经济衰退的年份。因此，综合前述研究成果，比照图1所描述的通货膨胀效应曲线，将3%作为中国民众"可容忍"的适度通货膨胀率下限，可能是符合中国实际的。把3%作为中国现阶段"适度"通货膨胀率的下限，不仅有助于达到满足国民经济运行"大轮毂"必须有足够货币"润滑剂"的要求，而且有助于达到在保持国民经济持续稳定较快增长的同时使广大民众的经济福利也有所改进的要求。

将上述两大分析结论结合起来，可得到一个3% ~6%的适度通货膨胀率区间。这个区间，也就是与中国未来经济较快发展阶段及其均衡增长目标（9%）相适应的适度通货膨胀区间。其基本理论和政策含义是：只要经济增长率处于9%左右，同时实际通货膨胀率也大体处在3% ~6%范围内，就可初步认定此间的宏观经济运行状态较好，无需对宏观运行过程实施更多的外部干预，通过更多地发挥市场配置资源的基础作用，即可实现国民经济的更快增长和更大发展；反之，就需要在充分发挥市场配置资源基础作用的同时，更多地调动和发挥政府宏观调控的能动作用，通过政府实施更加积极、更加主动和更加有力的干预和调控，来达到推动国民经济实现更快增长和更大发展的目标。

三、准确把握中国宏观经济走势的关键环节

在给定均衡目标经济增长率和适度通货膨胀率变动区间之后，接下来的一个更为重要的问题，就是选择和确定进行宏观经济走势分析和判断、实施宏观调控必须依据的其他基本参数，包括全社会固定资产投资增长率、全社会消费增长率、出口增长率、失业率以及发电量增长率，等等。但是，在市场经济体制已基本建立和市场交易日趋活跃的中国经济发展现阶段，特别是在对外盈余因实施售结汇制度而更多地表现为外汇占款即基础货币投放的条件下，相对于上述各种参数的选择与确定而言，与货币政策密切相关且对经济增长和经济发展实绩具有重要影响甚至决定作用的货币供给及其增长率的确定，尤其具有特别重要的理论意义和政策操作意义。

---

① 参见 Ben S. Bernanke, Thomas Laubach, Frederic S. Mishhin and Adam S. Posen, Inflation Targeting: Lessons From The International Experince. Princeton University Press, 1999, p. 30。

2008 年 12 月 8 日国务院办公厅下发了《关于金融促进经济发展的若干意见》（国办发〔2008〕126 号）的文件。该《若干意见》首次以政府文件形式明确提出："根据经济社会发展需要，创造适度宽松的货币信贷环境，以高于 GDP 增长与物价上涨之和约 3 ~ 4 个百分点的增长幅度作为 2009 年货币供应总量目标，争取全年广义货币供应量增长 17% 左右。"① 2009 年 3 月 5 日温家宝总理在《政府工作报告》中进一步明确提出 2009 年的宏观调控目标是：国内生产总值增长 8% 左右，居民消费价格总水平涨幅 4% 左右，广义货币增长 17% 左右。② 毋庸置疑，把选择和确定与经济增长和通货膨胀目标相协调的适度货币供给增长目标放在一个突出的位置，抓住了宏观调控政策目标分析的要害，具有极为重要的启发意义。但是，仅仅强调广义货币供给及其增长目标，忽视狭义货币供给及其增长目标，难免遇到经济增长周期和景气循环变动的挑战。例如，到 2009 年 2 月底广义货币供给的增长率已经超过了 17%，③ 这是否意味着至此"适度宽松的货币政策"任务已经完成？如果是，应如何看待继续下滑的经济增长和物价走势？如果不是，又应如何进一步深入理解和正确把握货币供给及其增长率与均衡经济增长和通货膨胀目标的关系？什么时候应当强调广义货币的供给及其增长率？什么时候应当更重视和强调狭义货币的供给及其增长率？

学术界一直对货币供给总量对经济活动总量的影响甚至决定作用给予高度重视。美国著名经济学家麦金农曾通过对货币供给量与经济活动总量对比关系的分析，开创性地论证和阐明了发达国家与发展中国家在金融深化上所存在的明显差异。④ 后来，西方很多学者围绕货币供给与经济增长的关系做了大量理论或实证分析，分别依据不同资料得出了长期内货币供给与经济增长不相关或不确定以及短期内二者弱相关等重要结论。⑤ 随着中国市场经济的发展，随着货币供给及其

---

① 国务院办公厅：《关于金融促进经济发展若干意见》，载 http：//hi. baidu. com/% CC% AB% BC% AB% CD% BC/blog/item/3b5e30ad2aab120e4b36d692. html。

② 参见温家宝：《政府工作报告——2009 年 3 月 5 日在第十一届全国人民代表大会第二次会议上》，《人民日报》2009 年 3 月 15 日第 2 版。

③ 据新华社 3 月 12 日报道，2 月末广义货币供应量（M_2）余额为 50.71 万亿元，同比增长 20.48%，比上月末高 1.69 个百分点（参见 2009 年 3 月 13 日《期货日报》第 1 版头条新闻：《2 月份我国人民币新增贷款 1.07 万亿元》）。

④ 参见 McKinnon 著：《经济自由化的顺序——向市场经济过渡中的金融控制》，中国金融出版社 1993 年版，第 16 ~ 18 页。

⑤ 参见 Mino & Shibata："Monetary policy, overlapping generations, and patterns of growth", Economica, 1995（62）：pp. 179 ~ 194；Mccandless & Weber："Some monetary facts", Federal Reserve Bank of Minneapolis Quarterly Review, Vol. 19, No. 3, 1995, pp. 2 ~ 11；Itaya & Mino："Technology, preference structure, and growth effect of money supply", Discussion Papers in Economics and Business, 2005（35）；Duczynski："On the correlations of nominal money and real output：a simple cross – country analysis", Ekonomický časopis, 2006, 54（2）：pp. 126 ~ 138 等论著。

增长对国民经济活动影响程度的加深，中国的很多学者也开始对货币供给量与国民经济活动总量关系给予高度重视，先后从不同角度分析和阐明了中国现阶段 M_2/GDP 较高即货币化程度较高的原因[①]以及较高的货币化程度并不意味着存在潜伏的通货膨胀[②]等理论观点。应当说，上述分析和研究都非常重要，所述观点也具有重要理论价值和实践意义。但是，从我们能够查阅到的文献看，到目前为止还很少有学者关注货币供给及其增长与经济增长的对比关系。因此，从这些研究成果中还很难找到有关 2009 年 2 月底"适度宽松的货币政策"任务是否已经完成的确切答案。

通过分析和阐述货币供给及其增长与经济增长的对比关系，可以得到一个在其他条件给定情况下的"货币供给增长倍数"。[③]

为求取"货币供给增长倍数"，必须在上述分析基础上做如下三个条件设定。第一，中国现阶段的国民经济运行已基本实现市场化。第二，货币供给对经济增长和通货膨胀不仅有影响，而且还具有较大的决定作用。[④] 第三，与货币政策相匹配的财政政策、投资政策、收入分配和产业政策等各项政策均能够正常发挥调控作用，不存在政策失当、低效甚至失灵等问题。

在上述一系列假定前提下，通过对费雪方程进行一系列应用性求解处理，即可达到求取与中国经济发展阶段及其均衡增长目标相适应的"货币供给增长倍数"的目的。具体求解过程如下：

（费雪方程）　　　　　　　$P \cdot Y = M \cdot V$

（货币流通速度）　　　　　$V = \dfrac{P \cdot V}{M}$

（求导后）　　　　　　　　$p + g = m + v$

（货币供给增长率）　　　　$m = (p + g) - v$

---

① 参见易纲：《中国的货币、银行和金融市场：1984~1993》，上海三联书店和人民出版社 1996 年版，第 124~151 页；刘明志：《中国的 M_2/GDP（1980~2000）：趋势、水平和影响因素》，《经济研究》2001 年第 2 期，第 3~12 页等论著。

② 参见余永定：《M_2/GDP 的动态增长路径》，《世界经济》2002 年第 12 期，第 3~13 页；韩平、李斌、崔永：《我国 M_2/GDP 的动态增长路径、货币供应量与政策选择》，《经济研究》2005 年第 10 期，第 37~47 页等论著。

③ "货币供给增长倍数"假说是由笔者 14 年前主持的一个研究项目首次提出的（参见笔者执笔、署名为中国社会科学院经济研究所宏观经济研究室的学术论文《论中国经济高速健康增长的货币支持边界》，《经济研究》1995 年第 1 期）。

④ 因为，从短期分析角度看，货币及其供给不可能是中性的。George T. Mc Candless Jr. & Warren E. Weber 两位学者曾在 "Some Monetary Facts" 一文中，通过对学术界在这个问题上的不同分析结论进行比较，得出了短期内货币供给与国民实际产出正相关和长期内二者关系不明显的结论（参见他们所著 "Some Monetary Facts", Federal Reserve Bank of Minneapolis Quarterly Review, Vol. 19, No. 3, Summer 1995, pp. 2~11）。

（货币供给增长倍数） $m_x/g = p/g + g/g - v/g$

式中，P 代表价格，Y 代表产出，M 代表货币供给，V 代表货币流通速度；小写字母分别代表相应指标的增长率，下标 x 代表货币供给类别 m_x/g，即货币供给增长倍数。

如果以 CPI 代表通货膨胀率，经计算可知，改革开放后 30 年中国的通货膨胀率年平均值为 5.69%。如果以 GDP 平减指数（用 GDPD 表示）代表通货膨胀率，经计算可知，改革开放后 30 年通货膨胀率的年平均值为 5.5%。

如果 v_1、v_2 分别代表与 M_1 和 M_2 两种货币供给的流通速度年均增长率，则依据国家统计局公布的相关指标进行计算，可得到改革开放 30 年来两种货币供给的年均流通速度分别为 -2.53% 和 -5.09%。[①] 近 30 年来，中国货币流通速度持续下降或负增长，既与改革过程中需要货币化的对象较多有关，又与体制转轨过程中人们的预防性货币需求较强甚至 "窖藏货币" 行为甚多[②]有关，还与货币流通体制本身仍不健全和不完善有关。著名经济学家弗里德曼等人在一份研究成果中也曾指出，在 1867~1960 年的 90 多年间，美国的货币流通速度是以每年平均 1% 多一点儿的速度持续下降的。[③] 与美国相比较，中国经济的市场化程度要低得多，因此，随着中国市场经济的发展，其货币流通速度的下降趋势还将持续一个较长时期，且下降速率也会出现递减，也不排除个别年份出现反向变动的可能性与现实性。[④]

如果借鉴弗里德曼的分析方法，把经济景气循环即经济运行总会发生一定程度的波动这一因素考虑在内，同时再把未来一个较长时期内中国经济的实际增长将继续围绕均衡目标增长率（9%），在上下加减 1.0 个百分点的范围内波动作为今后一个较长时期均衡经济增长目标定义域，那么，按前述 "货币供给增长倍数" 计算公式，代入相关经济指标均值后，即可得到一组包括上限和下限的 "货币供给增长倍数"（参见表 1）。

---

① 读者会注意到，改革开放的 30 年来，平均而言，中国的货币流通速度是下降的，或者说是负增长的，虽然不排除个别年份出现正增长甚至增长率很高的现象。

② 据我观察，"窖藏货币" 行为主要发生在中国农村以及中国周边国家和地区，通常是以一些机构、民间组织和个人的行为方式实现的。不过，需要指出的是，虽然这种行为对货币流通产生了一定的影响，但到目前为止它并非影响主体。

③ 参见 Milton Friedman & Anna Jacobson Schwartz, A Monetary History of The United States, 1867~1960, Princeton University Press, 1963, p.139, 682。

④ 韩平、李斌、崔永объем在前人研究基础上得出了自 "1978 年以来我国广义货币流通速度不断下降，同时降幅表现出递减趋势"，"并且这一形态还将持续相当一段时间" 的结论（参见他们所著《我国 M_2/GDP 的动态增长路径、货币供应量与政策选择》，《经济研究》2005 年第 10 期，第 40~44 页）。

表1   1978～2008 年中国适度的货币供给增长倍数区间估计

GDP 增长率分类	GDP 年均增长率为 10.0% 时	GDP 年均增长率为 9.0% 时	GDP 年均增长率为 8.0% 时
m_1/g	1.803	1.892	2.004
m_2/g	2.059	2.177	2.319

资料来源：据历年国家统计局编辑出版的《中国统计年鉴》所提供数据计算整理。

将表1所列货币供给增长倍数关系与图1进行综合比较，至少可以得到如下几点启示：

第一，在经济运行处于扩张的时期（GDP 增长率趋向或高于 10.0%），应通过货币政策操作，使 M_1 的实际增长率尽可能接近或低于 GDP 均衡目标增长率 1.8 倍的水平，M_2 的实际增长率尽可能接近或低于 GDP 均衡目标增长率 2.1 倍的水平。否则，就难免市场上的货币供给过多，造成"流动性过剩"。

第二，在经济运行处于均衡增长的时期（即既无衰退又无过热、GDP 增长率大体处于 9% 的时期），应尽可能通过货币政策的操作，使 M_1 的增长率保持在 GDP 均衡目标增长率 1.9 倍的水平上，使 M_2 的增长率尽可能保持在 GDP 均衡目标增长率 2.2 倍的水平上。如果不是出于政府实施宏观政策操作的需要，仅仅是为了企业或个人理财，则可以根据"大数法则"，笼而统之地把货币供给增长倍数"标准值"确定为 GDP 增长率的 2 倍，并据此衡量实际发生的货币供给是过多还是不足。

第三，在经济运行处于衰退的时期，特别是在 GDP 增长率趋向于 8.0% 甚至更低的情况下，应尽可能选择 2 倍及以上的货币供给增长倍数，但上限是 2.3 倍。如果实际发生的货币供给增长率仍明显低于由此计算得出的货币供给增长率，则表明经济运行仍处于不景气状态，还需进一步做出适度放松的政策安排；反之，如果实际发生的货币供给增长率已经接近或高于由此计算得出的货币供给增长率，则表示经济运行开始或已经走出了低谷，选取中性宏观调控政策就具有了更为客观的现实性。

在具体进行宏观经济走势分析和政策选择时，还应考虑和必须高度重视的一点，就是 M_1 和 M_2 的宏观景气循环政策信号效应及其差异。虽然不否定 M_1 和 M_2 的政策信号效应出现特例的可能性和现实性，但大量经验表明，M_2 增长率较高的年份，大都是经济波动趋于收敛、经济景气循环趋于衰退或经济景气循环仍未走出低谷的年份。如果此期间 M_2 与 M_1 间的差距较大并有进一步扩大的趋势，则表示经济景气循环状况具有进一步恶化的趋向。相反，M_1 增长率较高的年份，大都是经济波动幅度趋于扩大和景气循环趋于高涨的年份。如果 M_1 与 M_2 间差距较大并有进一步扩大的趋势，则表示经济景气循环进一步高涨甚至将倾向于过热。有鉴于此，在对实际发生的 M_1 或 M_2 增长率做出是过高或过低的判断时，必须把经济景气循环与经济波动状况考虑在内。通常的规律是：在经济景气循环处于收缩的阶段，应更多地用 M_1 的增长倍数评估当期货币供给增长率的高低和供给总量的多少，并据此做出宏观调控政策的逆向选择与操作力度安排；在经济景气循环处于高涨的阶段，应更多地用 M_2 的增长倍数评估当期货币供给增长率的高低和供给总量的多少，并据此做出宏观调控政策的逆向选择与操作力度安排。[①]

综上所述，宏观经济运行是一个复杂的过程，宏观经济走势是受多重因素影响的。分析和把握宏观经济走势，是指导宏观政策选择与操作的重要前提。本书以中国改革开放 30 年来的宏观经济实践为背景，通过实证分析，论证和阐明了宏观经济理论和政策分析的一种逻辑、一套方法和一组宏观政策操作参数。希望拙作能够起到抛砖引玉、推进创新、促进中国特色社会主义持续健康发展的作用。

---

① 笔者曾运用上述"货币供给增长倍数"原理，对 2007 年秋冬季以来中国宏观经济走势进行分析，先后两次提出具有超前价值的宏观调控政策建议（参见人民日报办公厅编辑的《信息快报——舆情》2008 年 1 月 25 日第 69 期发表的拙作《应防止出现紧缩过度和"硬着陆"》和 2008 年 9 月 5 日《经济参考报》第 10 版发表的拙作《适时调整政策 避免资源浪费》）。

序　一

　　总量平衡是宏观经济正常运行的关键，有效的宏观调控又是实现总量平衡的根本措施。近十年来，由于我国经济多次出现总量失衡，不仅导致宏观经济运行波动起伏过大，市场紧张与市场疲软交替出现，而且给整个经济发展造成了巨大困难，迄今尚未完全摆脱困境。严峻的现实引起了人们的高度关注，并由此形成了经济理论探索的一个热点，这是完全可以理解的。纵观近年来关于这一方面的研究，尽管也取得了不少成果，但引进西方现代经济学作一些表层分析的偏多，而从中国经济运行的现实特点出发进行深层分析的偏少，这也是一个毋庸讳言的事实，特别是将总量关系分解开来进行具体解剖的更属少见。正是基于这种感受，我对刘迎秋同志的博士论文选题"总需求变动规律与宏观政策选择——中国（1952～1990年）经验的理论分析"就特别感兴趣。不管这篇论文是否已经解决了自己提出的全部问题，但它毕竟抓住了正确解决这些问题的要点，有了一个良好的开端。这也是使我对这篇论文感兴趣的主要原因。

　　怎样评价这篇论文（即本书），见仁见智，自可不同。我不妨先摘引由国内若干著名专家组成的论文答辩委员会的结论性意见以飨读者，这或许是有益的。结论认为，该论文"以马克思主义为指导，以我国近40年经济发展的经验材料为背景，对我国总需求变动和实现国民经济持续、稳定、协调发展的宏观政策选择进行了系统的、比较细致的分析和论证，提出了许多具有启发性的见解和新的理论观点，具有重要的学术价值和实践意义，是一部具有开创性和相当理论深度的力作，丰富和发展了社会主义宏观经济理论"。

　　此外，答辩委员会还从以下七个方面肯定了该论文的理论贡献：对我国近40年总供给与总需求的测定，有一定根据，具有开创性；运用实证材料和统计分析说明了我国总需求变动的周期性；论证了消费需求不断上升必须以保持一定的储蓄（投资）为前提；提出和阐明了投资需求合理增长的理论模型及其数量界限；科学地阐明了"逆霍夫曼定理"发展战略的二重效应；第一次以实证方法描述了需求总量变动的供给效应曲线；相应地提出了调节总需求的对策建议。在这里，我不想详细转录这些肯定性的评价意见。因为，读者通过阅读本书自然会做出自己的判断。我只想从自己亲身的接触提出以下几点感受，这对读者了解本书可能会有一些参考价值。

我们不可能要求作者在一篇论文中穷极真理，解决本课题中的全部问题。但是对于一篇博士论文来说，我们完全有理由要求它逻辑严谨、材料翔实、方法科学，并应有创见、有新的理论贡献。就这一标准来说，刘迎秋同志的论文基本达到了这个要求。而他之所以能够做到这一点，我认为以下三点是起了主要作用的：

第一是严肃认真的科学态度。刘迎秋同志以他勤奋不懈的劳动来完成这篇论文本身，就是他坚持严肃态度的一个最好的证明。除去准备工作以外，他在一年多撰写论文的过程中，可以称得上是勤奋写作、笔耕不辍，包括假期在内也不例外。

第二是高度重视材料的汇集和加工整理工作。搜集、换算近40年的总需求材料并使之系统化，并不是一件轻而易举的事。据我了解，他在整理材料的过程中确实碰到了不少困难。尽管由于客观条件的限制，他在材料的整理工作方面还没有做到尽善尽美，但他毕竟整理出了一套比较系统的有关总需求变动的统计资料，这是难能可贵的。而没有这些资料作基础，也就谈不上真正的宏观经济研究。

第三是他选择了恰当的分析研究方法。从整个论文的指导思想来说，他始终坚持了从实际出发和矛盾分析的方法，这正是马克思主义的基本方法。基于他的课题偏重于定量分析，他又恰当地选择了实证分析方法（包括统计分析和数学模型），从而使论文在定性分析的前提下，以有说服力的定量分析论证阐明了本文所提出的一些问题。

以上几点看来并不是什么新的创造，甚至可以说是理论研究方面的老生常谈，但问题恰恰是老生常谈的东西，在今天的理论实践中却往往并不常见。可以说，刘迎秋同志基本上是以自己的实际劳动，实践了老生常谈中的一些众所周知的道理。在今天，对于这一点给予充分肯定，我认为并不是没有现实意义的。

南开大学经济学院院长、教授　　谷书堂
1991 年 8 月于青岛

序　二

这是刘迎秋同志的博士论文。我参加了论文的评议和答辩。现在它将由陕西人民出版社出版，我愿将我的评语稍加扩展，为之序。

总供给和总需求是宏观经济总量分析的两大方面，也是制约整个社会经济发展的两大因素。生产或供给是基础，但由消费和投资构成的需求对生产或供给也有着重要的影响和作用。不同需求相适应，不以需求为最终归宿，而单纯用生产促生产、用供给促供给，生产或供给就不会有生命力，就不能得到很好的发展。在我国社会主义初级阶段的经济发展中，由于原有的经济落后和社会生产力水平不高，自然要始终抓住发展生产、推进供给这个中心，但是为了使我国的国民经济持续、稳定、协调地发展，根据新中国成立以来社会主义经济建设的经验，特别是改革前抑制需求和改革以来需求膨胀都影响了经济发展的教训，也必须重视和发挥需求变动的作用。近年来，在我国经济理论界虽然开展了对总需求的研究，并取得了不少的有益成果，但阶段性的分析和提出应急性的措施较多，系统的、规律性的研究较少。刘迎秋同志的这篇论文——实际上也是一部专著，则以总需求为主题，根据我国长达 40 年经济发展的实际测算材料，大范围地、大时间跨度地、系统地分析和探讨了我国总需求的变动及其内在机制和规律，从供给和需求的相互关系上，研究了总需求变动的供给效应，并在此基础上，提出了调节需求、推进供给的宏观经济政策选择的原理、原则，从而丰富和发展了我国社会主义宏观经济理论，为我国有计划商品经济条件下的宏观经济管理提供了理论和政策选择依据。因此，这是在理论上具有开创性并具有重要现实意义和实践意义的一篇论文或一部专著。

论文在理论分析和阐述上，比较细腻而且有深度。它在分析和探讨我国长期总需求变动的内在规律以及调节需求、推进供给的宏观经济政策选择当中，正确地运用了马克思关于社会再生产以及生产与消费、总供给与总需求的相互关系等基本原理。作者明确地指出了他所说的总需求，不同于凯恩斯的有效需求，而是指有支付能力的总需求；他批判了凯恩斯只注意需求总量的变动、忽视需求结构的变动，只承认在短期中需求对供给的决定影响、不承认在长期中供给对消费的制约作用等观点,同时在此基础上也吸收了凯恩斯关于需求管理、均衡收入决定、投资乘数等思想;批判了"萨伊定律"即"供给创造自身的需求",把供给和需求完全一致起来而不脱节、无矛盾的观点,同时也吸取了其中重视供给的思想;作者还指出了科尔内的"短缺是社会主义经济的基本问题",一方面是供给不足,另一方面是需求过度的观点是一种"教条",是站不住脚的、不能成立的,因为根据我国社会主义经济发展的实际,不仅存在着"短缺"和"需求过度",而且还存在着"过剩"和"需求不足",总需求不足和总需求过度是交替出现的。此外,作者在关于我国总需求(主要是消费需求)周期性变动规律的分析中,还恰当地吸收了当代西方经济学中关于相对收入对消费需求影响作用的理论观点,提出了通过示范→模仿→赶上别人家的消费竞赛,使个人购买周期转化为社会购买周期,也即消费需求的示范效应与购买周期相结合的一种总需求周期再生产的机制;在关于投资需求变动的分析中,作者提出了投资抑制消费、消费品的供给短缺又加大了投资后的供给短缺的"逆霍夫曼定理效应"。以上这些,都表明论文的理论分析透辟、有相当深度。

论文的研究方法也是正确的、得当的,而且有所创新。这里的根本方法是唯物辩证法,但作者则进一步把它具体化了,运用和贯彻得很好。首先,作者是立足于我国经济发展的现实来探讨我国总需求的变动及其内在规律的。因此,作者花了巨大的功力,积累了大量的实际材料,从对这些实际材料的分析中概括和总结出总需求变动的内在联系和规律性。在概括和总结中,运用了矛盾分析法,即根据事物发展的内在矛盾运动,找出并抓住主要矛盾和矛盾的主要方面,对问题进行具体深入的分析,把握实质,揭示规律,达到理论与实践的统一、逻辑与现实的统一。在唯物辩证法的指导下,作者恰当地运用了实证分析与规范分析相结合而以前者为主的方法。而在对总需求变动规律进行实证分析的过程中,作者还把总量分析与结构分析、短期分析与长期分析、静态均衡分析与动态非均衡分析等具体方法结合起来,而且突出后者。这是本著作展开研究的一个重要方法论特点。此外,作者还大量地运用了数量分析、函数关系分析和模型分析等方法。

我国总需求变动及其规律性的研究,是一个非常复杂、难度很大的大课题。特别是我国现阶段正处在新旧体制转换的时期,情况多变,头绪纷繁,尚需不断地进行经验总结和理论概括。因此,希望作者在本文已有的可贵的基础上,随着我国改革开放的不断深化,不断总结实践经验,继续这个课题的理论研究,使其更加充实和提高,为发展我国的社会主义政治经济学理论做出更大的贡献,为我国宏观经济管理政策的选择提供更加雄厚的理论依据或基础。

南开大学经济学系教授　魏　埙

1991 年 10 月于南开园

内容提要

列宁曾指出："根据书本争论社会主义纲领的时代已经过去了，我深信已经一去不复返了。今天只能根据经验来谈论社会主义。"（《列宁全集》第27卷，第480页）本书的全部分析和研究正是以这样一种思想为指导、以我国近40年经济发展的经验为背景、紧紧围绕总需求变动展开的。其论证主题是总结我国总需求变动的历史经验，揭示我国总需求变动的内在规律，阐明调节需求、推进供给的宏观政策原理。全书分7章，主要阐述了以下内容：

第1章 作为开篇，首先扼要说明了研究我国总需求变动规律的意义、方法以及展开研究的内在逻辑。在理论上，这一章的独到见解主要有两点：（1）明确指出了单纯的、仅仅注重某一方面的短期对策研究，是不可能全面认识和正确解决我国经济发展中曾经出现、今后还有可能发生的"需求膨胀"或"市场疲软"这类问题的。只有深入、系统地研究我国总需求变动的内在规律，才能做出正确的宏观政策选择。（2）强调研究我国总需求变动必须从实践出发，以马克思主义唯物辩证法为指导，在统计检验基础上把短期分析与长期分析、总量分析与结构分析、实证分析与规范分析结合起来，反对和摒弃仅仅从本本、抽象原则和"应该怎样"出发那样一种"经院式"、"演绎推理"式的方法论倾向。

第2章 是为展开理论分析做"必要理论铺垫"和"实证材料准备"的一章，主要阐述了总需求及其构成、总需求变动的涵义及其形式、我国总需求以及总供给的测定等几个问题。这一章主要提出了以下四个新的见解：（1）在区分需要与需求、有支付能力的总需求与总有效需求的基础上，把我国总需求归结为有支付能力的总需求，即各类现金支出和国家计划拨款支出的总和。（2）从总需求变动与总供给变动相互关系的角度，概括了总需求变动的二重涵义及其分类。（3）在清理我国理论界对于测定总需求存在的模糊认识基础上，提出了测定我国总需求必须遵循的"概念源于实践"、"范围与广义市场相一致"、"内容不重叠"三原则。（4）根据上述原则，运用我国现有统计资料，不仅第一次对我国近40年的总需求做出了较为确切完整的测定，而且第一次运用"国民收入系数调整和因素扣除法"对我国近40年的总供给做出了较为确切完整的测定。

这一测定结果的价值，在某种意义上要比测定本身大得多。

第3章 是对我国总需求变动的总体考察。在这一章，第一次运用短期分析、长期比较的方法，揭示和阐明了我国总需求周期变动规律。具体说，这一章在理论上的贡献是：（1）第一次用实证材料、统计数据证明了在我国经济发展中总需求过度和总需求不足交替发生的事实，从而有力地批判了"科尔内教条"。（2）区分了我国总需求变动的"古典周期"和"增长周期"，阐明了实施改革前后我国总需求周期变动的不同特点。（3）第一次将我国总需求周期变动的根本原因归结为社会主义社会的主要矛盾，阐明了总需求周期变动的物质基础及其长期存在的客观必然性。（4）第一次深刻说明了我国总需求周期变动的再生机制不仅源于经济体制，而且源于与消费者行为相关的消费预期和购买周期以及与投资者行为相关的投资周期。

第4章 深入到总需求内部，集中探讨消费需求的长期变动。这一章在揭示我国人均消费需求函数的基础上，第一次通过实证分析论证和说明了我国消费需求不断上升规律不仅是指本期消费需求高于前期，而且是指本期消费需求上升不妨碍续期消费需求继续上升。这就不仅从消费与收入、消费与储蓄（投资）相互关系的角度，而且从消费与人口内在联系的角度，阐明了消费需求长期变动的内在规律。在理论观点上，这一章分析、论证的独到之处主要表现在四个方面：（1）第一次从我国发展阶段出发把人口、收入、储蓄（投资）、投资效率作为决定消费需求的基本因素，创造性地提出了"人均消费需求差额模型"，并运用这个模型论证和说明了"人均消费需求上升假说"以及消费需求上升的数量界限。（2）在分析和说明"市场疲软"与消费需求上升规律的关系基础上，明确区分了"需而不买"性质的"结构性市场疲软"和"有效需求不足"性质的"市场疲软"。（3）在分析和说明消费需求上升一旦突破其内在数量界限必然导致"消费膨胀"的基础上，指出了由于"消费膨胀"与消费需求不断上升规律的内在要求背道而驰，因而必使消费需求上升轨迹发生中断，最终则可能导致即期消费需求不足。（4）概括指出了消费需求不断上升规律对调节生产、消费、人口以及经济增长的作用及其实现条件。

第5章 进一步集中分析投资需求的长期变动。这一章在阐述人均收入增长函数的基础上，不仅分析和阐明了投资需求的理论增长模型 I 和合理增长模型 II，而且从理论与实践相结合的角度论证和说明了我国投资需求长期持续合理高速增长规律。这一章对投资需求以及总需求长期变动理论研究的推进主要有：（1）紧紧抓住人口、消费、劳动力无限供给下资本深化与拓宽以及产业结构变动等因素，论证和说明我国投资需求高速增长的客观动因。（2）从投资决策和投资行为分析入手，阐明了"传统体制"下我国投资需求高速增长非持续的发生条件与机制。（3）在剖析"双重体制"下投资决策和投资行为基础上，进一步阐明了投资需求持续膨胀的发生条件与机制。（4）从长期发展的角度，论证和说明了实现我国投资需求长期合理高速增长的关键在于继续严格控制人口增长、积极引导投资方向、规范投资渠道、深化体制改革。

第6章 是本书展开分析的第一次综合，主要从需求与供给内在统一的角度阐述总需求变动的供给效应。这一章在理论上的创见在于：（1）在实证分析和说明我国总需求结构变动具有逐渐扩大趋势基础上，一方面把"传统体制"下总需求结构变动的产出效应归结为投资抑制消费的"逆霍夫曼定理效应"；另一方面把"双重体制"下总需求结构变动的产出效应归结为消费诱发投资的"需求牵动效应"。（2）把货币供给因素引入需求总量变动供给效应的分析，第一次实证描述了我国需求总量变动的供给效应曲线，并在此基础上严格区分了需求总量扩张或收缩的"过度"与"适度"。（3）在分析和说明需求总量过度扩张和收缩的负效应及其代价基础上，强调指出了在我国商品经济发展的过程中，需求总量的适度扩张或收缩，不仅具有客观必要性，而且具有直接实践意义。否定这一点，不利于我国国民经济的持续稳定和协调、高效发展。

第7章 进一步综合上述分析，集中阐述调节需求、推进供给的政策选择原理。这一章主要阐述了以下四个基本理论观点：（1）在我国经济发展中，推进供给始终是一个长期不变的主题。然而，推进供给的本质内容只能是推进有效供给，而不是其他意义上的供给。（2）推进供给必须以调节需求为基本手段，片面强调用供给推进供给是无助于我国经济发展和供给增长的。调节需求的政策选择则必须依据客观经济规律和现实经济状况，首先是总需求变动规律和实际经济状况。只有这样，才能选择和实施有效推进供给的宏观经济政策。（3）选择调节需求、推进供给政策的基本原则是，需求总量和需求结构的调节并重而以结构调节为主。（4）在目前阶段，实现上述选择的条件在于继续深化改革，主要是微观经营机制，宏观管理体系和市场结构的再构造三个方面。只有继续深化改革，才能形成计划与市场有机结合的运行机制，从而才能实施积极调节需求、有效推进供给的宏观经济政策，使我国国民经济得到健康发展。上述政策选择理论的提出，不仅丰富和发展了我国社会主义宏观经济理论，而且为有计划商品经济条件下的宏观经济管理提供了政策选择依据。

ABSTRACT

This thesis intends to explore the laws of aggregate demand changes in Chinese national economy by analysing its fourty – years' statistics and to explain the principles of macroeconomic policy selections for regulating the aggregate demand and pushing on the aggregate supply. It includes 7 chapters.

CHAPTER 1   As the begining of this thesis, this chapter shows the significance, the method and the inherent logic of this studies. Here two original views are contributed： One is that rather than short – run countermeasure approaches, only more comprehensive and systematic exploration of the aggregate demand changes can be used to make correct choice of macroeconomic policies so as to solve the problems of "demand expansion" and "market slump". Other one is that it emphasized that this study must proceed from practices, must With the Marxist materialist dialectics as the guidance, and must make the short – run analysis, aggregate analysis, positive analysis to be combined with the long – run analysis, structral analysis and normative analysis.

CHAPTER 2   This chapter is aiming at providing theoretical basis and positive materials for the following chapters. It gives the definition of aggregate demand and its composition, the implications of aggregate demand changes and its forms, and the measurements of our country's aggregate demand and supply. Four new ideas are advanced here. The first is defining the aggregate demand of our country as the aggregate demand with paying capacity, i. e. , the total sum of various cash disbursements and state's planned appropriations, on the basis of differentiating between demand and need and between aggregate demand with paying capacity and aggregate effective demand. The second is generalizing the dual implications of aggregate demand changes and its classification from the point of view of the relationships between aggregate demand changes and aggregate supply movements. The third is setting up three principles which must be followed in measuring the aggregate demand of our country. They are "Concepts stem from practice", "Scope is consistent with market in broad sense" and "Without overlap in contents". The fourth is providing an accurate and complete measurement of nearly fourty – years' aggregate demand and aggregate supply of our country.

CHAPTER 3　This chapter gives a general survey on aggregate demand changes. It brings to light the laws of aggregate demand cyclical change in Chinese economy. The main theoretical contributions here are: firstly, for the first time, it proves the facts that excessive and insufficient aggregate demand occurred alternately in Chinese economic development, thereby giving a strong criticism to "Kornai's dogma"; secondly, it gives differences between "Classical cyclical" and "Growth cyclical" in aggregate demand changes and shows the different features of the aggregate demand changes; thirdly, for the first time, it points out that the aggregate demand cyclial changes is attributed to the principal contradiction of our socialist society, and the material base of the aggregate demand cyclical changes and the objective necessity of its long existence; fourthly, for the first time, it deeply shows that the regenerated mechanisms of aggregate demand cyclical change is not only originated from economic structure but also in consumption anticepation relating to consumer's behaviour and purchasing cycle and the investment cycle relating to investor's behaviour.

CHAPTER 4　Which is concentrated on approching the long – term changes of consumption demand penetrating into the interior of aggregate demand, this chapter demonstrates and shows the law of consumption demand unceasingly going up, which means not only that the consumption demand of this period is higher than that of former period, also that the ascent of consumption demand of this period won't present any obstacle to the continuous rising of consumption demand of next period. The outstanding views of this chapter are: the first is having presented a "model of per capita consumption demand margin"; the second is giving the differences between the "structural market sluggishness" in the nature of demanding without purchasing and the "market sluggishness" in the nature of insufficient effective demand; the third is showing that expanding demand will bring about insufficient consumption demand at length; the fourth is showing the effects of the law of continuously rising of consumption demand on the regulation of production, consumption, pupulation and on the economic growth.

CHAPTER 5　Which is concentrated on approching the long – term changes of investment demand, this chapter expounds the models of theoretical growth rate and rational growth rate of investment demand, and shows the law of long – term rational high – speed growth of the investment demand of our country. The theoretical advancements of this chapter are: firstly, it shows the objective motives of the high – speed growth of our country's investment demand; secondly, it shows the reasons and machanisms of the uncontinuous high – speed growth of our country's investment demand un-der the traditional system; thirdly, it shows further the conditions and mechanisms of the continuous expansion of investment demand under the dualsystem; fourthly, it shows that the key to realize the long – term rational high – speed growth of our country's investment demand is to strictly control the growth of population, to lead the direction of investment, to standardize the channels of investment, and to deepen the reform of eco-nomic system.

CHAPTER 6　This is the first time to synthesize the analysis of this thesis. Its original ideas are: firstly, it indicates that the output effects of aggregate demand struc-tural changes under traditional system is summed up to the "effects against Hoffmann theorem", and that the output effects of aggregate demand struetural changes under "dual – system" is summed up to the "demand – affect effects"; secondly, it de-scribes the supply effect curve of the aggregate demand, strictly differentiates the "ex-cessiveness" and "optimum" of the expansion and contraction of aggreagate demand; thirdly, itindicates that the optimal expansion and contraction of aggregate demand in the devclopment of our country's commodity economy have not only necessity but also pradtical significance.

CHAPTER 7　Synthesizing the above analysis, this chapter is concentrated on ex-plaining the principles of policy – choice of adjusting demand to push the growth of sup-ply. It mainly demonstrates the following fundamental theories and ideas: firstly, it shows that the essence of pushing supply is effective supply not any other supply, and it is an unchangeable major subject in the economic development of our country; second-ly, it indicates that pushing supply must take demand adjustment as its basic means; and that the policy – choice for regulating demand must be in the light of objective eco-nomic laws and the realistic economic conditions; thirdly, it shows that the basic princi-ples of policychoice for regulating demand and pushing supply are laying equal stress on the regulation of aggregate demand and that of demand construction, but most relying onthe latter; fourthly, it indicates that the main way to realize the policy – choice is to deepen the economic reform, especialy the reform of the micre – management mecha-nism, macro – management system, and the reconstruction of market structure.

目　录

CONTENTS

1

绪　论

　　"变动"是当今世界各国经济发展的一个共同特征。无论是拥有巨额财富的美国，还是实力雄厚的日本，概莫能外。中国当然也不会例外。一部活生生的世界近现代史充分表明，无论是资本主义，还是社会主义，都不是什么"坚实的结晶体"，"而是一个能够变化并且经常处于变化过程中的机体"。[①] 没有变动或变化，就没有发展或进化。因此，"变动"应当是我们思考一切当代社会经济问题的出发点，尤其应当是思考我国社会主义经济问题的出发点。

　　回顾我国进行社会主义经济建设的40年，不仅是奋进与变革的40年，而且是在总需求变动的旋涡中挣扎与发展的40年。但是，多年来，受客观条件和思维方式的限制，我国经济理论界很少注意对总需求变动规律的分析和研究，而是长期局限于对生产关系（或至多从这个角度涉猎供给问题）的静态、规范分析。近年来，人们虽然开始注意这方面的研究，但表层分析和阶段分析多，大时间跨度、系统化的深入分析和对规律的探索不够。以致于当总需求膨胀和遍及全国的"抢购风潮"骤然转为"市场疲软"之时，社会各界都为之震惊，理论和政策都成了"灰色"说教，格外显得暗淡无光，"需求调节"抑或"供给推进"的争论似乎至此也告一段落。然而，实践之树是常青的。我国经济发展的经验和严峻的现实一直在大声疾呼：不系统地、深入地探讨和阐明总需求变动及其规律性，就不可能更全面、更准确地理解和把握总供给乃至整个生产关系发展和变化的规律，对生产关系的研究也不可能取得实质性进展，从而也就不可能更深刻地理解和把握现实并正确地选择适合于我国的宏观经济政策，以此来应付或避免经济运行中出现的上述复杂情况，实现国民经济的长期稳定、协调和高效发展。有鉴于此，探讨和求索我国总需求变动的规律性以及反映这种变动关系的宏观政策选择，就成了笔者的一个愿望。本书也正是基于上述考虑而立题的。

---

① 《资本论》第1卷，人民出版社1972年版，第12页。

1.1　研究总需求变动规律的意义

把总需求变动从众多的宏观经济变动关系中抽象出来，专门进行系统的分析与研究有无必要？笔者的回答是肯定的。对此，可从人们普遍关心的"需求调节"与"供给推进"的争论和"总需求膨胀"骤然转为"市场疲软"这样两个问题谈起。

1.1.1　"需求调节"抑或"供给推进"：一个悬而未决的经济学难题

"需求调节"和"供给推进"是近年来我国经济理论界提出的旨在解决宏观经济问题的两种截然相反的政策主张和理论观点。

"需求调节论"是一种通过调控需求来推动经济增长的政策理论。持这种理论观点的学者针对传统体制中曾经存在的"短缺痼疾"、"投资饥渴"已经转化为双重体制下的投资、消费双膨胀和"国民收入使用过度"[注]这个现实，认为"控制总量"、"调整结构"、用行政手段"压缩规模"、以经济手段"抽紧银根"，是我国的一项"基本国策"。① 尽管持这种观点的学者特别强调"调整结构"，但他们所强调的仍然是需求结构。因此，这种理论观点的核心是需求。

"供给推进论"则是一种用推进供给、适应需求、促使经济增长的政策理论。持这种理论观点的学者从我国经济长期非均衡发展、根本原因是供给不足这个角度出发，强调我国经济发展所处的阶段决定了"宏观经济政策的着力点应放在增加社会供给上"；② 需求调节之所以不足取，是因为它只是"治标之道"；③ "无论需求控制在某些时候具有何等重要意义，一个现代化的中国绝不可能从调节需求的政策中产生"。④ 尽管持这种观点的学者也强调推进供给政策的实施要以稳住需求为前提，但他们却把后者视为次要问题，认为我国最为迫切的始终是前者。

"需求调节"与"供给推进"的争论是尖锐而发人深省的，但又是悬而未决的。因为，依从"需求调节论"，宏观经济运行无法避免反射到供给方面的两难：抑制需求的政策因我国客观条件的限制（产业结构雷同、消费档次均齐），必然要以导致供给的下降为代价，刺激需求的政策则会招致"短缺"与"失衡"的更大压力。相反，依从"供给推进论"，宏观经济运行则无法避免反射到需求

---

① 参见吴敬琏、胡季、李剑阁：《论控制需求和改善供给》，1986 年 3 月 10 日《人民日报》；贾康：《抽紧银根与压缩规模》，《经济研究》1988 年第 5 期，以及其他一些论著。

② 参见常修泽、柳欣：《供给推进论》，《南开经济研究》1987 年第 2 期；鲁士海：《刺激供给：跨越滞胀"陷阱"的桥梁》，1989 年 6 月 17 日《光明日报》。

③ 参见邓英淘、罗小朋：《论总量分析和总量政策在我国经济理论与实践中的局限性》，《经济研究》1987 年第 6 期。

④ 参见马庆泉：《新短缺经济学》，求实出版社 1989 年版。

［注］ 这里未用"国民收入超分配"这个概念，因为它词不达意。

方面的两难：推进供给，必然会刺激和带动需求，使需求增加得更快、"瓶颈"约束得更紧；抑制供给，又必然导致需求的更大幅度下降，使远期供给受到更严重的影响。

问题的症结在哪儿呢？仅仅承认供给和需求两个方面中的一面，并将其"比作一把剪刀的一叶刀刃"，① 说当一叶不动而裁剪是由另一叶移动实现时进行裁剪的是第二叶确切吗？而如果从需求和供给总是"作为两个统一体，两个集合力量来互相发生作用"② 的角度看，强调把"需求调节"与"供给推进"结合起来是否可以成立？如果能够成立，它们二者依据什么并通过什么才能结合呢？

1.1.2 从"总需求膨胀"到"市场疲软"：客观现实所给予的启示

近 40 年来，我国曾多次发生总需求膨胀。但是，由于经济发展所处的阶段以及经济体制不同，总需求膨胀的性质及其发生机制也不同。而日益严重和持续时间较长的总需求膨胀，主要发生在改革以后。改革以后所发生的总需求膨胀，不仅表现为需求的增长速度大大超过供给的增长速度，还表现为需求的规模明显超过供给的规模，同时也表现为需求结构严重超过供给结构的负载能力。这个时期的总需求膨胀不仅发端于政府部门，而且也发端于微观经济单位和城乡居民个人（改革前则主要发端于政府部门）。到 1988 年下半年，由持续的总需求膨胀积淀下来的社会结余购买力，在涨价预期影响和保值愿望的驱使下，终于像"水坝决口"一样突然涌流出来，形成了席卷神州的"抢购风潮"和建国以后极其少见的"社会恐慌"，[注] 从而引起人们的普遍震惊，以致短短数月之内竟把多年积压的库存商品，都以"好价"全部销出了。

然而，伴随"恐慌"而来的物价大幅度上涨和市场秩序混乱是社会和政府所不能容忍的。因此，最高决策机构很快做出了治理整顿、稳定经济的决策。与此相联系，强硬的"紧缩"措施相继出台。这些措施主要包括：压缩固定资产投资 500 亿元；压缩社会集团购买力 100 多亿元；实行保值储蓄回笼货币 400 多亿元；严格财税物价查收 100 多亿元，清理整顿、撤并公司查收违纪罚款 10 多亿元，等等。③ 受政策作用滞后效应的影响，大约一年后紧缩政策开始见效。加上地方、企业和个人同向致冷预期的影响，结果于 1989 年下半年开始出现了使企业家和政治家目瞪口呆的"市场疲软"。接着就是整个国民经济的持续"萧条"，特别是工业生产的负增长。除需求弹性较低的生存必需品外，直到 1990 年

---

① ［英］马歇尔：《经济学原理》中译本下卷附录九，商务印书馆 1965 年版，第 459 页。

② 《马克思恩格斯全集》第 25 卷，人民出版社 1974 年版，第 216 页。

③ 参见《在中国共产党第十三届中央委员会第三次全体会议上的报告（1988 年 9 月 20 日）》，1988 年 10 月 28 日《人民日报》；《为我国政治经济和社会的进一步稳定发展而奋斗——1990 年 3 月 20 日在第七届全国人民代表大会第三次会议上的政府报告》，1990 年 4 月 6 日《人民日报》。

［注］ 这里用"恐慌"一词似嫌过分，其实不然。否则，怎么解释当时出现的 70 岁老太太到商店一次购买 80 斤食盐这类荒唐现象呢？

下半年，其他各类商品特别是耐用消费品仍"卖而不动"。"价跌更不买"是这次"市场疲软"的显著特征。

面对"市场疲软"及其广泛的波及效应，国内许多学者曾提出过各种各样的判断以及互不相同的对策。① 但是，市场并未因此而发生实质性变化，工业生产也没有出现较大幅度的回升，形势的发展仍不尽人意。

从"总需求膨胀"到"市场疲软"，这段经济发展的历史过程能给我们一些什么启示呢？它是否以雄辩的事实表明了这样一个真理，即单纯的、只注重某一方面的短期对策研究难以卓有成效地解决我国复杂的社会经济问题呢？既然"供给总是紧跟着需求，然而从来没有刚好满足过需求；供给不是太多，就是太少，它和需求永远是不相适应的"。② 因此，是否应当说，只有在广泛开展对生产关系以及供给问题研究的基础上，着重深入探讨和研究总需求的变动及其规律性，才能够正确地选择和实施促进我国经济长期稳定增长的宏观政策，并足以避免总需求过度膨胀或市场疲软的冲击呢？

1.1.3　冷静思考后的答案：要深入研究总需求变动规律

现实是冷酷而严峻的。当人们还在各执一端、饶有兴味地争论需求调节和供给推进孰是孰非的时候，实际经济运行已经由总需求的过度膨胀骤然冷却而转为市场的严重疲软；当人们还在为中华民族知识水平偏低、文化素质下降担忧的时候，数以万计的大学生却一度成了新的待业者；当人们还在议论经济运行的周期波动在中国没有客观必然性而只是一种特殊的、暂时的经济现象的时候，新的一轮萧条厄运已经悄悄袭来，并不断趋向深化。无数事实表明，需求并非总是被动的。恰恰相反，在现代商品经济条件下，需求总是供给的影子，供给总是需求的结果，脱离需求的供给迟早是会消亡的。因此，理论研究必须从经济运行的表层深入到里层，首先对总需求的变动[注]及其规律性进行系统的研究。

第一，只有深入、系统地研究总需求的变动规律，才能制定出科学的需求调节政策。科学的需求调节包括两方面的内容，需求总量的调节和需求结构的调节。凯恩斯主义的需求管理政策只注重需求总量关系的变动，因此，它不可能是

---

① 参见《治理整顿取得初步成果，市场疲软是阶段性效应》，1989年10月26日《人民日报》；陈佳贵：《市场疲软的原因与对策》，1989年12月16日《光明日报》；赵海宽：《我国当前的经济形势及对策》，1990年6月2日《光明日报》；乔刚、马建堂：《适当增加最终需求、逐步消除市场疲软》，《经济研究》1990年第5期；杨培新：《当前经济形势分析和对策研究》，《经济研究》1990年第7期；沈立人：《加大改革分量，启动结构调整》，《经济研究》1990年第8期；龙玮娟：《市场疲软与资金"体外循环"》，《南开经济研究》1990年第5期，以及其他一些论著。

② 《马克思恩格斯全集》第1卷，第63页。

[注] 这里所说的总需求变动是包括我国改革前后40年的总需求变动。有的学者认为改革前根本不存在什么总需求，这是一种误解。问题是改革前总需求变动在很大程度上是由中央计划直接控制的，但这并不等于说总需求及其变动不存在。

全面的。我国理论界的研究虽然注意到了上述两个方面，甚至常常更多地强调后一方面，但是，由于对总需求本身的短期变动和长期变动及其规律性重视不够，研究不深，因此，所提出的一系列调节政策和措施实行起来都不够充分、有力，甚至导致逆调节效应。在这一点上，凯恩斯作为一个资产阶级经济学家，反而比我们的某些学者来得明智。尽管他仅从心理变动角度论证引起有效需求不足的三大规律不够科学，但他在阐明了有效需求变动的规律性之后才提出相应政策的方法却无疑是正确的。而这正是我国理论研究中注意不够的。

第二，只有深入、系统地研究总需求变动规律，才能制定出正确的供给推进政策。供给推进包括存量调整和边际推进两个方面。这两个方面都不可避免地会遇到同一类问题，即：边际推进的指向是什么？存量调整的重点是什么？这里的"指向"和"重点"显然不是直接由供给本身决定的，而是由需求决定的。脱离了需求的导向及其所给出的重点，供给的边际推进和存量调整必然是盲目的和缺乏内在根据的。实践证明，有效的供给推进政策只能产生在对总需求变动及其规律性的深入、系统研究之后。离开了对总需求短期变动和长期变动及其规律性的深入研究，就不可能制定出有效的供给推进政策。

第三，只有深入、系统地研究总需求变动规律，才能更深刻地把握我国的经济周期，实现国民经济的持续、稳定和协调、高效发展。传统体制下的总需求是需求无约束下的资源约束。尽管在那里个人消费需求是由计划严格控制的，但"企业的预算约束是软的……几乎不受偿付能力的限制"，[①]"在发展国民经济上，政府的自然倾向是尽可能快一些，即把增长率定在尽可能高的水平上"。[②] 因此，在达到资源约束的极限之前，需求是没有约束的，也只有在这个极限上，需求的增长才会被迫收缩，从而使经济运行的轨迹表现为剧烈的周期性震荡。在改革中形成的双重体制下，情况变得更复杂了。经济周期的发生不仅与计划部门的"冲动"有关，而且与地方和企业的"冲动"密切联系。因而，经济高涨时，需求旺盛，短缺强化短缺；经济衰退时，需求疲软，消费需求压抑投资需求，加速经济滑坡。如果对总需求变动的过去、现在及其发展研究不够、探讨不深，那就不可能更深刻地把握在新的历史条件下还会发生的经济周期波动，从而也就不可能选择和实施正确的宏观政策，实现国民经济的稳定增长。

第四，只有深入、系统地研究总需求变动规律，才能更深刻地把握供给与需求的关系以及宏观经济变动的规律性，为社会主义宏观经济学的形成奠定坚实的

① ［匈］亚诺什·科尔内：《短缺经济学》中译本上卷，经济科学出版社 1986 年版，第 36 页。
② ［波］米哈尔·卡莱斯基：《社会主义经济增长理论导论》中译本，上海三联书店 1988 年版，第 12 页。

理论基础。近年来，我国经济理论界思想活跃，大有回到所谓"黑格尔时代"[注]的架势，仅社会主义宏观经济学专著就有若干个版本。然而，美中不足的是，所有这些版本大体上都存在两种极端性倾向：一种是教条式地在传统政治经济学基础上，加进一些总量关系的分析，进行新的"积木"堆砌，另一种是以西方宏观经济学体系为蓝本，搬用多，创造少，缺乏对我国宏观经济运行内部关系的实际分析，尤其缺乏对总需求变动及其规律性的探讨。从这个角度看，到目前为止，我们还没有创立起真正的社会主义宏观经济学，可能并不过分。道理很简单，在科学地分析和阐明我国总需求长期和短期的变动及其规律性之前，既不可能在理论上更深刻地把握总供求关系，也不可能形成反映这种内在联系的社会主义宏观经济学。

总之，无论从政策选择的角度，还是从经济发展的角度，抑或是从学科发展与建设的角度，深入、系统地研究我国经济发展中所发生的总需求变动，探讨和揭示其规律性，都有着十分重要的意义。如果像新古典经济学家马歇尔所精辟地指出的那样："单是企图清楚地说明怎样衡量对一样东西的需要，就已开辟了经济学主要问题的新的方面"，① 那么，在人类跨入转世纪最后一个十年的时候，在我国经济发展和经济改革即将跨上一个新的台阶的时候，系统而深入地研究总需求的短期和长期变动及其规律性，是否更具开创性和建设性呢?!

1.2　研究总需求变动规律的方法论

任何一种科学学说的提出和系统阐述，都不仅是研究对象的革命，而且是范畴、术语的革命，同时还是研究方法的革命。其中，方法论的革命尤其重要。科学发展史表明，没有后者的革命，前两者也难以完成，从而也就不可能产生出新的科学理论。因此，研究我国总需求变动规律，同样离不开方法论的创新。

研究我国总需求变动规律，必须首先进行方法论的探索，这是由研究内容本身决定的。第一，我国是一个发展中的、还处于初级阶段的社会主义国家，总需求的形成和变动较为复杂。说它是一个使人"望而生畏"的领域并不过分。在这个领域中，不仅经济因素有着重要的作用，而且非经济因素的作用也非常突出，差异性过于明显，可使用的证据又过于贫乏，现成的统计资料几乎没有。难怪很多人认为这是一个"不能做出更多的事情"的领域。② 显然，要在这样一个"不能做出更多的事情"的领域中做出点事情来，不创造与运用新的科学方法是不可能的。第二，我们所要研究的总需求变动，不仅是指它的短期变动，而且是

---

① ［英］马歇尔:《经济学原理》中译本上卷，商务印书馆1964年版，第104页。

② 参见［美］费景汉、古斯塔夫·拉尼斯:《劳力剩余经济的发展》中译本，华夏出版社1989年版，第2页。

［注］按照马克思的观点，黑格尔时代是每个人都企图创立一种学说的时代。

指它的长期变动。这就超出了传统的总需求理论研究的时间范围。[注]探讨长达40年的我国总需求变动及其规律性，如果没有一套科学的方法，肯定是不会取得任何实际成就的。

本书研究总需求变动规律的方法论，主要是由相互区别又密切联系的三个方面组成的。

1.2.1 立足现实，以我国实践经验为基点

科学的经济理论只能产生于对丰富的社会实践经验的正确概括和总结。传统的社会主义经济理论之所以沉闷、没有生气，不在于经济实践不丰富、不生动，而在于理论研究脱离实践，具有严重的"经院主义"和"演绎推理"倾向。这是我们在研究中要坚决防止的。

立足现实，就是要立足于我国经济发展的现实。第一，我国是一个低收入发展中国家，因而具有发展中国家的一般经济特点。这些特点主要表现在三个方面：其一是人均收入水平低，到1990年人均收入水平还比世界平均水平低1600美元以上；其二是"二元经济"结构特征明显，尽管工业份额高于发展中国家的平均水平，但它又是以农业发展迟缓为代价的；其三是结构不平衡，结构变动是经济发展的主要内容。我国的总需求变动，总是与上述三个特点相联系的。第二，我国还是一个人口大国，按照发展经济学家的分类，人口在2000万人以上的国家就是"大国"。我国是一个拥有11亿人口的国家，可称得上是一个"巨国"。人口多，每天每人少吃一根冰棍，就相当于少吃90多万吨面粉（按平价计）；每年人口增长1%，就要使人均国民收入下降0.9%。第三，我国又是一个由不成熟的计划经济向有计划商品经济即市场经济过渡的国家。受管理体制不完善的影响，经济运行中"耗散结构"的熵值较高、负熵流不足，因而，经济行为的无序程度大，具有非均衡变动的特点。研究我国总需求变动，如果脱离了上述现实，再好的理论表述，都将是无意义的。

以我国实践经验为基点，就是要根据客观经验材料进行归纳和分析，从这些实际材料的分析中概括和总结需求变动的内在联系，这是时代的要求。正如列宁所说："根据书本争论社会主义纲领的时代已经过去了，我深信已经一去不复返了。今天只能根据经验来谈论社会主义。"[①]尽管以我国实践经验为基点并不排除在研究过程中借鉴他人研究成果的必要性，但借鉴必须建立在分析和研究实际材料的基础上。同样，在展开研究时进行国与国之间、同一发展阶段不同国家和地区之间的比较，是十分有益的，但这种比较也必须从我国实际情况出发。另外，在理论研究中进行必要的抽象推论是可取的，但绝不能用假设的材料代替经

---

① 《列宁全集》第27卷，第480页。

[注] 例如，曾经引起"经济学革命"的凯恩斯学说以及现代西方宏观经济学，其总需求理论所涉及的时间范围就都是指的短期。

验数据，更不能将由抽象推理得出但未经验证的结论当作普遍规律。

总之，从我国的客观现实出发、以我国的经验材料为根据，展开对总需求变动关系的研究，既是本书理论分析的一个突出特点，又是本书进行理论探讨的方法论基础。

1.2.2　坚持以马克思主义唯物辩证法为指导

研究总需求变动规律必须从实际出发，以我国的经验材料为根据。但仅此一点是不够的。因为经济科学所研究的材料具有特殊性，它绝不是与人们的经济关系毫无联系的纯粹自然的存在。特别是在总需求变动规律的研究中，如果仅仅是坚持从实际出发，而脱离了马克思主义唯物辩证法的指导，同样可以得出不准确甚至错误的结论。

坚持以马克思主义唯物辩证法为指导，主要是坚持马克思主义世界观和方法论的指导。在马克思看来，一切社会运动都是受一定规律支配的自然历史过程，这些规律不仅不以人的意志、意识和意图为转移，反而决定人的意志、意识和意图；生产力的发展水平不同，生产关系和支配生产关系变化的规律也就不同；这些规律的揭示必须依赖于充分地占有材料，通过对这些材料及其发展形式的分析，探寻它们所包含的内在本质联系；这种探寻过程，既是指对现存事物的肯定理解中同时包含着否定理解，又是指对每一种既定形式不断变动的永恒性理解中同时包含着暂时性理解。在对总需求变动关系的研究中，如果离开了上述世界观和方法论的指导，从实际出发就有可能走进机械唯物论的死胡同。

在总需求变动关系的研究中坚持马克思主义的世界观和方法论，主要是指坚持从实际出发与从本质上看问题相结合，用后者指导前者。从本质上看问题，实际上就是从事物发展过程中的矛盾运动关系看问题。要根据事物发展的内在矛盾运动，抓住主要矛盾和矛盾的主要方面，坚持具体问题具体分析。通过归纳和总结，把握实质，揭示规律，达到理论与实践的统一、逻辑与现实的统一。

总之，坚持马克思主义的世界观和方法论，是本书进行理论研究的基本方法论原则。

1.2.3　实证分析与规范分析相结合、以实证分析为主

实证分析（Positive analysis）是现代经济理论研究中广泛运用的一种方法。典型的实证分析方法的突出特点在于，它强调理论分析的现实基础以及对行为假设的经验验证；它对实际发生的经济过程进行描述、解释、预测，但不对实际经济运行的前提和结果进行好与坏、公平与不公平的判断，其评价的唯一客观标准是经济效率，但经济效率并非一定是好的和公平的。①

规范分析（Normative analysis）是福利经济学和制度经济学经常运用的方法。

① 参见 Allan C. Deserpa：*Microeconomic Theory*. Ally and Bacon, Inc., 1985, p. 11.

典型的规范分析的突出特点主要表现在，它以一定的价值判断为出发点，首先注重对这种价值判断标准的研究，并用它去评价经济运行的前提和结果是好还是坏，进而说明经济运行应该怎样发展才是好的或者不应该怎样发展才是更有利的。

在研究我国总需求变动规律的过程中，实证分析和规范分析[注1]都是必要的、不可或缺的。例如，在本书的具体研究中，首先遇到的一种现象就是总需求变动的周期性。根据大量实证材料，总需求周期变动是客观存在的，而且在我国经济发展的不同时期，这种周期变动呈现出极为不同的特点。描述和解释这种现象所具有的特点等，实际上就是在进行实证分析。但是，为什么会发生这种现象，在理论上确切把握这种现象的规律性对我国社会经济生活有什么意义，等等，对于这类问题的分析和阐述显然超出了实证分析的范围。

在总需求变动规律的研究中把实证分析和规范分析结合起来，既有助于说明"是怎样"的问题，又有助于说明"为什么是这样"的问题，还有助于说明"应该怎样"的问题。显然，单纯运用其中某一种方法是不能奏效的。早在100多年前，马克思在研究资本主义生产方式以及与其相适应的生产关系和交换关系时，就曾同时采用了上述两种方法，并使其达到了内在统一。正因为如此，马克思才第一次科学地阐明了雇佣劳动与资本相互对立的现实、原因和形式，同时还第一次科学地说明了上述对立的本质及其发展的必然趋势。本书的研究拟以马克思的实践为典范，把实证分析和规范分析有机地结合起来。

在总需求变动规律的研究中，把实证分析和规范分析有机结合起来的关键是以实证分析为主、以规范分析为辅。道理很简单，如果不清楚总需求实际是怎样变动的、这种变动已带来并且还会带来什么后果，那么，要对总需求应该怎样变动做出判断，即使是可能的，也是不确切的。因而，在实践上也就无从确定应当经过怎样的调整和实行什么政策，才能使总需求的变动更有助于我国经济的发展。

1.2.4　具体方法

对总需求变动规律进行实证分析的过程中，必须把总量分析与结构分析、短期分析与长期分析、静态均衡分析与动态非均衡分析等具体方法在突出后者的同时把它们有机地结合起来。[注2]这是本书展开研究的一个重要方法论特点，也是研究我国总需求变动基本目标的要求。

　　[注1]　关于实证分析和规范分析的主要内容、区别和联系及其演变，可参见杨德明著：《当代西方经济学基础理论的演变——方法和微观理论》（商务印书馆1988年版）。

　　[注2]　笔者在与蔡继明合著的《社会主义政治经济学研究的困境与出路》（《天津社会科学》1989年第4期）一文中，曾对社会主义经济理论研究中的方法论缺陷进行过分析，并强调了这里所指出的同一方法论。

首先，本书的研究涉及总需求短期变动和长期变动两个方面。因此，在具体展开分析的过程中必须相应地采取短期分析和长期分析的方法。如果在阐述总需求内部结构变动关系时，只注重短期分析或只注重长期分析，显然无法在理论上深刻说明总需求结构的长期变动怎样由短期变动引起、短期变动又是怎样影响着长期变动的。

其次，总需求变动不仅表现在总量关系上，而且表现在结构比例上。因此，在具体分析过程中还必须采取总量分析与结构分析相结合的方法。我国目前正处于结构变化最迅速的阶段，[注1]总量分析方法与结构分析方法的紧密结合尤其重要。因为在这样一个发展阶段，总量变动常常是由结构变动引起和推动的。这就决定了理论研究的方法要积极地适应这种变动关系的要求。

再次，总需求变动又是不平衡的。因此，从这个现实出发，本书的研究不仅注重采取传统的静态均衡分析方法，以揭示总需求变动的一般规律；而且还注重采取反映我国实际的动态非均衡分析方法，[注2]以阐明总需求变动的具体特点；同时还要把这两种方法结合起来，以揭示总需求长期变动的内在规律。

最后，上述三种具体方法又都是建立在对实际资料的统计分析基础之上的。本书的全部立论主要产生于实证，而不是产生于"演绎"或"推理"。因此，虽然在各章中所使用的具体方法是沿着从短期到长期、从总量到结构、从非均衡到均衡的顺序层层递进的，但贯穿全书始终的又是统计检验方法。这是本书展开理论分析的又一个方法论特点。

总之，从我国的实际情况出发，以我国实际经济材料为根据，以马克思主义唯物辩证法为指导，在统计检验基础上把实证分析与规范分析结合起来、重点进行实证分析，是本书展开理论研究的基本方法论。把短期分析与长期分析、总量分析与结构分析、静态均衡分析与动态非均衡分析有机地结合起来，是上述方法论在分析和叙述过程中的具体体现。

［注1］ 联合国工业发展组织曾根据钱纳里等著名经济学家的研究成果，对全世界发达市场经济国家和发展中国家（不包括社会主义国家）1960～1975年的可比指标进行过对比分析。通过分析，得出了一个基本结论：人均国民生产总值在265～1075美元的阶段，是经济结构变化最为迅速的阶段（参见《世界各国工业化概况和趋向》，中国对外翻译出版公司1980年版，第55页）。按官方汇率计算，我国1989年人均国民生产总值为298.50美元，恰处于这样一个阶段。

［注2］ 动态非均衡分析不仅是相对于静态均衡分析而言的，而且是相对于动态均衡分析而言的。它强调的是事物发展变化的现实及其趋势。本书运用这个方法则在于从长期变动的角度，论证和说明总需求非均衡运动的必然性及其对实现国民经济动态均衡发展的实际经济意义（参见拙作：《论社会主义经济运行机制的形成》，《南开学报》1987年第3期）。在我国经济理论研究中第一个突出强调动态非均衡分析的方法，并将其上升为垄断竞争动态非均衡方法，贯彻到理论研究中的是谷书堂教授主编的《社会主义经济学通论》（上海人民出版社1989年版）。

1.3 展开研究的基本线索

尽管近年来我国理论界关于"需求调节"或"供给推进"的论著不算少，但真正紧紧抓住我国经济发展过程中的"总需求变动"这五个字，进行大范围、大时间跨度的实证分析和理论探索，并从中概括出客观存在的规律性以及相应的宏观政策选择原理，本书却是一次全新的尝试。因此，在展开分析之前，有必要交代一下本书研究所遵循的基本线索。

1.3.1 展开研究的前提

本书的研究对象是中国的总需求变动，因此，它必须以"中国经济发展40年"为展开研究的基本前提。

毋庸讳言，在实施改革之前，总需求变动对整个社会经济生活的影响远不如实施改革以后。在那时，人们往往注重供给，强调供给，并从供给出发来设计宏观乃至微观经济运行机制和调控手段与政策，而把需求仅仅视为供给的陪衬，或视为可有可无甚至多余的范畴。这是片面的。因为事实上不仅投资需求，而且消费需求也对供给有着直接的或潜在的影响乃至决定作用（后面我们将对此进行具体分析）。

实施改革以后，实践的发展本身使人们更直接地感受到了总需求及其变动所具有的深刻影响作用。经济体制的二重化、经济行为主体的多元化、经济利益格局的多维化、经济交往关系的复杂化等等，都或多或少地、直接或间接地与"总需求膨胀"（其尖锐化形式是物价的猛烈而持续上涨或"普遍短缺"）或"市场疲软"发生了关系。总需求变动也就通过类似的形式而顽强地表现出来。对于这样一个不仅波及社会而且波及每个个人的问题，人们已经无法视而不见了。

然而，我国总需求变动有些什么特点？是什么因素导致总需求变动？我国总需求变动有无规律性？要不要和怎样依据总需求变动规律实行积极的宏观政策调节？如何做出政策调节的正确选择？所有这些问题，如果离开了"中国经济发展40年"这一基本前提，都不可能得到深刻的分析和系统而科学的说明。

1.3.2 理论研究的主题

对我国经济发展中总需求变动的研究，既不能"就事论事"，也不能像凯恩斯那样恪守"马歇尔教条"。[注]首先，"就事论事"地研究总需求变动，只能对一时出现的经济现象做出对策性描述，而不可能更深刻地把握现象，并从这些现

[注] 马歇尔认为"在短期内，效用（即需求——引者注）对价值起着主要的影响作用，而在长期内，生产成本（即供给——引者注）对价值起着主要的影响作用。"（《经济学原理》中译本下卷，商务印书馆1965年版，第39页）凯恩斯接受了马歇尔的这一观点，并将其作为方法论教条式地贯穿于他的《通论》之中。

象中归纳出规律性结论。尽管这类研究是经济实践本身所需要的，但它不构成本书研究的主题。本书研究的主题不在于针对一时的对策选择，而在于针对"中国经济发展40年"这个大前提、大背景下总需求变动及其内在规律和反映这些规律要求的政策选择理论。其次，本书的研究也不能仅仅局限于总需求的短期变动。短期变动是要研究的，但必须看到"变动"本身就包含着长期规定。总需求变动不仅是由需求存量的调整和需求流量的改变两方面构成的，而且是由总量变动和结构变动构成的。如果按照传统理解，说流量、总量的变动主要是指短期变动的话，那么，存量调整和结构的改变则主要是指长期变动问题。[注]而在我国经济发展中，后一方面尤其突出和重要。因此，必须在分析和探讨总需求短期变动的基础上，着重研究和阐述总需求的长期变动。只有这样，才能正确揭示我国经济发展中总需求变动的规律性，以及与其相适应的宏观经济政策选择理论。总之，本书研究的主题是我国经济发展中总需求变动的规律性，以及反映这些规律要求的宏观经济政策选择理论。

1.3.3　展开研究的内在逻辑

阐明我国经济发展中总需求变动的规律性，以及反映这些规律要求的宏观政策选择理论，是本书的主题和根本任务。但必须明确，所有这些研究的结论却不是在开篇就能给出的。尽管当代中国人大都同马克思时代的法国人差不多，"总是急于追求结论，渴望知道一般原则同他们直接关心的问题的联系"，① 我们的研究还是要按照总需求变动的内在逻辑，首先从最基本甚至最表层的问题开始。

首先，本书将用一章的篇幅，以"总需求变动的基本涵义"为题，着重阐述总需求、总需求的构成、总需求的变动及其形式，以及我国总需求（及总供给）的测定等问题，目的是为以后的全部分析做必要理论铺垫和实证材料准备。

其次，从第3章到第5章，本书将在货币供给关系内在于总需求变动之中的假定下，分别讨论总需求、消费需求和投资需求短期变动和长期变动的规律。其中，第3章先从短期分析的角度集中阐述我国总需求变动的周期性，揭示我国总需求的周期变动规律，说明它由以发生的直接原因和根本原因及其再生机制；第4章则运用短期分析、长期比较的方法，深入到总需求内部，分析和说明我国消费总需求不断上升的规律性，探讨和揭示消费需求上升的数量界限以及消费需求不断上升规律的意义；第5章继续采用上述方法，在阐明投资需求合理高速增长理论模型的基础上，探讨和说明我国投资需求高速增长非持续与持续发生膨胀的条件和机制，阐明实现总需求和整个国民经济稳定增长所必须遵循的投资需求长期持续、合理、高速增长的规律。

---

① 马克思：《资本论》第1卷，法文版序言，第26页。

[注]　其实，无论总量还是结构都同时包含着短期和长期变动问题。

　　再次，在本书第 6 章，进一步从需求与供给内在统一的角度，分析和阐述总需求结构变动的产出效应和总需求总量变动的供给效应。其中，在阐述总量变动的供给效应时，撇开从第 3 章开始的货币因素假定，通过引入货币供给因素，严格将我国需求总量扩张或收缩区分为"适度"与"过度"，并对"需求总量适度扩张（和适度收缩）论"做出新的概括和论证。

　　最后，在前述全部分析的基础上，以一章的篇幅，从政策选择方法论的角度，集中探讨和阐述为实现我国国民经济长期稳定、协调、高效发展，必须做出"调节需求，推进供给的宏观政策选择"的原因、原则，以及实现这种选择的条件，由此结束本书的全部研究。

2

总需求变动的基本涵义

总需求变动（Aggregate demand changes）涉及国民经济的各方面，是一个复杂的宏观经济过程。在我国经济发展中，受各种条件的影响，这个问题尤其复杂。因此，要说明总需求变动的发生机制及其内在规律，就必须按照从简单到复杂、从一般到个别的方法，首先从界定总需求变动的基本涵义开始。

2.1 总需求及其构成

总需求变动与总需求的形成密切相关，但它们二者又是互不相同的两个概念。总需求是一个短期、静态概念，它构成总需求变动的分析基础。总需求变动则是一个长期、动态的概念，表现为总需求曲线的连续移动或转变过程。把不同时期所形成的总需求作为一个连续发生的过程来考察，其发生过程的动态轨迹，就是总需求变动。显然，要界定总需求变动的涵义，又必须从分析和说明总需求及其构成开始。

2.1.1 需要与需求

在阐述总需求及其构成时，首先分析一下需要和需求的区别与联系是有益的。因为，这种分析不仅有助于我们正确地把握需求和总需求的基本内容，而且有助于我们正面展开对总需求变动及其规律的分析和阐述。

需要（Needs）是人们在日常生活和经济研究中经常使用的一个概念。一般将其定义为人们想获得某物（有形的或无形的）的欲望（Wants）或意愿（Desire）。但是，不能把需要等同于欲望，更不能认为欲望就是需要。[注]尽管二者密切联系，然而差别又是十分明显的。第一，欲望首先是一种心理现象，是人们想得到某物或想达到某种目的的要求。需要则不是单纯的心理现象。需要是精神的，同时又是物质的，是社会物质现象和社会精神现象的统一。正如波兰经济学家明兹所说："社会需要必须是能意识到的或感觉到的"，[①] 它由一定的物质条件

---

① ［波］布·明兹：《现代政治经济学》中译本，东方出版社 1988 年版，第 201 页。

[注] 厉以宁教授在其《现代西方经济学概论》（北京大学出版社 1983 年版，第 5 页）一书中曾明确定义"欲望就是需要"，这是不确切的。

决定，并依这些条件的变化经意识和思维的加工而发生变化。欲望不同于需要，恰在于它可以并且经常是纯粹产生于欲念的要求，它可以不依赖于客观物质条件，并可以完全凭意念或幻觉而存在。第二，欲望又是一种愿望，即希望将来能获得某物或达到某种目标的想法。这种想法可能是以现实为基础的，因此是有可能实现的；也可能不是以现实为基础的，因此又可能是无法实现的。在一定时期内，这种有可能实现的想法就属于需要；[注1]而那些根本无法实现的想法或迫切要求，则属于欲望。[注2]这就是说，"需要"强调的是现实可能性，"欲望"表述的是要求的倾向性。第三，欲望不具有社会性，单个个人的向往或追求是其一般存在形式。需要则具有一定的社会性。虽然需要通常是以个人需要的形式存在的，但这种存在却不是孤立发生的，而是受他人影响、同其他人的需要相联系的。它既是通过这种联系产生的，又是在这种联系中实现的。因此，需要又是一种社会性概念。总之，欲望不同于需要。正是在这个意义上，美国经济学家R. G. 李卜西才举例说："度假的欲望可由到海滨或山上去郊游来满足，而到达那里的需要则可借助于乘坐不同的飞机、汽车、轿车乃至火车来满足。"①

尽管需要不同于欲望，欲望的涵义要比需要更广泛、更灵活，但它们二者又不是互不相通的。需要往往产生于欲望，"欲望包含着需要"。② 这就决定了需要所具有的三大特性：第一，需要是无限的。虽然在一定时期就某个个人来说，他对某种物品或劳务的需要是有限的，因此，存在着一条边际效用递减规律。③ 但是，就长期发展和整个人类对所有物品和劳务的需要来看，它又是无限的。因为，需要的形成不仅受制于客观社会条件，而且受制于人的欲念的发展。欲念本身是无止境的，其发生机制可用黑格尔的语言表述为："意欲可以说是一种确信，即确信主观性同客观事物一样。"④ 正是这样一种"确信"，既肯定了人的主观追求，又导致了人的欲望以及由其派生出来的需要的无限发展。第二，需要又是因人、因时、因地而异的。需要的性质取决于它由以产生的客观条件。⑤ 不同的人，有不同的需要。就是同一个人，在不同时间和不同地点，其需要也会各不相同。易变恰是需要的一个突出特点，又是需要所具有的社会性由以形成的一个重

---

① Richard G. Lipsey、Peter O. Steiner：*Economics*，New York，1981，p. 60.

② 转引自《资本论》第 1 卷，第 47 页。

③ 参见［英］马歇尔：《经济学原理》中译本上卷，商务印书馆 1964 年版，第 112～113 页及第 113 页脚注①。

④ ［德］黑格尔：《小逻辑》中译本，商务印书馆 1980 年版，第 389 页。

⑤ 参见《资本论》第 1 卷，第 47 页。

［注1］ 应当指出，需要有广义和狭义之分。狭义的需要是指生活所必需的（the necessities of life）东西。本书所述需要，是广义需要，即人们想获得某物或达到某目标的要求。

［注2］ ［波］布·明兹也曾指出过，那些"未满足的和迫切要求的社会需要构成欲望"。见《现代政治经济学》中译本，东方出版社 1988 年版，第 201 页。

要条件。第三，需要还是超前发展的。随着社会和生产力的发展，新的需要会不断产生。但是，这种新的需要不是在旧的需要彻底消失以后产生的，而是在旧的需要尚未消失以前产生的。因此，它会使满足需要的资源的开发和利用条件和手段总是赶不上新的需要的发展，从而使需要带有明显的超前发展特点。总之，需要受欲望的影响，是反映客观条件并随客观条件变化、以更高速度变化的社会现象，具有无限、易变、超前发展等显著特点。

需求（Demand）不同于需要。它是一个与商品经济相联系的经济范畴。有商品经济，才产生了需求。它与供给相对应。没有商品经济，就只存在需要以及与其相联系的欲望，而无所谓需求。需求又是以需要为前提的。虽然不能笼统地说一切需要都是需求，但可以说，需求只能是在一定条件下形成的有支付能力的需要。正如马克思所说，需求必须是"市场上出现的对商品的需要"，[①] 或者说是"由货币体现的"、"有支付能力的、实现交换价值的需求"。[②] 显然，需求的形成是有条件的。作为需求必须同时具备两个基本条件：第一，愿意购买，即对所需要的物品和劳务有购买的欲望；第二，能够购买，即对所需要的物品和劳务有购买的能力。两个条件缺一不成需求。如果有能力购买，但不需要或不愿意购买，连需要也不存在。如果想要购买或愿意购买，但没有购买的能力，充其量只能是一种欲望或需要，而不构成需求。需求是上述两个条件的统一，即主观愿望与客观可能的统一。因此，需求在本质上是一种受特定生产方式制约的有限需要。需求可能是易变的，甚至是超前的，但不可能是无限的。需求的极限是实际支付能力。实际支付能力的有限性，决定了需求的有限性，使其表现为有限需要。这种有限需要既取决于由生产力水平所决定的收入水平以及满足需求的物品或劳务（即供给）的多少，又取决于由生产关系所决定的收入差别和市场价格。收入水平高低、收入差别大小、物品和劳务多少以及价格贵贱等等，都不同程度地决定着需要转化为需求的限度，因而决定着需求的多少。可见，需求与需要相比，需要的涵义要比需求广泛。需求被包含在需要之中，但它既不是纯粹心理上的要求，也不是随心所欲的愿望，而是以实际支付能力为客观基础的商品经济范畴。

区分需要与需求有着十分重要的意义。第一，有助于正确认识和处理社会主义社会的主要矛盾。按照马克思主义的科学社会主义原理，可以将社会主义社会的主要矛盾概括为："人民日益增长的物质文化需要同落后的社会生产之间的矛盾。"[③] 这种概括之所以正确，是因为它符合客观实际，既反映和说明了人民群众对物质文化需要的无限性、多样性和超前性，又阐明了社会主义社会生产不断发展的经济趋向及其动力源泉。因此，它是我们认识和处理各种经济关系的主要

① 《资本论》第 3 卷，第 211 页。
② 《马克思恩格斯全集》第 46 卷上，第 147、407 页。
③ 《中国共产党党章》（1987 年 11 月 1 日中国共产党第十三次代表大会通过）总纲。

依据和根本指导思想。但也必须看到，这里所讲的需要，是指社会成员对物质文化生活的日益增长的要求。这种要求是无限的，因而，是在整个社会主义时期都无法予以充分满足的。社会主义社会能够最大限度实现的是满足与这种要求相联系的需求，即有限需要，而不是一切需要。只有明确这一点，才能既保证社会生产发展的方向，又不致从社会主义社会的主要矛盾中得出人们的需求也可不顾客观条件无限增长的错误结论。第二，有助于坚持社会主义计划管理的基本原则。社会主义计划管理的基本原则是调节供给与需求的关系，搞好物资、财政、信贷、外汇的平衡和它们之间的综合平衡，保证国民经济按比例发展。如果在计划管理中混淆了需要与需求，甚至用需要代替需求，供求平衡就将失去客观依据，供求不平衡反而成了一种合理存在。过去几年曾一度出现过的所谓"高消费"，在理论渊源上与混淆了需要和需求不无联系。实践证明，只有区分清需要与需求，才能在计划工作中坚持按需要安排生产，也就是按有支付能力的需求安排生产，从而才能切实防止和避免计划工作的失误。第三，还有助于正确认识和处理需求与满足需求的手段之间的关系。需求产生于需要，但又必须以一定的支付能力为前提。需求的满足一靠支付能力的提高，二靠社会生产的发展。如果社会生产得不到发展，仅仅指望多发钞票，也是不能使需求得到满足的。因为，支付能力的提高不能脱离社会生产的发展。否则，它的实际购买能力就要下降，结果满足的只是拥有钞票的欲望，而不是真正的需求。

2.1.2 总需求、有支付能力的总需求与总有效需求

总需求（Aggregate demand）是现代西方经济学中的基本范畴，也是当代经济学家进行宏观经济分析的一个基本工具。自 20 世纪 30 年代凯恩斯《通论》出版以来，这个范畴的应用范围越来越广。近年来，我国理论界也开始广泛使用这个概念。但是，这里有两点需要提出来专门加以讨论。

第一，总需求是否是西方资产阶级宏观经济学的一个"专利"？我们的回答是否定的。因为，实际上，早在凯恩斯以前的半个多世纪，马克思在其科学巨著《资本论》中就曾提出了"总需求"的概念，并分析和阐述了总需求的主要内容和形式。[注1]首先，虽然总需求始终不是马克思理论体系中的一个基本范畴，但他却明确提出并使用过这个概念。[注2]他认为总需求的对象可以多种多样，但它必须"等于这同一种商品的买者或消费者（包括个人消费和生产消费）的总和"。① 马克思在这里的分析是抓住了问题的实质。因为，作为总需求，归根结

① 《资本论》第 3 卷，第 216 页。

[注1] 卫兴华、洪银兴、魏杰等同志在他们合著的《论总供给与总需求平衡》一文中曾断言："在马克思主义经典著作中，虽然没有使用宏观经济、总需求、总供给等术语，但实际上他们已在社会再生产理论中论述过有关总供给与总需求的内容和形式。"（《管理世界》1986 年第 6 期第 2 页）这种论断不够确切。

[注2] 马克思是在《资本论》第 2 卷论述资本循环理论时提出这个概念的（见该书第 136 页）。

底是个人消费和生产消费的"总和",说穿了,是买者和卖者关系的"总和"。这是总需求的本质内容,也是现代西方资产阶级宏观经济学所重视不够的。其次,马克思还特别强调总需求的核心是支付能力。这种支付能力所反映的数量关系是指"社会需要所要求的商品量,也就是社会能够按市场价值支付的商品量"。① "社会需要所要求"和"能够按市场价值支付",恰恰是总需求范畴的两项本质规定。后人关于总需求的分析,始终没有能够超脱于这两项规定。再次,马克思还特别着重地分析和阐述了总需求的社会实现形式问题。他指出,在社会资本简单再生产中,总需求"既包括补偿资本的那部分社会产品,即社会再生产,也包括归入消费基金的,由工人和资本家消费的那部分社会产品"。② 在这种条件下,社会总供求关系可以用公式表示为 I(v + m) + II(v + m) = II(c + v + m)。将上述关系扩大,那么,社会资本扩大再生产中的总需求就不仅包括补偿资本的需求,而且包括追加资本的需求(不变资本、可变资本及资本家扩大的消费)。于是,总需求公式就转化为 $I\left[(c+v) + (\Delta c + \Delta v + \frac{m}{x})\right] + II$

$\left[(c+v) + (\Delta c + \Delta v + \frac{m}{x})\right]$。③ 如果考虑到马克思所述前提"资本主义生产方式占统治地位的社会的财富,表现为'庞大的商品堆积'",④ 那么认定马克思在这里所阐述的总需求是整个社会的总需求,是确切的。

第二,有支付能力的总需求是否等同于总有效需求? 在西方宏观经济学中,这两个概念是等同的。而从我国的实际来看,这两个概念是不同的。

所谓有支付能力的总需求(Aggregat demand with paying capacity),简单地说,就是从支出角度看的社会总花费,也就是实际出现在现期市场上的货币购买力的总和。其实体是社会可支配收入。社会可支配收入主要由个人可支配收入、企业可支配收入和政府可支配收入构成。其中,个人可支配收入是城乡居民从各种渠道(劳务、政府补贴、国外赠与)所获各种收入中扣除应缴纳全部税款后的余额;企业可支配收入则是全部归企业支配的净收入加折旧,再扣除支付给劳动者个人的部分后的余额;政府可支配收入是归政府支配的社会净收入扣除转移支付部分后的余额。这些可支配收入用于支出的过程,就是各类经济行为主体将其所掌握的货币购买力用于购买商品和劳务的过程,也就是有支付能力的社会总需求的形成过程。如果边际消费倾向可变,但储蓄不能全部转化为投资,有支付

---

① 《资本论》第 3 卷,第 202 页。

② 《资本论》第 2 卷,第 435 页。

③ 参见马克思:《资本论》第 2 卷,第二十一章。在这里,马克思假定预付资本当期全部消耗,资本家消费比例(x)不变。

④ 《资本论》第 1 卷,第 47 页。

能力的社会总需求就是社会可支配收入减去国民净储蓄后的差额。如果边际消费倾向不变（或可变），同时国民净储蓄又可以全部转化为投资，那么，有支付能力的总需求就等于社会可支配收入。这里的关键是看社会可支配收入出现在现期市场上的规模。

总有效需求（Aggregate effective demand）则是从总需求与总供给相统一的角度看的社会总需求。按照凯恩斯的观点，所谓总有效需求，就是各个有效需求的总和。"有效需求则仅仅是企业主预期从其决定提供的现期就业量所获得的总收入（或收益）"，[①] 其量值是"由总需求函数与总供给函数的交点给出的"。[②] 因此，如果以 Dw 表示有效需求，以 Nr = Fr（Dw）表示某一行业的就业函数，那么，相对于某一给定的有效需求水平，全部行业的就业函数就等于各业就业函数加总，即 $F（Dw）= \sum Nr = \sum Fr(Dw)$。[③]这里所给出的"交点"，又称为凯恩斯有效需求点（the point of effective demand）。在该点，凯恩斯所说的充分就业实现，厂商提供给市场的全部商品和劳务可按利润最大化原则全部出清。在该点之上，总供给价格高于总需求价格，支付能力不足。在该点之下，总需求价格高于总供给价格，支付能力过度。只有在该"交点"的有支付能力的需求，才是总有效需求（见图 2 – 1）。[④] 显然，在凯恩斯的理论体系中，总有效需求同时就是有支付能力的总需求。

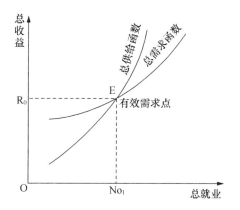

图 2 – 1 凯恩斯总有效需求点

有支付能力的总需求等同于总有效需求的基本前提是边际消费倾向可变、价格和利率具有充分弹性，资源能够自由流动。其中，更有决定意义的是后三项。当价格、利率具有充分弹性、资源流动没有人为的特别限制时，需求的过度或不足，会通过价格和利率的变动而被充分吸纳，从而使有支付能力的总需求等于总有效需求。这是市场经济中的一种正常现象。

在我国传统经济体制下，虽然边际消费倾向是可变的，但由于收入分配的计划控制和消费品的配给制，边际消费倾向的变动幅度很小。同时，由于价格、利率以及资源配置均由计划当局决定，有支付能力的总需求不仅表现为现金的总支

① ［英］凯恩斯：《就业利息和货币通论》，1936 年伦敦英文版，第 55 页。

②③ ［英］凯恩斯：《就业利息和货币通论》，1936 年伦敦英文版，第 25、282 页。

④ 参见 Marc Jarsulic, *Effective Demand and Income Distribution*, Polity Press, 1988, pp. 3 ~ 4。

出，而且表现为计划拨款的总支出，是这两类支出的总和。因此，有支付能力的总需求增加或减少，总有效需求不一定随之同步增加或减少，从而可能使二者出现不一致现象。

在我国现行体制下，虽然市场关系获得了很大发展，价格、利率以及资源配置的市场空间也有所扩大，但市场体系不健全，市场导向的机制也还没有形成，价格、利率的调节作用仍然很有限。特别是在局部市场导向使社会可支配收入增加、计划调控尚未适应市场变化而实现转轨时，尽管从"有效"即实际的角度看，总有效需求可视为总供给价格等于总需求价格的近似值，但它仍不同于有支付能力的总需求，二者仍然是一种互不相等的量。

可见，在我国，无论是实施改革前的传统体制下，还是在实施改革后的现行双重体制下，都不具备有支付能力的总需求直接等同于总有效需求的条件，总有效需求不能涵盖有支付能力的总需求。而在我国实际经济运行中，真正具有实际意义的是后者，不是前者。因此，本书所论我国经济发展中的总需求，只能是指有支付能力的总需求即实际出现在广义市场[注]上的社会总花费，而不是总有效需求。只有在有支付能力的总需求与实际总供给的差额等于零时，它才与总有效需求具有同等涵义。

2.1.3　我国总需求的构成

（1）凯恩斯的简单总需求模型

研究我国总需求构成，不能不提及凯恩斯的简单总需求模型。

凯恩斯以"有效需求"为基点，着重阐述了他的"三部门"有效总需求模型。他把价格（P），货币供给量（M_0），政府部门收入（G_0）和政府税收（T_0）看作是影响社会总需求变动的基本因素，并由此得出了他的总需求函数 $\bar{y} = f$（P，M_0，G_0/P，T_0/P）和货币需求函数 $\bar{r} = r$（P，M_0，G_0/P，T_0/P）。[①] 如果在短期内价格（P）和税收政策（T_0）两个变量不变，总需求就是金融变量（M_0）和政府收入变量（G_0），从而社会可支配收入的函数，即 AD = f（Y）。如果总需求等于总花费（AE），则凯恩斯的总需求模型可用公式表述为：AD = AE = C + I + G_p。社会总需求就是社会总消费（C）、总投资（I）和政府购买（G_p）三项需求之和。如果将国外部门纳入总需求模型，则应在以上三项内容之外再加上一项对外净出口需求（X）。AD = AE = C + I + G_p + X 便是由萨缪尔森等后凯恩斯主义经济学家所阐述的四部门总需求模型。

---

① 参见厉以宁：《现代西方经济学概论》，北京大学出版社1983年版，第513页。

［注］ 笔者曾在《钢材市场：问题和对策》（《南开经济研究》1987年第5期，第27页）一文中把国家直接参与的计划调拨定义为"超市场"、把自由认购的交换关系定义为"准市场"。这里的广义市场则是"超市场"和"准市场"的总和。

（2）对我国理论界所述模型的评述

凯恩斯总需求模型是适应资本主义市场经济的需要而建立的，有一定的科学性。但它不适应于社会主义经济的要求，更不能反映我国的实际。第一，我国的投资不仅包括私人投资，而且包括企业集体以及国家投资，政府购买仅仅是社会公共消费中的一部分。而在凯恩斯模型中，投资仅指私人投资，政府投资的比重小而且包括在政府购买之中。第二，在我国，无论是投资还是消费，它们的形成机制都不同于资本主义市场经济国家，照搬凯恩斯模型不可取。正因如此，理论界才围绕适合于我国实际情况的总需求模型展开了讨论。归纳起来主要提出了以下三种意见：

（a）认为总需求既包括市场总需求，又包括非市场总需求。这种需求的形成来源于货币收入和非货币收入。按收入的使用方向，可将其划分为消费需求、补偿需求和积累需求。① 这一模型虽有一定道理，但涵盖过宽。因为，虽然非市场从而非货币收入需求是在实际经济活动中形成的，是我国经济发展中始终存在的现象，但严格地讲，它并不属于总需求范畴。如前所述，总需求是现期市场上出现的有货币支付能力的需要。非市场的和非货币收入的需要，是不经市场而自求平衡和自动实现的需要，不具有社会性，故不宜将其贴上"虚拟需求"的标签计入总需求之中。

（b）认为总需求是在一定支付能力下的供最终消费和使用的物品和生产性劳务的需求总和，包括消费、投资和净出口三项。② 这一模型将非市场需求排除出去，并把生产性劳务也看作是总需求的对象，是一个进步，但又有些涵盖过窄。因为，从需求对象角度看，总需求不仅包括对生产性劳务和最终产品的需求，而且还应包括对中间产品和非生产性劳务的需求。把后二者排除在总需求范围之外，既无法理解社会消费的全部内容，也无法全面把握总投资需求。这显然也是不妥当的。

（c）认为总需求是企业、事业、行政单位和居民可支配总财力用于积累性需求和消费性需求的总和。③ 这一模型从可支配总财力即资金总量的角度分析总需求的构成，可以说抓住了问题的实质。但该模型未把开放条件下的商品、劳务出口以及资金净流出包括在内，也是不确切的。因为积累和消费是无法将出口及资金净流出包括在内的。在总需求模型中不单列一项出口，就无法全面反映社会四部门经济的实际。

（3）我国总需求的构成

确定我国总需求的构成，一是要从我国实际出发，二是要坚持逻辑与历史的统一。既然我们已将社会总需求定义为有支付能力的总需求，而不是其他性质的

---

① 参见钱伯海主编：《国民经济学》上册，中国财政经济出版社1986年版，第278～279页。

② 参见厉以宁：《社会主义政治经济学》，商务印书馆1986年版，第59、77页。

③ 参见吴玉春：《总供给总需求的平衡测算问题》，《统计研究》1987年第1期，第9页。

需求，既然这种概括更符合我国实际且有助于全面展开我们的理论分析，那么，在分析我国总需求的构成时，就不能脱离这个前提。

第一，不经市场的非市场需求虽然在我国经济生活中还占有相当比重，且对整个国民经济活动有一定影响，但由于它不具有社会性，也不采取商品货币的形式，是能够自求平衡、自动实现的独立变量，因此，总需求构成中不应将其包括在内。

第二，有支付能力的总需求是指实际出现在现期市场上的总需求。因此，过去沉淀下来的需求，只要仍然以储蓄的形式存放在银行中（或长期窖藏在家，不过这种情况现在很少了），就不会构成当期社会总需求。反之，一切能够投于当期市场的货币购买力，都会构成总需求。

第三，总需求是总花费的另一种表述。我国社会经济生活中的总花费发端于三大主体：城乡居民，企业、国家（中央政府和地方政府）；形成于四大部门：私人部门、企业部门、政府部门、国外部门；表现为三大需求：消费需求、投资需求、国外需求。在三大需求中，消费需求又分成两部分：一部分是城乡居民个人消费需求（包括居住在国内的外籍居民）；另一部分是社会公共消费需求（主要由国家机关、企事业单位的集体消费构成）。投资需求的构成也较复杂。从投资主体的角度分，可包括城乡居民个人投资、城乡集体经济单位投资和包括政府部门在内的全民所有制单位投资三部分；从投资性质分，则包括重置投资、引致投资、库存储备投资（流动资产积累）；从投资来源分，包括国家直接投资、银行贷款投资、引进外资（包括国外贷款）、企业和部门自筹投资以及其他投资。国外需求主要指商品和劳务净出口需求，除此以外，还应将国外借款到期还本付息包括在内。如果以 C 表示社会总消费需求，C_1 表示个人消费需求，C_2 表示社会公共消费需求；以 I 表示社会总投资需求，I_1 表示全民所有制单位重置投资和引致投资总额，I_2 表示城乡集体所有制单位重置投资和引致投资总额，I_3 表示城乡居民个人投资，I_4 表示全社会库存储备投资，以 X 表示净出口需求即出口与进口的差额（$\overline{X} - \overline{M}$），则我国总需求的基本构成及其模型可用下式来表示：

$$AD = AE = C + I + X$$
$$= C_1 + C_2 + I_1 + I_2 + I_3 + I_4 + \overline{X} - \overline{M} \qquad (2-1)$$

2.2　总需求变动的涵义与形式

分析和探讨总需求变动及其规律性，首先应从理论上阐述和说明总需求变动的涵义以及这种变动所采取的一般社会形式。

2.2.1　总需求变动涵义的界定

总需求变动具有两层最基本的涵义：其一是总量变动；其二是结构变动。

（1）总量变动

所谓总量变动（Quantitative changes of aggregate demand），简单地说，就是在

不同时期总需求规模的扩张或收缩过程。具体地说，这个过程包括两个方面的内容：一是总需求绝对量的变动；二是总需求相对量的变动。

总需求绝对量的变动是指不涉及总供求关系、仅就其自身而言的扩张与收缩过程。对于这一涵义的变动关系，可采用总需求绝对量变动指数来衡量。如果设 G_d 为总需求绝对量变动指数，用 t 表示时期，用 AD 表示总需求绝对量，那么，第 t+1 期的总需求绝对量变动可用公式表示为：

$$G_d = \frac{AD_{t+1} - AD_t}{AD_t} \qquad (2-2)$$

由于 $AD_{t+1} - AD_t = \Delta AD_{t+1}$，因此可将 2-2 式简化为 $G_d = \frac{\Delta AD_{t+1}}{AD_t}$。$\Delta AD_{t+1}$ 是第 t+1 期总需求绝对量的净增加额。ΔAD_{t+1} 的大小反映着总需求绝对量变动规模的大小。而 ΔAD_{t+1} 与 AD_t 的对比关系（G_d）则反映着总需求绝对量变动幅度的大小。G_d 的变动幅度与 ΔAD_{t+1} 成正比，与 AD_t 成反比。然而，ΔAD_{t+1} 是 AD_{t+1} 与 AD_t 间相互变动关系的综合反映，故 G_d 值的大小实际上主要取决于 ΔAD_{t+1}。当 $\Delta AD_{t+1} > 0$ 时，$G_d > 0$，总需求绝对量的变动处于扩张状态；当 $\Delta AD_{t+1} = 0$ 时，$G_d = 0$，总需求绝对量的变动处于绝对静止状态；当 $\Delta AD_{t+1} < 0$ 时，$G_d < 0$，总需求绝对量的变动处于收缩状态。总需求绝对量变动的扩张或收缩程度，归根结底是由 ΔAD_{t+1} 的大小决定，并随其变化而变化的。

总需求相对量的变动不同于绝对量的变动。其主要差别在于它是相对于总供给而言的需求总量的扩张或收缩。由于总需求的变动不是孤立存在的，而是与总供给一起"作为两个统一体，两个集合力量来互相发生作用的"，[①] 因此，从这个意义上看，总需求绝对量的变动是总需求变动的外在形式，相对量的变动才是其本质内容。

总需求相对量的变动可用总供求对比系数（G_b）来衡量。总供求对比系数所反映的则是总需求绝对量变动指数与总供给绝对量变动指数间的对比关系。如果以 G_s 表示总供给绝对量变动指数，以 AS 表示总供给绝对量，则第 t+1 期总供给绝对量的变动可用公式表示为：

$$G_s = \frac{AS_{t+1} - AS_t}{AS_t} \qquad (2-3)$$

用该式去除 2-2 式，便可得到总供求对比系数：

$$G_b = \frac{G_d}{G_s} = \frac{\Delta AD_{t+1}}{AD_t} \bigg/ \frac{\Delta AS_{t+1}}{AS_t} \qquad (2-4)$$

———————

① 《资本论》第3卷，第216页。

从 2 - 4 式不难看出，G_b 与 G_d 成正比，与 G_s 成反比。如果总供给与总需求的初始对比关系完全均衡，即 $\dfrac{AS_t}{AD_t} = 1$，则 G_b 的大小就主要取决于继发期总需求增加额与总供给增加额间的对比关系。在这种情况下，G_b 与 ΔAD_{t+1} 成正比，与 ΔAS_{t+1} 成反比。G_b 的值可能大于 1，也可能等于或小于 1。当 $G_b > 1$ 时，表示总需求相对量变动处于扩张状态；当 $G_b = 1$ 时，表示总需求相对量变动处于相对静止状态；当 $G_b < 1$ 时，则表示总需求相对量变动处于收缩状态。

（2）结构变动

所谓结构变动（Structural changes of aggregate demand），简单地说是指总需求构成在不同时期所发生的比例关系的变化。这种变化包括两个层次的内容：一是总需求自身构成比例的改变；二是总供求构成相对比例的改变。

总需求自身构成比例的改变可通过对比不同时期总需求的构成来衡量。如前所述，我国总需求主要是由消费需求、投资需求和净出口需求三项内容构成的。因此，可参照钱纳里和赛尔奎因在阐述其经济结构理论时所采用的方法，[注1]将我国总需求的初始结构分别定义为消费、投资和净出口所占份额：$\overline{DC} = \dfrac{C}{D}$，$\overline{DI} = \dfrac{I}{D}$，$\overline{DX} = \dfrac{X}{D}$。由于每项需求还可划分为若干子项，如 C 可划分为个人消费需求（C_1）和社会公共消费需求（C_2）；个人消费需求（C_1）又可进一步划分为基本消费需求和派生消费需求；I 和 X 亦如此。因此，对总需求的初始结构可做多层次划分。初始结构所反映的是总需求内部在起始期的静态比例关系，即 $\overline{DC} + \overline{DI} + \overline{DX} = 1$。如果将这种静态比例关系动态化，那么，以 t 表示初始期，以 t + n 表示继发期（n = 1，2，…，k），以 DC′、DI′、DX′ 表示各需求子项的变动率，[注2]则有：

$$DC' = \frac{\overline{DC_{t+n}}}{\overline{DC_t}} \qquad\qquad (2-5)$$

$$DI' = \frac{\overline{DI_{t+n}}}{\overline{DI_t}} \qquad\qquad (2-6)$$

[注1]　钱纳里和赛尔奎因在他们与鲁宾逊合著的《工业化和经济增长的比较研究》一书（中译本，上海三联书店 1989 年版，第 58 页）中，认为"经济结构的基本度量依据，是国民经济每个部门的产出在国民生产总值中所占的份额（$p_i = V_i/V$）"。

[注2]　由于 C、I、X 可继续细分为若干需求项目，因此 DC′、DI′、DX′ 也可相应细分。但细分原则是同一的，故在需要时列出即可，在此不予展开。

$$DX' = \frac{\overline{DX_{t+n}}}{\overline{DX_t}} \qquad (2-7)$$

在这里，$DC' + DI' + DX' \neq 1$。其中任何一项的变动率大于 1，都表示其在总需求构成中所占比重上升了；等于 1 时，则表明其所占比重不变；小于 1 时，则意味着其所占比重下降了。

总供求构成相对比例的改变所表述的是总需求自身构成比例的变化与总供给构成比例的变化的对比关系。按衡量总需求自身构成比例变化的方法，可将总供给各子项的变动率用公式表示为：

$$SC' = \frac{\overline{SC_{t+n}}}{\overline{SC_t}} \qquad (2-8)$$

$$SI' = \frac{\overline{SI_{t+n}}}{\overline{SI_t}} \qquad (2-9)$$

$$SX' = \frac{\overline{SX_{t+n}}}{\overline{SX_t}} \qquad (2-10)$$

用 2 - 8 式、2 - 9 式、2 - 10 式分别去除 2 - 5 式、2 - 6 式、2 - 7 式，便可得到一组总需求结构相对变动系数 C'、I'、X'。其中，

$$C' = \frac{DC'}{SC'} \qquad (2-11)$$

$$I' = \frac{DI'}{SI'} \qquad (2-12)$$

$$X' = \frac{DX'}{SX'} \qquad (2-13)$$

如果三个系数同时等于 1，则表明总供求处于同构等比变动状态。如果其中某一项或二项大于 1，则意味着存在供给"瓶颈"，或者说存在过度需求；反之，如果其中某一项或二项小于 1，则意味着存在需求约束，或者说存在过度供给。

（3）总量变动与结构变动的关系

在现代经济社会，几乎所有国家的社会总需求都包含总量变动和结构变动两个方面。但是，由于不同国家的经济制度、经济体制以及经济发展所处的阶段不同，因此，总量变动与结构变动在宏观经济运行中所处的地位、所起的作用以及它们二者间的关系也互不相同。

在西方市场经济国家，以私有制为基础的市场关系是实现社会宏观经济联系的主要纽带。市场价格的变化既能及时和近乎准确地反映人们对所需物品和劳务

的边际效用评价，又能及时和近乎准确地反映各种生产要素的边际生产力。因此，通过市场调节，总需求的结构变动大体能适应宏观经济总体发展的要求。例如，如果总需求不足，劳动市场出现供大于求，供求定律便可自动发生作用，从而使劳动工资自动下降，导致消费需求下降和商品市场价格下降；市场价格下降，社会对用于交易的货币需求减少，进而导致市场利率下降；当利率下降至低于投资预期收益时，持有债券的机会成本相对上升，结果使投资需求增加，并逐渐使就业和社会需求回升。由此，在总需求结构实现自动调整的同时，总量也相应地发生变化，最终表现为劳动市场、商品市场和货币市场的均衡。显然，在市场经济国家中，社会总需求的变动，主要表现为总量变动，结构变动不构成其宏观经济运行的主要问题。[注1]

我国的情况与西方市场经济国家不同。第一，我国正处于国民经济向工业化全面转化的历史阶段，产业结构变动、供给结构变动以及与此相关的社会需求总量和结构的变动，都要比已经实现了工业化并开始向"后工业社会"[注2]过渡的发达国家频繁、剧烈得多。因为在我国，资本形成从而现代化的工农业生产问题还远未得到解决的时候，消费的"示范效应"和"棘轮效应"已经开始发生深刻的诱发和制导作用，"赶上别人"则强化了总量与结构两方面的不对称发展和变动。这是西方国家工业化初期都未曾遇到过的。第二，我国经济运行的制度基础是生产资料公有制，对商品生产和交换进行计划调节的体制在客观上决定了本来在市场经济国家可以由市场解决的结构矛盾，常常要由计划当局来处理。于是，在实际宏观经济运行中，总量问题尚在酝酿之时，结构问题已经提到了日程；而计划当局插手的结构矛盾未见全面缓解时，总量矛盾却又发展到相当尖锐的程度，"按下了葫芦浮起瓢"，足见我国社会需求总量与结构变动的复杂性和相互依存性。第三，改革后所形成的"双重体制"并未使总量变动与结构变动交织的矛盾得到缓解，而是变得更加严重。工资刚性推起消费需求的同时，价格、利率弹性不足却抑制了供给。一旦市场引力和计划强制的双重作用达到某一临界点（对此我们将在第3章具体分析），结构矛盾便迅速导致总量矛盾，形成总量与结构的突发性变动。"需求过热"骤然转为"市场疲软"则是这种突发性变动的典型表现。

[注1] 但并非不是问题。实际上结构变动也是经常困扰这些国家经济发展的一个棘手问题。因此美国经济学家劳伦斯·克莱因曾呼吁经济学家不要忽视它，并希望将其引入需求分析（见《供求经济学》中译本，商务印书馆1988年版，第56页）。

[注2] "后工业社会"一词是由美国社会学家丹尼尔·贝尔于1959年提出来的。他认为，工业社会的主要问题是资本形成，"后工业社会"的问题则主要是科学的组织以及服务性经济的创立（参见［美］丹尼尔·贝尔：《后工业社会的来临》中译本，商务印书馆1986年版，第45、134页）。

总之，在我国经济发展中，总需求变动不仅表现在总量上，而且表现在结构上，是总量变动和结构变动两重变动的统一。总量与结构变动的相互依存、相互诱发，是我国总需求变动的突出特点。

2.2.2　总需求变动的形式

从总需求变动的性质来划分，我国主要存在两种类型的总需求变动：

（1）均衡变动

"均衡"原是一个物理学概念，意指某物体在同时接受方向相反的两种外力时，因外力作用相等而使其处于相对静止不动的那样一种状态。经济学主要是从下列两种意义上借用这一术语来分析经济现象的：一是其本义的延伸，指一个体系所处的"静止状态"；二是其本义的转义，指市场均衡——市场上的供求相等。[①] 本书在分析需求变动的形式时，则是从上述两层意义的结合上来使用这个概念的。

所谓总需求的均衡变动，是指总需求在总量和结构上的扩张或收缩与供给大体一致或者说均等那样一种状态。具体地说，它包括三种形式：

第一，总量均衡变动。这种形式的总需求变动所描述的是供求总量以相同的比例增加或减少那样一种变动关系，即 $G_d = G_s$、$G_b = 1$。总量均衡变动的突出特征是 $AD_t = AS_t$ 的同时，$\Delta AD_{t+1} = \Delta AS_{t+1}$。

第二，结构均衡变动。这种形式的变动关系所描述的是供求结构以相同的比例上升或下降那样一种情况，即 $\overline{DX}：\overline{DI}：\overline{DX} = \overline{SC}：\overline{SI}：\overline{SX}$，$C' = I' = X' = 1$。结构均衡变动的突出特征是需求结构与供给结构的完全对称性变动，即某需求子项所占比重上升或下降，相应的供给子项所占比重也以相同的比例上升或下降。如果其中某一项发生不同步变动，就会出现供求缺口，破坏结构的均衡变动。

第三，总量与结构的均衡变动。这种形式的变动关系是一种严格的均衡变动。它不仅要求总量均衡变动，而且要求结构也同时处于均衡变动状态。总量和结构同时发生等比例的变动，意味着在 $G_b = 1$ 的同时，$C' = I' = X' = 1$。

由于总需求完全等于总供给只是一种理论抽象，在实际经济生活中存在的只能是近似相等，因此，当我们设定出一个近似区间（比如 ±e）时，如果把 ±e 作为判定总供求是否相等的可允许误差值，那么，只要各期总需求在总量和结构上与总供给变动的差额等于 ±e，则可认定总需求处于均衡变动状态。反之，则处于非均衡变动状态。

（2）失衡变动

"失衡"是对"均衡"的背离，也即"非均衡"，所谓总需求失衡变动，是

---

① 参见［法］让-帕斯卡尔·贝纳西：《市场非均衡经济学》中译本，上海译文出版社1989年版，第3~4页。

指总需求在总量和结构上的扩张或收缩与总供给互不一致或者说互不相等那样一种变动状态。如果扩张过度，就是膨胀型失衡变动；如果收缩过度，则为不足型失衡变动。由此看来，总需求失衡变动至少可具体划分为两种类型、八种形式的变动关系。

第一，膨胀型失衡变动。当 AD > AS，且总需求结构变动远远超过总供给变动所提供的实际承受或负载能力时，总需求失衡变动就处于膨胀过度的状态。其具体表现形式主要有四种：

其一，总量膨胀过度。其突出特征是需求总量持续超过供给总量，表现为 G_d 持续大于 G_s，G_b 持续大于 1。

其二，结构扩张过度。其突出特征是，总需求结构变动持续超过总供给结构变动的承载力，表现为 $|C'| > 1$、$|I'| > 1$、$|X'| > 1$。

其三，总量与结构对称扩张。其突出特征是需求总量和结构同时超出总供给的负载能力，表现为 $G_d > G_s$、$G_b > 1$ 的同时，$|C'| > 1$、$|I'| > 1$、$|X'| > 1$。

其四，总量与结构不对称扩张。其突出特征是，需求总量或结构不同时超过总供给的承受能力，在一定条件下可能表现为需求总量大于供给总量，但结构互相适应；也可能表现为总需求结构变动与供给结构严重失去平衡，但在总量上互相适应。

第二，不足型失衡变动。当 AD < AS，且总需求结构变动落后于总供给结构变动时，就发生了典型的总需求不足的失衡变动。其具体表现形式也有四种：

其一，总量过度不足。其突出特征是，需求总量持续小于供给总量，表现为 $G_d < G_s$、$G_b < 1$。

其二，结构严重偏差。其突出特征是需求结构与供给结构严重脱节，形成尖锐矛盾，不仅表现为 $\overline{DC} : \overline{DI} : \overline{DX} \lessgtr \overline{SC} : \overline{SI} : \overline{SX}$，而且还表现为 $|C'| \lessgtr 1$、$|I'| \lessgtr 1$、$|X'| \lessgtr 1$。

其三，总量与结构对称性不足。其突出特征不仅表现为需求总量持续低于供给总量，而且需求结构也与供给结构严重脱节。

其四，总量与结构不对称性不足。其突出特征是，既有可能表现为需求总量小于供给量，但需求结构与供给结构大体适应，又有可能表现为需求总量与供给总量近乎均衡，但结构明显失衡，并具有向对称性不足转化的趋势。

以上是从最抽象的层次上简要概括的总需求变动的基本类型和主要形式。了解这些存在形式，将是理解和说明我国总需求变动、揭示其内在规律的必要理论准备。

2.3　我国总需求的测定

研究我国总需求变动，必须以对实际存在的总需求状况的确切把握为前提和依据。否则，理论研究就会陷入脱离实际的纯粹推理分析的困境。而要确切把握我国的总需求及其变动，测定总需求就是必不可少的。

2.3.1　测定我国总需求的基本原则

我国一直沿用 MPS 体系对国民经济进行核算。这种核算关系只注重物质生产部门净收入和净支出的核算。它既不涉及非物质生产部门所创收入，也不能确切反映这类部门的支出。因此，企图直接从 MPS 体系中找到反映全社会国民总体活动关系的指标是不现实的。而研究我国总需求变动，又必须涉及整个国民经济总体活动关系。这就产生了一个如何测定总需求（以及总供给）的问题。近年来，我国经济理论界和实际部门的许多学者和专家曾进行过测定我国总需求（和总供给）的各种尝试，提供了许多有益的经验。但是，由于人们进行测定时所依据的标准、遵循的原则和所采用的具体方法不同，因而，测定的结果也大相径庭（见表 2－1），以致人们往往从各自测定的结果出发，对实际存在的同一宏观经济形势作出极不相同的判断。

表 2－1　　　　　　　　对我国总需求与总供给差额的不同测定结果　　　　　单位：亿元

代　表 ＼ 时　间	1979	1980	1981	1982	1983	1984	1985	1986
郭树清[①]	0	0	0	0	0	0	0	0
中国体改研究所[②]	20	－43	－122	－66	－111	－190	－187	55
张风波[③]	—	—	757.0	776.2	694.8	989.5	885.0	—
印金强、张宪强[④]	—	485.1	691.3	996.7	1110.5	1867.1	2653.3	4684.8

注：①郭树清：《消费、投资和储蓄》，《经济研究》1990 年第 4 期，第 9 页。

②中国经济体制改革研究所宏观经济研究室：《改革中的宏观经济》，四川人民出版社 1983 年版，第 351 页。

③张风波主编：《中国宏观经济结构与政策》，中国财政经济出版社 1988 年版，第 105 页。

④印金强、张宪强：《我国社会总需求膨胀的分析、预测和控制》，《统计研究》1987 年第 3 期，第 13～15 页。

这种情况表明，为了能够准确地（也就是符合实际地）测定我国总需求，必须首先确定一套能使大家取得共识的测定原则。从我国的情况来看，这套原则应当既能较为准确地反映我国实际，又简单明了，便于操作。归纳起来，它主要应包括三条：

第一，概念必须源于实践。我国总需求是在社会主义条件下发生的，因此，在概念及其所包含的具体内容上，都不能简单地照搬和套用西方经济学。这里首先涉及的是有支付能力的总需求和总有效需求两个概念。如第一节所述，在我国，有支付能力的总需求与总有效需求是涵义不同、实际数量也常常不同的两个概念。当有支付能力的总需求大于总有效需求时，超额部分因价格无弹性而无法被市场所吸纳，那么，这部分需求就成了过度需求，而不是有效需求。然而，也不能由此便武断地说这部分需求是"虚拟变量"。因为，这部分需求的存在是客观的、有现实购买能力的，尽管在现期市场上它尚未得到充分实现。因此，测定我国总需求，不能从西方概念出发，必须从我国实际出发。要测定有支付能力的名义总需求，而不是测定总有效需求。否则，测定的结果就会脱离实际，甚至还会在理论上得出"中国经济自改革以来没有出现过完全的均衡状态，但是宏观总量始终是平衡的"① 结论。这种结论虽然在形式上是合乎逻辑的，但在内容和实践上却是说不通的。当形式与内容发生矛盾时，明智的选择只能是形式服从内容。推而广之，在测定我国总需求时，必须坚持概念源于实践的原则，而不是相反。

第二，范围必须与市场相一致。毫无疑问，到目前为止，我国尚未形成完整意义上的统一市场。无论是消费品市场、生产资料市场、劳动市场，还是资金市场、技术市场以及外汇市场，都还是国家参与、国家控制与自由交换并存的"二重市场"，即"广义市场"。其义之广就在于它包含着货币关系，并且在客观上是连接社会生产与消费的桥梁和纽带。尽管改革之前其作用受到很大限制，但那时的计划调拨并非毫不顾及实际存在的价值补偿关系。在广义市场中，（广义）货币始终起着价值标准的作用。它不仅是单纯的计价或核算工具，而且是现实支付能力的基本象征。例如，企业得到多少固定资产投资，农民获得多少收入，都不仅是用实物单位表示的，而且也是用货币数量来反映的。因此，测定我国总需求，不能脱离我国广义市场，测定的范围必须与广义市场的范围相一致。

我国有些学者把总需求的测定范围定得很宽。他们认为供给算到哪儿，需求就算到哪儿；总产出的计算范围一经确定，总需求也必须按总产出的要求来测算。② 显然，这种认识忽略了总需求的"社会"涵义及其所涉及、所包含的市场关系。按照这种看法，农民自产自用的产品既算供给，又算需求，是"自我购买使用的需求"，必须将其包括在总需求范围之内。③ 在这里，要提出一个问题，即数以万万计的家内劳务（比如做饭与吃饭）是否也是"自我购买使用的需求"，是否也应包括在总需求的测定范围之内呢？如果按照上述看法，显然应当将其包括在内。但是，这既是不必要的，也是做不到的。正如斯通所说："虽然这类活动（指非市场活动——引者）经常采取生产的形式，例如做饭或制作航空模型，但由于家庭成员和业余爱好者亦不是为了得到任何报酬干这类工作的，他们的产出甚至没有一个可以测度的成本，更不用说独立于成本的产品价值

① 郭树清：《消费、投资和储蓄》，《经济研究》1990 年第 4 期，第 14 页。
② 参见钱伯海主编：《国民经济学》上册，中国财政经济出版社 1986 年版，第 279 页；刘志彪、王国刚：《国民经济核算：我国总供给与总需求的界定》，《经济理论与经济管理》1989 年第 3 期，第 20 页。
③ 参见钱伯海主编：《国民经济学》上册，中国财政经济出版社 1986 年版，第 279 页。

了。……因而也无须考虑对它们进行核算。"① 相反，"如果一位男人和其女厨师结婚的话，即使这位女士继续为他做饭，国民收入也会因此而减少。"② 斯通的分析形象而确切。从我国情况来看，即使现实经济生活中自给性供给还占很大比重，但由于我们测定的是有支付能力的社会总需求，而不是需要，因此，其测定范围必须与市场的范围相一致，要在总供求中同时将自给性部分全部扣除。

第三，内容不重叠。测定总需求的方法可以多种多样，从不同的角度出发，采取不同的方法，但无论采取哪种方法，要测定的总需求都必须是在一定时期内整个社会有支付能力的购买力的总和。虽然这种购买力可能发端于不同的经济主体，形成于不同的渠道，但是，它们最终都要汇集于市场。因此，不管某一经济主体的购买力形成于多少条渠道，其购买力总量都是不会改变的。这就决定了总需求形成本身所具有的单向性和不重叠性。如果把发端于不同经济主体的支付能力与形成于不同渠道的货币资金统统加总在一起，"总"是总了，"需"则必然非所"求"。因为，这样一来必然出现重复计算，形成实际不存在的"虚假"需求。例如，按照用银行信贷差额、财政收支差额、进出口差额和国内外资金流入流出差额加总的方法测定我国总需求与总供给的差额，并依此来判断我国总需求的变动状况，那么，从时间序列上来看，建国 40 年来，不仅 1981 年以后的 10 年始终存在需求大于供给，而且从 1952 年到 1980 年也始终存在着需求大于供给。③ 但是，这并不符合我国的实际情况，因为其中有很多年份出现过需求小于供给的情况。由于重复计算（和漏项），测定结果必然与实际相去甚远。这种包含大量重复（或遗漏）计算的测定结果，对于宏观经济分析和实际工作是毫无积极意义和参考价值的。

总之，在测定我国总需求时，从我国实际出发，坚持上述三项最基本的原则是十分重要的。否则，就无法对我国总需求做出正确的测定。坚持上述测定三原则，还涉及正确运用我国现有统计资料以及参照 SNA 核算指标进行换算的问题。在这方面，联合国曾组织有关专家进行过研究，并于 1977 年正式提出了《国民经济核算体系与国民经济平衡表体系的比较（SNA & MPS）》报告。④ 这个报告以及其他有关报告，对两大核算体系各项指标换算问题进行了较为详尽的分析和说明，可直接供我们参考。

2.3.2 测定我国总需求的方法

测定我国总需求是一项复杂的工作。要使测定结果确切、可靠，除了应坚持

---

①② ［英］理查德·斯通、吉奥瓦纳·斯通：《国民收入与支出》中译本，上海译文出版社 1988 年版，第 35 页。

③ 参见张风波主编：《中国宏观经济结构与政策》，中国财政经济出版社 1988 年版，第 105 页。

④ 联合国经济和社会事务部统计处：《国民经济核算体系与国民经济平衡表体系的比较（SNA & MPS）》中译本，中国财政经济出版社 1981 年版。

上述测定三原则外，还应采取既简便易行又符合我国实际的测定方法。

近年来，我国许多学者对测定总需求的方法进行了大量研究，提出了许多方法。[注] 其中，有以下四种方法特别值得进一步讨论和研究：

第一，国民收入分配法。按照这种方法，总需求是指当期国民收入通过分配和再分配所形成的社会总购买力，具体表现为积累基金和消费基金。[①] 有人在这两大基金之外又加上了出口。[②] 有人则将这样测定的需求称为"狭义的社会总需求"。[③] 然而，不管怎样，按照这种方法进行测定，其范围之"狭"是与"总"相矛盾的。因为，总需求的前提是需求，关键在"总"字。作为需求，它必须具有社会性、市场性、现期支出性，是这"三性"的统一。如果不具备这三性，需求就不再是现实的社会需求，而是涵义更广的需要或欲望。与这"三性"相一致，"总"字强调的是需求的社会整体性和全面性。如果不具备这"两性"，无论在总需求前加上什么修饰词或定语，它都不是完整意义上的"总需求"。总需求必须是上述"五性"的统一。按国民收入分配法测定的总需求，其范围过狭。首先，它丢掉了整个社会对生产性和非生产性特别是非生产性劳务的需求。而这部分需求在实际经济生活中却是必不可少的。随着国民经济的发展，特别是第三产业的发展，这部分需求的比重还将不断上升。[④] 显然，在测定总需求时，丢掉这部分需求是说不通的。其次，它还丢掉了用于补偿生产资料消耗的需求（包括补偿固定资产消耗的需求和补偿流动资产消耗的需求）。毫无疑问，这部分需求中有一部分可以在生产过程中自求平衡，因此，不构成社会性需求。但其中也有一部分是不能自求平衡的。而且，后者所占比重明显大于前者。特别是随着商品货币关系的发展，补偿性需求将主要通过市场来实现。因此，把这部分需求排除在总需求之外是没有实践根据的。再次，按国民收入分配法测定总需求时另外加上一项出口，也是自相矛盾的。因为国民收入的分配和使用已经把进出口包括在内了。出口不过是对国民收入的一种扣除，进口则是国民收入的附加。国民收入生产额小于使用额，恰恰是进出口影响的结果。顺差不一定表示国民收入增加，逆差也不一定表示国民收入减少。从国民收入使用即"狭义的社会总需求"来看，它们已经被包括在其中了。再把它拿出来单独加入总需求，是不合逻

---

① 田江海：《社会总需求和总供给平衡的重要性》，《光明日报》1985 年 10 月 26 日。

② 陈森良：《社会总供需平衡统计的几个问题》，《贵州财经学院学报》1988 年第 2 期，第 15 页。

③ 宋则行：《关于社会总需求与社会总供给的平衡问题》，《经济研究参考资料》1986 年第 4 期，第 35 页。

④ 参见《中国统计年鉴》1989 年卷，第 105 页。统计表明，到 1988 年第三产业劳动者占社会总劳动者比重已由 1952 年的 9.1% 上升为 17.9%。

[注] 纵横在《社会总供给总需求平衡测算和分析方法》（《统计研究》1989 年第 3 期）一文中，归纳出测算总供求平衡有十种方法，即国民生产总值法、最终产品法、国民收入总量平衡法、国民收入增量平衡法、社会总产值法、社会生产总值法、货币流量法、间接测算法、投入产出系数法、敏感指标法。

辑的。最后，按照国民收入分配法测定总需求，既否定了消费基金用于储蓄从而不构成现期需求的可能性，也忽略了过去的储蓄在本期转化为投资和消费这个现实。把价值分配结果当做最终需求本身，是产品经济理论与商品经济现实相混淆的必然产物。这显然是不恰当的。总之，对总需求的"狭义"测定是与实践相矛盾的。尽管有很多人认为这种方法简便、资料顺手，但由于它只能反映我国总需求的一个侧面，因此，这种方法并不可取。

第二，货币收入加成法。根据这种测定方法，我国总需求是由国民经济各部门从国民收入初次分配得到的收入、以信贷方式从银行和财政得到的收入加上国际收支差额，再减去它们的自愿储蓄构成的。[①] 提出这种方法的学者认为，依此测定我国总需求"不仅在理论上有据可依，而且还具有方法简单明了、切实可行的优点"。其实，这种测定方法虽然"简单"，但不"明了"；既缺乏足够的理论依据，也谈不上"切实可行"。首先，按此法测定的总需求存在明显的重复计算。毋庸赘言，初次分配收入、信贷性收入、国际收入等等都属于收入。但是，信贷性收入只是对初次分配收入的再分配，它并不改变收入总量。不管初次分配收入的口径是宽是窄，只要是社会所创造的增加值，这个增加值的分配结果都是一样的。国民收入≡增加值≡初次分配收入＋再分配收入－再分配支出。[②] 如果在其之外再加上一块再分配收入，虽然不存在"统计遗漏"，却产生了严重的重复计算和总需求的"虚增"。这样一来，就把问题搞复杂化了，因而更不"明了"了。其次，以正常年份实际储蓄量计算的边际储蓄率为"常数"，推算本期自愿储蓄，又会使总需求失之确切。因为，按照这种方法测定的总需求不能准确反映客观实际。一方面，经济扩张时实际扩大的总需求，测算中却被人为地减少了；另一方面，经济收缩时实际下降的总需求，测算中反而被人为地扩大了。显然，按这种方法测定总需求，既不符合客观规律，又缺乏理论依据，还会给宏观经济决策带来错误的信息。因此，也是不可取的。

第三，物价总水平测算法。这种测定方法认为，用现价计算的社会总产值或国民生产总值就是总需求，用同口径上期价格（不是不变价格）计算的社会总产值或国民生产总值就是总供给，对总需求状况的判断是依此结果相比较得出的。[③] 显然，这种测定方法的核心是价格，实质上是把价格水平看做是总需求测定本身。因此，这种测定方法的问题也就出在价格上。首先，价格水平不能成为我国总供求关系的根本指示器。因为，在我国，价格始终不是整个国民经济活动

[①] 参见杨缅昆、曾伍一：《社会总需求统计理论与方法思考》，《福建统计学刊》1989 年第 3 期。

[②] 参见钱伯海主编：《经济统计学概论》，中国财政经济出版社 1985 年版，第 493 页。

[③] 参见吴玉春：《总供给总需求平衡衡量测算问题》，《统计研究》1987 年第 1 期，第 10 页；刘志彪、王国刚：《国民经济核算：我国总供给与总需求的界定》，《经济理论与经济管理》1989 年第 3 期，第 22 页。

的主要内生变量，价格水平的变动也始终不是单纯地由当年供求状况决定的。恰恰相反，在大多数场合和大多数情况下，价格水平主要是由当时的价格政策决定的。即使改革以后，这种情况也仍然存在。其次，以上期价格计算总供给，以本期价格计算总需求，既缺乏理论根据，也不符合常规比较原则。因为，除了计算所依据的价格指标不同外，计算的内容是同一个量——社会总产值或国民生产总值。这个量若不经过社会的分配过程和支出过程，只是供给而不是需求。另外，按照常规，任何比较都必须依据同一原则和同一尺度。如果在比较总供求时不使用同一价格，那么，依不同价格计算的两个总量不仅不可比，而且只要存在价格水平的差异，两个总量就永远不会相等。而这种不相等完全可能在两总量实际相等的情况下发生。相反，如果不存在价格水平的差异，这样计算出的相等关系又可能与实际存在的不相等状况背道而驰。因此，这种测定方法也不可取。

第四，国民生产总值支出法。这种测定方法实际上是西方国家所采用的 SNA 法在我国的具体化。根据这种方法，国民用于消费、投资、净出口方面的支出总和，就是社会总需求。采用这种方法，存在一个将我国现行统计资料调整和换算为相当于 SNA 体系的相应指标问题。联合国的有关报告为我们进行换算提供了一个基本思路，并在《国民经济核算体系与国民经济平衡表体系的比较（SNA & MPS）》中给出了两大体系基本流量换算表式。参照这个表式，结合我国实际情况进行一些必要的调整，用国民生产总值支出法测定我国总需求，是可取的测算方法。其一，采用这种方法，突出了总需求的"总"字。它既符合前面所阐述的测定三原则，又达到了理论和实践的统一，从而使测定的结果更切合实际，更具有实际经济意义。其二，采用这种方法，形式上虽然繁琐，但实际上简便，并且能够比较严格地避免遗漏或重复计算。因为这种方法是直接"由加或减以基本流量表示的支出或收入的不同因素所构成"[①] 的，它确切而直观。其三，采用这种方法，还有助于充分地、全面地反映国民经济活动的整体联系，并能够较为完整地把握总需求在总量和结构上的变化。总之，这种测定方法克服了其他三种方法的缺陷，具有其他方法所不可替代的优点。因此，本书在测定我国总需求时，将主要参照和采用这种方法。

2.3.3　对我国总需求的具体测定

参照和采用国民生产总值支出法测定我国的总需求，关键是消费需求、投资需求和净出口需求三项内容的具体测定。一旦获得了这三项内容的测定结果，只要将其水平加总，便可计算出总需求。

---

① 联合国经济和社会事务部统计处：《国民经济核算体系与国民经济平衡表体系的比较（SNA & MPS）》中译本，中国财政经济出版社 1981 年版，第 99 页。

（1）消费需求

在我国，消费需求是由城乡居民个人消费需求和社会公共消费需求两个方面构成的。由于这两项需求所反映的经济关系、所依赖的具体流程及其形成机制都存在很大差异，因此，必须予以分别测定。

其一，城乡居民个人消费需求。这部分需求首先取决于城乡居民现期可支配货币收入的多少。城乡居民现期可支配货币收入是他们的现期实际货币收入与上期结存购买力的总和。从全社会来看，城乡居民的现期实际货币收入，就是他们的劳动收入、从国家和地方政府财政得到的补贴性收入、信贷性收入、其他收入（包括外宾用于购买消费品的货币）等项的总和减去他们向国家缴纳税金之后的余额。近年来，我国理论界有些学者常常把居民现期实际货币收入直接等同于现期消费需求，这显然是不确切的。因为上期结存购买力也同样有可能形成现期市场的实际支付能力。但是把上期结存购买力与现期货币收入之和直接等同于现期消费需求也是不确切的。对这部分货币收入要做三项扣除：第一，要扣除居民本期年末储蓄存款。居民储蓄存款的多少是由一定收入水平下他们的边际消费倾向决定的。[注]只要边际消费倾向小于1，现期可支配货币收入中就必然有一部分被用于储蓄。因此，在计算需求量时，要把这部分储蓄扣除掉。第二，应扣除居民购买农业生产资料的支出。在我国，农村居民每年都必须从所获实际货币收入中拿出一定数量去购买生产资料，用以进行再生产。这部分支出属于生产性支出，而不是消费性支出，因此应将其从现期可支配货币收入中扣除掉。第三，还应扣除城乡居民个人固定资产投资支出。这部分支出更是非直接消费性的，其中个人建房投资在本质上虽属消费，但其支出过程却是生产性的。至于生产性固定资产投资，其生产性就更一目了然了。因此，在测定个人消费需求时，理所当然地应将这部分支出扣除掉。经过这几项扣除以后，便可得到现期实际个人消费需求总额。

我国理论界有些学者主张将财政对物价的补贴作为间接收入计入城乡居民消费额之中，[①] 理由是这部分补贴冲减了国家收入。但是，应当看到，如果将其全部计入消费需求总额，就会发生重复计算。因为除由财政直接支付给城乡居民的肉类补贴和其他副食补贴外，其余补贴则是为维持低价政策而设计和实施的。其中，为稳定人民生活对若干商品实行购销价格倒挂的差价补贴和亏损补贴，有很大一部分已经通过经营这类商品的单位转给了劳动者，另外一部分则转化成了这些单位的生产性投入。至于为扶持农业生产、按优待价供应农业生产资料的补贴

---

① 参见郭树清：《消费、投资和储蓄》，《经济研究》1990 年第 4 期。

[注] 边际消费倾向（MPC）是指消费增加量（ΔC）占现期可支配货币收入增加量（ΔCR）的比例。用公式表示就是 $MPC = \dfrac{\Delta C}{\Delta CR}$。$1 - MPC = MPS$，即边际储蓄倾向。

以及为平衡国内市场供求对外贸进口的粮、棉、糖、化肥、农药五种商品的亏损补贴，也具有上述性质。就是说，这类补贴中有一部分最终转给了农民，成了农民的收入；有一部分转给了经营单位，成了这些单位的生产性收入和劳动收入。十分明显，将这些补贴再计入个人消费需求是不恰当的。

其二，社会公共消费需求。社会公共消费需求的对象是物质产品和劳务。形成这种需求的支付能力主要来自于财政拨款和企业公共消费基金。因此，把国家财政对广义政府部门的拨款直接等同于社会公共消费，是不确切的。而且，这笔拨款中有相当一部分要用于大型设备购置。显然，这种购置已不是纯粹消费性的了，能够计入当期消费的只是设备折旧部分。另外，这笔拨款中还有一部分已经作为个人收入计入了城乡居民消费。由此看来，能够计入社会公共消费的已经大大减少。当然，广义政府部门和服务部门固定资产折旧有很大一部分是通过社会公共消费的形式实现的。因此，在测定时应将其计入社会公共消费。但是，我国目前尚无计算这部分折旧的系统统计资料，因此，在测定时只能采取变通、换算的办法。考虑到现行统计资料中已经统计出了社会集团对商品的购买支出额，而国民收入社会消费额又大大高于集团商品购买额，因此，可以用这两项指标的差额代替上述折旧额和非生产性劳务购买，用国民收入社会消费额代表现期社会公共消费需求。尽管这样处理仍有失准确，但相对而言，要比用集团购买代表社会公共消费需求确切得多。

（2）投资需求

投资需求包括固定资产投资需求和库存储备投资需求两部分。由于这两部分投资的性质不同，投资的形成机制也不同，因此应分别测定。

其一，固定资产投资。这部分投资发端于三大经济主体，即全民所有制单位、城乡集体所有制单位和城乡居民；来源于三条渠道，即国家直接拨款、银行贷款（包括利用外资）和企业自筹及其他。由于固定资产投资中大部分用于基本建设，因此，财政拨付的地质勘探费也应计入这项投资之中。[①] 把来自于三个投资主体的当年固定资产投资与财政拨付的地质勘探费加总在一起，就是本期固定资产投资需求总额。

其二，库存储备投资。库存储备投资即流动资产积累，具有新增中间需求的性质，是社会再生产顺利进行必不可少的组成部分。而每年由国家财政拨付的新产品试制费，又是社会再生产不断更新和扩大的重要条件。因此，在全社会库存储备投资中应计入这笔费用。将当年国民收入积累中库存储备积累额与新产品试制费加总所得到的就是全社会本期库存储备投资需求总额。

---

① 参见中国经济体制改革研究所宏观经济研究室：《改革中的宏观经济》，四川人民出版社 1988 年版，第 41 页。

上述固定资产投资需求总额与库存储备投资需求总额加总在一起，就是全社会投资需求总额。

（3）净出口需求

出口是国外对国内商品和劳务的需求。出口规模取决于本国产品和劳务的质量及其在国际市场上的竞争能力，汇率的变动具有刺激或抑制出口的作用。出口增加，扩大对国内市场的需求；出口减少，则减少国内市场的需求。进口是本国对国外商品和劳务的需求。进口的规模取决于本国的收入水平，同时受汇率的影响。进口增加，扩大国内市场供给；反之，则减少国内市场供给。从本质关系上看，进口是由出口来支付的。因此，国外对国内市场需求的实际规模是以出口与进口的差额即净出口来表示的。净出口需求不仅包括商品和劳务，还有资金。因此，在测定净出口需求时，除了要考虑在贸易关系上的出口与进口的差额外，还应把债务关系上的资金流出与流入问题考虑在内。对外借款的还本付息是资金净流出关系的集中体现。把这部分支出考虑在内，就是较完整意义上的净出口需求。

综上所述，根据上述方法可测定出我国历年各需求子项的数额。如果按时间序列将它们水平加总，即可得出按当年价格计算的社会总需求。[注] 有了这一测定结果，就具备了对我国总需求变动进行实证分析的基础性条件。但是，由于总需求及其变动不是孤立发生的，而是通过与总供给发生关系形成的。并且，严格说来，如果离开了与总供给的关系，总需求及其变动将是无法理解的。因此，还必须测定与总需求密切相关的总供给。

2.3.4 我国总供给的测定

应当指出，测定我国总供给也必须依据与测定总需求相同的原则。但由于我国没有完整的国民生产总值统计资料，因此，在测定时必须根据前述原则重新选取能够较为确切地反映我国供给总量的方法。

在理论上，国民生产总值是国民经济各部门新创造的最终物质产品和新提供的生产性、非生产性劳务的价值总和，或者说是各项生产要素所得到的各种收入的总和，即国民收入的最终生产额加非生产性劳务收入再加全社会固定资产折旧的总和。到目前为止，我国统计部门刚刚开始尝试国民生产总值的统计，但缺少历年固定资产折旧的统计。为了全面了解我国历年总供给状况，世界银行经济考察团曾采用"国民收入系数加乘法"进行过这方面的测算。① 该团曾会同国家统

---

① 参见世界银行经济考察团：《中国：社会主义经济的发展》，中国财政经济出版社 1983 年版，第 176 页。笔者称他们的方法为"国民收入系数加乘法"。

［注］ 1990 年国家统计局制定了《社会总需求与社会总供给的平衡测算方案》（见附录 2），但我认为此方案尚存在许多值得斟酌之处。例如，在其指标体系中社会消费需求项将新产品试制费和地质勘探费包括在内；个人消费需求中未扣除自给性消费，而国内供给项却减掉了不可分配部分；等等。由于存在这些问题，因而其统计测算也难以避免重复计算或漏项。当然，本书的测算方法也未完全克服这一缺陷。

计局对我国非物质性劳务和折旧占国民收入生产额的比重进行过估算。按照他们的估算，前者约为 6.7%，后者约为 6.4%。这两项系数的估算是依据我国1978～1979 年实际统计资料进行的。从我国历史和现状来看，他们在当时所进行的这种测算存在两个问题：一是对系数的估计偏低，主要是对第三产业的贡献水平估计偏低；二是没有扣除农民自给性消费。因此，应当根据实际情况进行调整。

调整第三产业贡献水平的依据是国家统计局公布的国民生产总值与按上述估算系数计算的国民生产总值的差额。根据 1978～1988 年这一差额占国民收入生产额的比重的平均值进行调整，并将其换算成第三产业劳动者贡献追加系数（等于第三产业劳动者人数占全社会劳动者比重/300）。

由于国民收入生产额不包括国外净要素收入，因此，在测定时还应将这部分收入包括在内。有人曾估计，1979 年以前，这部分收入大约占 0.05%。[①] 这种估计大体符合我国当时封闭型经济体制的实际。改革以后，对外开放政策的实施使这部分收入的比重明显上升。根据 1980～1989 年统计指标测算，其平均值约为 0.197%。

另外，按总需求测定原则，不经过市场的产出不能计入总供给。因此，在测定时，应将这部分自给自足、自求平衡的供给排除在社会总供给之外。在我国，典型的自给自足、自求平衡的供给是农民自给性消费。

将以上三个因素考虑在内，就形成了能够较为客观地反映我国长期实践的、测定总供给的"国民收入系数调整和因素扣除法"。这一测定力法的基本公式是：

$$AS = NI \ (1.13 + B_3/300 + B) \ -Z \qquad (2-14)$$

式中：NI——国民收入生产额（按当年价格计算）；

B_3——第三产业劳动者占社会劳动者人数的比重；

B——国外净要素收入系数（1979 年前为 0.0005，1980 年后为0.00197）；

Z——农民自给性消费；

AS——按当年价格计算的总供给。

根据上述方程就可测算出我国历年的总供给。

有了上述两大测定结果，具体分析我国的总需求变动，就有了可靠的经验依据。表 2-2 所反映的就是按上述方法测定的我国历年总需求和总供给及其缺口。

---

① 参见张风波主编：《中国宏观经济结构与政策》，中国财政经济出版社 1988 年版，第 31 页。

表 2-2　　　　　　　　我国历年的总需求与总供给　　　　　　　单位：亿元

指标 年份	个人消费 需求（1）	社会公共 消费需求 （2）	库存储备 投资（3）	固定资产 投资（4）	净出口 （5）	总需求（6）= （1）+（2） +（3）+ （4）+（5）	总供给 （7）	总供求差额 （8）= （6）-（7）
1952	258.2	43.0	85.1	64.9	-10.1	441.1	485.7	-44.6
1953	344.2	51.0	100.2	114.4	-11.0	598.8	613.5	-14.7
1954	370.1	43.0	107.0	133.9	-3.3	650.7	656.3	-5.5
1955	380.9	47.0	102.2	136.1	-7.4	658.7	675.1	-16.3
1956	442.4	58.0	71.0	207.7	8.6	787.8	786.6	1.1
1957	473.2	53.0	123.6	180.1	10.5	840.4	812.1	28.3
1958	514.7	55.0	161.8	316.0	12.5	1060.0	1088.5	-28.4
1959	605.3	75.0	264.5	418.9	14.0	1377.7	1328.5	49.2
1960	640.4	80.0	201.5	449.1	4.9	1375.9	1319.0	56.9
1961	651.0	63.0	115.0	184.4	11.3	1024.8	931.4	93.3
1962	646.5	68.0	59.30	124.4	19.7	917.9	819.0	98.8
1963	622.1	71.0	103.7	171.6	17.1	985.5	906.5	79.0
1964	630.4	80.0	115.5	237.8	14.2	1078.0	1075.6	2.35
1965	658.1	87.0	180.2	299.9	8.5	1233.7	1293.2	-59.4
1966	705.8	96.0	248.0	351.3	4.9	1406.0	1488.7	-82.7
1967	752.7	98.0	178.4	276.2	5.4	1310.7	1355.1	-44.4
1968	741.9	91.0	205.1	240.7	6.7	1285.4	1260.4	25.0
1969	784.2	112.0	167.3	338.1	12.7	1414.3	1485.1	-70.7
1970	805.9	113.0	310.2	481.1	0.7	1710.9	1803.1	-92.1
1971	842.6	129.0	348.3	539.7	16.1	1875.7	1956.0	-80.3
1972	919.6	141.0	316.8	532.3	18.9	1928.6	2023.2	-94.6
1973	990.3	147.0	405.0	596.0	13.3	2151.6	2194.0	-42.3
1974	1044.2	154.0	356.2	649.7	-13.5	2190.6	2240.4	-49.7
1975	1112.6	171.0	375.7	754.2	-4.4	2409.1	2412.2	-3.07
1976	1183.6	174.0	334.4	740.0	5.5	2437.5	2322.1	115.0
1977	1258.5	188.0	413.5	784.6	6.9	2651.5	2605.3	46.1
1978	1371.8	215.0	562.7	922.2	-19.8	3051.9	3004.1	47.7
1979	1598.2	285.0	578.0	996.2	-31.2	3426.2	3356.4	69.7
1980	1912.3	308.0	501.0	1081.0	5.4	3807.9	3764.6	43.3
1981	2110.9	326.0	552.5	1061.5	57.7	4108.7	3995.4	113.2

指标\年份	个人消费需求（1）	社会公共消费需求（2）	库存储备投资（3）	固定资产投资（4）	净出口（5）	总需求（6）=（1）+（2）+（3）+（4）+（5）	总供给（7）	总供求差额（8）=（6）-（7）
1982	2322.0	366.0	642.5	1252.6	105.9	4689.0	4313.4	375.6
1983	2566.3	401.0	543.3	1453.6	53.0	5017.3	4824.8	192.4
1984	3295.4	510.0	800.2	1859.0	-17.1	6447.6	5889.7	557.8
1985	4360.0	639.0	1003.6	2572.7	-416.3	8159.0	7495.9	663.1
1986	4889.4	775.0	998.9	3050.2	-381.9	9331.9	8580.0	751.8
1987	5600.4	863.0	988.1	3671.1	-92.2	11030.5	10363.7	666.8
1988	7381.3	1013.0	1423.7	4479.0	-224.1	14052.9	13220.9	831.9
1989	8856.5	1043.0	1427.0	4034.5	-194.8	15166.3	14699.9	466.4

资料来源：《中国统计年鉴》（1989）；《国民收入统计资料汇编》（1949~1985）；《中国固定资产投资统计资料》（1950~1985）、（1986~1987）；《中国金融统计》（1952~1987）；《中国财政统计》（1950~1985）；1990年2月21日《人民日报》；《1989年国民经济和社会发展的统计公报》。

3

总需求的周期变动

上一章，对总需求及其变动的涵义进行了分析。从本章起，将在上述分析的基础上，用三章篇幅着重探讨我国总需求变动的客观规律性。本章则试图从总需求变动一般角度，主要运用短期分析、长期比较的方法，集中阐述总需求变动的周期性，论证和说明其内在原因和机制以及认识总需求周期变动规律的意义。

3.1　我国总需求变动周期的实证考察

3.1.1　"科尔内教条"质疑

匈牙利经济学家亚诺什·科尔内的名字在中国比在其本土还响亮。之所以如此，是因为他在其著名的《短缺经济学》等论著中客观、生动并颇有说服力地阐述了"短缺是社会主义经济的基本问题"的观点。在他看来，由于传统体制下广泛存在的"父爱主义"、"软预算约束"以及与此相适应的"市场中的吸纳"和"企业囤积倾向"，必然造成"增长中的突进"，社会范围的"收入攀比"、"消费早熟"和"投资饥渴"，从而使社会主义经济的常态不是表现为资源利用不足，而是"过热"，"不是总需求水平太低，而是太高"；"数量冲动产生短缺，短缺加强数量冲动"，"捕捉和反捕"、"横向和纵向抽吸"的结果就是"几乎不可满足的需求"和普遍而持续的"短缺"；在改革真正"深入到经济肌体的内部"以前，短缺是不会被消除的。[①] 近年来，我国实际经济生活中所出现的消费，投资持续性"双膨胀"，似乎也为科尔内的上述论点提供了"佐证"。在社会主义条件下，短缺与消费、投资双膨胀相互交织、单向发展，似乎除此之外经济运行及总需求变动没有其他可能，于是它就成了人们普遍接受的一个公理。本书将这一理论倾向称之为"科尔内教条"。

我国的社会主义经济实践证明，"科尔内教条"是不能成立的。因为，在现实经济生活中，不仅存在着"短缺"（"需求过度"），而且还存在着"过剩"

---

① 参见［匈］亚诺什·科尔内：《短缺经济学》中译本，经济科学出版社 1986 年版；《突进与和谐的增长》中译本，经济科学出版社 1988 年版；《矛盾与困境》中译本，中国经济出版社 1987 年版；《增长、短缺与效率》中译本，四川人民出版社 1986 年版等著作。

（"需求不足"）。不管人们怎样从逻辑上证明社会主义条件下的需求不足是压抑型需求不足，但正如第 2 章已经指出的那样，需求总是指有支付能力的需求。只要这种需求（不是需要）明显低于供给，就是需求不足。以支付能力为根据的需求的实际变动本身，要比任何严密的理论逻辑有力得多。表 2 - 2 正是实证力量的集中体现。如果考虑到统计测定上可能存在的误差，设定总需求与总供给差额的绝对值小于 10 亿元为总求供平衡，那么，根据表 2 - 2 提供的数据，在我国近 40 年的社会主义经济实践中，至少有 13 个年份是总供给大于总需求即需求不足（尽管它是以压低消费为代价的），有 21 个年份是总需求大于总供给即需求过度。显然，说我国宏观经济运行始终处于总需求过度即持续短缺状态不符合实际。因而，"科尔内教条"是站不住脚的。总需求不足与总需求过度交替出现，恰恰表明了我国总需求变动所具有的周期性特点。

3.1.2 我国总需求变动的周期及其类型

总需求是否是周期变动的？受"科尔内教条"的影响，人们几乎从未问津此题，因而对它总是熟视无睹。统计分析的实际资料表明，我国总需求是周期变动的。

总需求变动周期是经济周期的一种特殊形态。经济周期是对社会经济活动中交替出现扩张与收缩现象的理论概括。最早提出经济周期是一种定期周转现象的是法国医生兼经济学家克莱门特·朱格拉（Clement Juglar）。[①] 在 1862 年出版的《商业危机》一书中，他第一次运用时间序列资料系统地分析了工业经济每隔 9 ~ 10 年出现一次大幅度波动的周期现象。著名经济周期学家熊彼特（J. A. Schumpeter）称其为真正的或主要的周期。[②] 美国经济学家夏皮罗（Edward J. Shapiro）则从客观经济现实出发，将经济周期明确区分为"古典的周期"和"增长周期"两种。所谓古典周期是指经济绝对下降或绝对上升的周期变动，而增长周期则是指经济增长速度减慢或加快的波动过程。夏皮罗认为，自第二次世界大战结束以来，在资本主义各国经济的绝对下降已不多见，"近年来的不稳定性主要是增长率上所发生的变化，而不是增长方向的倒转"。因此，增长周期有了更重要的经济意义。经济周期也主要表现为增长周期。[③] 然而，无论是朱格拉周期、古典周期还是增长周期，它们的一个共同基点是指经济扩张或收缩从一个低谷到另一个低谷周而复始的变动过程。从这个意义上看，总需求变动周期也

---

① 参见《简明不列颠百科全书》中译本，中国大百科全书出版社 1985 年版，第 4 卷，第 425 页。

② 参见 Joserph A. Schumpeter：*History of Economics*，Oxford University Press，1954，pp. 1123 ~ 1124。

③ 参见［美］爱德华·夏皮罗：《宏观经济分析》中译本，中国社会科学出版社 1985 年版，第516 ~ 517 页。

就是其上升或下降从一个低谷到另一个低谷周而复始的变动过程。

回顾我国进行社会主义建设的 36 年，总需求不仅是不断变动的，而且是周期性变动的。如果把影响总需求变动的消费（HC）、投资（HI）、固定资产投资（HⅡ）、库存储备投资（HⅢ）等因素的变动，作为判断我国总需求周期的综合依据，那么，从表 3－1 给出的测定结果可以看出，我国共经历八次总需求周期。改革前共经历五次：1953～1957 年为第一次周期；1958～1962 年为第二次周期；1963～1968 年为第三次周期；1969～1972 年为第四次周期；1973～1976 年为第五次周期。改革后则经历了三次周期：1977～1981 年为改革后的第一次周期；1982～1986 年为第二次周期；1987～1989 年为第三次周期。图 3－1 和图 3－2 则进一步形象地描述了我国总需求变动所经历过的八次周期。

根据总需求周期的恢复，扩张，收缩所经历的时间长度及其变动幅度，可将上述八次周期归纳为四种类型。

表 3－1　　　　　　　　　我国总需求变动周期

周期	年份	ΔAD	HC	HⅡ	HⅢ	HI	HAD
	1952	NA	NA	NA	NA	NA	NA
一	1953	157.7	31.2	76.1	17.7	43.0	35.8
	1954	51.8	4.5	17.1	6.8	12.3	8.7
	1955	8.0	3.6	1.6	4.5	-1.1	1.2
	1956	129.0	16.9	52.7	30.5	17.0	19.6
	1957	52.6	5.2	-13.3	74.1	8.9	6.7
二	1958	219.5	8.3	75.5	30.9	57.3	26.1
	1959	317.6	19.4	32.6	63.5	43.0	30.0
	1960	-1.7	5.9	7.2	-23.8	-4.8	-0.1
	1961	-351.1	-0.9	-58.9	-42.9	-54.0	-25.5
	1962	-106.9	0.1	-32.6	-43.4	-38.7	-10.4
三	1963	67.6	-3.0	37.9	74.9	49.9	7.4
	1964	92.4	2.5	38.6	11.4	28.3	9.4
	1965	155.7	4.9	26.1	56.0	35.9	14.4
	1966	172.2	7.6	17.1	37.6	24.8	14.0
	1967	-95.3	6.1	-21.4	-28.1	-24.1	-6.8
	1968	-25.2	-2.1	-12.8	15.0	-1.9	-1.9
四	1969	128.8	7.6	40.4	-18.4	13.4	10.0
	1970	296.6	2.5	42.3	85.4	56.6	21.0
	1971	164.7	5.7	12.2	12.3	12.2	9.6
	1972	52.9	9.2	-1.4	-9.0	-4.4	2.8

周期	指标 年份	ΔAD	HC	HⅡ	HⅢ	HⅠ	HAD
五	1973	223.0	7.2	12.0	27.8	17.9	11.6
	1974	38.9	5.4	9.0	-12.0	0.5	1.8
	1975	218.5	7.1	16.1	5.5	12.3	10.0
	1976	28.3	5.8	-1.9	-11.0	-4.9	1.2
六	1977	213.9	6.5	6.0	23.7	11.5	8.8
	1978	400.4	9.7	17.5	36.1	23.9	15.1
	1979	374.2	18.7	8.0	2.7	6.0	12.3
	1980	381.7	17.9	8.5	-13.3	0.5	11.1
	1981	300.8	9.8	-1.8	10.3	2.0	7.9
七	1982	580.3	10.3	18.0	16.3	17.4	14.1
	1983	323.2	10.4	16.1	-15.4	5.4	7.0
	1984	1430.2	28.2	27.9	47.3	33.2	28.5
	1985	1711.4	31.4	25.4	38.4	34.5	26.5
	1986	1172.8	13.3	18.6	-0.5	13.2	14.3
八	1987	1698.6	14.1	20.4	-1.1	15.1	18.2
	1988	3022.3	29.9	22.0	44.1	26.7	27.4
	1989	113.4	17.9	-9.9	0.2	-7.5	7.9

注：表中，ΔAD 为总需求增加量，单位亿元；HC、HⅡ、HⅢ、HⅠ、HAD 分别是以百分数表示的年度消费需求增长率、固定资产投资增长率、库存储备投资增长率、总投资增长率、总需求增长率。

资料来源：同表 2 - 2。

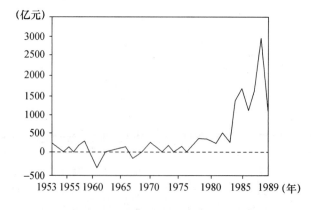

图 3 - 1 我国总需求增加额变动曲线

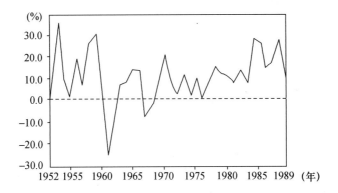

图 3 - 2 我国总需求增长率变动曲线

（1）迅速回升、持续下降型

这种类型的周期变动一般是先经过一段较为迅速的恢复以后，总需求便进入峰顶，随后是持续几年的逐渐收缩，直到总需求周期的谷底。我国第二次和第六次总需求周期，就属于这种类型。在这两次周期中，都是先经一年时间的迅速回升，待第二年总需求达到高峰值时，受各种条件的限制，从第三年起便出现下降，一直持续到总需求收缩至谷底为止。

（2）缓慢回升、持续下降型

这种类型的周期变动一般是先经过较长一段时间的逐步回升，待进入总需求峰顶后开始出现连续下降。我国第三次总需求周期就属于这种类型。在这次周期中，先是有两年的缓慢回升，到第三年达到最高值，尔后便是长达三年的连续下降。

（3）迅速回升、迅速下降型

这种类型的周期变动一般是先经短期迅速恢复就达到总需求峰顶，接着便是急速下降，总需求收缩幅度也较大。我国第四次、第八次总需求周期就属于这种类型。在这两次周期中，都是先经一年期迅速恢复就达到高峰，接着是连续两年的急速下降。

（4）间有上升、波动下降型

这种类型的周期变动一般是先经一段短暂下降，继之是急速回升，使总需求扩张至峰顶，然后又迅速收缩直到谷底为止。我国第一、五、七次周期就是这种类型。除了第一次周期初始下降持续时间较长外，其他两次初始下降持续时间都很短（均为一年），然后是急速扩张。这三次周期扩张幅度都在 20% 以上。

无论是哪种类型的总需求周期，它们的一个共同本质内容就是都由总需求的扩张与收缩组成。我国总需求周期的四种类型，不过是其基本内容的进一步具体化。它形象地、客观地表明，我国总需求变动不是无规则的，而是有规则的。总需求周期变动是我国宏观经济运行中的一种客观存在。

3.1.3 我国总需求周期变动的特点

总需求周期虽然是经济周期的一种特殊形式，但与后者相比，前者具有更为明显的特点：

(1)"古典周期"都发生在改革前，改革后则为典型的"增长周期"

如果借用西方经济学家关于经济周期的分类分析我国总需求周期变动的特点，不难发现，我国总需求变动也有"古典周期"和"增长周期"之分。"古典周期"的突出标志是总需求绝对量明显低于前期，增长率降到零点以下，表现为普遍衰退。我国实施改革前所发生的五次总需求周期中，除了第一次周期没有表现出普遍衰退（这与1956年156项大型建设工程上马有关）外，其他四次周期都具有"大衰退"特点，不仅绝对量明显低于前期，而且需求总量和分量的增长率也同时出现了负值。

例如，在第二次周期（1958～1962年）中，1962年不仅总需求绝对量在1961年下降351.12亿元的基础上继续下降了106.92亿元，而且总需求增长率、固定资产投资增长率、库存储备投资增长率也分别下降了10.4%、32.6%、43.4%，消费需求在上年下降0.9%的基础上仅回升0.1%。显然，这次周期是典型的"古典周期"。随之而来的第三次周期（1963～1968年）仍然是总需求的普遍衰退。在这次周期的谷底年份里，虽然库存储备投资需求上升了15%，但这种上升是在前一年下降28.1%的基础上发生的。实际上，该年库存储备投资要比1966年少42.9亿元。其他各项指标（如表3-1所示）均为负增长，其中，总需求增量下降了25.24亿元。在第四次周期（1969～1972年）中，虽然谷底年份的总需求绝对量和增长率分别比上年上升52.9亿元和2.8%，但这种上升主要是消费需求和个人固定资产投资分别上升9.2%和10%带动的；与其明显不同的是，固定资产投资和库存储备投资以及总投资分别下降了1.4%、9.0%和4.4%。因此，这两次周期仍然属于典型的古典周期。第五次周期（1973～1976年）亦具有类似特点。谷底年份总需求绝对量仅增加28.37亿元，总需求增长率仅上升1.2%，消费需求虽然增长了5.8%，但固定资产投资、库存储备投资以及总投资却分别下降了1.9%、11.0%和4.9%，下降幅度比第四次周期还大。

可见，实施改革之前所发生的五次总需求变动周期中，有四次具有明显的普遍衰退性质，表现为典型的"古典周期"。

"增长周期"通常表现为增长中的下降，主要是增长率下降，绝对量一般是上升的。实施改革以后，我国所经历的三次周期，都是在总需求绝对量上升幅度较大、增长率也较高的基础上发生的。在第六次周期（1977～1981年）中，谷底年份的固定资产投资虽然下降了1.8%，但它是在上年增长8.5%的基础上发生的，而且总需求绝对量和增长率分别比上年上升300.81亿元和7.9%，消费需求、投资需求和库存储备投资也分别比上年增长 9.8%、2.0% 和 10.3%。因此，这次周期是典型的增长中的下降。其他两次周期亦具有同样的特点。尽管到本书定稿时笔者还无法得到 1990 年各项指标的确切数据，但此间所看到的是市场持续偏淡、需求不足仍在继续。因此，这一年可能是第八次周期的谷底。但估计各项指标不会下降到零水平线以下。这样，即使人们感受很强烈的第八次周期也就仍然是"增长周期"。"增长周期"是改革后我国总需求变动周期的突出特点。而"古典周期"在改革以后则已经基本上消失了。

（2）周期平均长度约为 5 年

如果把 1990 年计为第八次周期的谷底年份，那么，已经发生的八次总需求周期的平均长度是 4.75 年（见表 3 - 2）。

表 3 - 2 我国总需求周期的长度

周期序号	起止年份	周期长度（年）
一	1953 ~ 1957	5
二	1958 ~ 1962	5
三	1963 ~ 1968	6
四	1959 ~ 1972	4
五	1973 ~ 1976	4
六	1977 ~ 1981	5
七	1982 ~ 1986	5
八	1987 ~ 1990	4
周期平均长度	—	4.75

虽然在第一、五、七次周期中各包含一次总需求波动，但都不构成显著性收缩。例如，在第一次周期中，1955 年的总需求虽然有所下降，但不构成明显收缩或衰退。总投资的负增长主要是由占总需求 15.5% 的库存储备投资下降带动的。真正的收缩是 1957 年。这一年固定资产投资下降了 13.3%，是建国以来第一次实质性的总需求收缩。第五次周期中所夹带的 1974 年滑坡，也是库存储备投资负增长 12.0% 带动的。因此，它也不构成实质性的总需求下降。第七次周期中发生的 1983 年总需求滑坡亦具有同一性质。因此，将这些小的波动分别包括在一个较大的周期中是合理的。用合并的方法处理这几次小的波动不仅不影响理论分析，而且还有助于我们对总需求周期特点的理解和把握。至于第三次周期所出现的六年长度，则与 1963 ~ 1965 年的调整从而经济运行出现了一次相对平稳的时期有关，具有一定的特殊性。撇开上述影响总需求周期长度的非经常因素，就会十分清楚地看到，总需求周期平均长度约为 5 年。这是我国总需求周期变动

的一个十分显著而重要的特点。

（3）总需求周期波幅在总体上呈逐渐下降趋势，但波幅峰谷值落差在改革前后呈相反态势

从图3-1、图3-2可直观地看出，我国总需求周期波幅具有改革前非常大、改革后明显缩小的特点。而且，从总体上看，具有周期波幅逐渐下降的趋势。例如，改革前的五次周期波幅峰谷值落差平均高达21.1个百分点，改革后的三次周期波幅峰谷值落差平均仅为13.1个百分点，前后相差8个百分点。

仔细观察还可以发现，改革前后周期波幅峰谷值落差具有相反变动态势。例如，从第一次周期到第五次周期，周期波幅峰谷值落差分别为29.1、36.5、16.3、18.2、10.04个百分点，从第六次周期到第八次周期，周期波幅峰谷值落差则分别为7.2、14.1、19.5个百分点。前五次是逐渐下降的，最高值与最低值相差26.46个百分点。后三次则是逐渐上升的，最高值与最低值相差12.3个百分点。显然，改革前后出现的这种差异是相当发人深省的，它从总需求变动的角度反映了改革所取得的成就及存在的问题。

（4）总需求周期峰谷由双向分布向远离零水平线扩展

在第五次周期以前，周期峰谷大体上是双向分布的。其常态是高峰处在远离零水平线的上方，低谷处在远离零水平线的下方。只有第一次和第二次的低谷处在零水平线附近，呈现出明显的双向分布特点。

从第六次周期开始，周期峰谷不再以零水平线为轴上下变动，而是逐渐远离零水平线，在该线上方上下摆动，呈现出明显的发散变动特点。

总之，在我国经济发展中，不仅存在着"短缺"从而总需求过度，而且存在着"滞存"从而总需求不足。这种"短缺"与"滞存"、总需求过度与总需求不足是交替出现、周期性发生的。我国总需求周期具有上述四个突出特点。这些特点从不同的角度进一步证实了我国总需求变动的周期性。

3.2 总需求周期变动的根本原因

上节的实证考察表明，尽管在我国经济发展中总需求变动的周期有长有短，但总需求周期变动是确实存在着的。大约每隔4～5年出现一次大的波动，则是这种周期变动的典型表现。

然而，仅仅承认上述事实的存在是不够的。因为，问题的实质不在于承认我国总需求周期变动的存在，而在于探讨和说明它为什么会周期性变动，有哪些因素使其周期性变动，造成其周期性变动的根本原因是什么。十分明显，在真正搞清这些实质性问题之前，既无法真正理解我国总需求周期变动的规律性，也无法确切地把握上述事实本身。

3.2.1 导致我国总需求周期变动的主要因素

总需求是以人为主体和归宿的社会总需求。因此，从最一般的意义上说，影

响人的需求以及与其有关的派生需求的因素，都会导致总需求发生变动，因而也就构成导致总需求变动的因素。例如人口状况、就业状况、气候环境、资源状况、文化教育、科学技术、社会心态、政策法令、市场状况、物价水平等等，都会在一定时期、一定条件下以一定的方式影响人的需求及其派生需求，故此，它们都是导致总需求变动的因素。

但是，这里有三点是必须首先要明确的。第一，不要把总需求变动与总需求周期变动相混同。总需求变动是一个涵义相当广泛的概念（如第 2 章所述），它的变动可以是间歇的、无规则的，也可以是不间断的、有规则的。总需求周期变动则不然，它必须是不间断和连续的、有规则和周而复始的。第二，也不要把我国总需求周期变动混同于别国，特别是市场经济国家的总需求周期变动。我国总需求周期变动是在我国社会主义条件下发生的，虽然它也具有一般市场经济国家经济周期的一般特点（比如扩张与收缩的交替出现），但它又具有自身的特殊性。这就要求理论研究只能从我国的实际出发。第三，也不要把影响总需求变动的长期因素与短期因素相混同。总需求周期也有长周期、中周期和短周期之分。虽然社会主义经济实践的时间还比较短，因而还无法确定和验证社会主义社会总需求变动的中周期和长周期，但目前至少还不能否定这种性质的周期的存在。不过，既然我们所要研究的是短周期，那就应当也必须在理论分析中主要采用短期分析、长期比较的方法，因而也就首先应将那些长期因素排除在外，重点探讨导致总需求周期变动的短期因素。这就是说，我们所要阐述的导致总需求周期变动的因素不是包罗万象的，而是那些在较短时期起重要作用的因素。按照这样的思路和方法论原则，我认为，导致我国总需求周期变动的短期因素主要有以下三个方面：

（1）国家的宏观决策

无论是改革前，还是改革后，国家宏观决策在我国社会经济生活中都起着十分重要的作用。改革本身也并没有取消或用市场调节代替国家决策，而是要用市场来补充国家决策中存在的不足，实现国民经济的长期、持续、稳定和协调发展。只要我们坚持走公有制基础上的有计划商品经济道路，只要生产的社会化在不断发展，国家宏观决策的作用就是必不可少的。现代国际经济的发展经验也已经表明，即使是在非社会主义国家，国家宏观决策的作用也是不可忽视的。例如，美国后凯恩斯学派的代表萨缪尔森（Paul A. Samuelson）就曾说过："处于通货膨胀和失业的两难困境中的混合经济制度还具有由于政治的考虑而造成的制止和推进经济活动的周期。"① 当然，不能把我国的国家宏观决策混同于资本主义国家的国家宏观决策，我国的国家宏观决策是以劳动人民的利益为目的，为使劳

---

① ［美］萨缪尔森：《经济学》上册，中译本，商务印书馆 1979 年版，第 377 页。

动人民的福利和生活水平获得不断增长，保证国民经济按比例协调发展的决策，这种决策是与资本主义国家以资产所有者的利益为目的、以促进资本增值为核心的国家宏观决策根本不同的。

我国的国家宏观决策是通过两种基本形式影响总需求变动的。一种是直接作用型决策。属于这种类型的决策主要是那些直接操作性政策、条例、法令等等。例如建国之初，我国提出了自己的工业化道路，相应地于1956年开始实施156项工业建设工程。这些工程项目一上马，当年固定资产投资需求立即增长了52.7%，总需求也从1955年上升1.2%的水平变为上升19.6%的水平。再比如，1979年农村实行家庭联产承包责任制和提高农副产品价格政策以后，以农民建房投资为主体的城乡居民个人固定资产投资便从上年9.4%的增长水平一举跃为97.1%的增长水平，相应地总需求也以12.3%的速度增长，远远超过了1976年增长1.2%的水平。由于直接作用型决策的目标和范围不同，因此，属于局部性的、阶段性的决策，就只能在总需求变动周期中间起某种调节或影响作用；而那些属于全局性、战略性决策，往往是总需求周期从谷底向新周期转变的起点。有人在研究我国经济周期时曾发现，对我国经济建设具有战略性作用的党的全国代表大会，几乎都是在经济周期进入谷底后的第二年召开的（见表3-3）。继党代会后是人代会、政协会、工代会、团代会以及各种专业性代表会议等等。通过一系列决策和决策贯彻性会议，国家宏观决策便得到各级的理解和贯彻。总需求的周期变动也往往是由此而被推进或延迟的。

表3-3　　　　　　　　　　　　　国家决策与经济周期

中共全国代表大会	开幕时间	在经济周期中所处的位置
八大二次会议	1958年5月	第2个周期的第一年
九大	1969年4月	第4个周期的第一年
十大	1973年8月	第5个周期的第一年
十一大	1977年8月	第6个周期第一年
十二大	1982年9月	第7个周期第一年

资料来源：张风波主编：《中国宏观经济结构与政策》，中国财政经济出版社1988年版，第80页。

另一种是间接作用型决策。属于这种类型的决策主要是那些导向性政策、法令以及党和国家领导人的政策性讲话。这种类型的决策往往引起周期内总需求明显波动。大家记忆犹新的是1988年6月份提出"价格要闯关"，8月上旬提出价格改革方案，8月中旬便发生了从南到北、由东到西的全国性抢购风潮。几个月内，价格扶摇直上，涨幅之高，范围之大，令人震惊。

1988年9月，党的十三届三中全会提出治理整顿方针。半年后，市场出现滑坡。这种情况生动地说明了国家间接作用型决策对总需求周期变动的影响作用。现在回过头去看，应当说在当时条件下，坚持治理、整顿的方针是正确的。但在具体实施过程中，过多强调降低物价上涨率，过分宣传社会主义"铁饭碗"的优越性，必然会导致群众"买涨不买落"。这一点可能也是为什么直到1990年6月为止总需求周期仍未走出低谷的原因之一。这其中，有许多经验教训有待总结。

以上两方面的分析表明，在我国经济发展中，国家宏观决策对总需求周期具有不可忽视的作用，[注1] 是导致总需求周期变动的一个重要因素。

（2）计划

国家计划是我国国民经济有计划按比例发展和社会主义基本经济规律的实现形式，也是国家宏观决策在特定财政年度的具体实施目标。因此，严格地讲，国家计划也属于国家宏观决策的范围。但是，国家计划又不同于一般的国家宏观决策，它是以行政联系为纽带，以各级行政部门、事业单位和企业必须贯彻为条件的体制和方法。显然，它对总需求周期变动的作用更直接、更彻底。为了更清楚地观察它的这种作用，将其单列为一个因素进行分析是必要的。

国家计划包括生产计划、投资计划、分配和流通计划、财政收支计划以及银行信贷计划等等。国家计划对总需求周期变动的作用是双重的：一是加速总需求扩张的作用；二是促进总需求收缩的作用。

从前一方面来看，这种作用是通过社会主义条件下特有的"扩张冲动"机制实现的。本来，社会主义经济计划的基本原则是按照客观经济规律进行综合平衡、照顾需要和可能、瞻前顾后、留有充分的余地。但在实践中，"原则"往往成了第二位的东西，而"扩张冲动"则成了普遍的行为准则。在我国，这种"扩张冲动的机制"就是有人曾概括的"生产计划制定三本账"。具体说就是，"中央两本账：一是必成的计划（要公布）；二是期成的计划（不公布）。地方也有两本账：第一本账就是中央的第二本账，这是地方必成的；第二本账是地方期成的。全国评比，要以中央的第二本账为标准"。① "必成"、"期成"、"必期成"三阶梯指标，"必期成"是全国评比标准，但"期成"一阶更重要。因为"期成"这一阶是评比"获胜"的实力所在。然而，要进到这一阶，没有大量的资金投入是办不到的。而与投资紧密相伴的则是消费的增长。[注2] 于是，计划制定中的"期成"指标，就成了加速总需求扩张的导向器和推进器。我国总需求周期中的扩张过程，正是通过这种机制实现的。表3-4具体描述了这一过程。

---

① 转引自房维中主编：《中华人民共和国经济大事记（1949~1980年）》，中国社会科学出版社1984年版，第206页。

[注1] 我国许多学者在论及周期时，常常把国家宏观决策失误作为决定周期的一个因素，似乎决策不失误对周期毫无意义。这是使人难以苟同的。

[注2] 据有关部门估算，我国固定资产投资从投入到完成，其间有40%要转化为消费基金。

表 3 - 4　　　　　　　　　　计划总需求周期变动的作用　　　　　　　单位：%

周期	年份	计划期成工业生产增长率	实际实现工业生产增长率	总需求增长率
一	1953	21.3	30.3	35.8
	1954	16.4	16.3	8.7
	1955	5.6	5.6	1.2
	1956	20.3	28.1	19.6
	1957	4.8	11.5	6.7
二	1958	13.9	54.8	26.1
	1959	24.0	36.1	30.0
	1960	26.0	11.2	-0.1
	1961	12.2	-38.2	-25.2
	1962	-13.9	-16.6	-10.4
三	1963	5.7	8.5	7.4
	1964	8.6	19.6	9.4
	1965	11.8	26.4	14.4
	1966	12.0	20.9	14.0
	1967	16.0	-13.8	-6.8
	1968	—	-5.0	-1.9
四	1969	—	34.3	10.0
	1970	17.0	30.7	21.0
	1971	13.0	14.9	9.6
	1972	10.1	6.6	2.8
五	1973	7.7	9.5	11.6
	1974	8.3	0.3	1.8
	1975	13.5~15.5	15.1	10.0
	1976	8.2~9.0	1.3	1.2
六	1977	8.0	14.3	8.8
	1978	12.0	13.5	15.1
	1979	8.0	8.5	12.3
	1980	6.0	8.7	11.1
	1981	3.0	4.1	7.9
七	1982	4.0	7.7	14.1
	1983	4.0	10.5	7.0
	1984	5.0	14.0	28.5
	1985	8.0	18.0	26.5
	1986	8.8	11.1	14.4
八	1987	7.0	17.7	18.2
	1988	7.0	20.8	27.4
	1989	7.0	8.3	7.9
	1990	5.0~6.0	—	—

资料来源：表 3 - 1，《中华人民共和国经济大事记（1949～1980 年）》，中国社会科学出版社 1984 年版，《中国统计年鉴》1989 年卷，《中国工业经济统计年鉴》1988 年卷，历年《国民经济和社会发展的计划报告》及《国民经济和社会发展的统计公报》。

　　后一重作用恰与前一重作用相反，它是通过资源约束下计划强制收缩实现的。道理很简单，计划对总需求的扩张作用不是无限的。当这种扩张过程达到国力的极限时，就必须大幅度地收缩总需求。而计划同样具有促进总需求迅速收缩的作用。计划促进总需求收缩，主要是通过降低"计划期成"指标、压缩投资规模、控制消费基金增长等手段实现的。由于这个过程在形式上是前一过程的反面，而在内容上往往要以牺牲劳动者的当前利益为代价，因此，在具体操作上一经实行，其来势往往比预计的情况更复杂而猛烈。改革前我国总需求变动之所以呈现"古典周期"特点，充分反映了国家计划所起的"急刹车"、"强制动"作用。

　　总之，计划在很大程度上是国家意志的体现，在实践中具有加速总需求扩张和促进需求收缩的二重作用，是导致我国总需求周期变动的又一个重要因素。

　　（3）对经济前景的预期

　　"预期从本质上来说就是对与目前决策有关的经济变量的未来值的预测。"[①]预期是以人为主体的理性行为的具体表现。在商品经济条件下，正确的预期则是任何一个经济人所必须具备的基本行为能力。有了这种能力，作为企业家不仅能够正确地把握未来收益，而且能够及时地捕捉获得这种收益的机会；作为消费者则不仅能够做出合理的支出预算，而且能够以最少的支出获得最大的效用。随着社会经济的发展，预期对于指导人们经济行为的作用显得越来越重要了。

　　预期是以现在经济变量和过去经济变量为基础的。尽管在现代西方宏观经济学中已经形成的蛛网预期模型、外推法预期模型、适应性预期模型以及理性预期模型，对过去已经发生的经济信息的评价不同，但它们都没有能够在完全不顾及过去已有信息的条件下构造其预期模型。当然，不应把过去信息仅仅看做是形成预期的有关变量的过去值。过去信息是将那些可替代的过去信息包括在内的。例如，在预期未来通货膨胀率时，有关货币增长率的过去数据，就可作为过去通货膨胀率的有关数据。[②] 预期的这种性质决定了它在总需求变动周期中所具有的特殊作用。正如罗伯特·卢卡斯（Robert Lucas）在阐述其经济周期理论时所说：产量的变动是由先发生的价格周期性变动、先发生的投资对产量比率的周期性变动和先发生的名义利率周期性变动导致的。[③]

　　在我国实施改革之前，预期对总需求周期变动的影响比较小。因为，那时的

---

　　① ［澳］迈克尔·卡特、罗德尼·麦道克：《理性预期：八十年代的宏观经济学》中译本，上海译文出版社 1988 年版，第 13 页。

　　② 参见 David K. H. Begg, *The Rational Expectations Revolution in Macroeconomics*, The Johns Hopkins University Press, 1982, p. 26。

　　③ 参见罗志如等著：《当代西方经济学说》下册，北京大学出版社 1989 年版，第 561 页。

高度集权体制覆盖了整个社会经济生活。统收、统支、统分、统配是那种体制的突出特点。在那种体制下，各种经济参数基本上是稳定不变的，即使在个别年份有变动，其变动幅度也很小。例如价格，其变动除了对个人消费需求有一定影响外，对生产几乎没有影响。因此，在那个时期，即使预期物价下降，人们也不会大幅度减少购买，企业也不会大幅度减少投入。反之，亦同样如此。

改革以后情况发生了明显变化。商品如同一枚巨大的"炮弹"，抛出之后便到处引起人们的震动。货币则如同"润滑剂"，促进了经济运行车轮的转动。经济生活中的变动因素增多了，价格的变动频繁了，收入增长加快了，因此，预期不论对企业还是对个人，都显得更加突出、重要了。这一点可通过价格预期进行说明。对个人来说，如果预期价格将大幅度上涨，那么，提前争购、抢购就是一种理性的行为；对企业来说，如果预期价格将大幅度上涨，则提前申请贷款、增加库存和囤积物资，也是一种理性的行为。反之，行为方向则相反。这就是说，实施改革以后，预期已逐渐成为促使经济行为主体采取与未来经济形势相适应行为的重要机制。

当然，实施改革以后的体制还是正在形成中的社会主义市场经济经济体制。价格虽然已经有了一定的弹性，但利率等弹性很小，客观经济条件给人们提供的持有货币还是购买商品之间的选择空间还十分有限，因此，预期对总需求周期变动的作用仍是有限的。但是，1989 年下半年以来的市场疲软已经证明，预期对总需求周期的作用正在上升。例如，如果比较自 1953 年以来我国的通货膨胀率、全民所有制工业可比产品成本下降率、个人消费需求变动率以及总需求变动率，便可发现预期对总需求周期的影响作用已相当明显（见表 3 - 5）。

表 3 - 5 　　　　　　　　　预期对总需求周期的作用　　　　　　　　单位:%

周期	年份	通货膨胀率[①]	可比产品成本下降[②]	消费需求[③]	总需求[③]
一	1953	5.6	3.1	33.3	35.8
	1954	- 0.3	6.2	7.5	8.7
	1955	- 1.0	7.0	2.9	1.2
	1956	- 1.9	8.8	16.1	19.6
	1957	- 1.5	3.8	7.0	6.7
二	1958	0.9	8.3	8.8	26.1
	1959	1.4	6.6	17.6	30.0
	1960	1.3	2.8	5.8	- 0.1
	1961	16.8	- 13.9	1.7	- 25.5
	1962	- 0.9	4.2	- 0.7	- 10.4

续表

周期	年份	通货膨胀率①	可比产品成本下降②	消费需求③	总需求③
三	1963	-2.7	9.5	-3.8	7.4
	1964	0.1	8.6	1.3	9.4
	1965	2.0	8.8	4.4	14.4
	1966	-2.7	8.9	7.2	14.0
	1967	1.2	-2.6	6.6	-6.8
	1968	2.1	-2.5	-1.4	-19.0
四	1969	-5.1	6.3	5.7	10.0
	1970	-3.9	9.3	2.8	21.0
	1971	0.8	3.5	4.6	9.6
	1972	-0.02	1.7	9.1	2.8
五	1973	0.2	0.9	7.7	11.6
	1974	0.2	-2.6	5.4	1.8
	1975	-1.8	3.9	6.6	10.0
	1976	-0.4	-2.3	6.4	1.2
六	1977	1.2	4.6	6.3	8.8
	1978	1.5	4.6	9.0	15.1
	1979	4.5	0.3	16.5	12.3
	1980	4.0	-1.1	19.7	11.1
	1981	2.3	-1.2	10.4	7.9
七	1982	-0.2	-0.4	10.0	14.1
	1983	1.4	0.2	10.5	7.0
	1984	6.3	-2.0	28.4	28.5
	1985	12.8	-7.7	32.3	26.5
	1936	6.0	-7.3	12.1	14.4
八	1987	11.3	-7.0	14.5	18.2
	1988	21.2	-15.6	31.8	27.4
	1989	11.9	上升	20.0	7.9

资料来源：①《中国统计年鉴》1989 年卷，第 29～30 页，按国民收入平减物价指数计算。②《中国工业经济统计年鉴》1988 年卷，中国统计出版社 1989 年版，第 49 页；《中国统计年鉴》1989 年卷，第853 页。表中负号表示可比产品成本上升。③同表 3 - 1。

从表 3 - 5 不难看出，实施改革前预期的作用还相当微弱（这只是对个人和企业而言的，对国家来说，其作用则并不弱）。实施改革后其作用明显加强了。预期通货膨胀率上升幅度越大，企业囤积倾向越严重，从而可比产品成本上升越多，个人争购、抢购欲望也越强烈。反之，情况正好相反。实施改革以来，通货膨胀率高的年份，恰是企业可比产品成本和个人消费需求上升幅度大的年份，从而有力地证明了这一点。可见，实施改革以后，对经济前景的预期（包括价格预期、收益预期，政策变动预期等等）已经成为导致我国总需求周期变动的一个重要因素。

毫无疑问，导致我国总需求周期变动的因素绝不只是国家宏观决策、计划的制定与实施、对经济前景的预期三个方面。在我国，农业生产以及与农业生产相联系的农村居民的消费需求和投资需求的周期变动，也是导致我国总需求周期变动的一个重要因素。这不仅是由农业本身的特点决定的，而且是由我国农业人口占绝大比重的特点决定的。在分析我国总需求周期时，不应忽视 5 年左右出现一次的农业周期的影响作用。① 除此以外，消费心理、社会习惯、文化传统、民族习俗、投资倾向以及政治形势、国际关系的变化等等，在一定时期和一定条件下也是导致总需求周期变动的因素。但是，从总需求周期变动的因果联系的角度看，在短期内直接发生作用，影响全局的因素，主要是上述三个方面。

3.2.2 我国总需求周期变动的根本原因

前述分析表明，在我国经济发展中，国家宏观决策、计划的制定与实施、对经济前景的预期等等，对总需求周期的形成和发展有着十分重要的影响。但是，这些因素并不是导致我国总需求周期变动的根本原因。它们只能加速或延缓周期、强化或抑制总需求周期波动的幅度，而不能制造或消灭周期。显然，把它们看做是造成我国总需求周期变动的根本原因，是站不住脚的。那么，是什么原因造成了我国总需求的周期变动呢？

（1）社会主义经济制度不是造成我国总需求周期变动的根本原因

社会主义经济制度是社会主义生产关系的总和。在本质上，它是一种生产资料归劳动人民共同占有、劳动人民成为社会和生产的主人的新型社会经济制度。虽然在现阶段，社会主义经济制度还很不完善，但这并不能改变其本质规定。正是由于有了生产资料公有制这个根本基础，社会劳动的主观条件和客观条件才有可能按照社会的共同目标和根本利益得到有计划、按比例的实现。也正是由于有了生产资料公有制这个根本基础，产品才有可能按照有利于劳动人民的原则进行分配。同时，正是生产按社会需要和产业构成的客观比例进行、分配按以劳动贡

---

① 参见马建堂：《周期波动与结构变动》，湖南教育出版社 1990 年版，第 263～266 页。

献分配为主的原则支付①这样两个方面的内在统一，才在客观上决定了消费也有可能实现协调、均衡增长。反之，如果没有这样一种经济制度，生产上的比例失调、分配上的两极分化和贫富悬殊、消费上的不协调增长，就可能是很难避免的。资本主义经济发展史已经并且还可能继续证明这一点。因此，从本质关系上看，社会主义经济制度本身并没有导致总需求周期变动的内在必然性。

当然，说社会主义经济制度不是总需求周期变动的根本原因，并不否认由于它本身的不完善而引起总需求周期变动的可能性和现实性。事实上，我国总需求周期变动常常因经济制度的不完善而来得更严重、更剧烈。改革前总需求周期性大幅度扩张与收缩，呈现出典型的"古典周期"特点，与社会主义经济制度的不完善不无密切联系。社会主义经济制度的不完善，主要是指现存生产关系中还存在着某些与生产力不相适应的部分，例如管理者与劳动者、领导者与被领导者之间还没有形成一种同是社会和生产的主人、又能互相制约和沟通的有机联系纽带与机制，上级与下级之间在物质利益关系的处理上也还经常发生冲突，形成所谓"捕捉"与"反捕捉"关系[注1]等等。改革正是为了克服生产关系中这些不适应生产力要求的部分，完善社会主义经济制度。显然，绝不应把社会主义经济制度的不完善方面等同于社会主义经济制度本身，更不能把社会主义经济制度看做是导致总需求大幅度波动的原因。

（2）社会主义经济管理体制也不是我国总需求周期变动的根本原因

毋庸讳言，传统的、高度集权的经济管理体制抑制了地方、企业和个人的积极性，科尔内所说的"父爱主义"、"软预算约束"以及中央、地方和企业的"扩张冲动"等所有传统体制的弊端，都曾经是"投资饥渴"、"消费早熟"从而总需求过度扩张的强有力的助推器。但是，这种体制所起的作用，仅仅是推动和加剧总需求周期变动，而不是直接造成总需求周期变动。改革以后，传统体制的许多弊端已经和正在得到克服，然而总需求的周期变动却并未因此而消失。这一历史事实从另一个角度进一步证明，经济管理体制是总需求周期变动的一个极为重要的条件和因素，但不是根本原因。[注2]

如果把经济管理体制看做是总需求周期变动的根本原因，那么，设想来一场

---

① 参见谷书堂主编：《社会主义经济学通论》，上海人民出版社 1989 年版，第 140 页。

[注1] 即所谓上有政策，下有对策。参见 [匈] 科尔内：《矛盾与困境》中译本，中国经济出版社 1987 年版，第 76 页。

[注2] 科尔内在阐述投资周期时也曾明确指出："在匈牙利，投资周期发生在所说的两个时期。在传统的经济管理体制结构内，周期性波动伴随着急速增长政策而出现，在改革以后的经济管理体制结构中，投资周期波动并没有随着适度增长政策的出现而中止。这表明，周期波动是由内在因素引起的，无论增长政策的变化，或是管理体制的改革都没有改变这些因素。"（《短缺经济学》中译本上册，经济科学出版社 1986 年版，第 217 页）但他认为这种内在因素"在于制度关系和这些制度关系所形成的决策者的行为规律性"（同上书，下册，第 271 页）则是我所不敢苟同的。

彻底的改革，也就是说给传统体制一个彻底的否定，总需求变动的周期性就应被彻底消除。但这种假说是不成立的。在已经进行经济体制改革的社会主义国家中，南斯拉夫的改革可以算是"最彻底"的。它自50年代初期实行"工人自治"的社会主义到60年代中期进一步扩大分散决策，发生了两点最值得我们注意的变化：第一，企业得到了决定工资率的自主权；第二，政府集中分配投资的做法基本被放弃。与这两个变化相适应，不仅货币工资增长率超过劳动生产率增长，二者差距不断扩大（例如1981～1985年工资收入年均增长40.01%，工业劳动生产率年均仅增长2.7%，1986年工资收入增长98%，劳动生产率仅增长0.9%），而且投资也迅速膨胀。① 实施改革以后的南斯拉夫，"企业对银行借款有很强烈的积极性，因为，增加的资金可以有助于提高产量和工资支付，还因为实际利率通常都很低，或是负数"。② 结果，消费、投资双膨胀，就导致了通货膨胀。通货膨胀周期也就成了总需求周期的具体表现形式。正如南斯拉夫经济学家亚历山大·巴伊特所说："南斯拉夫的通货膨胀过程，尤其它的周期性，是作为自治经济力量和经济政策措施的相互作用出现的。"③ 他所列出的通货膨胀波动情况见表（3－6），④ 具体反映了南斯拉夫总需求变动的周期性。

表3－6　　　　　　　　　　　　南斯拉夫通货膨胀周期

状　态 ＼ 周　期	第一次	第二次	第三次	第四次
缓慢增长	1956～1959年 1.7%	1962～1964年 6.3%	1966～1969年 6.3%	1975～1977年 11.5%
迅速增长	1959～1962年 7.9%		1969～1972年 13.4%	1977～1979年 24%
极迅速增长		1964～1966年 26.9%	1972～1975年 24%	1979～1981年 34%

尽管南斯拉夫的改革是不成功的，但对传统体制的否定却是"彻底"的。南斯拉夫的改革实践从反面证明了一条真理：即使对传统经济体制实行"最彻底"的改革，也不能消除总需求的周期变动。因此，从这个意义上说，经济管理体制是构成总需求周期变动的一个因素或条件（对此本章第3节和第5章将展开

① 转引自史晋川：《社会主义经济通货膨胀导论》，上海三联书店1989年版，第206页。

② ［美］劳埃德·雷诺兹：《比较经济制度》，《现代国外经济学论文选》第九辑，商务印书馆1986年版，第19页。

③④ ［南］亚历山大·巴伊特：《南斯拉夫的通货膨胀机制》，《经济学译丛》1987年第6期，第32页。

分析），但不是导致总需求周期变动的根本原因。

（3）我国社会的主要矛盾是总需求周期变动的根本原因

总需求周期变动是社会经济内在矛盾运动的外在形式和结果。离开了社会经济内在的矛盾运动谈总需求周期变动的原因，任何人都能够罗列出层次不同的三条、五条甚至更多条。但不管罗列出多少条，由于它们都不能从本质联系上揭示总需求周期变动的根本原因，因此，那样一种分析并不能抓住问题的实质，从而也就无法更深刻地理解和把握总需求的周期变动。显然，要揭示我国总需求周期变动的根本原因，就必须紧紧抓住我国社会经济的内在矛盾运动。1987 年 10 月召开的中国共产党十三大的报告明确指出：从生产资料私有制的社会主义改造基本完成（1956 年），到社会主义现代化基本实现，至少上百年时间都属于社会主义初级阶段。这个历史阶段最基本的特征是生产力落后，没有实现现代化，商品经济也不发达。因此，这个阶段将是逐步摆脱贫穷、摆脱落后的阶段；是由农业人口占多数、手工业劳动为基础的农业国，逐步发展为非农业人口占多数的现代化工业国阶段；是由自然经济半自然经济占很大比重，转变为商品经济高度发达的阶段。这就决定了我国现阶段社会经济的内在矛盾集中表现为人民日益增长的物质文化需要同落后的社会生产之间的矛盾。这种概括是对 1956 年 9 月召开的中共八大首次提出的 "国内主要矛盾已经是先进的社会主义制度同落后的社会生产力之间的矛盾"① 的继承和发展。它是在 1981 年 6 月中共十一届六中全会《关于建国以来党的若干历史问题的决议》中明确提出来的。《决议》将人民日益增长的物质文化需要同落后的社会生产的矛盾归结为我国社会的主要矛盾。[注]其他矛盾，比如经济体制与经济发展的矛盾、政治体制与经济发展的矛盾以及中央与地方、地方与地方、中央或地方与企业的矛盾等等，都是在这个主要矛盾的基础上发生和发展的。它们与主要矛盾密切联系、相互交织甚至在一定条件下影响和决定主要矛盾。但从本质关系上说，主要矛盾是决定性的。其他矛盾的解决，虽然有助于主要矛盾的解决，但归根结底取决于主要矛盾的解决。因此，在理论和实践上，不应将这样两个层次的矛盾相混淆。

我国社会的主要矛盾是经过四个层次的转化过程，最终导致总需求周期变动的。

首先，需要的增长向需求增长的转化。本书第 2 章曾指出，需要与需求是有

---

① 参见房维中主编：《中华人民共和国经济大事记（1949～1980 年）》，中国社会科学出版社 1984 年版，第 178 页。

[注] 对于我国社会主要矛盾的这种概括，理论界曾有人提出不同看法，认为它没有反映社会主义初级阶段的个性。应当从我国现阶段人民要求摆脱贫困、实现共同富裕这一现实出发，将其概括为 "人民实现共同富裕的需要同落后的社会生产之间的矛盾"（王珏、鲁从明：《试论我国社会主义初级阶段的主要矛盾》，《经济研究》1987 年第 10 期，第 69 页）。这种主张的出发点是好的。但是 "实现共同富裕的需要" 是就 "人民日益增长的物质文化需要" 的具体实现过程和实现方式而言的，其实质内容仍然是后者。

区别又有联系的。需要是人想得到某物（或劳务）的愿望，需求则是指以货币
支付能力为基础的市场需要。需要具有易变、无限和超前发展的特性。因为人不
仅会从生存的角度提出各种需要，而且在满足了这种需要以后，还会产生享受的
欲望和发展的要求。所以，人的需要不仅是多方面的，而且是不断更新、超前发
展的。但是，以劳动者为主体的人民的需要的不断增长，只有在以生产资料公有
制为基础的社会主义社会才是现实的。以劳动者为主体的人民的物质文化生活需
要不断增长，既是生产资料公有制关系的本质规定，又是这种关系的具体体现。
由于社会主义社会不仅存在着商品经济，而且还要大力发展商品经济，因此，商
品，货币关系就是实现人们的社会经济联系的基本形式。人民的物质文化需要也
就必须通过商品货币形式的分配和再分配，转化为有支付能力的需求。虽然这种
支付能力的分配和再分配不是随意进行的，而是按照有利于劳动人民的原则，根
据其贡献的大小进行的。但是，既然分配关系归根结底取决于生产关系和所有制
关系，因此，在生产资料公有制关系下，以劳动者为主体的人民的有支付能力的
需求也必然是不断增长的。这是一种客观存在，是公有制生产关系的内在规定，
不依人的意志为转移。正因如此，人民的物质文化需要的日益增长也就转化成了
人民有支付能力需求的日益增长。

其次，有支付能力的消费需求增长和国家决策偏好向投资需求增长的转化。
在社会主义条件下，有支付能力的消费需求的对象仍然是物质文化产品和劳务。
在生产技术水平和劳动生产率一定的情况下，物质文化产品和劳务的增加是靠投
资的增加来推动的。因此，随着有支付能力的消费需求的不断增长，必然引起投
资需求的不断增长。在西方经济学中，净投资的增长之所以被称之为引致投资
（Induced investment）的增长，也是从消费需求的扩张要求之意义上说的。[注]在
社会生产从而供给水平一定的条件下，人民群众不断增长的消费需求与消费品供
给的缺口，为投资的增加提供了必要的机会和空间。只有增加投资，不断增长的
有支付能力的需求才能得到的满足。从这个意义上说，有支付能力的消费需求的
增长是通过投资的增长，即通过有支付能力的消费需求的增长转化为投资需求的
增长实现的。

当然，我国投资需求的增长不只是由当前消费需求增长本身引起的。国家
"从人民长远利益考虑"的投资决策以及脱离实际的"决策偏好"（如60~70年
代"山、散、洞"投资），也是导致投资增长甚至增长过度的一个重要因素。对
此，我们将在第5章中展开分析。

[注]　[美] D. 格林沃尔德主编的《现代经济词典》（中译本，商务印书馆1981年版，第225页）曾
把引致投资定义为："为适应某些现有产品或整个经济的开支的实际增加或预期增加而发生的投资。产生
引致投资的主要原因是收入的增加和人口的增长，两者造成对货物和服务的更大的需求。"

再次，有支付能力的消费需求和投资需求同时增长向总需求增长的转化。在三部门经济（抽象掉对外贸易）条件下，总需求主要是由消费需求和投资需求两个方面构成的。前述消费需求增长转化为投资需求增长，是指只有跟随消费需求增长增加投资，消费需求才能转化为实际有效需求。因此，在其他条件一定的情况下，消费需求增长和投资需求增长是同时发生的。但是，投资增长往往首先表现为固定资产投资的增长。在资金一定的情况下，固定资产投资增加只能以流动资产投资减少为前提。为维持生产的运转，流动资金过度不足是不行的。于是，信用关系要求银行增加流动资金贷款。"货币创造"通过链式反应和乘数效应，便导致消费和投资的更大幅度增长。① 因此，二者的同时增长也就直接表现为总需求的增长，相应地有支付能力的需求的增长也就是转化成了总需求的增长。

最后，总需求增长向过度需求转化。虽然总需求是不断增长的，但生产（即供给）的发展水平在一定时期内却是相对稳定的。因为，尽管投资具有扩大生产（供给）的职能，但在短期内它却首先表现为需求，而不能立即形成有效供给。[注]这样，在正常情况下，当需求的增长超过当期实际生产（供给）水平时，其超过部分就表现为过度需求。在市场价格一定的条件下，不管是否出于自愿，这部分过度需求都必须以（广义）储蓄的形式暂时退出市场，从而形成总需求的强制收缩。在我国现阶段，由于生产力的发展和科技水平还相当落后，实际生产能力往往需要通过连续注入较多投资，经过若干年后才能形成，从而才能使供给跟上不断扩大的需求，因此，我国落后的社会生产必然成为需求增长的一个内在"限制线"。一旦需求增长明显超过有效供给的负载能力，总需求的被迫强制收缩就不可避免。收缩到一定程度，人民日益增长的物质文化需要作为一种内在要求，又会引发新的一轮"转化"和"扩张—收缩"过程，导致总需求大幅度扩张和阶段性被迫收缩的不断重复出现。这种现象的周而复始，就是所谓总需求的周期变动。显然，总需求的这种周期性变动是以我国社会主要矛盾及其运力过程为基因的。

总之，从根本上说，我国总需求的周期变动既不是由社会主义经济制度引起的，也不是由传统的或改革后的经济体制引起的。制度的不完善虽然有导致总需求周期变动的可能性和现实性，但不完善并不构成社会主义经济制度的本质规定，而改革恰是为了使其完善。经济管理体制不合理虽然容易导致总需求大幅度波动，但实践证明，即使从传统体制过渡到市场经济体制，也不能避免总需求的

---

①　参见符钢战等著：《社会主义宏观经济分析》，学林出版社1986年版，第294～295页。

　　[注]　最近有些学者提出："统计到的名义消费和名义投资，正代表着在这一新的价格水平上生产已达到的（现价计算的）供给能力"（参见杨涉、王远鸿：《论短缺经济中的需求不足》，《经济研究》1990年第9期）。这种观点是不能令人信服的。因为，即使撇开其他因素，当期投资转化为实际供给也存在一定"时滞"。只要这种"时滞"存在，它们与供给能力之间就不存在"正代表"关系。

周期变动。制度不完善和体制不合理只能加剧或改变总需求周期变动及其具体表现形式或特点，而不构成总需求周期变动的根本原因。我国总需求周期变动的根本原因在于我国现阶段社会经济内部人民日益增长的物质文化需要与落后的社会生产之间的矛盾及其运动。总需求周期变动恰是这个矛盾运动的外在表现形式。结论：只要人民日益增长的物质文化需要同落后的社会生产之间的矛盾还存在，我国总需求就必然表现为周期性变动，尽管总需求周期变动的特点和形式可能会随这个矛盾的变化而发生某些变化，但只要该矛盾得不到根本解决，我国总需求的变动就会呈现出周期性。

3.3　总需求周期变动的再生机制

前两节的分析表明，在我国经济发展中总需求的周期变动不仅具有现实性，而且具有必然性。本节则试图在上述分析的基础上，深入到总需求周期变动的里层，进一步探讨我国总需求周期变动的再生机制，以具体阐释我国社会的主要矛盾导致总需求周期变动的过程及其规律性。

3.3.1　消费需求的变动与总需求周期

从表3-7可以看出，在我国经济发展中，不仅消费需求始终占绝大比重，而且其变动方向也与总需求周期大体一致。因此，可以笼统地说消费需求变动与总需求周期密切相关。但更深一层的问题是，究竟消费需求是如何、为什么和怎样变动才导致总需求周期变动的呢？显然，要对此问题作出有说服力的回答，就必须进一步具体分析消费需求变动及其诱发总需求周期再生的机制。

表3-7　　　我国消费需求所占比重及增长率与总需求周期比较　　　单位:%

年　份	周　期	消费需求占总需求比重	消费需求增长率	总需求增长率
1952	一	68.3	NA	NA
1953	一	66.0	31.2	35.8
1954	一	63.5	4.5	8.7
1955	一	65.0	3.6	1.2
1956	一	63.5	16.9	19.6
1957	一	62.6	5.2	16.7
1958	二	53.7	8.3	26.1
1959	二	49.4	19.4	30.0
1960	二	52.4	5.9	-0.1
1961	二	69.7	-0.9	-25.5
1962	二	77.8	0.1	-10.4

年　份	周　期	指　标 消费需求占总需求比重	消费需求增长率	总需求增长率
1963	三	70.3	−3.0	7.4
1964		65.9	2.5	9.4
1965		60.4	4.9	14.4
1966		57.0	7.6	14.0
1967		64.9	6.1	−6.8
1968		64.8	−2.1	−1.9
1969	四	63.4	7.6	10.0
1970		53.7	2.5	21.0
1971		51.8	5.7	9.6
1972		55.0	9.2	2.8
1973	五	52.9	7.2	11.6
1974		54.7	5.4	1.8
1975		53.3	7.1	10.0
1976		55.7	5.8	1.2
1977	六	54.6	6.5	8.8
1978		52.0	9.7	15.1
1979		55.0	18.7	12.3
1980		58.3	17.9	11.1
1981		59.3	9.8	7.9
1982	七	57.3	10.3	14.1
1983		59.1	10.4	7.0
1984		59.0	28.2	28.5
1985		61.3	31.4	26.5
1986		60.7	13.3	14.4
1987	八	58.6	14.1	18.2
1988		59.7	29.9	27.4
1989		65.3	17.9	7.9

资料来源：据表2-2计算，计算中未扣除物价因素的影响。

（1）意愿消费需求、实际消费需求及其波动

意愿消费需求（desired consumption demand）是由居民可支配收入决定的。如果假定短期内影响居民购买的主要因素仅有产品的花色品种和质量，而产品的价格、数量、购买时间和地点等因素对居民支出其可支配收入没有决定性影响，那么，很明显，在这种条件下，居民的意愿消费需求总能按其最初愿望实现，意愿消费需求也就是实际消费需求（actual consumption demand）。可支配收入与意

愿消费需求的差额便构成居民正常的或意愿的储蓄。

但是，上述假定在我国现实生活中是不存在的。不管是在实施改革前，还是在实施改革后，价格、时间、地点、数量等等都是影响居民消费需求的重要因素。由于数量问题实质上是一个生产从而是一个供给问题，因此，相比之下，数量的多少是影响居民消费需求的一个更基本、更关键和更重要的因素，价格、时间、地点归根结底要受数量的影响和制约。而数量问题，主要是指数量的多少即是否存在不足或短缺问题。因此，即使在价格一定的条件下，如果数量充足，居民意愿消费需求的实现是不会受到实质性影响的，只有在短缺的情况下，居民的意愿消费需求才会受到明显的影响。不过，对于短缺，应作如下两种区分：

第一是结构性短缺。结构性短缺意味着供给结构不适应需求结构，有些产品供给过多，有些产品供给不足。在存在结构性短缺情况下，居民意愿消费需求的实现必然会受到一定程度的影响。因为，在这种情况下，只有通过自愿替代、搜寻、排队或强制替代和强制支出，居民最终消费需求的满足程度才能大体相当于（但不是完全等同于）其意愿消费需求。[注]在这里，自愿替代、搜寻、排队乃至强制替代或强制支出等等，是居民消费行为的"修改"过程。在存在结构性短缺条件下，居民消费行为"修改"过程普遍化是可能的。例如，受某种条件的影响，居民有可能形成较为一致的替代倾向。一旦出现这种情况，就会引起消费需求的波动。然而，由于这种波动往往是瞬时发生的，具有暂时性，因此，它对总需求周期性变动没有决定性影响。

第二是普遍短缺。普遍短缺意味着社会范围的供给不足，需求过度。在存在普遍短缺情况下，强制替代只对少数人具有实际意义。因为，在这种情况下，只有少数人才有能力并愿意以原来不想购买的消费品来代替自己最初的意中之物。而对于大多数人来说，普遍短缺意味着即使强制也无法实现替代。因此，在整个社会范围内，"等待"将成为一种普遍的社会行为。与此相适应，不情愿的"强制储蓄"就会普遍化。在"等待"期间，意愿的消费需求得不到实现，可支配收入用于实际支出的比例会出现下降。因此，在市场供给发生实际增长之前，实际消费需求必然小于意愿消费需求。由于普遍化的"等待"，意味着强制储蓄普遍增加、货币购买力不断被游离和沉淀，即使意愿消费需求很大，即期实际消费

[注]　符钢战等在《社会主义宏观经济分析》一书中曾对意愿消费需求与实际消费需求的关系做过富有哲理的分析。但是，由于他们没有区分普遍短缺与结构性短缺（实际上是把普遍短缺看作是短缺的唯一存在形态），因此，他们得出了在社会主义经济中"人们意愿的消费一般小于人们的实际消费需求"的结论（见该书第112页）；而如果把存在结构性短缺问题纳入分析，那就不难发现，即使这时"替代"具有某种"强制"性，但只要能够实现"替代"，实际消费需求与意愿消费需求在价值形式上就存在某种等价关系。在理论分析时，不应忽视这一点。尽管对此科尔内也曾不屑一顾（参见《短缺经济学》中译本，下册，经济科学出版社1986年版，第163页）。

需求也无法如数实现。因此，"等待"期间，实际上就是实际消费需求普遍减少的期间。在市场作用和利益导向的经济条件下（如我国实施改革后的"双重体制"下）实际消费需求减少期间，必然是投资需求相应下降的期间。因而，"等待"期间，也就是总需求发生明显收缩的期间。

在社会主义公有制关系下，以劳动者为主体的社会是不会容忍普遍短缺长期超出社会所能接受的正常短缺强度的。一旦普遍短缺达到其可容忍的短缺强度边界，充当社会代表的国家就会出来直接干预社会经济生活。这种干预的最一般形式，就是动员一切可以动用的人力、物力和财力，增加"瓶颈"部门的投入，推进供给的增加，缩短"等待"期间。从发生普遍短缺到"瓶颈"得到初步缓解，进而供给有所增长，中间所经历的时间，就是前述意义上的"等待"期间。当"瓶颈"趋于缓解、供给有所增加时，被迫储蓄、延期消费开始发生转机，"等待"逐渐被"争购"所代替。与此相对应，即期消费便出现迅速增长。随着"自愿提款"代替"被迫储蓄"、"争购"代替"等待"的普遍化，消费需求高涨的同时短缺信号再次出现。由此，总需求变动便再次走进其扩张的顶峰阶段。

由此可见，在我国社会主义条件下，消费需求的波动是由既相互区别又密切联系的两种形式构成的。一种是存在结构性短缺和能够实现强制替代条件下的瞬时轻微波动；另一种是存在普遍短缺和只能强制储蓄条件下的阶段性剧烈波动。消费需求的波动过程，是实际消费需求从偏离到趋近意愿消费需求的过程。短缺是这种波动由以发生的重要经济条件。"等待"与"争购"的交替出现则是导致总需求周期变动的重要机制。

（2）消费的示范效应与购买周期

假定即期市场上不存在前面所论及的短缺，消费需求是否还会发生瞬时轻微波动和阶段性剧烈波动呢？回答是肯定的。现在就来分析这种条件下消费需求的波动及其对总需求周期再生的意义。

一般来说，消费需求是由非耐用消费需求和耐用消费需求两部分组成的。所谓耐用消费需求，主要是指对使用寿命较长和价值较高的物品的需求。而非耐用消费需求则主要是指对使用寿命较短且价值较低的物品的需求。[①] 不管是非耐用消费需求还是耐用消费需求，在正常条件（例如价格水平一定）下，其需求量的多少主要是受两种因素影响和制约的：一是可支配收入水平；二是消费的示范效应。如果可支配收入水平较高，那么，消费水平必然较高，相应地耐用消费需求所占比重也必然较大。相反，如果可支配收入水平较低，那么消费水平必然较低，耐用消费需求所占比重也必然较小。但是，这种分析是建立在个人消费只取

---

① 参见《简明不列颠大百科全书》第 8 卷第 571 页关于消费品的定义（中国大百科全书出版社 1986 年版）。

决于收入水平而不受其他人的消费影响的假定基础上的。凯恩斯的"绝对收入假说",恰是由此出发进行阐述的。根据消费在短期中只取决于收入的假定,凯恩斯得出了他的消费函数 c = f(y) 和边际消费倾向递减 $\frac{\Delta c}{\Delta y} < \frac{c}{y}$ 的结论。[①] 当消费仅仅是一种个人的孤立行为时,这个论点是正确的。但是,当个人消费受到他人消费的影响时,这种论点就不正确了。有名的"库兹涅茨反论"证明了这一点。库兹涅茨于 1942 年对美国 1879～1938 年的消费与国民收入的比率进行了测算,结果发现在一个较长的历史时期内平均消费倾向(APC)大致稳定在 0.9,而边际消费倾向(MPC)则不存在递减趋势。[②] 经验表明,在长期内边际消费倾向之所以不发生递减,是受多重因素影响的,其中消费的示范效应是一个值得特别一提的因素。

消费的示范效应与杜森贝"相对收入假说"理论有着密切联系。杜森贝认为,消费具有"模仿式竞赛"的性质。在现实经济生活中,消费者的消费支出不仅受其收入的影响,而且也受周围其他人消费行为的影响,特别是高收入者的消费模式的影响。高收入者的消费行为和消费模式,常常是低收入者消费行为的导向器,"赶上别人"的倾向则是消费"示范效应"的典型表现。

一般来说,消费示范效应首先影响的是低收入者的非耐用消费需求。当低收入者看到高收入者非耐用消费模式发生较明显变化时(比如吃的结构或穿的款式的变化),他们便努力进行"模仿",并力图尽快"赶上别人"。由于他们的这种努力是其收入水平所允许的,又由于这种"模仿"所涉及的消费品具有低值、易耗等特点,因此,这一层次消费模式的转换能够在较短时间内、较平稳地实现,因而不会造成整个消费需求的大幅度波动。我国改革开放以来的实践生动地说明了这一点。虽然改革开放以后,西方的消费方式对我国消费模式产生了很大影响,我国消费结构也因此而发生了较明显变化,但就非耐用消费需求来说,其模式的转换仍是比较平稳的。以我国近年来城镇居民吃、穿变化情况为例(见表 3－8),从 1982 年到 1988 年,我国城镇居民吃穿在总消费中的比重出现了较明显的下降,但平均消费倾向 APC 并没有发生明显变化(1988 年与 1982 年相比仅下降 4%),边际消费倾向 MPC 反而出现上升趋势(1988 年与 1982 年相比上升 19%)。这说明,非耐用消费需求不仅受收入和价格水平的影响,同时也受消费示范效应的影响。但从总体上看,这一层次的消费模式的转换较平稳。

消费示范效应对消费需求大幅度波动的带动作用是通过影响耐用消费需求实现的。由于耐用消费品价值较高,因此,相对于个人收入来说,购买耐用消费品

---

① 参见〔英〕凯恩斯:《就业利息和货币通论》中译本,商务印书馆 1983 年第 2 版,第 84～85 页。

② 参见〔美〕B. L. 杰菲:《宏观经济学与微观经济学的应用》中译本,机械工业出版社 1985 年版,第 164～186 页。

表 3 - 8　　　　　　　　　我国城镇居民吃穿消费的变化

年份	1982	1983	1984	1985	1986	1987	1988
吃占消费支出的比重（%）	58.65	59.20	57.97	52.25	52.43	53.47	51.36
穿占消费支出的比重（%）	14.37	14.54	15.53	14.56	14.15	13.69	13.88
吃穿占个人收入的比重（APC）	0.643	0.651	0.623	0.601	0.585	0.587	0.604
吃穿的增量占个人收入增量的比重 MPC	0.51	0.769	0.436	0.435	0.51	0.607	0.701

资料来源：《中国统计年鉴》1989 年卷，第 726～727 页。

的机会成本（即消费者为购买耐用消费品所必须放弃的更多地购买非耐用消费品的代价）也较高。这就决定了消费者在购买耐用消费品之前必须有一个减少非耐用消费需求、增加个人积蓄的阶段。如果因"消费刚性"的影响，消费者不愿降低其非耐用消费水平，那么，在个人收入水平一定的条件下，为买到别人早已拥有的耐用消费品，他就必须"忍耐"和"等待"一个较长时间，直到其积蓄的货币达到足以支付需要为止。这就决定了消费者的意愿消费需求只有在满足了非耐用消费需求之后再经历一段"储蓄—购买"时间，才能得到实现。如果用 C_d 表示意愿消费需求、C_c 表示非耐用消费需求、C_p 表示耐用消费需求、t 表示时间、S 表示储蓄，则消费者的意愿消费需求的实现公式为：

$$C_d = C_c + C_p = C_c + S_t \tag{3-1}$$

若当 t = 1 时，$C_p \neq S_t$，C_p 未能得到实现。若当 t = 5 时，$C_p = S_t$，C_p 得到实现，此时才有 $C_d = C_c + C_y$。显然，在 t < 5 的情况下，实际实现的消费需求就总小于意愿需求，市场上的消费需求处于收缩状态。只有在 t = 5 时，市场上的消费需求才发生实际的扩张。而在 t = 6 时，从 t = 1 开始的 S_t 积蓄过程重新出现，新的一轮市场需求从收缩到扩张的准备过程再次发生。由此可见，从 S_t 的发生到 S_t 转化为 C_p 的过程，就是耐用消费品的购买周期。

　　在我国，耐用消费品购买周期不仅取决于个人可支配收入水平，而且还取决于以下四个基本因素：第一是价格。在收入水平一定的条件下，价格高，购买周期就长；反之，则短。我国 1988 年第 4 季度普遍提高彩色电视机、录像机、摩托车等耐用消费品的价格，就明显地延长了居民的购买周期。第二是储蓄政策。一般来说，居民储蓄是由各种不同的动机决定的。在我国现阶段，居民储蓄主要出于储备动机和购买动机。但是储蓄政策的较大调整也会影响居民的储蓄动机。例如：1988 年 9 月 1 日起实行三年期定期储蓄保值，就诱发了居民的货币保值甚至增值的动机。三年期保值储蓄吸收了大量购买力，因而也起到了推迟购买周期的作用。反之,如果储蓄政策出现反方向的大幅度调整,则会缩短购买周期。[注]第三是各种福利性补贴。补贴的增加,提高了居民的实际收入水平,相应地会降低居民非耐用消费品的消费倾向,加速购买周期的到来。第四是分配的实物化倾向。这是在我国经济体制改革中出现的一种非规范的分配现象,是企业行为短期化的典型表现。但在实现深化改革以前,这种倾向不可能得到根本纠正。因此,近期内它也是影响我国购买周期的一个重要因素。

耐用消费品购买周期对消费需求波动以及总需求周期的影响,是在个人购买周期转化为社会购买周期以后实际发生的。个人购买周期是客观的,领先购买的示范效应则是个人购买周期转化为社会购买周期的重要契机。其发生作用的机制是"示范—模仿—跟上"的过程。"跟上"的普遍化,是个人购买周期转化为社会购买周期的主要标志。而某种耐用消费品家庭拥有量的"饱和态"(在我国大约是50%以上),则是个人购买周期转化为社会购买周期的数量界限。当某种耐用消费品的购买接近"饱和态"时,其边际增长率开始下降,另外一种耐用消费品的"示范—模仿—跟上"过程重新开始。这就是社会购买周期的形成过程。

上述分析是以收入不变为假定前提的。如果放弃这个假定,结果只能使消费需求乃至总需求的变动幅度增大,而不会改变问题的实质。可见,耐用消费品购买周期是决定消费需求波动的重要因素,而示范效应与购买周期的结合则是我国总需求周期再生的又一个重要机制。

3.3.2 投资周期与总需求周期

在从消费需求角度阐明了我国总需求周期的再生机制以后,接下来的一个问题就是投资与总需求周期的关系。只有在前述分析的基础上,进一步分析和说明投资变动怎样和通过什么造成了总需求的周期变动,才能更深刻地理解和全面把握总需求周期再生的机制。

(1)投资波动原理

在我国经济发展中,投资的形成及其波动是受多重因素影响的。例如,人口和就业状况,投资管理体制、产业结构和产业地区分布以及发展战略等等,都会在一定程度上影响投资。但是,它们大都是在较长时期内起作用、在短期中相对稳定的因素。从短期分析的角度看,导致投资从一次扩张到另一次扩张或一次收缩到另一次收缩的因素,主要是那些反映短期变动关系的因素。在我国目前的条件下,反映短期变动关系的因素主要是两项:一是投资效率(收益);二是收入水平。

[注] 当然不能否认"政策失效"的可能性。1990年4月份以后几次调低储蓄存款利率,但居民储蓄倾向仍上扬,就是一个例证。不过,这种现象的发生与存在具有某种特殊性,必须做具体分析。

　　虽然在实施改革前投资的主体是国家，投资决策主要是由国家做出并以投资计划的形式实现的，但是这并不意味着国家在制定投资计划时不考虑投资效率。斯大林指出："如果不从个别企业或个别生产部门的角度，不从一年的时间来考察赢利（即本书所述投资效率或收益——引者），而是从整个国民经济的角度，从比方 10 年到 15 年的时间来考察赢利（这是唯一正确的处理问题的方法），那么，个别企业或个别生产部门暂时的不牢固的赢利，就绝不能与牢固的经久的高级赢利形式相比拟。"① 这就是说，在假定国家投资计划不存在任何失误的前提下，这种投资决策仍然是要考虑投资效率的，只不过"没有用全力优先发展最能赢利的轻工业，而去发展往往赢利较少、有时简直不能赢利的重工业"② 罢了。因此，从深层意义上看，投资效率仍然是实施改革前投资决策的一个重要参数。

　　实施改革以后，我国投资主体多元化了。国家虽然还是投资的主体，但企业（包括全民所有制企业和集体所有制企业以及合资企业）和个人作为投资主体的地位明显上升了。在这个阶段，如果说国家投资的重点仍然是"高级赢利形式"的话，[注1]那么，企业和个人[注2]的投资则已经主要不是取决于这种"赢利"目标了。撇开仍然存在的"企业软预算约束"和国家与企业间的"父子关系"不说，仅就企业自筹投资来看，几乎无一不是从投资效率[注3]出发进行决策的。

　　这就表明，无论是实施改革前还是实施改革后，投资效率（尽管其具体涵义存在差异）都是投资决策的一个重要参数。投资的增加或减少与投资效率有着十分密切的关系，投资变动是投资效率的函数。这是问题的一个方面。

　　另一方面，无论是实施改革前，还是实施改革后，投资又是由收入水平决定的。因为无论如何，投资都是当期收入的一部分。如果当期收入只能满足当期消费需求，没有任何剩余，那就没有财力和物力进行投资。虽然在商品经济条件下，信用关系可以为投资者提供信贷，但这种信贷本质上仍然是以收入与消费的差额即储蓄为基础的。因此，它归根结底是收入的一个组成部分。即使不考虑信贷关系，仅仅凭借财政力量，用赤字财政来维持投资，这种投资也仍然是预支性的，说到底还是对收入中用于消费部分的扣除。这就是说，投资的增加最终仍然取决于收入的增加，投资的变动最终仍是收入变动的函数。

　　如果以 i 表示投资率，以 σ 表示投资效率，以 g 表示国民生产总值（广义国民收入）增长率，那么，根据上述关系可列出下面的等式：

---

　　①②　斯大林：《苏联社会主义经济问题》单行本，人民出版社 1961 年第 4 版，第 17～18 页。

　　[注1]　这样说是正确的。实施改革以来，国家投资比重虽大幅度下降，但其投资重点仍然是交通、运输、能源，原材料等基础部门和"瓶颈"产业。

　　[注2]　目前个人投资中建房投资还占较大比重，但赢利性投资有增加趋势。

　　[注3]　当然，由于体制原因，目前各类投资主体对"投资效率"的具体评价指标还有很大不同，但其本质内涵大体是一致的，即都是指投资收益。

$$i = g \cdot \frac{1}{\sigma} \qquad\qquad (3-2)$$

由上式不难看出，这个等式是对哈罗德—多马增长模型的一种倒置。这种倒置改变了哈罗德—多马模型中所包含的收入是投资的函数这一"凯恩斯信条"，恢复了投资归根结底来源于收入这一客观真理。

众所周知，英国当代著名经济学家罗伊·哈罗德（RoyHarrod）为把凯恩斯的"储蓄—投资分析"长期化、动态化，曾从经济增长 G 是储蓄率 S 和投资系数 C 的函数这一基本联系出发，提出了他的增长模型 $G = \frac{S}{C}$。[①] 在他之前，出生于波兰的美国当代著名经济学家 E. 多马（Evey D. Domar）则在凯恩斯乘数模型[注]的基础上，从经济增长与边际储蓄倾向 a 和投资增量 ΔI 的函数关系出发，得出了他的增长模型 $\Delta Y = \Delta I \frac{1}{a} = I\sigma$，其中 σ 表示单位投资所带来的生产能力的增加，相当于哈罗德模型中 C 的倒数。[②] 两个模型虽然使用了不同的符号，但经过变换，内容却无根本差别，即由于 $C = \frac{1}{\sigma}$、S = a，故 $G = \frac{S}{C} = a\sigma$。正如郭家麟评论指出的：由于哈罗德和多马的模型不仅内容而且形式都一样，因而人们将两个模型相提并论，称其为哈罗德—多马模型。大多数经济学家则将该模型改写为 $g = i/k$，式中 g 代表国民总产值年增长率，i 代表投资率即投资占国民总产值的比例、k 代表边际资本与生产的比率即为获得一定产品的增加所需投入的资本。[③] 如果将该等式两边同乘以 k，则上式就变为 $i = gk$。由于 $k = \frac{1}{\sigma}$，因此有 $i = g \cdot \frac{1}{\sigma}$。

在 $i = g \cdot \frac{1}{\sigma}$ 这一等式中，投资不再是自变量，而是因变量；收入则不再是因变量，而是自变量。投资率的变动与经济增长率成正比，与投资效率的高低成反比。

由于投资效率是一个由前期投资率和前期经济增长率所决定的前期变量，因此，在讨论当期投资率变动时，可以将其作为一个已知变量来看待，[④] 或者按照波兰经济学家 M. 卡莱茨基（Michal Kalech）那样，根据短期内资本集约化程度从而投资效率 σ 的倒数即资本系数不会发生大的变化这一事实，在进行理论分析

① 参见［英］罗伊·哈罗德：《动态经济学》中译本，商务印书馆 1981 年版，第 22、25 页。

② 参见［美］E. 多马：《经济增长理论》中译本，商务印书馆 1983 年版，第 92~93 页。

③ 参见［美］E. 多马：《经济增长理论》中译本，商务印书馆 1983 年版，"中译本序言"第Ⅳ页。

④ 参见符钢战等：《社会主义宏观经济分析》，学林出版社 1986 年版，第 286 页。

[注] 即 $\Delta Y = \Delta I \cdot \frac{1}{1-C} = \Delta I \cdot \frac{1}{S}$，式中 C 为边际消费倾向，S 为边际储蓄倾向。

时可首先假定 σ 不变。[①] 这样一来，问题就被简化到了极点，即投资率的变动唯一地取决于经济增长率的变动。不过应当注意，σ 不变不是指 σ = 0，而是指考察期与基期相比 σ′ = σ，即 $\frac{\sigma'}{\sigma} = 1$。我们先看 $\frac{\sigma'}{\sigma} = 1$ 的情况。

根据 3 - 2 式定义，$i = \frac{I_0}{Y_0}$。在该等式右端分子分母同乘以 $\Delta I \cdot \Delta Y$，可得到：

$$\frac{I_0}{Y_0} = \frac{\Delta I}{\Delta Y_0} \cdot \frac{I_0}{\Delta I} \cdot \frac{\Delta Y}{Y_0}$$

将上式代入 3 - 2 式，整理后得：

$$\frac{\Delta_0}{I_0} = \frac{Y_0}{\Delta Y} \cdot \sigma \cdot \frac{\Delta I}{\Delta Y} \cdot \frac{\Delta Y}{Y_0} \qquad (3 - 3)$$

由于已假定 σ = 1，也就是假定 $\frac{\Delta Y}{I_0} = \frac{\Delta Y}{I}$。因此，上式可改写为：

$$\frac{\Delta I}{I_0} = \frac{Y_0}{I_0} \cdot \frac{\Delta I}{\Delta Y} \cdot \frac{\Delta Y}{Y_0}^{[注]} \qquad (3 - 4)$$

式中，$\frac{\Delta I}{I_0}$——投资增长率，令其等于 i'；

$\frac{Y_0}{I_0}$——平均投资率 $\frac{I_0}{Y_0}$ 的倒数，令其等于 $\frac{1}{f_0}$；

$\frac{\Delta I}{\Delta Y}$——边际投资率，令其等于 f_m；

$\frac{\Delta Y}{Y_0}$——经济增长率，令其等于 g。

由于经济增长率是长期平均增长率（g_0）与考察期净增长（Δg）之和，即 $g = g_0 + \Delta g$，因此，将上述代入 3 - 4 式后，就可得到：

$$i' = \frac{1}{f_0} \cdot f_m \cdot g = \frac{f_m}{f_0}(g_0 + \Delta g) = \frac{f_m}{f_0}g_0 + \frac{f_m}{f_0}\Delta g \qquad (3 - 5)$$

已知 f_0 是一个稳定的常数，f_0 变动较大。通常 $f_m > f_0$。如果假定 f_m 也相对稳定，则 $\frac{f_m}{f_0}g_0$ 也就相对稳定。将 3 - 5 式两边同减 $\frac{f_m}{f_0}g_0$ 就得到：

$$i' - \frac{f_m}{f_0}g_0 = \frac{f_m}{f_0}\Delta g$$

① 参见［波］米哈尔·卡莱茨基：《社会主义经济增长理论》中译本，上海三联书店 1988 年版，第13 页。

［注］ 刘慧勇在《投资规模论》一书（中国财政经济出版社 1989 年版，第 102 ~ 103 页）中也曾提出过与本式相同的等式，但他却未给定 $\frac{\sigma'}{\sigma} = 1$ 这个前提。这是他所给模型的一个缺陷。

令 $i' - \dfrac{f_m}{f_0}g_0 = \Delta i'$，则上式可改写为：

$$i' = \frac{f_m}{f_0}\Delta g \qquad\qquad (3-6)$$

$\Delta i'$ 也就是考察期投资增长的波动幅度。在 σ 不变的前提下，投资增长水平围绕 $\dfrac{f_m}{f_0}g_0$ 上下波动，波动幅度为 $\dfrac{f_m}{f_0}\Delta g$。如果 $\Delta g > 0$，$f_m > 0$，$f_0 > 0$，同时 $f_m > f_0$，则 $\Delta i'$ 将以明显高于 Δg 的幅度上升；反之，如果 $\Delta g < 0$、$f_m < 0$、$f_0 < 0$，则 $\Delta i'$ 就会以明显低于 Δg 的幅度下降。在一定的条件下，投资增长的波动幅度取决于 Δg 的高低。在 Δg 一定的条件下，投资增长的波动幅度则取决于 f_m 与 f_0 的对比关系。由于 f_0 是一个长期稳定的比率，g_0 是一个稳定的常数，f_m 主要随 Δg 的变动而变动，因此，投资波动的轴心是 g_0，波动幅度则取决于 Δg。

然而，假定 σ 不变，仅有助于揭示投资波动与经济增长之间的基本关系，而无助于揭示投资波动的全部内涵。因此，必须在上述分析的基础上引入 σ 的变动。

如果设 π 为 σ 的变动率，则 $\sigma = \dfrac{\Delta Y\ (1+\pi)}{I_0}$。将其代入 3-3 式，整理后便可得：

$$i'' = \frac{f_m}{f_0}g_0\ (1+\pi) + \frac{f_m}{f_0}\Delta g\ (1+\pi) \qquad\qquad (3-7)$$

3-7 式两边同减 $\dfrac{f_m}{f_0}g_0\ (1+\pi)$，就得到下式：

$$i'' - \frac{f_m}{f_0}g_0\ (1+\pi) = \frac{f_m}{f_0}\Delta g\ (1+\pi) \qquad\qquad (3-8)$$

令 $i'' - \dfrac{f_m}{f_0}g_0\ (1+\pi) = \Delta i''$，则得：

$$i'' = \frac{f_m}{f_0}\Delta g\ (1+\pi) = \frac{f_m}{f_0}\Delta g + \frac{f_m}{f_0}\Delta g\,\pi \qquad\qquad (3-9)$$

显然，在 σ 可变的情况下，投资增长将在 $\dfrac{f_m}{f_0}g_0\ (1+\pi)$ 的基础上，以比 $\dfrac{f_m}{f_0}\Delta g$ 还大的幅度上下波动。除了 σ 不变前提下决定投资增长波动幅度的一些基本条件以外，π 值的大小也有了重要意义。尽管它的绝对值可能很小，乘以 Δg 这样一个小数后会变得更小，但只要它存在，投资增长的波动幅度就不仅大于 g_0，而且大于 Δg，并总是随着 Δg 和 π 的上升或下降而变动。

总之，在投资率相对稳定的条件下，投资波动不仅取决于边际投资率，而且取决于经济增长和投资效率。由于在正常条件下，边际投资率大于长期平均投资率，投资规模受投资效率制约，因此，投资波动幅度必然大于经济增长的波动幅度。这就是正常条件下投资波动的一般原理。受经济体制因素的影响，特别是在传统体制下，投资决策往往注重"高级赢利"，投资波动的幅度就会更大一些。改革以后，投资效率逐渐成为决定现期投资的重要因素，经济增长波动幅度也有所下降，因而投资波动幅度就相应地减小了一些。我国经济发展近 40 年来的实践，也充分地证明了这一点。

（2）投资波动转化为总需求周期的机制

投资波动是由投资扩张和收缩两个方面构成的。但在我国社会主义条件下，投资波动的"主动轮"是前者，而不是后者。

导致投资扩张的根本原因是人均收入增长和人均消费水平增长目标（对此第 5 章将具体展开分析），而促使投资实现不断扩张的直接因素是体制，主要是预算约束软性下的资金无偿供给制。实施改革以后，投资无偿供给虽已逐渐被银行贷款所取代，但贷款利率过低，[注]仍然带有无价（nonprice）配给特点。因此，这种投资体制实际上还是一种"准无偿供给制"。这就决定了在投资风险主要由国家承担、收益由企业分享的利益格局下，企业必然具有不可满足的投资热情。国家的经济职能虽与企业不同，但它作为社会整体利益的代表，为实现经济增长目标，也必然具有保持投资不断扩大、经济更快增长的倾向。① 同时，在实行中央与地方财政"分灶吃饭"以后，地方利益逐渐独立化。在这种利益格局下，地方掌握的投资项目多，不仅意味着它能够从再分配过程中得到更多的相对利益，而且意味着它所能支配的财政收入有了更多的来源。由于地方投资的资金来源主要有两个：一是预算内投资拨款；二是预算外自筹投资。在正常情况下，自筹投资的成本高于拨款投资，这就决定了地方政府必然具有比企业和中央更高的投资热情。争投资项目，争投资指标，"先上马后备鞍"，就是在这种投资冲动的驱使下形成的。至于项目上马后"鞍"怎么"备"，留下的投资资金缺口怎么补，则是以后在新的一轮"谈判"和"劝说"过程中要做的事。在争取投资阶段，地方往往不加顾及。一旦上述三类投资扩张行为普遍化（在行政性分权和利益导向格局下，出现这种现象并不困难），全社会范围的投资扩张就不可避免。

然而，投资扩张不可能无限发展。第一，它会遇到"瓶颈"的限制。如果投资扩张过程中，投资品供给以及投资生产力形成后的配套服务跟不上投资扩张的需要，那么，已形成的投资生产力就无法在市场上实现，正在进行的投资就会受到投资品短缺的抑制，从而会在客观上迫使投资收缩。例如，据国家统计局的

---

① 参见兹·萨多夫斯基：《论投资平衡》，《经济学译丛》1982 年第 4 期。

［注］ 改革以来我国投资贷款利率曾做过几次调整，但仍明显低于工业平均资金利润率。80 年代初投资贷款利率平均为 3.6%，80 年代中期平均为 6%，80 年代末平均为 9%，而 1988 年全国工业平均资金利润率为 22.0%。

调查材料，1979～1981 年全国建成投产的 289 个大中型项目中，按投资额计算不能正常发挥经济效益的达 48%。[①] 这就导致了 1981 年的投资被迫收缩。又如，据国家建设银行调查，1982～1984 年建成投产的 217 个大中型项目中，不能正常发挥经济效益的占 1/3 以上；1984～1986 年建成投产的 235 个大中型项目中约 1/4 多没有发挥效益，近 1/5 发生亏损，1986 年的投资利税率仅为 7%。[②] 1986 年的紧缩就是在这种条件下发生的。第二，（广义）国民收入水平的限制。如上所述，投资是收入增量的函数。当收入有较大幅度增长时，投资会发生更大幅度的增长。一旦收入增长达到一定极限，比如边际国民收入为 0 时，虽然投资的边际产值还较高，但国民收入已经没有更多的增长余地。如果在这种情况下继续增加投资，则只能跌入"亏损陷阱"，最终将导致投资的被迫收缩。图 3－3 展示了这种关系。

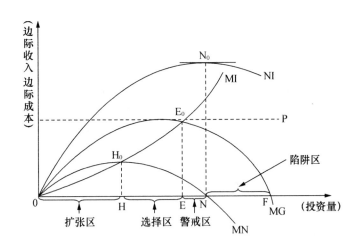

图 3－3　投资扩张的"亏损陷阱"

注：图中 NI 为国民收入增长曲线；MI 为边际投资曲线；P 为产品的一般价格水平线；MG 为边际产值曲线；MN 边际国民收入曲线。

　　图 3－3 表明，如果在跨过投资"警戒区"后继续扩大投资，尽管由投资带来的国民收入仍会增长，但投资的边际国民收入已变为负值。这种情况的出现，意味着支持投资继续扩张的财力已经匮乏，投资扩张已走进"亏损陷阱"。"陷阱"加深将迫使投资收缩。它表明投资扩张的有限性以及投资被迫收缩的发生过程，就是在我国条件下发生的投资波动。

---

① 参见田椿生等著：《积累形成与扩大途径》，经济科学出版社 1987 年版，第 109 页。
② 参见杨培新：《投资体制改革不容保留旧模式》，《投资研究》1988 年第 1 期，第 6 页。

投资波动不是一种偶然现象，而是一种周期发生的现象，表现为持续的"加大油门"和戛然而止的"紧急刹车"。① 投资的周期性波动是通过以下三种形式导致总需求周期再生的。

第一，投资扩张或收缩直接造成总需求的扩张或收缩。近40年来，我国投资需求始终占总需求的40%左右，而且投资需求的波动常常大于消费需求和净出口需求。因此，投资需求的扩张或收缩，必然对总需求的变动产生明显影响。从表3-9可以看出，在总需求变动的八次周期中，投资波动对总需求周期变动的影响作用有五次超过了35%。这五次中有两次发生在实施改革前，三次发生在实施改革后。观察图3-4则不难发现，在我国总需求周期变动的过程中，固定资产投资扩张或收缩的幅度始终明显大于总需求，特别是实施改革之前这种特点尤其突出。上述情况充分表明，我国总需求周期不断再生，在很大程度上是由投资的周期性波动引发和推动的。

表 3-9 投资变动对总需求周期的影响作用

周期序号 指标	一	二	三	四	五	六	七	八
各期弹性 均值总和①	2.49	-13.09	1.01	3.26	1.95	7.0	1.58	1.11
总投资权重②	0.19	-0.02	0.46	0.1	0.62	0.85	0.60	0.35

资料来源：据表2-2计算。其中，①为各期消费、投资、净出口需求对总需求弹性均值的总和，②为各期投资需求对总需求的弹性均值除以①。

第二，投资的乘数效应。在一般情况下，一笔投资投下去，首先会引起对基建材料、机械设备和劳动力的需求；投资完成后，则会进一步引起对正常生产所需原材料、辅助材料的需求；这两类需求又会继续引起更深一层的需求。这是一个连续发生的过程。不管是在商品经济条件下还是在非商品经济条件下，只要生产从而投资是以社会规模进行的，它就不会是一种完全孤立的现象。只不过商品、货币关系的存在，进一步强化了这种连续性罢了。[注]凯恩斯将投资引起更多需求的效应称之为"乘数效应"（multiplier effect）。在我国具体条件下，特别

---

① 参见亚诺什·科尔内：《短缺经济学》上册，中译本，经济科学出版社1986年版，第195~238页。

[注] 英国古典经济学家亚当·斯密曾指出过："货币是流通的大轮毂"（见《国富论》中译本上册，商务印书馆1972年版，第267页）。

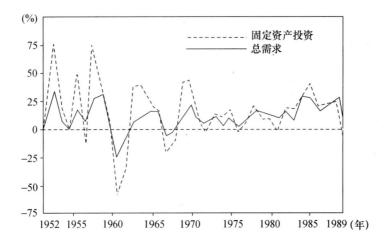

图 3 - 4   我国固定资产投资波动与总需求周期比较

是改革以后，货币流通的作用有所加强，但是满足凯恩斯乘数效应的条件还不充分，因此，在这个意义上可以说它不适用于我国。不过，由于客观存在的部门间投资需求的连锁反应，投资扩大或减少需求的作用也是客观存在的。表 3 - 10 反映了这种关系。虽然在该表中，乘数效应的理论值与实际值不尽一致，但大趋势是近似的。据一般估计，我国固定资产投资约30% ~ 40%会转化为消费基金。另据有人测算，在我国基建投资完成额中货币投放量（现金）约占22%，在整个固定资产投资中则高达38%，货币乘数约为2.8。① 按照这种估计测算，投资引起的货币收入变动规模更大。这就是说，投资通过乘数的作用，会引起总需求的扩张与收缩。投资的周期性变动和储蓄的波动，是总需求周期再生的另一个客观机制。

表 3 - 10   我国投资的乘数效应

指标 ＼ 时间	1981	1982	1983	1984	1985	1986	1987	1988	1989
边际储蓄倾向	0.314	0.378	0.399	0.283	0.258	0.523	0.493	0.266	0.482
乘数	3.18	2.64	2.5	2.53	3.87	1.91	2.02	3.75	2.07
引致需求增量	101.2	744.1	254.8	2340.4	3549.2	903.2	1232.6	4662.8	-913.3
实际需求增量	300.81	580.31	328.29	1430.28	171.41	1172.87	1698.6	3022.4	1113.5

资料来源：据表 2 - 2 计算。

---

① 参见黄桂远等：《试论固定资产投资与货币投放的关系》，《投资研究》1988 年第 6 期；史晋川：《社会主义经济通货膨胀导论》，上海三联书店 1989 年版，第 140 ~ 142 页。

第三，投资的平面扩张与收缩效应。从理论上说，投资变动引起总需求变动应当是纵向延伸、逐步扩展的。但是，在我国条件下，资产存量的流动基本上是以行政指令为前提的。在没有行政指令的情况下，这部分资产即使闲置，也不允许按照资产收益最大化原则在部门内或部门间流动。例如，据有关部门调查，我国机械工业设备利用率一直处于不足 70% 的状态，80 年代中期以来又有明显下降趋势，如 1985 年，其利用率已降为 50.3%，1986 年又进一步降为 48.4%。[①]到 1989 年底，全国处于停产半停产状态的企业已占相当比重，相应地，全国设备闲置程度也更加严重。[注]然而，某些部门、行业的设备闲置，不等于其他部门、行业的发展不需要；某些企业处于停产半停产，不等于社会对其他企业产品的需求不迫切。这里，体制仍然是一个重要制约因素。受体制限制，即使资产存量结构不合理，产出效率低，也要勉强维持。这样，为实现经济增长目标，以资产增量的形式推动投资在部门间平面扩张就不可避免。扩张时，现有企业以其已经占有的设备为起点，继续追加投资。在局部利益的驱使下，地方和企业投资又集中于加工工业部门，结果导致"瓶颈"部门发展更加滞后，进而迫使中央不断向这些部门增加投资。一旦中央的这种投资跟不上地方、企业投资的发展，强制性收缩将势在必行。这样一来，投资平面扩张便会骤然变为平面收缩，并进一步导致总需求的扩张与收缩。可见，体制约束下的投资平面扩张与收缩效应，也是总需求周期再生的一个重要机制。

当然，导致我国总需求周期不断再生的机制不只消费需求波动和投资需求周期性扩张与收缩两个方面。除了上述两方面以外，财政、信贷关系的变动对总需求周期也有重要影响。因为，财政是沟通国家、企业和城乡居民个人物质利益关系的主要渠道，信贷则是实现上述联系的重要形式。如果财政、信贷关系也周期性地发生变动，那么它们二者也会成为总需求周期再生的重要机制。但是，从它们二者的职能角度看，财政、信贷的作用主要在于熨平周期波动，而不在于加剧周期变动。尽管在财政手段实施失误、信贷调节失偏时，它们也会导致总需求发生更加剧烈的波动。例如，如果在实施财政紧缩时，税收过度，在"拉弗曲线"效应的影响下，需求收缩的同时供给也必然收缩，进而导致财政收入降低，如果在实施信贷紧缩时，居民储蓄存款利率定得过高、贷款利率及额度控制又过严，忽略结构性紧缩与总量紧缩的供给效应差异，用总量紧缩代替结构性紧缩，同样也会产生过大的"漏出效应"，压缩需求的同时会严重抑制供给；如果把上述两种紧缩措施翻转过来，在操作上"过松"，则出现的情况必然恰如"过紧"的反面。不过，在正常情况下，上述两类"过度"操作并不具有必然性。因此，它

① 参见《计划经济研究》1988 年第 1 期，第 8 页。

［注］ 到 1989 年底，全国已有 24% 的工人放假，处于失业状态的职工已达 668 万，占职工总数的 6%（参见牛仁亮、宋光茂等：《1988～1990 年紧缩：企业效应分析》，《经济学家》1990 年第 5 期）。

们只构成我国总需求周期再生的可能性条件，而不是一个内在机制。随着改革的深化和运用财政、信贷手段能力的提高，其熨平周期的职能将成为主要方面。至于如何运用财政、信贷调节总需求，本书第 7 章将做具体分析。

3.4　我国总需求周期变动规律及其意义

前述三节分别考察了我国总需求周期的现实性、必然性及其再生机制。本节则试图在上述分析基础上，探讨和说明我国总需求周期变动的物质基础以及正确理解和把握总需求周期变动规律的意义。

3.4.1　我国总需求周期变动的物质基础

在前面的分析中曾反复涉及经济增长对总需求周期变动的制约关系。这里将集中说明，经济增长也就是总供给是怎样成为总需求周期变动的物质基础的。

为了说明我国总需求周期变动的物质基础，有必要首先观察图 3 - 5。从该图两条曲线的变动轨迹可以直观地看出，总需求周期变动与总供给是高度相关的。如果对总需求和总供给分别求对数，然后再经一阶差分回归，也可以得到同样的结果（1953 ~ 1978 年总供求变动的相关系数高达 0.87、1979 ~ 1989 年则高达 0.99）。

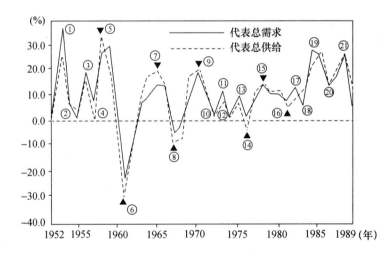

图 3 - 5　我国总需求、总供给变动曲线

在图 3 - 5 中，除⑰、⑱两组折点外，两条曲线共有 19 组重要折点。其中，属于第一次周期的有第①、②、③、④组，属于第二次周期的有第⑤、⑥组，属于第三次周期的有第⑦、⑧组，属于第四次周期的有第⑨、⑩组，属于第五次周期的有第⑪、⑫、⑬、⑭组，属于第六次周期的有第⑮、⑯组，属于第七次周期的有第⑲、⑳组，属于第八次周期的有第㉑组。仔细观察这 19 组折点，可以发

现它们大体上处于两种状态：一种是在折点处总供给的升降幅度大于总需求的升降幅度，总供给曲线的折点发生在总需求曲线折点的上方或下方（图中加"▲"号处）。对于这类折点，本书称之为"白折点"。另一种是在折点处总供给的升降幅度小于总需求的升降幅度，总需求曲线的折点发生在总供给曲线折点的上方或下方（图中未加"▲"号的折点）。对于这类折点，本书称之为"黑折点"。所谓折点（Turning point），简单地说，就是转换点，在这里就是需求或供给由上升（或下降）转换为下降（或上升）的转折点。而总需求周期，实际上就是这些折点的"定期"再现过程。因此，讨论我国总需求周期的物质基础，关键是分析和说明这两类折点得以发生的社会条件和物质条件。

（1）"白折点"剖析

在我国经济发展中，到目前为止共出现过九组"白折点"。在这九组中，处于周期波峰的有四组，处于周期谷底的有五组。

先看处于波峰的四组"白折点"。这四组包括⑤、⑦、⑨、⑮，其共同特点是供给折点处于需求折点的上方，即供给扩张明显快于需求扩张，供给扩张达到一定极限后转入收缩，随后发生需求的收缩。但具体分析，它们之间也存在一些差异。例如，第⑤组折点表现为供给的急速上升和迅速大幅度持续下降，而需求先是跟随性上升，待上升到一定程度后延续一段缓慢上升，继之是大幅度迅速下降。第⑦组折点则表现为供给爬行上升带动需求爬行上升，供给上升到一定极限转入下降，最后导致供求同时大幅度下降。第⑨组折点几乎重复了第⑤组折点的发生过程，差别只是在供给经一段迅速上升后转为平缓上升，在达到一定极限时迅速转为下降，并带动需求以更大的幅度下降。第⑮组折点处供给曲线的上升与第⑨组相同，但转为下降后供给曲线的发展趋势较平缓。

产生上述差异的原因主要是三条：

第一，"左"的指导思想。除了第⑦组折点有一定特殊性外，其他三组都与"左"有关。"左"的指导思想在经济上的表现就是急于求成。1958年的"大跃进"、1969年的"全国一片红"、1978年的"洋跃进"，都是这种指导思想的具体表现。在这种"左"的指导思想下，必然是重重工业，轻轻工业和农业，结果是导致产业比例失调，进而形成需求和供给的比例失调，使供给的增长受到抑制。例如，第⑤、⑨、⑮组折点处的农、轻、重产值比例分别为25.1∶31.1∶43.8（1959年）、33.7∶30.6∶35.7（1970年）、27.8∶31.1∶41.1（1978年），其中1970年农业比重较高是以该年农业的超高速增长（11.5%）为前提的。[1] 比例失调使供给的超高速增长失去了物质基础，必然带来供给的大幅度下降。供给下降则继而迫使需求下降。

---

[1] 资料来源：《中国统计年鉴》1987年卷，第45~46页。

第二，忽视人民生活。例如，在第⑤组折点处，1958 年与 1952 年相比，居民消费水平增长 199.3%，1959 年与 1952 年相比则仅增长 134.5%，远远低于同期全民所有制单位固定资产投资和全社会固定资产投资增长 37.7 倍和 5.5 倍的水平。在第⑨组折点处，居民消费水平比上年仅增长了 5.7%，而全民所有制单位和全社会固定资产投资却分别比上年增长了 61.5% 和 40.4%。在第⑮组折点处，上述三项指标则分别为 9%、21.8%、17.5%。居民是消费者，其中大多数又是生产者，如果其消费水平长期得不到提高，那么，在投资推起供给增长以后，劳动者积极性的下降就必然会导致供给增长的下降。供给下降到一定点，便会进一步迫使需求下降。

第三，对总供求的关系处理不当。第⑦组折点是在"三年调整"后期发生的。这次调整在很大程度上纠正了"左"的指导思想，调整是成功的。因此，在供给平稳增长，比例趋于协调的同时，需求也有所改善。但是这一期间对需求的刺激不够，出现了较大的供给缺口。1965 年供给大于需求达 59.5 亿元，1966 年又进一步上升为 82.77 亿元。这就在客观上抑制了供给的增长，在迫使供给回落的同时，使需求也跟随下降。

以上分析表明，处于周期波峰的四组"白折点"是需求被动地适应供给、供给增长带动需求增长、需求内部结构不合理进而抑制供给增长、供给下降又导致需求下降的必然结果。

再看处于谷底的五组"白折点"。这五组包括④、⑥、⑧、⑭、⑯，其共同特点是供给曲线的折点都处于需求曲线折点的下方。这是供给下降幅度明显大于需求下降幅度的反映。其运动轨迹大体是在经济发展进入收缩期后，供给和需求增长率都同时下降；待下降到一定点时，需求的下降速度趋缓，供给却仍以较高的速度下降；供给和需求下降到一定点后，供给的高速下降骤然止步，并通过折点转入迅速回升，与此同时需求也开始大幅度回升。

具体分析处于谷底的这五组"白折点"可以发现，供求曲线同时下降是其增长超出社会经济实际负载能力的必然结果。供给下降快于需求下降，则是投资收缩、进而引起需求收缩、需求收缩带动供给下降的正常反应。因为收缩不仅使已上马的项目处于建设低潮，从而势必延长新生产能力的形成期限，并使现有生产能力得不到应有发挥。需求方面的投资收缩，表现在供给方面往往是扩大再生产甚至简单再生产的同时收缩。如果此间供给继续下降，需求也必然跟着继续下降。但是，在供给增长下降到一定程度后，由于原先的投资逐渐形成新的生产能力，因此供给会逐渐停止下降并转为上升，并相应地带动需求同时上升。这五组折点后期曲线的回升，都是供给回升快于需求回升，从而进一步说明了这一点。虽然第⑯组折点有些特殊，表现为供给回升落后于需求回升，但这种情况的出现，主要是由 1982 年社会公共消费超常增长 12.3%、全民所有制单位固定资产投资骤然增长 26％引起的。因此，受供给的限制，它的这种突然上升转年就被迫压到了第⑱组折点。另外，这五组折点与前述四组折点是直接联系的。因而，从这个角度看，它们是以不同形式表现出来的同一本质关系。

总之，九组"白折点"的发生不仅是由客观经济条件决定的，而且在很大程度上也是社会政治力量作用的结果。但是，上述分析表明，这些折点的发生归根结底是由经济力量决定，以供给的变动为物质基础的。

（2）"黑折点"探微

除了上述九组"白折点"外，其余十组"黑折点"有三个共同特点：在周期波峰处，需求曲线的折点在供给曲线的折点之上；在周期谷底处，需求曲线的折点在供给曲线的折点之下；两条曲线运动轨迹大体相同，并无一折点在零水平线之下。为什么会发生经济扩张时需求折点在供给折点之上，收缩时需求折点又在供给折点之下这类现象呢？

首先看需求折点在供给折点之上的发生条件。这里仅以具有代表性的第③和⑲组折点为例进行分析。第③组折点发生在 1956 年，即发生在第一个五年计划完成的前一年。这一年也是苏联援建 156 个大中型建设项目付诸实施的第一年。供给在连续两年中速（7％）和低速（2.9％）增长以后，于 1956 年骤然上升到16.5％。在此期间居民消费仅比 1952 年增长 71.3％，但投资特别是全民所有制单位和全社会固定资产投资却分别比 1952 年增长了 2.8 倍和 2.2 倍。可见，这次扩张是由供给推进、投资带动的。然而，正当需求以很旺的势头增长时，投资的扩张却遇到了投资品供给不足的障碍。例如，粮食产量仅比 1955 年增长4.8％，钢材产量仅相当于国内消费量的 76.9％，木材产量仅相当于国内消费量的 76.6％，财政第一次出现赤字并高达 18.3 亿元。于是，供给被迫迅速下降，并促使需求也迅速下降。

如果说第③组折点的发生与外来力量的刺激有关的话，那么，第⑲组折点就不同了。第⑲组折点发生在 1984～1985 年。在此期间供给持续增长，但需求大幅度跳跃，从 1983 年的仅比上年增长 7％而一跃为 1984 年的增长 28.5％，超出该年供给增长 6.4 个百分点。其中，居民消费增长 28.4％，社会公共消费增长27.2％，全社会固定资产投资增长 27.9％，集体所有制单位固定资产投资增长则高达 52.7％。与这种消费，投资"双膨胀"相伴随，便是财政在连续 5 年赤字的基础上再次发生了 44.5 亿元的赤字，贷款在 1983 年净增 409.3 亿元的基础上骤然上升为 1176.2 亿元，国民收入平减物价指数在 1983 年上升 1.4％的基础上又上升了 6.3％，并导致 1985 年陡升为 12.8％。随之而来的是 1985 年后的供给下降以及需求下降。这组折点的发生虽说与宏观失控有关，但归根结底仍然是由供给本身的限制造成的。1984 年、1985 年连续两年"需求缺口"高达 557.83 亿元和 663.12 亿元，分别超出供给能力达 9.5％和 8.9％，这就在客观上决定了需求曲线向下拐折的必然性。

下面再分析一下需求折点在供给折点之下的条件。需求折点在下，意味着收缩期到来以后需求以快于供给的速度下降。但需求下降到一定程度后不再继续下降，关键在于供给停止下降并转为上升的条件及构成需求下降的主体内容。供给在周期谷底转为上升的条件同"白折点"的转化条件相同，都是前期投资逐渐形成生产能力的必然结果。而构成需求大幅度下降的主体内容是投资，表现为投资率先下降。虽然投资下降可能与原有消费需求的下降不同步，但一般是与由投资派生的消费需求的下降同步的。不仅如此，当投资下降时，受投资下降惯性的影响，由投资派生的消费需求往往出现滞后性下降。因此，如果此间没有足够的外力作用，总需求会在供给停止下降后继续下降。但是，需求不会无休止地下降，因为在需求曲线发生向上拐折之前，供给曲线首先向上拐折意味着供给回升。供给回升则不仅意味着投资效益回升，而且意味着收入水平回升。收入水平回升不仅会导致消费需求回升，还会为投资需求回升提供必要的物质条件。由此便导致需求曲线在供给曲线折点之下也发生向上拐折，即供给回升带动需求回升。

以上对"黑折点"发生条件的分析进一步表明，总需求周期归根结底是以供给为条件和物质基础的。虽然不能说供给的周期变动是总需求周期变动的原因，[注]但必须说供给周期总是需求周期的物质基础。这就是本章对我国经济发展中所发生的黑、白两类折点分析的基本结论。这个结论表明，我国总需求周期不是无条件发生的，也不是无根据偶然发生的，更不是无任何物质基础自然发生的，而是在前述各种因素影响下、在社会主义社会的主要矛盾和供给变动的基础上必然发生的。总需求周期变动是我国宏观经济运行的一个客观规律。

3.4.2 认识总需求周期变动规律的意义

承认并正确理解总需求周期变动的规律性，对于正在发展中的我国来说，有着十分重要的意义。

（1）有助于我们正确认识和处理总需求与总供给的关系

总需求周期变动规律是在与总供给的联系中存在并发生作用的。这个规律表明，在短期内，总需求确实影响着总供给，总需求的变动在很大程度上制约着总供给的变动；但在长期内，特别是从长期与短期相结合的角度看，总需求的变动却是受总供给制约并以其为物质基础的。资产阶级庸俗经济学家萨伊没有区分长期和短期，简单地认为"供给会自动地创造自己的需求"，似乎二者不存在发生背离的可能性和现实性。这种论断是不符合实际的。正如经济思想学家M.布劳

[注] 就如同不能说总需求周期变动是供给周期变动的原因一样。我国理论界许多学者在论述供给（或经济增长）周期时，常把投资周期视作原因，甚至从投资周期出来论述经济周期，这是一种循环论证，显然是不确切的。

格（Mark Blaug）所说：一般来说，在物物交换（barter economy）经济中不会发生超过所有商品需求的过度供给，但在货币经济（monetary economy）中，商品的过度供给则具有逻辑上的可能性，因为需求可能仅指对货币的过度需求。①

凯恩斯曾对萨伊定律进行过严厉的批判。他运用短期静态分析法，从三大基本心理规律（即"心理上的消费倾向、心理上的灵活偏好以及心理上对资产未来收益之预期"②）出发，论证和阐明了他的需求创造供给的论断："有效需求不足时，就业量亦不足；……有效需求增加时，就业量亦增加。"③ 在凯恩斯看来，由于人们心理上的消费倾向随收入增长而降低，因此会引起消费需求不足；由于人们心理上有乐于手头保留现金的灵活偏好和心理上对资产未来收益信心不足，因此又会引起投资需求不足；消费需求不足加投资需求不足，即总有效需求不足；有效需求不足既会形成供给缺口，产品无法实现，又会导致供给不足；只有刺激需求，直至达到充分就业，才能使经济获得最适增长。凯恩斯的这套理论虽然给了萨伊定律以猛烈地一击，但是，由于他不是从经济关系的内在矛盾出发，而是从所谓"三大基本心理规律"出发，来阐述其有效需求原则和需求创造供给的理论，因此其理论也是不正确的。因为，他的这种分析既歪曲了资本主义制度下消费的阶级性和消费需求的真实经济内容，又歪曲了利息率的本质、资本的实质和资本主义社会投资不足的根本原因。然而，如果撇开上述错误，仅就总供求关系的分析来说，他的阐述又具有一定的启发性。④ 例如，他关于资源未得到充分利用（就业不足）的条件下，刺激需求能够为供给的短期增长提供市场空间，因而有助于实现充分就业，推动经济增长等观点，对于我国的实践来说仍是有实际意义的。

我国总需求周期变动规律也表明，在实际宏观经济运行中如果出现了短期"供给缺口"，根据缺口大小、方向及其构成，有选择地增加需求，是有助于保持供给的稳定增长的。相反，如果出现了短期"需求缺口"，不是相应地根据缺口大小、方向及其构成，有选择地抑制需求以增加有效供给，而是继续普遍地刺激需求，结果只能导致社会经济生活的紊乱和严重的通货膨胀。这就是说，在短期中，供给虽然不是由需求创造的，但却是受需求制约和影响、由需求推动或抑制的。凯恩斯把需求短期变动对供给的制约、影响、推动或抑制作用等同于"创造"，这是不正确的。

我国总需求周期变动规律表明，在长期中需求又总是受制于供给，以供给的

① Mark Blaug, *Economic Theory in Retrospect*, Cambridge University Press, 1985, pp. 149～150.
② ［英］凯恩斯：《就业利息和货币通论》中译本，商务印书馆1983年第2版，第209页。
③ ［英］凯恩斯：《就业利息和货币通论》中译本，商务印书馆1983年第2版，第249页。
④ 参见厉以宁：中译本前言，载凯恩斯：《就业利息和货币通论》中译本，商务印书馆1983年第2版。

变动为客观物质基础的。因此，解决需求问题的关键，归根结底还是解决供给问题。例如，当出现需求结构性失衡时，除了应当采取短期需求调节措施外，更重要的是调整产业政策和投资政策，通过改变供给结构来适应需求，而不应盲目地全面抑制或刺激需求，造成供给"瓶颈"，牺牲经济应有的增长。

需求的短期影响和供给的长期制约是相辅相成，辩证统一的。不管是在实践中，还是在理论上，它们二者都不可偏废。如果无视总需求周期变动规律，不承认在短期中需求变动对供给的影响作用，甚至认为调节需求只是"一种流通领域的数量管理政策"，对供给从而对加速产业结构的改造无能为力，[①] 片面强调供给一个方面，实际上既无法使我国经济发展走上良性循环的轨道，也无法保证供给的长期增长和发挥供给对需求的长期推动作用。因为在其他条件不变的情况下，供给的增长是以需求、首先是以投资的增长为前提的，是先有投资总量、投资方向、投资结构，尔后才能有供给增量、供给方向和结构。如果没有需求的这种结构性短期调节，也就没有供给的结构性长期增长。反之，如果像凯恩斯那样，不承认在长期中供给的制约作用，那么，短期中消费需求和投资需求的增加本身就成了问题。这样一来，也就谈不上需求对供给的影响和推动作用了。

（2）承认和正确理解总需求周期变动规律，还有助于我们正确选择调节需求的宏观经济政策

总需求周期变动规律表明，调节需求的政策属于短期调节。因此，在选择和实施需求调节时，不应将其长期化、固定化。例如，在我国第八次总需求周期中，受多种因素影响，多年沉淀下来的过度需求于 1988 年 8 月一下子涌流出来，出现了普遍的争购、抢购和挤兑储蓄存款的风潮。为了迅速平息这次风潮，中央决定自 9 月 1 日起实行利率高达 13% 的三年定期保值储蓄。这项措施的实施在当时确实起到了抑制需求的作用。其典型表现是 1989 年城市居民人均生活费支出仅比 1988 年增长 0.96%，居民储蓄存款则净增 1334 亿元，"漏出效应"相当明显。但是，当 1989 年中期出现市场疲软，直至 1990 年第一季度市场需求仍不见回升时，再继续坚持原来的储蓄政策，显然已不合时宜了。为了刺激市场需求，有人提出应及时调整利率、改变储蓄保值政策。而另外有些人则认为这样可能"放虎归山"，冲击市场。其实，当需求不足、需求增长已进入谷底时，动一点利率、放一些"虎"归"山"，已经是供给长期增长的客观要求。况且，适当调整利率和储蓄政策，分步操作，不可能使银行的全部储蓄存款作为一只"虎"，一次出"笼"。据调查，天津市银行居民储蓄存款的 92% 是定期储蓄，三年期以上的占 50%，准备到期转存的占 73.7%，随时动用的占 4.5%。[②] 因此，没有必

---

① 参见朱绍文、陈实：《总供给与总需求分析对我国经济适用吗?》，《经济研究》1988 年第 4 期。

② 1990 年 7 月 25 日《天津日报》第 3 版。

要因害怕"老虎出山",硬坚持储蓄利率不能大动的保值政策。由于短期调节政策的长期化、固定化,必然导致继 1989 年 10 月出现全国工业生产负增长、直到 1990 年 5 月份仍不见回升这样一种结果。

实践充分证明,在总需求周期变动的不同阶段,必须适应总需求变动周期的具体特点,及时选择不同的短期调节政策,进行逆向调节,达到熨平周期波动、减小周期震荡、保证和促进经济稳定增长的目的。这是总需求周期变动规律的客观要求。短期调节政策的选择和实施只能适应这种要求,而不应与这种要求背道而驰。但是,在承认并正确理解我国总需求周期变动规律之前,人们还不可能自觉地做出理智、及时、正确的政策选择,即使某一政策选择得正确并收到了成效,但由于缺乏对客观规律的认识,这种政策选择实际上也是自发的,而不是自觉的,因此最终仍难免误入歧途。

(3) 承认和正确理解我国总需求周期变动规律,还有助于我们对总需求变动的发展趋势做出正确的预测

我国的总需求周期变动规律表明,总需求的大幅度扩张和收缩大约是每隔 4~5 年出现一次。尽管每次周期的具体特点互不相同,但大都是经过一段时间 (1~2 年) 的恢复、扩张后达到增长的极限,接着便出现逐渐的 (2~3 年) 或迅速的 (1~2 年) 收缩,使总需求增长进入低谷。这就是"白折点"和"黑折点"交替出现的过程。在这个过程中,总需求变动本身会发出各种不同信号。这些信号,既是总需求变动状态的反映,又是其周期发展的标志。

例如,实施改革前,我国总需求变动进入周期扩张阶段后,它所发出的信号主要有三种:一是投资特别是固定资产投资的计划指标和实际指标都明显上升;二是出现库存下降、物资供应紧张;三是"排队"现象普遍化,"票证"升值。这些信号的出现,预示着总需求已经临近其从扩张到收缩的折点。

又如,实施改革后,我国总需求周期变动与市场状况的联系变得密切了,因此,进入周期扩张阶段后,除了前例中的三种需求变动信号外,又增加了物价特别是非国家控制的生产资料和消费资料物价的大幅度上升、取得贷款的难度增强、财政赤字上升等三种信号。而当总需求扩张跨越其上升折点后,相反的信号便相继出现,从而预示需求将进入低谷,新的一轮扩张即将临近。

由于在周期发展不同阶段上所形成的各种信号从发生到传播需要一定的时间,因此,人们普遍感受到这些信号也需要一个过程。这就决定了"折点"形成的周期性。了解了总需求周期变动的这种规律性,不仅可以理智地预见总需求周期所处的状态及其发展的趋势,而且可以根据这种预见,做出相应的政策选择,采取正确的行动方案,从而达到熨平周期波动,使周期性大震荡转变为小波动的目的。

总之,承认并正确理解我国总需求周期变动规律,不仅有助于我们正确处理

供给和需求的关系，正确选择宏观调节政策，正确预见总需求变动趋势，而且有助于实现国民经济的长期稳定、协调发展。因此，总需求周期变动规律是进行宏观经济管理、实现经济行为合理化必须遵循的一条客观规律。

4

消费需求的不断上升

上一章主要从总需求一般的角度，运用短期分析、长期比较的方法，论证说明了我国总需求周期变动的规律性。本章试图深入到总需求内部，运用实证分析和动态分析的方法，就我国消费需求的长期变动进行一些探讨，主要是论证和说明我国消费需求不断上升的规律。

4.1 消费需求不断上升假定

消费需求是总需求的一个主要组成部分，大体占总需求的 2/3。它的变动对总需求变动具有重要影响是显而易见的。对此，上一章已经作了分析。

现在的问题是，在长期中，消费需求是怎样变动的？消费需求的长期变动有无规律性？如果有，是什么？如何理解消费需求长期变动的规律性？要阐明这些问题，首先应对最基本的因果联系进行分析。

4.1.1 人均消费需求函数

第 2 章曾指出，我国消费需求是由居民个人消费需求和社会公共消费需求两部分组成的。这里，为了便于分析，则把消费需求一概视之为居民个人消费需求，只是在必要时才将社会公共消费需求单列出来进行分析。

众所周知，现代经济学一般都将消费看做是收入的函数。例如，凯恩斯就曾明确指出："一社会之消费量，显然系乎下列因素：（a）所得数量，（b）其他客观环境，（c）该社会各组成分子之主观需要、心理倾向、心理习惯，以及相互之间分配所得之办法"；[①] 但与（a）项相比较，其他影响消费倾向的因素却"不曾有多大重要性"，"在通常情形之下，总需求函数中之消费部分，确以总所得（以工资单位计算）为其主要变数"。[②] 如今，凯恩斯的这一观点已成为大多数经济学家所接受的一个"定理"。然而，如果把消费需求放到长期关系中去考察，上述"凯恩斯定理"就不够准确了。第一，社会环境和自然环境的变化必然会影响人们的消费。例如，在收入水平一定的情况下，由于社会秩序的改变，人们

---

①② ［英］凯恩斯：《就业利息和货币通论》中译本，商务印书馆 1983 年第 2 版，第 80、84 页。

的消费习惯、消费偏好从而消费倾向也会改变，消费需求进而也会发生相应的变化。同样，自然环境的变化也具有类似的效果。第二，人口的数量及其构成也是影响消费的一个重要因素。当人口增加时，消费需求必然要相应地有所增加；当总人口中中青年人口比重增加时，消费需求的规模也一定会相应地扩大。反之，当人口减少时，消费需求也会相对地减少；当人口构成中老年人口比重上升时，消费需求的规模则会相对缩小。显然，考察消费需求的长期变动，必须超出凯恩斯短期分析的眼界。

为了说明消费需求的长期变动，首先应当确立和分析人均消费需求函数。因为，总消费需求不过是人均消费需求的总和。

假定社会环境、自然环境和其他影响消费需求的主观和客观因素均不变，则可把人均消费需求看作是人口和收入的函数，即 $\bar{C} = c(P, G)$。   (4-1)

式中，$\bar{C}$ 代表人均消费需求；

P 代表人口数量；

G 代表收入量（国民生产总值）。

显然，在 G 固定不变的条件下，$\bar{C}$ 是 P 的单调减函数，即 $d\bar{C}/dP < 0$。就是说，如果收入总水平不变，人均消费需求会随着人口增加而不断减少。

相反，在 P 固定不变即人口增长率为 0 的条件下，$\bar{C}$ 是 G 的单调增函数，即 $d\bar{C}/dG > 0$。就是说，如果人口数量不变，人均消费需求会随着收入增加而增加。

在这里，我们遇到了一个更为基本的问题：人口的增加或减少和收入的增加或减少是由什么因素决定的？

直观地看，人口的增加或减少首先与人口再生产的能力有关。然而，人口再生产又是由什么决定的呢？撇开其他非经济因素（如传统习惯、人种以及社会政治关系等），人口再生产主要取决于经济发展的水平。

人既是生产者，又是消费者。一方面，人只有作为消费者，人口才能够不断繁衍，从这个意义上说，人口是随着自身消费水平的提高而增加的。另一方面，人只有作为生产者，人口才有了不断繁衍的物质条件。从这个意义上说，人口又是随着生产的增长从而供人使用的资本[注]的增加而增加的。

由于供人使用的资本是收入的一个部分，是人均收入扣除人均消费需求后的剩余，因此，人口、从而劳动力的增加或减少，就是人均消费需求水平的高低和供人使用的资本多少的函数。这一函数关系可表示为：

[注] 这里是从再生产由以进行的物质条件的角度使用"资本"这一概念的。有人（例如斯大林）提出社会主义经济条件下，由于不存在"剩余价值"这个范畴，因此应用"资金"代替"资本"这个概念。我则认为，从更广义上理解，"资本"比"资金"更能表达生产的客观条件。

$$P = \varphi\ (\bar{C}, K) \tag{4-2}$$

式中 K 代表除人本身以外的一切物质生产手段，在价值形式上它相当于收入中用于投资的部分。这部分投资就是人均收入（$\bar{G}$）与人均消费需求（$\bar{C}$）之差额的总和，即：

$$K = \sum\ (\bar{G} - \bar{C}) \tag{4-3}$$

4-2 式表明了三种基本关系。第一，如果 K 不变，则 P 是 $\bar{C}$ 的增函数，即 $dP/d\bar{C} > 0$。就是说，在短期内 P 虽然不一定必然随 $\bar{C}$ 的上升而上升，但在长期中 P 一定会随 $\bar{C}$ 的下降而下降。当然，不应否认 P 随 $\bar{C}$ 上升而下降即 $dP/d\bar{C} < 0$ 的情况。但本书的分析是就我国最一般情况而言的，因此 $dP/d\bar{C} < 0$ 将是一种特例。第二，如果 $\bar{C}$ 不变，则 P 是 K 的增函数，即 $dP/dK > 0$。就是说，尽管人均消费需求没有增加，但随着 K 的增加，人口的供给会不断增加。因为 K 的增加保证了新增人口的就业并使其获得平均的消费需求。当然，也不应否认 P 随 K 的上升而出现下降即 $dP/dK < 0$ 的情况。但对于我国来说，以维持 $\bar{C}$ 不变为政策目标，适应劳动无限供给的现实而努力增加 K，是更有意义的常态。因为在 $\bar{C}$ 不变的条件下，K 的增加是以 $\sum \bar{G}$ 的增加为基础的。而 $\sum \bar{G}$（$= G$）的增加实际上也就不是为了 $\bar{C}$ 的增加，而是为了 P 的需要。第三，如果 $\bar{C}$、K 都增加或减少，那么 P 就会随之正相关变动。因为 $\bar{C}$ 的增加给人口再生产提供了必要的物质基础，K 的增加为人口就业提供了必要的物质条件；反之，则反是。

$\sum \bar{G}$ 即 G 的增加同样是受多种因素决定的。但最基本的因素主要是两项：一是劳动；二是资本。广为人知的柯布—道格拉斯生产函数就是依收入与劳动和资本的非线性关系建立起来的。[①] 该生产函数的原始表达式是 $G = f\ (L, K)$。如果不考虑人口年龄差别而假定人口全部都是能够创造收入的劳动者，则上述生产函数的一般表达式可改写为：

$$G = f\ (P, K) \tag{4-4}$$

4-4 式包含三种基本函数关系：第一，如果 K 固定不变，则 G 随 P 的变动而变动。当 $dG/dP \geq 0$ 时，G 是 P 的增函数，直到 $dG/dP = 0$ 时 G 才不再随 P 的增加而增加。当 $dG/dP \leq 0$ 时，即在 $dG/dP = 0$ 这一点之后，G 就成了 P 的减函数，G 将因 $dG/dP < 0$ 而随 P 的增加出现递减。第二，如果 P 固定不变，则 G 随 K 的变动而变动。当 $dG/dK \geq 0$ 时，G 是 K 的增函数，直到 $dG/dK = 0$ 时 G 才不再随 K 的增加而增加。当 $dG/dK \leq 0$ 时，即在 $dG/dK = 0$ 这一点之后，G 就成了

---

① 参见胡寄窗：《一八七〇年以来的西方经济学说》，经济科学出版社 1988 年版，第 588~589 页。

K 的减函数，G 将因 dG/dK < 0 而随着 K 的增加出现递减。第三，如果 K、P 都可变，则 $\overline{C}$ 是否变动就有了重要的经济意义。当 $\overline{C}$ 不变时，G 将随着 K、P 的增减而作相应的变动。只要 dG/dK > 0、dG/dP > 0，G 就是 K、P 的增函数。只有在 dG/dK < 0、dG/dP < 0 时，G 才成为 K、P 的减函数。当 $\overline{C}$ 上升时，就会出现 $\sum (\overline{G} - \overline{C}) = K' < K$、$P' > P$（式中 K'、P' 分别为新形成的资本和劳动供给量）。因此，只有在 $\frac{K'}{K} > 0$ 且 $dG/dK' > 0$、$dG/dP' > 0$ 的条件下，G 才是 K'、P' 的增函数，反之，则为减函数。当 $\overline{C}$ 下降时，则会发生与 $\overline{C}$ 上升时相反的情况。

上述分析已经说明了人口变动和收入变动的决定因素及其所包含的函数关系。现在，如果将 4-4 式代入 4-1 式，就可得到：

$$\overline{C} = c \left[P, f(P, K) \right] \tag{4-5}$$

4-5 式表明，$\overline{C}$ 不仅决定于 P 和 G，而且决定于 K，是与 P、G、K 的关系的总和。由于在该式中 P 是同一自变量，因此，又可将 4-5 式表述为：

$$\overline{C} = \varphi(P, K) \tag{4-6}$$

这样，决定 G 的因素就成了决定 $\overline{C}$ 的因素，4-4 式所包含的函数关系便重新显现出来了。$\overline{C}$ 归根结底取决于 P 和 K 及其二者创造 G 的能力。

4.1.2 实际人均消费需求与长期人均消费需求差额模型

根据上一小节的分析，在给定资本投入量的条件下，第 t 期实际人均消费需求函数为：

$$\overline{C}_t = C_t(P_t), \quad (d\overline{C}_t/dP_t < 0) \tag{4-7}$$

如果令 $\overline{C}_0^t$ 为长期人均消费需求，[注] 则第 t 期实际人均消费需求与长期人均消费需求的差额（以下简称人均消费需求差额）就是：

$$C_t = \overline{C}_t - \overline{C}_0^t \tag{4-8}$$

我称此式为人均消费需求差额简单模型。

同理，根据上一小节的分析，在给定资本投入量的条件下，第 t 期实际人均收入（$\overline{G}_t$）函数为：

$$\overline{G}_t = F_t(P_t), \quad (d\overline{G}_t/dP_t < 0) \tag{4-9}$$

[注] $\overline{C}_0^t$ 作为第 t 期长期人均消费需求，可以基期人均消费需求为常数，用该常数乘以基比劳动生产率指数与基比物价指数之和求得。

设 $\overline{G}_0^1$ 为长期人均收入，[注1] 则第 t 期实际人均收入与长期人均收入差额（简称人均收入差额）为：

$$W_t = \overline{G}_t - \overline{G}_0^1 \qquad (4-10)$$

由于 $\overline{C}_t$ 是 $\overline{G}_t$ 中的一部分，$\overline{C}_0^1$ 是 $\overline{G}_0^1$ 中的一部分，所以有：

$$W_t = C_t + S_t \qquad (4-11)$$

式中，S_t 为第 t 期人均收入差额中用于储蓄的部分。

假定经济运行中不存在囤积或强迫储蓄（hoarding or forced saving），不存在通货膨胀或通货紧缩，无就业障碍，且储蓄恒等于投资，则有 $S_t = I_t$。[注2]

设 S_t 占 W_t 的比重为 A，则 $S_t = A \cdot W_t$，$C_t = W_t \cdot (1-A)$。因此，W_t 就是 C_t 的倍数，即：

$$W_t = C_t \cdot \frac{1}{1-A} \qquad (4-12)$$

$$S_t = A \cdot C_t \cdot \frac{1}{1-A} = C_t \cdot \left(\frac{1}{1-A} - 1\right) \qquad (4-13)$$

如果人口数量不变，人均投资（注意已假定它恒等于储蓄）增加，人均收入会相应增加。如果设 A 是一个固定不变的常数，则人均消费需求也会相应增加。于是，在第 t+1 期人均消费需求函数就会移到一个新的位置，即：

$$\overline{C}_{t+1} = C_{t+1} (P_{t+1}) \qquad (4-14)$$

相应地也就有：

$$C_{t+1} > C_t \qquad (4-15)$$

然而，在不同时期人口并非固定不变，而是不断变动的。一般来说，当 $C_t > 0$、$C_{t+1} > C_t$ 时，人口就会增加；反之，人口就会减少。因此，如果以 r 代表人口增长率，则有：

$$r_t = \varphi (C_t) \qquad (4-16)$$

已知在 $dP/d\overline{C} \geqslant 0$ 时，人口是人均消费需求水平的增函数；$d\overline{C}/dP < 0$ 时人均消费需求水平是人口的减函数，因此，人口增加为 $P_t r_t$，就会在一定程度上减少人均消费需求水平。如果设 U_t 为人口增加为 $P_t r_t$ 时，人均收入从而人均消费需求下降的量，则有：

$$U_t = P_t r_t u \qquad (4-17)$$

─────────────

[注1] $\overline{G}_0^1$ 同 $\overline{C}_0^1$ 一样可以基期人均收入为常数，用它乘以基比劳动生产率增长指数与基比物价指数之和求得。

[注2] S_t 是依所给定公式求得的。因为 $\overline{G}_t = \overline{G}_t + \overline{S}_t$、$\overline{G}_0^1 = \overline{C}_0^1 + \overline{S}_0^1$，所以有 $W_t = \overline{G}_t - \overline{G}_0^1 = C_t + S_t$，从而可知 $S_t = \overline{S}_t - \overline{S}_0^1$。

显然，U_t 是对实际人均消费需求与长期平均消费需求差额的一种扣除。

现在来具体分析人均消费需求差额的增加及 U_t 的扣除过程。

一般来说，C_t 的增加是通过投资流量逐期转变为资本存量并相应地引起收入增加实现的。由于期初一定量投资的注入，才有了 C_1，同时形成了新的 S_1。随着 S_1 转为投资，第 2 期资本存量就增加了 AW_1。设 B 为第 2 期 W 的增加比例，便有第 2 期人均收入差额的增量为 ABW_1。令 $M = 1 + AB$，则有：

$$W_2 = MW = (1 + AB) W_1$$

$$(4 - 18)$$

由于人口变动的影响，MW_1 应扣除 U_1。于是 4 - 18 式应该写为：

$$W_2 = MW_1 - U_1 \qquad (4 - 19)$$

已知 $W_1 = C_1 + S_1 = C_1 \cdot \dfrac{1}{1 - A}$、$S_1 = C_1 \cdot \left(\dfrac{1}{1 - A} - 1 \right)$，因此，将其代入 4 - 19 式，整理后可得到第 2 期人均消费需求差额方程：

$$C_2 = MW_1 = MS_1 = U_1 \qquad (4 - 20)$$
$$= (1 + AB) C_1 - P_1 ru$$

假定 B 和 r 也是固定不变的常数，则第 3 期人均消费需求差额为：

$$C_3 = (1 + AB) C_2 - P_2 ru \qquad (4 - 21)$$

将 4 - 20 式代入 4 - 21 式可得到：

$$C_3 = (1 + AB)^2 C_1 - \left[(1 + AB) P_1 ru + P_2 ru \right] \qquad (4 - 22)$$

根据同理可知：

$$C_4 = (1 + AB)^3 C_1 - \left[(1 + AB)^2 P_1 ru + (1 + AB) P_2 ru + P_3 ru \right] \quad (4 - 23)$$

不难看出，从 C_1 到 C_4 存在着一定的规律性。因此，通过推导即可得到第 t 期人均消费需求差额的一般表达式：

$$C_t = (1 + AB)^{t-1} C_t - \left[(1 + AB)^{t-2} P_1 ru + (1 + AB)^{t-3} P_2 ru + \cdots + \right.$$
$$\left. (1 + AB) P_{t-2} ru + P_{t-1} ru \right] \qquad (4 - 24)$$

用 M 代替 $1 + AB$ 可使 4 - 24 式化简为：

$$C_t = M^{t-1} C_1 - \left[M^{t-1} P_1 ru + M^{t-3} P_2 ru + \cdots + MP_{t-2} ru + P_{t-1} ru \right] \quad (4 - 24')$$

用 N_{t-1} 代替 4 - 24′式中的 P_t，可得到：

$$C_t = M^{t-1} C_1 - \left(M^{t-2} P_1 ru + M^{t-3} NP_1 ru + M^{t-4} N^2 P_1 ru + \cdots + MN^{t-3} P_1 ru + N^{t-2} P_1 ru \right)$$

$$(4 - 25)$$

令 $N = 1 + r$，则 4 - 25 式可改写为：

$$C_t = M^{t-1} C_1 - P_1 ru \left(M^{t-2} + M^{t-3} N + M^{t-4} N^2 + \cdots + MN^{t-3} + N^{t-2} \right) \quad (4 - 26)$$

如果以 Z 代表 $P_1 ru$ 与 C_1 间的比例，则有：

$$Z = \frac{P_1 ru}{C_1} \qquad (4 - 27)$$

Z 所代表的这种比例关系，实际上就是由于人口的增加而使人均消费需求下降的系数，简称消费减损系数。经换算，$ZC_1 = P_1ru$。用 ZC_1 代替 4-26 式中的 P_1ru，可得到：

$$C_t = M^{t-1}C_1 - ZC_1(M^{t-2} + M^{t-3}N + M^{t-4}N^2 + \cdots + MN^{t-3} + N^{t-2})$$

$$= C_1\left\{M^{t-1} - Z\left[M^{t-2} + M^{t-2} \cdot \frac{N}{M} + M^{t-2}\left(\frac{N}{M}\right)^2 + \cdots + M^{t-2}\left(\frac{N}{M}\right)^{t-3} + M^{t-2}\left(\frac{N}{M}\right)^{t-2}\right]\right\}$$

$$(4-28)$$

用 $\dfrac{N^{t-1} - M^{t-1}}{N - M}$ 代替中括号中的几何级数数列，便可得到人均消费需求差额的另一个表达式：

$$C_t = C_1\left(M^{t-1} - Z \cdot \frac{N^{t-1} - M^{t-1}}{N - M}\right)$$

$$= C_1\left\{\left[M^{t-1}\left(1 + \frac{Z}{N-M}\right)\right] - \left[N^{t-1}\left(\frac{N}{N-M}\right)\right]\right\}$$

$$= C_1\left[M^{t-1} \cdot \left(\frac{Z}{N-M} + 1\right) - N^{t-1} \cdot \frac{Z}{N-M}\right] \quad (4-29)$$

从 4-29 式可以看出，C_t 的变动主要取决于三个基本因素：第一，M 值的大小；第二，Z 值的大小；第三，C_1 值的大小。由于在模型推导中已设定 r 不变，因此 N 值的大小将取决于 r 的给定值的大小。Z 实际是随 M 和 P_1ru 的变化而变化的。这样，更有决定意义的就是 M 和 C_1 值的变化。下面具体分析上述几个因素对 C_t 变动的作用。

4.1.3 C_t 变动类型

C_t 变动有三种可能性：C_t 上升；C_t 不变；C_t 下降。C_t 的这三种变动类型所表示的是 C_t 的升降比率。因此，将 4-29 式两端同除以 C_1，便可得到人均消费需求差额增长率模型：

$$C_t' = \frac{C_t}{C_1} = \left[M^{t-1} \cdot \left(\frac{Z}{N-M} + 1\right) - N^{t-1} \cdot \frac{Z}{N-M}\right] \quad (4-30)$$

显然，给定 $C_t > 0$，C_t' 就有大于、等于、小于 1 等几种情况。这几种情况，也就是 C_t 上升、不变或下降的三种类型。

（1）C_t 上升

C_t 上升与否的关键取决于 C_t' 是否 >1。只有在 $C_t' > 1$ 时，C_t 才能处于上升状态。要保证 $C_t' > 1$，必须具备 $M > N$、$Z < M - N$ 这样两个基本条件。

$M > N$ 意味着 $AB > r$。已知 A 是人均收入增加额中储蓄所占比率，B 是储蓄转为投资后使收入增加从而消费需求增加的比例，因此，$AB < A$、$AB < B$。AB 是一个小数，只要 $AB > r$，就有 $N - M < 0$。

$Z < M - N$ 意味着 $Z < AB - r$。由于 $1 > AB - r > 0$，$Z < AB - r$，所以 $\dfrac{Z}{N-M}$ 是一

个更小的负数。因此，$-N^{t-1} \cdot \dfrac{Z}{N-M}$ 是一个大于 0 的正数。

由于 $\left(\dfrac{Z}{N-M}+1\right) > 0$，所以 $M^{t-1}\left(\dfrac{Z}{N-M}+1\right) > 0$。这就决定了 $\left[M^{t-1}\left(\dfrac{Z}{N-M}+1\right) - N^{t-1} \cdot \dfrac{Z}{N-M}\right]$ 也大于 0。既然有 $M = 1 + AB$，则有 $\left[M^{t-1} \cdot \left(\dfrac{Z}{N-M}+1\right) - N^{t-1} \cdot \dfrac{Z}{N-M}\right] > 1$。

以上分析表明，只要人口增长率小于人均收入从而消费需求增长率，或者说，只要人口增长率带来的人均消费下降幅度小于储蓄（即投资）使人均消费上升的幅度，C_t 就会上升。不过应当看到，在这里 C_t 的不断上升是以足够大的投资为条件的。

（2）C_t 不变

C_t 不变的条件是 $C_t' = 1$。要使 $C_t' = 1$，必须保证使 r 和 AB 长期稳定不变，同时使 $Z = AB$。这就是说，只有在人口增长带来的人均消费需求的减少正好被储蓄转化为投资后所带来的人均消费需求的增加所抵消时，C_t 才能稳定在原来的水平上。显然，这个条件本身已经暗含地规定了 B 要长期稳定地大于 r 这一重要经济前提，相应地，也就有 AB > r 这一基本要求。

（3）C_t 下降

C_t 下降意味着 $C_t' < 1$。在 r、A 不变，B 也不变但长期大于 r 的情况下，同时有 $Z > AB$，则一定有 $C_t' < 1$。这就是说，只要前述假定条件不变，且人口增长带来的人均消费需求减少量大于储蓄转化为投资后所带来的人均消费需求增加量，C_t 就必然处于下降状态。

上述三种类型都是以 r、A、B 不变为假定前提的。如果 r、A、B 也随 t 的变动而变化，情况会变得更复杂。但在一定时期内（即 $t \neq \infty$），上述分析的结论仍是有意义的。举例来说，如果有某一时期（比如 $0 \to h$ 期）存在 $M > N$、$Z < M - N$，则在该时期内 C_t 一定上升；但超过该时期后（比如 $h \to \infty$ 期），随着 r 上升，就会出现 $M < N$、$Z > M - N$ 等情况。这样一来，C_t 就不是随 t 的延长而上升，而是随 t 的延长而下降了。C_t 的下降不仅趋近于 C_0'，而且可能下降到 $\overline{C_0}$ 以下，即 $\overline{C_t} < \overline{C_t}$。显然，在 r 上升至 $M = N$、$Z = M - N$ 之前，上述分析是有意义的。而且，在实际生活中的一定时期内 r_1、A、B 不变是存在的。这样看来，上述设定条件具有一定的合理性。

4.1.4 消费需求不断上升的约束条件

当期人均消费需求水平加总或者说当期人均消费需求乘以当期人口总量，即可得到当期消费需求总量。用公式表示就是：

$$\sum \bar{C}_t = \bar{C}_t \times P_t \qquad\qquad (4-31)$$

在其他条件不变的情况下，只要 $\bar{C}_t > \bar{C}_0^t$，就是 $\sum \bar{C}_t > \sum \bar{C}_0^t$，从而就有 $\sum C_t > \sum C_1$。也就是说，只要有 $C_t > C_1$，就有 $C_t' > 1$。因此，消费需求处于上升状态。

具体地说，消费需求不断上升的约束条件主要包括以下三个方面：

第一，在 r、A、B 不变的前提下，只要 C_t 不变，P_t 不断上升，就有消费需求（总量）的不断上升。就是说，即使人均消费需求不变，由于人口增加，总消费需求也会不断上升，但其前提是人口增长率、储蓄（投资）率、投资效率稳定不变。

第二，在 r、A、B 不变仍成立的前提下，只要 C_t 下降的速度低于 P_t 上升的速度即 $0 < C_t' < r$，就仍有消费需求（总量）的低水平上升。显然，这里的关键不在于人均消费水平是否上升，而在于人均消费需求差额的增长率低于人口增长率。只要人均消费需求差额是增长的，尽管它低于人口增长率，作为总量的消费需求必定是上升的。前提是人均消费需求差额的增长率大于 0。

第三，在 r、A、B 可变的情况下，只要 $M > N$，即 $AB > r$、$Z < M - N$，也仍有消费需求（总量）的不断上升。就是说，在长期中要保持人均消费需求从而总消费需求持续上升，必须使经济增长率（AB）高于人口增长率的同时，使人均消费需求减损系数小于经济增长率与人口增长率的差额。

显然，在一定时期中，只要 C_t 不变或 C_t 下降的速度低于 P_t 上升的速度，即 AB 明显地大于 r、Z 明显地小于 AB - r，消费需求就必然处于上升状态。

4.2 我国消费需求不断上升的特点及其必然性

上节主要用抽象分析的方法对消费需求上升假定及其约束条件进行了阐述。这一节则试图从抽象上升到具体，根据我国的实际资料，运用"人均消费需求差额模型"论证和说明消费需求上升假定在我国的现实性及其特点，探讨和阐明我国消费需求不断上升的必然性。

4.2.1 人均消费需求差额模型的应用

如前所述，消费需求作为一个总量概念，是人均消费需求量与人口数量的乘积。因此，找到了人均消费需求变动的轨迹，也就得出了全社会消费需求变动的轨迹。

人均消费需求的变动轨迹可运用我国现行统计资料，按人均消费需求差额简单模型（即 4-8 式）所给出的基本测定原则，直接进行测定。

首先，可运用第 2 章所给出的消费需求总量数据，求出历年实际人均消费需求值（以 $\bar{C}_t$ 表示）。依此测定的人均消费需求值，是历年实际发生的名义人均消费需求值。由于它属于名义值，因此不能用它直接描述我国人均消费需求变动的轨迹。

其次，根据 4-8 式，测定出基期（这里以 1952 年为基期）人均消费需求值，再以此为常数分别乘历年劳动生产率基比增长指数与物价基比增长指数之和，即得出长期人均消费需求（以 C_0^t 表示）。依此方法测定出的人均消费需求绝对量在各年是不同的，例如基期人均消费需求为 52.4 元，1989 年则为 306.75 元 [=52.40×（劳动生产率基比增长指数 4.38 + 物价基比增长指数 1.474）]，但是，它们二者的实际价值却是相等的。因为，如果不考虑其他因素的影响，劳动生产率的上升是以劳动者（注意，本书曾假定全社会人口均为劳动者）付出更多的劳动为前提的，只要劳动生产率上升幅度与消费需求上升幅度一致，那么两个形式不同的量所包含的实际价值就仍是相同的。另外，物价上升如果与人均消费需求上升的比例也一致，则与物价水平较高相联系的消费需求同与物价水平较低相联系的消费需求也是等值的。这就是说，尽管长期人均消费需求的货币形式是各不相同的，但在本质上却是相同的，在坐标上实际是一条水平线。

再次，根据 4-8 式，可直接求出实际人均消费需求与长期人均消费需求差额。不过，应当明确，该差额亦仍然是名义值（以 NC_t 表示）。因为其中未扣除物价因素的影响。所以，应称其为名义人均消费需求差额。

最后，将上述名义人均消费需求差额除以历年物价基比指数，便可得到人均消费需求真实差额（以 RC_t 表示）。消费需求真实差额的真实性在于两点：其一，是扣除了物价变动影响的实际消费需求量；其二，是超出长期人均消费需求量的实际增加量。人均消费需求上升还是下降不在于实际人均消费需求绝对量的多少，而在于该真实差额的大小。该真实差额大于 0，表示人均消费需求上升；反之，小于 0，则表示人均消费需求下降。

表 4-1 给出了按上述方法测定的我国历年人均消费需求及其真实差额。

表 4-1	我国历年人均消费需求			单位：元
数量　　　指标 年份	$\overline{C}_t$ （1）	$\overline{C}_0^t$ （2）	NC_t （3）=（1）-（2）	RC_t （4）
1952	52.40	52.40	0	0
1953	69.23	60.63	8.60	8.32
1954	68.55	63.81	4.74	4.48
1955	69.62	66.86	2.76	2.56
1956	79.65	74.17	5.48	5.13
1957	81.39	75.64	5.75	5.30
1958	86.33	85.22	1.11	1.02
1959	101.23	88.40	12.83	11.70
1960	108.81	90.10	18.71	16.55

数量 指标 年份	$\overline{C}_t$ (1)	$\overline{C}_0^t$ (2)	NC_t (3) = (1) - (2)	RC_t (4)
1961	108.41	75.63	32.78	24.96
1962	106.17	74.34	31.83	23.35
1963	100.20	74.84	25.36	19.76
1964	100.77	79.92	13.98	11.31
1965	102.72	86.79	15.93	12.73
1966	107.56	96.39	11.17	9.31
1967	111.39	86.94	24.45	20.53
1968	106.06	79.53	26.53	22.25
1969	111.09	89.20	21.89	18.56
1970	110.72	103.97	6.75	5.74
1971	113.99	106.78	7.21	6.17
1972	121.66	107.45	14.21	12.18
1973	127.48	114.54	12.94	11.03
1974	131.88	113.90	17.98	15.25
1975	138.88	120.33	18.55	15.72
1976	144.86	115.55	29.31	24.75
1977	152.30	123.21	29.09	24.10
1978	164.85	135.48	29.37	24.15
1979	193.06	142.70	50.36	40.61
1980	224.94	151.32	73.62	55.98
1981	243.51	155.15	88.36	65.59
1982	264.59	162.81	101.78	74.13
1983	288.75	173.93	114.82	81.89
1984	366.35	190.99	175.36	122.37
1985	475.89	213.58	262.31	168.25
1986	531.72	226.57	305.15	184.71
1987	598.06	244.47	353.59	199.43
1988	765.81	280.04	485.77	231.21
1989	890.32	306.75	583.57	235.88

资料来源：据表 2 - 2，《中国统计年鉴》1989 年卷第 63～64 页、第 87 页、第 687 页和《1989 年国民经济和社会发展的统计公报》计算。

将表 4 - 1 中第（2）、（3）、（4）列数据移至坐标图上，并将第（2）列用水平线描述，以示长期人均消费需求是一个稳定的常数，就得到了我国人均消费需求不断上升的写实曲线（如图 4 - 1 所示）。

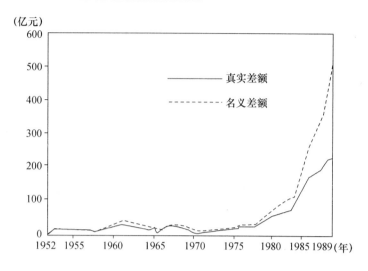

图4-1　我国人均消费需求上升写实曲线

由于全社会消费需求是人均消费需求的水平加总，因此，用上述消费需求真实差额乘以人口数量后不会改变图4-1中的写实曲线所包含的本质内容，故可将该图中的写实曲线视为我国消费需求不断上升的写实曲线。其中，真实差额曲线是我国消费需求长期变动的确切反映。

4.2.2　我国消费需求上升的特点

仔细观察表4-1和图4-1不难发现，我国消费需求变动的总趋势是不断上升的。如果撇开50年代初的国民经济恢复时期不说，仅从1953年开始的第一个五年计划谈起，那么，在这37年中，我国消费需求上升运动具有以下五个突出特点：

第一，持续上升是其总特点。尽管城乡居民消费在不同时期曾出现过城市职工人均收入（从而消费）和农村居民人均收入（从而消费）下降的情况，但综合分析，也就是从总体上看，除1955年和1958年两度出现消费需求真实差额趋近于0的情况外（但其绝对值仍为2.65元和1.02元），1977年与1953年相比，人均消费需求真实差额上升了近2倍；1989年与1978年相比则上升了近8倍。虽然可能因存在统计误差，上述测算结果与实际情况出入较大，但从总趋势角度看，它仍可表明，持续上升是我国消费需求长期变动的一个总特点。

第二，低水平上升是其基本特点。虽然1989年与1953年相比，人均消费需求真实差额上升的倍数较高（达28.35倍），但这种高倍数上升是建立在初期人均消费需求真实差额上升幅度较小基础上的。从1953年到1978年，人均消费需求真实差额最高时仅为24.96元（1961年），1978年也不过是24.15元。从1979年起人均消费需求真实差额有了明显上升，但在总体上人均消费需求水平仍不够高，还是低水平上升。例如，人均消费需求真实差额最高的 1988 年和 1989 年，日平均增加量也不过 0.6 元。

第三，实施改革前消费需求呈明显的低水平波动上升。1977 年与 1953 年相比所出现的上升倍数（约 3 倍），是经 7 次波动达到的。在波动低谷年份，人均消费需求真实差额分别为 2.56、1.02、11.31、9.31、5.74、11.03、24.10 元；而波动高峰年份的最大值也不过 24.96 元，平均每天还不到 7 分钱。

第四，实施改革后消费需求则呈明显的持续上升。主要表现为 NC_t 和 RC_t 同时明显上升。1989 年与 1978 年相比，RC_t 的上升倍数（约 9 倍），是以人均消费需求真实差额年递增分别为 16.46、15.37、9.61、8.15、7.76、40.48、45.88、16.46、14.72、31.78、4.67 元达到的。虽然 RC_t 在各年的边际差额多少不一，因此这种持续上升也暗含着波动性，但在绝对量上则是连续上升的，具有明显的持续上升特点。同时，这一时期消费需求上升运动已开始向摆脱低水平上升方面转化。对于这种转化趋势可通过观察作为消费需求反面的人均储蓄（狭义）和人均净增结余购买力进行说明（见表 4－2）。1978 年人均储蓄和人均净增结余购买力分别相当于当期实际人均消费需求和消费需求真实差额的 19.5% 和 24.5%，1989 年则分别上升为 51.9% 和 77.5%。这就是说，到 80 年代末期待实现的需求已经占消费需求的很大比重，消费需求上升面临着新的突破。

第五，城乡消费需求发展不平衡，前者上升带动后者上升并有落后于后者上升的趋势。如果用城乡人均社会商品零售总额代表城乡消费需求发展的状况，[注1]那就不难发现，从 1953 年到 1989 年我国城乡消费需求始终处于不平衡发展状态。实施改革前的 26 年中，城镇人均消费额明显高于乡村人均消费水平。其中，1953 年前者是后者的 6.09 倍，1977 年为 4.34 倍。1977 年与 1953 年相比，前者上升 1.92 倍，相应引起后者上升 2.69 倍。实施改革后，农村人均消费水平迅速上升，到 1986 年城乡人均消费水平大体持平，前者仅高于后者 3.8%；1987 年出现前者小于后者；到 1989 年前者已低于后者 29.5%。1989 年与 1978 年相比，后者上升了 7.2 倍，前者仅上升 37.1%。表 4－3 具体反映了上述不平衡上升状况。在我国历史上长期存在的城镇消费需求带动农村消费需求，到 1986 年发生重大变化，出现了二者持平，接着是农村消费需求水平明显超过城镇。1989 年与 1986 年相比，城镇人均消费仅增长了 24.3%，农村则增长了 83.1%。[注2]这

[注1] 应当指出，在我国农村人均社会商品零售总额统计中，约有 20% 是农业生产资料，城镇的同一指标统计中约有 20% 是社会集团购买。由于前者中有一部分是用于建房的，后者中有一部分也实际上会转为个人消费。因此，采用这个指标分析我国城乡消费需求发展状况基本上是说得通的。

[注2] 以城乡人均住房面积为例，1978 年城乡人均住房面积分别为 4.2 和 8.1 平方米，1989 年则分别为 9.1 和 17.8 平方米。后者明显高于前者（《中国统计年鉴》1989 年卷，第 756 页；《1989 年国民经济和社会发展的统计公报》）。

种情况的出现，既反映了我国消费需求上升运动在近年所出现的新特点，又预示着消费需求向新的高度发展的趋势。其动力在于城镇居民普遍具有再次赶上和超过农村居民消费水平的迫切愿望。

表 4-2　　　　　　我国 1978~1989 年居民人均储蓄及净增结余购买力　　　　单位：元

年　份	1978	1979	1980	1981	1982	1983
人均储蓄	32.13	37.87	51.60	64.71	79.31	96.58
人均净增结余购买力	5.91	10.71	20.80	18.99	19.51	26.15
年　份	1984	1985	1986	1987	1988	1989
人均储蓄	126.59	162.25	210.04	284.37	346.81	461.82
人均净增结余购买力	65.81	52.36	64.33	94.84	114.95	182.68

资料来源：据《中国统计年鉴》1989 年卷第 87 页、第 598~599 页和《1989 年国民经济和社会发展的统计公报》提供的数据计算。

表 4-3　　　　　　　　　我国城乡人均消费需求对比　　　　　　　　单位：元

年份＼数量指标	城镇（1）	乡村（2）	城乡对比 (3) = (1) / (2)
1953	214.92	35.27	6.09
1954	216.51	38.93	5.56
1955	221.12	39.30	5.63
1956	247.14	43.62	5.67
1957	239.62	43.10	5.56
1958	238.69	52.85	4.52
1959	260.93	57.80	4.51
1960	283.10	61.50	4.60
1961	276.30	48.23	5.72
1962	273.18	51.31	5.32
1963	261.81	52.08	5.03
1964	249.42	54.77	4.55
1965	259.79	55.70	4.66
1966	272.51	60.43	4.51
1967	281.96	61.84	4.56
1968	269.69	56.28	4.79
1969	278.74	61.30	4.55
1970	277.31	66.79	4.15
1971	296.85	69.84	4.25

续表

年份	城镇（1）	乡村（2）	城乡对比 （3）＝（1）／（2）
1972	331.84	73.05	4.54
1973	346.24	77.90	4.45
1974	359.22	80.17	4.48
1975	378.60	86.95	4.35
1976	394.96	89.69	4.40
1977	412.68	95.13	4.34
1978	433.86	102.56	4.23
1979	440.77	124.58	3.54
1980	496.50	149.52	3.32
1981	508.65	165.70	3.07
1982	515.27	184.11	2.80
1983	488.85	213.09	2.29
1984	417.23	283.70	1.47
1985	467.52	379.71	1.23
1986	478.59	460.88	1.04
1987	490.45	580.48	0.85
1988	591.81	764.30	0.77
1989	594.90	843.87	0.71

资料来源：据《中国统计年鉴》1989 年卷，第 87 页、第 600 页。按城乡人均社会商品零售总额计算。其中，1989 年的数字是据《1989 年国民经济和社会发展的统计公报》估算的。

总之，上述特点表明，自 1953 年以来我国消费需求一直处于低水平波动和持续上升的状态。到 80 年代末期，这种低水平上升已开始向高水平持续上升转化。随着改革的深化和商品经济的发展，城乡消费需求不断上升和相互促进，将进一步引起我国消费需求更大幅度的上升。尽管我国消费需求长期变动过程中还存在不合理现象（比如增长过快或增长过慢），因此，其长期增长有一个数量界限问题（第 3 节将具体分析），但作为一种总的趋势，我国消费需求是不断上升的。

4.2.3 我国消费需求不断上升的必然性

我国消费需求不断上升不仅表现在总量上，而且表现在结构上。前述消费需求真实差额从小到大的变化，充分反映了我国消费需求总量的不断上升趋势。在结构上，消费需求的不断上升，不仅表现为人们用于生存资料的比重相对下降、用于享受和发展资料的比重相对上升，而且表现为三大类消费资料的内容都逐步向高质量方面转化。例如，就"吃"来说，人们越来越注重对高蛋白食物的选择和营养成分的摄取；就"用"来说，人们则越来越注重购买和使用高档耐用消费品，"旧四大件"已经逐步被"新四大件"所取代；另外，人们不仅要求吃得更好、穿得更漂亮、用得更舒适，而且还要求社会为其提供的精神食粮更多、更丰富，能够受到的现代科学文化知识的教育更多、更全面。这就是说，我国消费需求不断上升是一种多维的、全面的上升。

消费需求不断上升不是一种个别的、偶然的短期现象，而是一种普遍的、必然的规律。这是由我国社会主义经济制度和其他一系列客观条件所决定的。从长期分析的角度看，主要有以下三个方面：

（1）保证城乡居民消费需求不断上升，是社会主义经济制度的根本要求

社会主义制度不同于资本主义制度的根本标志是人民群众（劳动者）成了社会的主人、生产的主体和生产的目的。在资本主义制度下，虽然随着生产的发展，"在工人自己所生产的日益增加的并且越来越多地转化为追求资本的剩余产品中，会有较大的份额以支付手段的形式流回到工人手中，使他们能够扩大自己的享受范围，有较多的衣服、家具等消费基金，并且积蓄一小笔货币准备金"，[①]但在那里"直接生产者、生产者大众、工人的消费和生产彼此完全不成比例；相反，它们随着资本主义生产方式的发展而越离越远"；[②]"吃穿好一些，待遇高一些……不会消除雇佣工人的从属关系和对他们的剥削"。[③]工人的消费是作为资本增殖的条件而存在和发展的。

在社会主义社会，生产资料公有制关系的建立，使社会生产关系发生了根本的变化。劳动人民不仅是生产资料的所有者，而且也是生产成果的直接占有者。因此，劳动人民的消费需求既是社会生产的根本目的，也是生产资料公有制关系的最终体现。这就从根本制度上决定了劳动人民的消费需求必然要随着生产的发展而不断提高。正如毛泽东所说："工人的劳动生产率提高了，他们的劳动条件和集体福利就需要逐步有所改进。……随着整个国民经济的发展，工资也要适当调整"。[④]"除了遇到特大自然灾害以外，我们必须在增加农业生产的基础上，争取百分之九十的社员每年的收入比前一年有所增加，百分之十的社员的收入能够不增不减，如有减少，也要及早想办法加以解决"。[⑤]毛泽东的这个思想反映了社会主义生产关系的本质要求，体现了社会主义物质利益原则，是符合社会主义

①《资本论》第 1 卷，人民出版社 1975 年版，第 677～678 页。
②马克思：《流通和再生产》，《经济学译丛》1981 年第 9 期。
③《资本论》第 1 卷，第 878 页。
④《毛泽东选集》第 5 卷，人民出版社 1977 年版，第 272 页。
⑤《毛泽东选集》第 5 卷，人民出版社 1977 年版，第 274 页。

经济规律要求的。

实践证明，只有在社会主义经济制度下，才能以劳动人民的消费需求为社会生产的根本目的，从而才能"在国民收入增长的前提下，首先保证消费基金在国民收入中所占份额的适当增长，然后再确定积累基金增长的幅度"。[①] 也正因如此，社会主义经济增长和生产发展才有了广阔的空间和取之不尽、用之不竭的动力源泉。

实践还证明，只有保证劳动人民的消费需求不断上升，才能充分体现社会主义经济制度的优越性。在国民收入总量既定的前提下保证按人口平均计算的消费水平不低于前一个时期，不是任何社会制度下都能做到的。例如，在资本主义制度下，按人口平均计算的消费水平是否高于前一个时期是以资本增殖是否高于前一个时期、劳动的边际收益是否高于其边际成本为前提的。而社会主义经济制度则特别强调首先保证劳动人民的消费水平，并把"按照人口平均计算的消费水平相当于前一个时期消费水平计算出来的消费基金"看做是"消费基金的最低限"。[②] 除非有特大灾害，社会主义经济制度总是要使劳动人民的消费水平比前一个时期有所提高。然而，这绝不是一件轻而易举的工作，也不是一件无关紧要的小事情。因为，在我国目前条件下，保证人均消费水平不低于前一时期并逐步有所提高，本身就意味着全社会消费需求的巨大增长。

总之，保证城乡居民消费需求不断上升，既是社会主义经济制度的根本要求，又是社会主义经济制度优越性的具体体现。

（2）消费需求水平持续上升又是由我国国民经济发展水平决定的

我国社会主义经济制度是在半封建、半殖民地基础上，经过长期国内战争和反对帝国主义侵略战争并经过社会主义革命建立起来的。旧社会留下来的是一个烂摊子。经济凋敝、饿殍遍野是旧中国经济的真实写照。

近年来，我国国民经济获得了巨大发展。1989 年与 1952 年相比，如果按 1952 年不变价格计算，国民收入增长了 10.36 倍，工农业总产值增长了 22.5 倍；如果按当年价格计算，则分别增长了 20.07 倍和 34.1 倍。这种增长速度是相当高的。但是，由于国民收入增长中，生产资料的生产占很大比重，例如按 1952 年不变价格计算，相当于生活资料生产的农业和轻工业总产值仅分别增长了 2.77 倍和 42.96 倍，而相当于生产资料生产的重工业总产值却增长了 86.49 倍。与此相对应，按 1952 年不变价格计算的国民收入消费额仅增长了 6.91 倍，也明显低

---

① 谷书堂、宋则行主编：《政治经济学（社会主义部分）》，陕西人民出版社 1983 年修订版，第 285 页。

② 郭鸿懋、杨镇安、温海池编著：《政治经济学原理（社会主义部分）》，南开大学出版社 1987 年版，第 231 页。

于国民收入积累额的增长速度。[注1]这就是说，国民收入和工农业总产值虽然高速增长，但能够用于消费的国民收入和工农业产值所占比重还比较小。因此，我国消费需求的上升幅度不可能太大。

本章第1节的分析表明，人均消费需求不仅是人口和收入的函数，而且是投资的函数。我国是一个低收入国家，如果按1952年不变价格计算，1989年我国人均国民收入为601.55元，仅比1952年增长了4.78倍；如果按当年价格计算，1989年人均国民收入也不过1169.16元，仅比1952年增长10.24倍；如果按当年官方汇率换算，1989年人均国民收入为314.29美元，仅比1952年的人均国民收入（46美元）增长5.8倍。[注2]这就在客观上决定了我国消费需求只能在较低的水平上持续增长，即在保证人均消费水平不低于前期的情况下，通过增加积累来促进消费需求的逐步增长。

（3）人口规模及其构成的变化也在客观上决定了我国消费需求的不断上升

我国是一个人口大国。人口规模及其增长率的变化，对我国消费需求的变动有着十分重要的影响。就人口数量来看，如果通过投资的适度增长而使国民收入不断增长，并由此保证人均消费需求不低于前期，那么，随着人口数量的增多，全社会消费需求总量必然上升是显而易见的。

就人口增长率来看，我国是世界上实行有计划控制人口增长做得最好的国家之一。有计划地控制人口增长早在1957年已经提了出来，[注3]但受"左"的错误的影响，特别是对马寅初《新人口论》的批判，人口再生产实际处于无计划状态。1972年以后开始控制人口增长，1974年人口自然增长率第一次真正降到20‰以下。把人口再生产真正纳入计划是从1980年开始的。宣传教育与经济措施相结合，有力地控制了人口增长，出现了人口自然增长率逐步下降的趋势。[注4]如人均消费需求差额模型所示，人口自然增长率下降，意味着对人均消费需求扣除份额的减少，从而暗含着人均消费需求水平和质量的上升、整个社会消费需求水平和质量的上升。因为，人口增长率 r 下降，在其他条件不变的情况下，意味着 $\frac{P_1 ru}{C_1}$ 值即 z 值的下降和 $\frac{Z}{N-M}$ 值的下降。$\frac{Z}{N-M}$ 值的下降则意味着人均

[注1] 以上各项指标均据《中国统计年鉴》，1989年卷，第29~52页和《1989年国民经济和社会发展的统计公报》计算。

[注2] 以上数据系根据《中国统计年鉴》1989年卷，第29~30页，《1989年国民经济和社会发展的统计公报》和《中国金融统计（1952~1987）》（中国金融出版社1988年版）第176页计算。

[注3] 例如，在1957年10月13日举行的最高国务会议上，毛泽东同志就曾针对计划生育问题指出："计划生育也有希望做好。这件事也要经过大辩论，要几年试点，几年推广，几年普及。"（《毛泽东选集》第5卷，人民出版社1977年版，第494页）。

[注4] 但1986年以来由于农村人口增长失去控制，我国人口自然增长率又有些回升，1990年达到14.7‰。这应引起全社会的重视。否则，年均人口增长会超过1700万，并严重影响人均消费水平的更大增长。

消费需求差额的上升和整个社会消费需求的上升。

人口状况对消费需求的决定作用，主要表现在人口构成的变动上。人口构成的变动包括人口年龄构成、性别构成、职业构成和城乡构成等构成的变化。其中，人口职业构成和城乡构成对消费需求的决定作用尤其明显。因为人口职业构成的变动直接影响着人口收入水平的变动。如果边际消费倾向不变，那么，消费水平将随收入水平上升而上升。人口的职业构成又可通过人口的城乡构成来反映。因为人口的城乡构成大体反映着人口在三次产业中的分布状况。统计资料表明，从1952年到1988年我国城乡居民消费水平的对比关系并未发生明显变化，但由于我国城乡居民消费指数存在差异（前者略高于后者），特别是由于城镇人口占全国人口比重持续上升，因此，全国居民消费指数和国民收入居民消费指数才发生明显上升。

表4-4中所列各项指标反映了我国城乡人口构成变动对消费需求的影响和决定作用。从该表可以看出，全国居民消费水平上升3.698倍和国民收入中居民消费额上升7.702倍不是由于城乡居民平均消费水平对比关系的差距拉大引起的，而是由城乡人口构成的变化导致的。这种情况有力地说明，在城乡居民消费水平一定的条件下，人口规模和人口构成的变化对消费需求上升有着十分明显的决定作用。

表4-4　我国人口的城乡构成变动及其对消费需求的影响

年份	城镇人口比重（%）	城乡居民消费水平对比	城镇居民消费指数	乡村居民消费指数	全国居民消费指数	国民收入居民消费指数
1952	12.5	2.4:1	100	100	100	100
1953	13.3	2.6:1	115.0	103.1	107.7	110.1
1954	13.7	2.6:1	115.0	104.4	108.2	113.2
1955	13.5	2.5:1	117.9	113.4	115.1	123.1
1956	14.6	2.5:1	123.7	115.0	120.0	131.1
1957	15.4	2.6:1	126.3	117.0	122.9	137.7
1958	16.2	2.3:1	120.1	120.0	124.5	143.1
1959	18.4	3.2:1	121.1	94.6	112.3	131.5
1960	19.7	3.1:1	106.9	90.3	105.6	123.9
1961	19.3	2.7:1	93.3	91.9	99.4	115.3
1962	17.3	2.6:1	96.6	98.8	103.7	121.4
1963	16.8	2.5:1	113.6	106.8	114.4	137.2
1964	18.4	2.5:1	126.4	114.0	121.5	149.1
1965	18.0	2.4:1	136.7	125.2	132.7	166.8
1966	17.9	2.3:1	141.3	130.7	138.1	178.5

续表

年份	城镇人口比重（%）	城乡居民消费水平对比	城镇居民消费指数	乡村居民消费指数	全国居民消费指数	国民收入居民消费指数
1967	17.7	2.3:1	145.3	136.2	142.9	189.1
1968	17.6	2.4:1	144.6	129.9	137.8	187.6
1969	17.5	2.4:1	148.7	133.5	141.4	197.9
1970	17.4	2.3:1	152.0	141.3	147.3	211.8
1971	17.3	2.3:1	156.2	142.1	148.9	220.1
1972	17.1	2.5:1	171.6	141.5	153.0	231.9
1973	17.2	2.5:1	177.9	150.2	161.1	249.8
1974	17.2	2.5:1	181.5	148.9	160.9	254.6
1975	17.3	2.6:1	187.0	151.0	163.8	263.9
1976	17.4	2.7:1	195.5	151.4	166.8	272.8
1977	17.6	2.9:1	201.3	151.0	168.5	279.4
1978	17.9	2.9:1	212.6	157.6	177.0	297.5
1979	19.0	2.7:1	221.5	168.6	188.8	321.6
1980	19.4	2.7:1	237.3	184.9	206.7	356.5
1981	20.2	2.5:1	241.0	202.4	221.1	386.0
1982	20.8	2.4:1	242.7	217.1	232.4	411.8
1983	23.5	2.3:1	252.1	236.2	248.5	446.4
1984	31.9	2.3:1	277.1	264.2	276.4	501.9
1985	36.6	2.3:1	308.8	299.9	313.7	575.9
1986	41.4	2.4:1	329.0	308.4	327.8	609.4
1987	46.6	2.5:1	348.0	323.8	345.7	651.9
1988	49.6	2.7:1	377.2	343.8	369.8	707.2

资料来源：《中国统计年鉴》1989 年卷，第 39～40 页、第 87 页、第 720～721 页。其中，城乡居民消费水平对比按当年价格计算，其他各项指数按可比价格计算。

除了上述三个方面以外，生产力的组织（包括产业分布、投资方向、投资规模、建设周期）以及消费本身所具有的刚性等，对我国消费需求的低水平持续上升也具有一定的决定作用。但长期起作用的，主要是以上三个方面。上述三个方面的分析表明，在长期经济发展过程中，我国消费需求不断上升具有不依人的意志为转移的内在必然性。[注]

[注]　在本书的研究过程中，尹世杰教授《试论需求上升规律》一文（《消费经济》1988 年第 3 期）对我是有启发的，尽管我对消费需求上升及其规律性的理解与尹文完全不同。

4.3 消费需求上升的数量界限

上节的分析表明，在我国经济发展中消费需求不断上升具有客观必然性。本节则试图在前述分析的基础上，进一步探讨我国消费需求上升的数量界限，并通过对消费需求上升的数量界限以及消费需求上升与"市场疲软"和"消费膨胀"的关系的分析，进一步阐明需求上升的客观规律性。

4.3.1 消费需求上升的数量界限

消费需求上升规律反映着消费与经济增长之间的内在本质联系，是社会主义生产关系发展规律在消费领域中的具体化。但是，消费需求上升不等于消费需求无限上升，也不等于在个别时期或个别年份不发生消费需求的下降。作为一条规律，消费需求的上升是指消费需求的长期上升趋势。因此，消费需求的不断上升是有其客观数量界限的。

消费需求不断上升的数量界限可借助于两种指标进行分析：其一是全社会消费需求总量；其二是人均消费需求量。一般来说，在人口规模不变的条件下，消费需求不断上升，可直接通过全社会消费需求总量不断上升表现出来；在人口规模扩大的条件下，消费需求是否持续不断上升，关键取决于人均消费需求是否不断上升。人口规模不变只是理论分析中的一种假定，实际生活中的人口规模是不断变动的。我国人口自然增长率虽有下降趋势，但只要人口增长率大于零，人口总规模就仍然是上升的。因此，判断我国消费需求是否不断上升的基本指标应是人均消费需求的变动。消费需求不断上升的数量界限，也应通过对这一指标的分析进行说明。

（1）消费需求上升的最低界限

消费需求不断上升的数量界限包括两个方面：其一是最低界限；其二是最高界限。在明确了这两条界限以后，消费需求在这两条界限之间的变动，都是消费需求的合理上升，也是消费需求上升规律的典型表现。

消费需求上升的最低界限，是就消费需求变动合理区间的下限而言的。如果消费需求的变动低于这条界限，就意味着消费需求将处于绝对下降状态，消费需求的上升也就无从谈起。

在我国社会主义条件下，人均消费需求水平不低于前期（至少等于前期），是消费需求上升的最低限。结合第一节所给出的人均消费需求差额模型，这个最低限实际上就是本期人均消费需求差额与前期人均消费需求差额相等，即人均消费需求差额增长率等于1。

根据 4-30 式，人均消费需求差额增长率等于1，意味着下述等式所表示的数量关系成立：

$$M\left(\frac{Z}{N-M}+1\right) - N\frac{Z}{N-M} = 1 \tag{4-32}$$

解此方程，并将 M = 1 + AB 代入，整理后得：

$$A = Z/B \qquad\qquad (4-33)$$

若令 λ 为人均收入差额中消费所占比例，则有：

$$\lambda = 1 - A$$

$$= 1 - \frac{Z}{B} \qquad\qquad (4-34)$$

从 4 - 33 式、4 - 34 式可知，人均消费需求上升的最低限是在其他条件给定的前提下，$A = \frac{Z}{B}$ 的同时 $\lambda = 1 - \frac{Z}{B}$。具体地说，人均消费需求上升的最低限包括以下两层涵义：

第一，前提条件。确定人均消费需求上升最低限的前提条件是，储蓄（投资）导致人均收入差额增加的比例（B）不仅必须大于 0，而且必须大于由人口增长引起人均消费需求下降的减损系数（Z）。只有在储蓄全部转化为投资，且投资效率高于人均消费需求减损率的前提下，才能有 A 大于 0 小于 1，从而上述最低限指标才能成立。如果 B < Z，则必有 A > 1。在这种情况下，最低限指标虽然在数量形式上仍能成立，但其经济内涵已变为 λ < 0，即本期人均消费需求的绝对下降。因此，λ < 0 是与人均消费需求上升的要求相违背的。

第二，具体内容。给定储蓄（投资）导致人均收入差额增加的比例（B）和人口增长引起人均消费需求下降的减损系数（Z）以及在 B > Z 的情况下，要使人均消费需求不低于前期，其最低限是储蓄（投资）占人均收入差额的比例（A）至少等于 $\frac{Z}{B}$，也就是人均消费需求差额占人均收入差额的比例（λ）至少等于 $1 - \frac{Z}{B}$。如果 $\lambda > 1 - \frac{Z}{B}$，则不仅意味着 $A < \frac{Z}{B}$，而且也意味着本期储蓄（投资）比例过低，续期人均消费需求将出现强制性下降。在实际生活中，继"消费膨胀"以后往往出现"消费需求不足"，恰是这种关系的反映。因此，人均消费需求上升最低限的内在涵义不仅是指 A 和 λ 都大于 0，而且是指在 $A = \frac{Z}{B}$ 的同时使 $\lambda = 1 - \frac{Z}{B}$。只有在这种条件下，才能保证人均消费需求维持在前期水平上。

（2）消费需求上升的最高限

如果说确立消费需求上升的最低限是要保证本期消费需求不低于前期的话，那么，确立其最高限则是在保证本期消费需求高于前期的同时，保证续期消费需求高于本期。如果本期消费需求上升幅度过大，损害了应有的储蓄（投资），将导致续期消费需求的被迫下降，那么，本期消费需求的上升就超出了它的最高限。这就是说，本期消费需求上升的最高限在于不损害续期消费需求的继续上升。

参照前述关于消费需求最低限的分析方法，本期消费需求上升的同时也能保证续期消费需求上升的涵义，用人均消费需求差额的变动关系表示，就是 $C_t >$ $C_{t-1} > \cdots > C_2 > C_1$，即 $\frac{C_t}{C_{t-1}} > 1$，$\cdots$，$\frac{C_3}{C_2} > 1$，$\frac{C_2}{C_1} > 1$。这种关系可用人均消费需求差额增长模型表述为：

$$M\left(\frac{Z}{N-M} + 1\right) - N\frac{Z}{N-M} > 1 \qquad (4-35)$$

解此方程，整理后得：

$$A > \frac{Z}{B} \qquad (4-36)$$

$$\lambda < 1 - \frac{Z}{B} \qquad (4-37)$$

使 4-36 式和 4-37 式成立的前提条件仍然是 $0 < B > Z$、$0 < A < 1$，而其具体内涵则是指，为了保证人均消费需求持续上升，不仅必须使储蓄（投资）占人均收入差额的比例大于 0，而且必须使该比例大于 $\frac{Z}{B}$，同时使人均消费需求差额占人均收入差额的比例小于 $1 - \frac{Z}{B}$。如果本期人均消费需求差额占人均收入差额的比例大于 $1 - \frac{Z}{B}$，必然迫使 $A < \frac{Z}{B}$，从而会导致续期人均消费需求下降。因此 $A < \frac{Z}{B}$ 意味着续期经济增长率低于人均消费需求减损系数（或者说减损率），也就是意味着人均收入水平和人均消费水平将出现绝对下降。可见，人均消费需求上升的最高限，实质上是一种能够保证续期消费需求不断上升的数量界限，即 $A > \frac{Z}{B}$ 的同时 $\lambda < 1 - \frac{Z}{B}$，或者说人均消费需求上升的最高限是 $\lambda \not> 1 - \frac{Z}{B}$、$A \not< \frac{Z}{B}$。

以上分析表明，在给定 $0 < B > Z$ 的前提下，人均消费需求上升的合理区间是 $0 < A \geqslant \frac{Z}{B}$、$0 < \lambda \leqslant 1 - \frac{Z}{B}$。

明确了人均消费需求上升的最高限与最低限及其合理上升区间，整个社会消费需求持续上升的高、低限及其合理区间也就确定下来了。因为，全社会消费需求不过是依据人口规模的人均消费需求的水平加总。因此，上述人均消费需求持续上升的高、低限及其合理区间对于整个社会消费需求来说，同样是适用的。

消费需求上升的数量界限表明，在社会主义条件下，为保证人均消费需求持续上升，本期人均消费需求的上升必须以保证一定比例的投资从而保证续期消费需求上升为前提。如果本期消费需求上升妨碍了投资的合理增长，其结果必然导致续期消费需求的被迫下降。相反，如果本期投资过多地挤压消费，最终则会导致消费需求的绝对下降。可见，保持消费需求实现长期持续上升，是确定消费需求上升的数量界限的关键所在。而在这个界限范围内实现的消费需求的持续上升，则是社会主义经济中的一条客观经济规律。这条规律不仅适用于我国，而且也适用于其他社会主义国家。

4.3.2 消费需求不断上升规律与"市场疲软"

消费需求不断上升规律，是就消费需求长期增长的内在机理及其客观必然性而言的。它并不排除个别年份、个别时期发生消费需求下降或者出现"消费不足"的可能性。恰恰相反，它的存在，正是通过这种可能性变为现实性而生动地表现出来的。

例如，在收入水平一定的条件下，当存在 $A = \frac{Z}{B}$ 时出现了 $\lambda > 1 - \frac{Z}{B}$ 或出现了 $A < \frac{Z}{B}$ 时有 $\lambda > 1 - \frac{Z}{B}$，就意味着本期消费需求增长份额过大、续期消费需求将下降甚至严重不足。显然，这里所说的消费需求不足，是一种即期投资不足型的消费不足。它是在消费需求减损系数和投资效率不变条件下，由即期消费过多、投资份额过小引起的。

还有一种形式的消费需求不足，是投资过度型即期消费需求不足。其突出特征是投资在新增收入中所占份额过大，直接抑制了消费，引起了即期消费需求的绝对下降。

无论是投资不足型还是投资过度型消费需求不足，都是从消费需求不断上升规律内在要求角度看的消费需求短期波动现象，也是消费需求不断上升规律的外在表现形式。这两种形式的"消费不足"虽然也涉及市场，但其内涵却具有特殊性，即它们所涉及的主要是生产资料，其次才是消费资料。因此，在我国经济发展中虽然多次出现上述两种形式的"消费不足"，但它们却从未导致 1989 ~ 1990 年所出现的这类"市场疲软"。

1989 ~ 1990 年所出现的"市场疲软"具有另一层特殊性，是一种在新的历史条件下发生的经济现象。那么"市场疲软"的出现是否是对消费需求不断上升规律的否定呢？回答应当是否定的。

第一，从"市场疲软"的性质来看。1989 年在我国出现的"市场疲软"不是有支付能力的需求不足性质的市场疲软，[注]而是总需求大于总供给、有支付能力的消费需求大于消费品供给条件下的市场疲软。首先，据测算，1989 年总需求大于总供给 466.45 亿元，仅比 1988 年总需求缺口缩小了 365.5 亿元，接近于曾经发生过全国性抢购的 1984 年总需求缺口 557.83 亿元的水平。① 其次，储蓄

---

① 参见表 2 - 2。

［注］ 我国理论界有许多人认为 1989 年出现的市场疲软是最终需求（包括消费需求和投资需求）不足性质的市场疲软（参见乔刚、马建堂：《适当增加最终需求逐步消除市场疲软》，《经济研究》1990 年第 5 期），我则持不同看法。

是对有支付能力的消费需求的扣除。我国居民储蓄存款中活期储蓄占一定比重，例如 1981～1988 年平均占 23.8%，定期储蓄中为积聚财力购买大件商品的约占 14.8%。① 但是，即使不考虑这些因素，视全部储蓄都不形成居民当期实际支付能力，我国居民 1989 年手持现金也高达 2390.8 亿元，[注₁] 远远高于有关部门统计的全国新增工业产值产成品库存和社会商业库存 1000 多亿元的水平。最后，1989 年有支付能力的消费需求比上年增长了 17.9%，其中居民需求增长了 19.9%，也远远高于种植业产值增长 2.1%、副业产值增长 5.8%、渔业产值增长 8%、轻工业产值增长 8.4% 的水平。[注₂] 可见，1989 年出现的市场疲软是消费需求继续上升情况下的市场疲软，而不是消费需求不足性质的市场疲软。因此，这种市场疲软的出现并没有否定消费需求上升规律。

第二，从"市场疲软"的内容来看。如果不加分析，笼而统之地看待 1989 年的市场状况，那么，就社会商品零售总额实际下降了 7.6% 来说，可称"市场偏淡"或"市场疲软"。但是具体分析"市场疲软"的全部内容可以看到，疲软的主体则主要是两大块：其一，是耐用消费品。例如，彩电销售量 1989 年 1～9 月份比上年同期下降了 11.5%，其中 9 月份下降了 52.7%。由于市场销售量下降，因而引起了与销售量下降相关的耐用消费品生产的下降。其中，下降最明显的主要有自行车、录音机、彩色电视机、家用洗衣机、家用电冰箱、照相机等，1989 年分别比上年下降 11.3%、11.6%、9.6%、21.1%、12.6%、26.3%。但在非耐用消费品生产中，除棉布下降 10%、呢绒下降 5.6%、日用精铝制品下降 11.9% 外，吃、穿、用商品分别比上年上升 10%、4.2%、7.9%。显然，在消费品市场中，"软"的是耐用消费品；非耐用消费品，因需求的价格弹性较低，其市场仍然是"硬"的。其二，是生产资料。1989 年全国物资系统销售的生产资料比上年下降 18.2%，其中钢材、木材、水泥、煤炭分别下降 15.1%、25.8%、11.4%、7.6%，但同期农业生产资料和燃料类的零售价格却分别上涨了 18.9% 和 27.4%。这就是说，市场并非全面疲软，而是有"硬"有"软"。这是问题的一个方面。另一方面，就"软"的部分看，社会并不是无需求，而是持币观望、持币待购。尽管目前耐用消费品普及率在城市已相当高，例如彩色电视机达 57.6%、电冰箱达 50%、洗衣机则高达 90%、录音机也高达 70%。但是，由于人口在增长、新家庭在不断组成，因此，需求增长的余地还很大。另外，这些家用电器在农村的普及率还很低，其市场容量还相当大。据调查，目前我国居民结余购买力（储蓄存款加手持现金）中，准备用于耐用消费品购买的占 54%。这

---

① 参见 1990 年 7 月 25 日《天津日报》第 3 版。

[注₁] 据《1989 年国民经济和社会发展的统计公报》提供的其他有关数据推算。

[注₂] 以上统计资料参见《1989 年国民经济和社会发展的统计公报》。

意味着 1989 年我国耐用消费品实际货币需求金额仍高达 4063.9 亿元。可见，1989 年出现的"市场疲软"，并非消费需求绝对下降的市场疲软，而是潜在需求很大基础上的"结构性市场疲软"。

第三，从"市场疲软"的原因看。到目前为止，我国理论界对"市场疲软"的原因大体有两种看法：一种看法认为是由"消费需求不足"引起的；另一种看法则认为是由"同向致冷预期"造成的。我倾向于第二种看法，但同时主张对"同向致冷预期"由以发生的原因做进一步分析。从我国的实际情况来看，城乡居民和厂商的"同向致冷预期"之所以较快形成，关键是由于 1988 年第 4 季度开始的"治理整顿"过程中实行较为强硬的"双紧"政策[注]决定的。因此，在分析"市场疲软"的原因时，不能忽视紧缩政策的作用（当然也不应过分夸大紧缩政策的作用）。

毫无疑问，"双紧"政策的实施在一定程度上降低了消费需求，例如 1989 年压缩固定资产投资 1580 亿元，相当于减少消费需求 660 亿元；提高存款利率和实行保值储蓄导致银行存款新增 1334 亿元，相当于比上年减少消费 605 亿元；控制社会集团购买，相当于减少消费 100 亿元。但到 1989 年底为止，这种紧缩并未从根本上损害全社会的消费需求。因此，不能根据 1989 年对 19 个城市的调查中 35.8% 的居民家庭因物价上涨而造成实际收入水平下降和扣除物价因素后全国职工工资总额实际下降 6.3%，来推断当时的紧缩已导致消费需求不足。实际上，1989 年全社会有支付能力的总需求增长水平虽比上年大幅度下降，但仍增长 7.9%，下降最明显的只是全社会固定资产投资（-9.9%）。另外，用扣除物价因素的实际收入与用现价计算的市场供给相比较，仅依此判断消费需求是足还是不足，也缺乏完整的评价标准。况且，城乡居民手中的巨额现金余额并不是没有实际购买力的"价值符号"。但紧缩却在实际上导致了全社会范围的"同向致冷预期"。正是紧缩政策与"同向致冷预期"的交织，才导致了"市场疲软"。

在我国现阶段，同向致冷预期导致市场致冷的机制主要由以下三个方面组成：

首先，居民的同向致冷预期引起"购买力补偿"行为，造成"冷淡购买"倾向。在我国，国家在干预经济生活中的作用是极强的。人民对这种干预能力的信赖度也很高。因此，一旦政府坚决制止通货膨胀、抑制物价上涨的总政策与市场物价稳中有降相吻合，那些曾经在物价大幅度上涨过程中卷入抢购风潮的人就会普遍形成"吃亏"、"上当"的心理倾向，从而特别企望补偿已经失去的"购买力"，由此便形成了社会范围的"冷淡购买"倾向，甚至出现物价越看降、市场购买力越不足的"致冷偏向"。

其次，厂商的同向致冷预期引起"排浪式"吐出行为，导致市场"疲"中

[注] 指从紧的财政政策和货币政策。

更"软"。从理论上说,物价稳中有降,意味着厂商的边际成本上升,平均收益下降。因此,如果在实际经济生活中出现物价持续下降趋势,收益最大化原则会迫使厂商采取早抛售、早甩卖策略。尽管这些厂商明知"甩卖"要遭受一定的损失,但他们同时更明白"挥泪甩卖"仍意味着资金的运动和增殖。如果"惜售",则不仅意味着资金呆滞,而且意味着更大的损失。当然,"甩卖"策略转化为普遍社会行为也有一个过程。例如,1989年出现"市场疲软"之初,最先感受到"致冷预期"的是彩色电视机等家电厂商。因此,这些厂商率先采取"吐出"行为。继之是各类厂商群起效法、互相影响,你"吐出",我也"吐出",由此便形成了一种"排浪式吐出"行为。"排浪式吐出"带来了市场的表面"繁荣",同时也加剧了市场疲软。

最后,来自市场与来自政府决策的信号互相交织,通过相反的传导方式进一步强化了同向致冷倾向。在我国,市场信号与政府决策信号的传导方式有很大不同。一般来说,政府决策信号是先传给厂商,再波及个人,市场信号则是先传给个人,再传给厂商。紧缩政策信号传给厂商后,会很快导致厂商产出下降。但受工资刚性的影响,个人收入的轻微下降往往表现为较强的力度。因此,一旦政府的紧缩信号与市场物价稳中有降的信号相结合,便足以导致居民个人的"待购"行为,形成所谓"厂商越急于卖、居民越不急于买"的同向致冷倾向,导致市场状况更加恶化。

以上分析表明,紧缩政策与"同向致冷预期"相结合,导致的是一种"需而不买"性质的市场疲软。与这种性质的市场疲软相联系的需求不足,带有一定程度的"虚假"性。因此,这种市场疲软不是对消费需求不断上升规律的否定。

当然,如果紧缩力度过大、持续时间过长,以致"同向致冷预期"导致全面市场疲软以后,需求不足的"虚假"性将会消失。实际上,到1990年上半年已发生了这种情况。但是,即使如此,也不否定消费需求不断上升规律的存在。相反,这种情况之所以出现,恰是政策实施违反了消费需求不断上升规律,而不是对这一规律的否定。实践证明,只要遵循消费需求不断上升规律的要求,正确处理即期消费需求与续期消费需求的关系,适当调整紧缩政策,需求的暂时不足就能够逐渐被克服。

4.3.3　消费需求不断上升规律与"消费需求膨胀"

如同消费需求上升规律并不排除个别年份或个别时期出现消费需求下降或不足一样,它也不排除在经济发展的某一时期或某些年份出现消费需求过度或消费需求膨胀。例如,在收入增长水平一定的条件下,如果发生新增收入用于消费的比重超过储蓄(投资)增加的最低限,就会出现消费需求过度或消费需求膨胀。现在的问题是,在社会主义经济发展中,消费需求过度或消费需求膨胀的发生是否是对消费需求上升规律的否定呢?回答仍然是否定的。

按照目前我国理论界较为一致的看法，所谓消费需求过度或消费需求膨胀，主要是指有支付能力的消费需求明显地超过消费品供给。这种看法基本上是正确的。因为它概括地指出了消费需求与供给的本质联系。但是，这种看法也存在不足。因为它实质上仍是一种短期静态分析。如果从长期动态分析的角度看，所谓消费需求过度或不足，不仅是指即期消费需求明显大于即期消费品的供给，而且是指即期消费需求的增长妨碍了续期消费品供给的增长。例如，如果给定 $A = \dfrac{Z}{B}$ 或 $A > \dfrac{A}{B}$，同时又有 $\lambda > 1 - \dfrac{Z}{B}$，根据前述关于消费需求上升数量界限的分析，显然在这种条件下就出现了本期消费增加过猛，因而它将迫使续期消费品供给和消费需求出现负增长。在这种情况下，即期消费需求的上升就是过度的。消费需求的这种过度上升，就是所谓消费需求膨胀。但是，在这种情况下所出现的消费需求膨胀，既不是消费需求上升规律的内在要求，又不是对消费需求上升规律的否定，而是违背消费需求上升规律的表现。

我国近年来所出现的消费需求膨胀是由多种原因造成的。第一，新旧体制的交替和摩擦是一个重要原因。在传统体制下，人、财、物、产、供、销基本上实行高度集权的计划管制以及低工资加消费配给（凭票证购买）。这种管理体制抑制了消费需求的增长，使消费需求表现为低水平上升。党的十一届三中全会以来，旧的经济管理体制受到改革的冲击，但新的管理体制还处在形成过程之中。在新旧体制交替过程中，由于减政放权缺乏相应的配套措施，中央的宏观控制能力大大降低，地方和企业的自我发展、自我约束机制又未形成。这就造成了宏观管理的"真空带"。本来应当由中央统一协调的收入分配政策、基建投资政策，由于财政包干、外贸承包、利润分成等改革方案的推行，中央却无力进行有效控制。由此便出现了"短、平、快"建设项目的重复性上马，甚至出现了数量可观的彩电生产线、冰箱生产线、洗衣机生产线、电风扇生产线以及自行车生产线等。与此相联系，不仅地方政府和企业可支配的收入迅速上升，而且劳动者个人的货币收入也迅速上升。应当说，各类收入的迅速上升并不是坏事，因为收入的上升意味着供给的更快增长。而且，受边际消费倾向递减规律的影响，在正常条件下，消费需求不会发生过度膨胀。但是，近年来，我国各类收入上升是在特殊条件下发生的，特别是在搞活经济的过程中，由于中观和微观制衡缺位，地方和企业的管理者仅对各自的上级承包几项主要指标，而这些指标又往往是在"讨价还价"式的"谈判"过程中最后确定下来的，多数无需经过多大努力就能够达到。这样一来，对于地方和企业的管理者来说，满足职工及其个人收入增长的要求就成了他们的主要职能，因此也就使"消费基金膨胀"成为必然。"消费基金膨胀"意味着经济发展的后劲不足，这是对社会经济发展总体目标负有直接责任的国家所不能容忍的。然而，由于从宏观、中观到微观经济活动都缺乏应有的、有效的制衡机制，因此，当上级主管部门对下级实施行政约束和经济约束时，下级往往另有对策。福利性收入占职工收入的比重迅速上升、收入分配中的实物化倾向，① 就是上述"对策"的具体表现。一旦收入分配出现福利化和实物化，"消费基金膨胀"也就转化成了"消费需求膨胀"，形成居民储蓄存款迅速上升与消费需求过度同时并发这类极特殊的社会经济现象。

第二，社会集团消费失去控制是消费需求膨胀的另一个重要原因。社会集团消费失去控制发端于对国家干部公款消费的管理失去控制。其典型表现：一是公配消费的规模和规格失去控制。过去是部长级以上干部才允许配备一辆专用汽车，现在是许多局级、处级甚至科级干部都用公用轿车上下班和履行公务。据统计，1981～1986 年我国进口汽车就花掉外汇 52 亿美元，相当于建十来个第一汽车制造厂。1981 年全国增加小轿车 1.5 万辆，1985 年和 1986 年两年猛增为 19.5 万辆，仅 1988 年 1～7 月就进口小轿车 1.3 万辆。到 1987 年年底，全国行政单位平均 33 人有一辆小汽车，中央机关则平均 15 人一辆。1987 年湖北省"控办"批购小汽车 2267 辆，实际新增小汽车达 4700 多辆。② 原来能坐上"上海"轿车已经很了不起，现在坐不上"桑塔纳"就觉得"脸上不光彩"。二是公款吃喝。过去外出办公"四菜一汤"是最高标准，现在一桌少于 300 元就是低档次了。据对荆门市的调查，当地 6 个餐馆一天内接待用公款吃喝的营业收入达 12360 元，据此推算，一年约 370 万元。③ 足见公款吃喝规模之大、范围之广。三是公费旅游。名义是开会，实际是旅游。凡会若无旅游项目，会则不成会。即使是真正开会，住房标准也越来越高，其中有一部分又打入"吃"中。当然，干部公款消费失去控制的表现还不止于此，但仅此三项已足以引起"主人翁"们的攀比了！结果是，职工劳保用品首先高档化、时装化了。工作服由劳动布升格为的卡布、毛料布，劳保雨衣升格为高档风雨衣，劳保鞋升格为旅游鞋，防寒棉服升格为羽绒服，卫生洗涤用品升格为高档化妆品。凡此种种，不一而足。前有车，后有辙。干部示范，群众紧跟。分钱不过瘾就分物。由于"企事业单位和行政机构为本单位职工满足其需要而发生的购买，具有预算约束软，购买额大，购买指向模糊及不问价格的倾向"，④ 因此，社会集团消费膨胀推动消费需求膨胀就不可避免了。

第三，收入攀比是消费需求膨胀的又一个重要原因。回顾 1984 年以后所发生的消费需求膨胀，不难发现，收入攀比机制在这一过程中起着非常重要的作用。这一时期的收入攀比主要发生在同一部门不同所有制单位之间、同一所有制内部不同部门之间和整个社会的不同经济部门之间。表 4-5 展示了上述三个层次的攀比过

---

① 参见赵人伟等：《市场化改革进程中的实物化倾向》，《经济研究》1989 年第 4 期。

② 参见俸异群：《我国公配轿车制度的弊端和改革对策》，《经济研究参考资料》1989 年第 19 期。

③ 参见 1988 年 12 月 28 日《人民日报》。

④ 上海市市场问题研究组：《消费品市场变动与国民经济总体运行》，《经济研究》1990 年第 6 期，第 16 页。

程及其攀比机制，即（A）和（B）总是顺次交替出现。当头一年相比较的甲部门
职工平均收入上升较快时，第二年乙部门职工必定通过向本部门施加各种压力，使
其收入随之上升。一旦乙部门的收入增长超过甲部门，次年甲部门又重演了乙部门
的收入攀比行为。正是由于这种攀比机制的作用，自1984年以来，我国各类职工
平均收入才会如此迅速上升，不仅超过了全社会劳动生产率的增长速度，而且超过
了国民收入的增长速度（见表4－6）。

表4－5 我国职工平均收入攀比机制

年份	工业部门		全民所有制单位		经济部门	
	全民单位	集体单位	工业部门	商业部门	物质生产部门	非物质生产部门
1984	（A）22.0	（B）17.5	（B）22.0	（A）25.8	（A）20.8	（B）10.1
1985	（B）15.8	（A）20.5	（A）15.8	（B）14.4	（B）17.1	（A）26.7
1986	（A）16.8	（B）11.4	（B）16.8	（A）16.9	（A）15.4	（B）14.1
1987	（B）10.6	（A）10.8	（A）10.6	（B）9.9	（B）10.7	（A）5.9
1988	（A）20.6	（B）18.8	（B）20.6	（A）23.2	（B）20.5	（A）23.9

资料来源：据《中国统计年鉴》1989年卷，第139～146页所提供的数据计算。表中以全国工业部门职工平均收入代表物质生产部门，以全国教育、文艺、广播电视部门职工平均收入代表非物质生产部门。

表4－6 我国职工收入与劳动生产率、经济增长率对比 单位：%

年 份	1984	1985	1986	1987	1988
职工平均工资	17.9	17.9	15.8	9.8	19.7
社会劳动生产率	11.2	13.8	2.5	6.4	9.9
国民收入	13.6	13.5	7.7	10.2	11.1

资料来源：《中国统计年鉴》1989年卷，第31页、第64页、第138页。

随着收入迅速上升，在居民手中沉淀下来的货币便越来越多，生产的增长跟不
上需求的增长，有支付能力的消费需求过度便由此产生了。1988年抢购风潮和通货
膨胀的出现，则是对收入攀比导致有支付能力的消费需求膨胀的一次初步清算。

毫无疑问，收入分配不公、非劳动收入上升过快、利率缺乏弹性、税收管制
不严以及投资需求膨胀等，对消费需求膨胀的形成也有着重要影响。但上述三个
方面已足以说明，我国近年来所出现的消费需求膨胀不仅不是由消费需求不断上
升规律引起的，而且是违背这一规律的必然结果。因为，消费需求不断上升规律
的一个基本要求是保证后续消费需求不断增长，消费需求过度或消费需求膨胀则
是不顾后续消费需求的超高速增长。既然这种需求膨胀背离了上述基本要求，因

此，它必然既不可能完全实现，最终又可能引致"市场疲软"甚至消费需求不足。我国的实践已经证明了这一点。

总之，在我国经济发展中消费需求的上升是有其数量界限的；"市场疲软"和"消费需求膨胀"的发生既没有否定消费需求不断上升规律，也不是由这条规律引起的。恰恰相反，这两种情况的出现正是在政策指导和具体实践过程中违反这一规律的具体表现。它进一步从不同的侧面证明了消费需求不断上升规律的客观性，同时也从另一个角度表明，保持消费需求长期持续上升，也是使总需求稳定增长的一个重要条件。

4.4 消费需求不断上升规律的作用及其实现

上一节分析了消费需求上升的数量界限和消费需求上升规律的内在涵义及其客观性。本节则试图在前述分析的基础上，对消费需求上升规律的基本作用以及实现这一规律内在要求的主要条件做出理论上的分析和说明。

4.4.1 消费需求不断上升规律的作用

保持消费需求长期持续上升，是社会主义经济条件下产生的一条客观经济规律。前述分析已经表明，消费需求在其合理区间内不断上升、本期消费需求的增长必须以保证续期消费需求的增长为前提和最高限、投资增长则必须与消费需求减损程度相适应并以其为最低标准、投资不能损害消费的合理增长，是消费需求不断上升规律的基本内容。同其他一切经济规律一样，这条规律也是客观的，不依人的意志为转移的。尽管人们可以通过改变这一规律发生作用的条件，从而使其作用形式发生某些变化，但人们却不能否定这一规律。

概括起来说，消费需求上升规律的作用主要包括以下四个方面：

第一，调节消费需求规模，使其在合理区间持续上升，促进劳动者生产积极性的持续发挥和不断高涨。消费需求上升规律，首先是一条直接涉及每一个人的消费变动规律。如前所述，这条规律的存在虽然并不排除发生消费需求不足或消费需求过度的可能性，但它却具有抑制并最后消除消费需求不足或消费需求过度的作用。例如，如果在经济发展的某一时期出现了消费需求不足，这条规律就会通过市场发出出现了供给缺口或者价格看跌和利率看降（在我国现阶段主要表现为资金需求下降）等信号，并要求经济行为主体特别是经济调节者改变其分配行为，调整其分配政策，尽快克服消费需求不足，使其恢复到消费需求上升的合理区间。相反，如果在经济发展的某一时期出现了消费需求过度，这条规律则会通过市场发出出现了需求缺口或者价格和利率看涨（在我国现阶段则主要表现为资金需求上升）等信号，同时也要求各经济行为主体特别是经济调节者改变其分配行为，调整其分配政策，尽快克服消费需求过度，使其恢复到消费需求上升的合理区间。

消费需求上升规律所具有的抑制和消除消费需求不足或消费需求过度的作用不是自发实现的，而是有人参与其中的结果。[注₁]因为，消费需求不足的长期持续，意味着人的基本需求受到威胁，这是社会主义生产关系所不允许的，也是劳动者的物质利益要求所不允许的。同样，消费需求过度的长期持续并不表示人的所有需要都能得到满足，恰恰相反，过度的消费需求必然是以牺牲大多数人的长远利益为前提的。因此，这也是社会主义生产关系和劳动者的物质利益要求所不允许的。而消费需求不断上升规律则可使消费需求在其合理区间不断上升，以满足劳动者的根本物质利益要求。正因如此，它才具有促进劳动者生产积极性持续发挥和不断高涨的重要作用。

第二，调节消费需求结构，使其随着经济发展水平的提高而逐渐向高层次演进。消费需求不断上升不仅包括量的增长，而且包括质的转化。在我国社会主义条件下，受消费需求上升规律的影响，人们不仅要求"吃得饱一些"，而且要求"吃得好一些"。这是消费需求上升规律对消费需求结构发生调节作用的具体表现。

毫无疑问，我国是一个低收入国家，消费水平还不可能很高。但是，低收入不等于消费需求水平不上升、消费结构不变化。许多人抱怨我国居民在人均收入300～400美元时，吃、穿、用的水平已达到了人均收入1000～1500美元国家的水平，认为这是不该发生的"消费早熟"。其实这是一种误解。因为，首先，吃、穿、用达到小康以上水平的并非全部居民，而是那些家庭人均收入较高的居民；其次，在我国福利性供给制分配关系没有得到应有改善、福利性供给比重存在上升趋势的条件下，居民收入上升后，必然要求消费结构由低层次向高层次转化，人为地抑制或阻止这种转化，并不符合消费需求不断上升规律的要求，反而会妨碍劳动者劳动积极性的发挥和经济的应有增长。[注₂]可以预见，随着经济发展水平的提高，随着"新四大件"逐步普及，那些收入水平较高的人会提出更高层次的消费要求。而这正是消费需求不断上升规律发生作用的过程，也是我国社会主义经济持续、稳定和协调发展的根本目的和动力源泉。

第三，调节人口增长，使消费需求减损系数不断下降，消费水平更快上升。消费需求不断上升规律不仅是一条消费变动规律，而且是一条人口调节规律。长期以来，我国人口大都以每年1500万～1700万人的速度增长。如果保持人均消费水平不变，每年新增国民收入中将近15%要直接用于新增人口的消费。[注₃]这表

[注₁] 常常听到有人将经济规律的客观作用解释为与人无关的自发性的说法。其实这是不可能的，即使价值规律所导致的生产规模的扩大或收缩，也是有人参与其中的客观经济过程。

[注₂] 显然，问题的关键不在于阻止消费结构的变化，而在于改革福利性供给制分配关系。

[注₃] 根据1980～1988年人均消费需求和新增国民收入估算。如果考虑其他因素，该比例会更高。

明我国消费需求减损系数还相当高。如果投资效率不变、消费占新增收入的比例不变，那么，在上述条件下，我国消费需求水平不可能迅速提高和发生更加明显的质的飞跃。因此，消费需求不断上升规律在客观上要求逐步降低我国人口自然增长率。只有这样，才能有效地降低消费需求减损系数，使消费水平更快上升。降低人口增长率，是消费需求不断上升规律在人口再生产中所起到的又一重要作用。

第四，调节投资需求，为国民经济的发展和增长指示方向。一方面，消费需求不断上升规律不仅要求即期消费水平上升，而且要求续期消费水平不断上升。因此，它本身不仅对消费需求的增长份额提出了最高界限，而且对保证消费需求的不断上升提出了最低界限。这个最低界限，实际上就是增加投资的最低界限。投资增加不能低于这个最低界限。只有在这个界限内，才能既保证消费需求不断增长，又保证经济不断发展。另一方面，消费需求的上升是将消费结构的"升级换代"包括在内的。因此，这条规律的一个作用，就是对投资需求的结构提出新的要求，从而为国民经济的发展指示方向。过去，由于我们未认识到消费需求不断上升规律的存在，更未注意到这个规律对投资需求的导向作用，因而常常发生"为生产而生产"和"高积累、高速度、低消费、低效益"的偏向。实践证明，那是违背消费需求不断上升规律要求的。

4.4.2　消费需求不断上升规律的实现

消费需求不断上升规律是社会主义条件下消费需求持续增长和实现的规律。在我国现阶段，要满足这一规律的要求，发挥其积极的调节作用，关键是要处理好以下几种基本关系：

（1）投资需求增长与消费需求上升之间的关系

一提到投资与消费的关系，人们常常将其理解为国民收入积累与消费的关系。有些学者甚至把国民收入积累率的高低看做是判断消费水平是否合理或适当的一个标准。[注]这是不确切的。

国民收入积累与消费的关系，是就国民收入最终使用结果而言的积累基金和消费基金的关系。与积累基金相对应的是能够用于扩大再生产的生产资料的实物量，与消费基金相对应的是能够用于消费的生活资料实物量。积累基金和消费基金的比例关系是投资需求和消费需求形成和实现的结果。这一对比例关系并不能直接反映投资需求与消费需求对比关系的变化。否则，如何理解近年来固定资产投资中有近40%最终会转化为消费基金以及1985年以后国民收入消费额总是低于

［注］　例如，贺天中在1989年4月17日《世界经济导报》发表的文章中，曾根据1985～1987年我国积累率高达35%，得出了这一时期消费不膨胀的结论；石小敏则在1989年3月26日《经济学周报》发表的文章中，根据我国实际积累率已降到23.8%而得出了这一年消费需求膨胀的结论。

居民实际货币支出额呢？[注]

投资需求与消费需求的关系，实质上是即期消费需求上升与未来消费需求上升的关系。显然，这种关系是动态的，而不是静态的。因此，处理它们二者之间的关系，只能根据动态关系把握动态流量指标。国民收入最终使用是一个存量指标，它只能作为处理投资需求和消费需求的起点。能够反映动态对比关系的是新增收入及其分割比例。根据消费需求不断上升规律的要求，新增收入用于投资的比例只能在消费需求上升的最高限以下变动，使新增收入的边际投资率与国民收入的持续增长和消费需求的不断上升相适应。否则，过高的边际投资率就会导致过低的国民收入增长率和过低的消费水平，并因此而使投资失去促进消费增长的作用，甚至导致以损害未来消费需求增长为代价的即期消费需求过度。

（2）消费品生产与投资品生产的关系

消费需求上升是以生产发展为基础的。而生产发展又是以投资品的增长为前提的。因此，为适应消费需求不断上升规律的要求，必须正确处理消费品生产与投资品生产的关系，使投资品生产能够保证消费品生产的持续增长。从这个意义上说，片面发展农业和轻工业或片面发展重工业都是不正确的。正确的逻辑关系应当是消费品生产的增长与消费需求上升水平相适应，投资品生产的增长与消费品生产的需求相适应。

在消费品的生产与投资品生产的关系上，还有一个结构问题。因为，消费需求上升本身包含着消费结构的"升级"与"换代"。所以，消费品生产的结构一方面要适应消费需求结构的要求，另一方面又要通过开发新产品来满足消费需求上升的要求。与此相对应，投资品的生产结构也要作相应的调整。只有这样，才能保证消费品生产的不断增长及其结构的不断改善，从而才能保证消费需求不断上升规律的顺利实现。如果投资品生产脱离消费品生产，消费品生产又片面地集中于极其狭窄的领域，那就会限制消费需求的选择范围，使不断上升的消费需求集中在更为狭窄的领域，导致消费需求"来潮"快、"退潮"也快。其结果，必然既造成经济增长的大幅度波动甚至资源的浪费，又影响消费需求的持续上升。这显然是违背消费需求不断上升规律要求的。

（3）消费需求上升与货币供给增长的关系

消费需求的上升与货币供给的增长有着极为密切的关系。一方面，消费需求实际上总是通过货币支出的形式实现的。居民手持货币的增多，意味其消费需求的增大，特别是在我国目前还未形成资金市场（如消费性融资市场）和个人投资市场的条件下，尤其如此。另一方面，消费需求的实现又总是与消费对象的价

[注]　1984 年以前，一直是国民收入消费额高于居民实际货币支出额（参见《中国统计年鉴》1989 年卷，第 38 页、第 597～599 页）。

格（即其价值的货币形式）相联系的。市场上流通的货币增多，即货币的供给增多。货币供给量超过货币需求量，就会引起物价上涨。物价上涨过多，则居民的实际消费水平就会下降。因此，正确处理消费需求上升与货币供给增长的关系，就成了消费需求不断上升规律的一个基本要求。

根据我国的历史经验，货币供给增长即流通中货币量的增多主要是通过银行的信用投放和财政投放两种渠道实现的。严格说来，社会主义经济制度和政治制度在本质上是不允许货币的财政性投放的，信用投放也必须与实际存在的经济增长水平相适应。因此，改革前我国货币供给量的增长特别是流通中货币量的增长率一直比较低。其间虽然出现过几次增长率较高的年份（1956 年为 42.2%、1958 年为 28.4%、1960 年为 27.7%、1961 年为 31.1%、1966 年为 19.5%），但大都与这些年份出现财政赤字有关（1956 年赤字为 18.3 亿元、1958 年为 21.8 亿元、1960 年为 81.8 亿元、1966 年财政收支结余 17.1 亿元）。① 流通中货币供给数量少、增长率低，抑制了物价的上涨，从而是有助于那一时期城乡居民低水平消费需求上升的实现的。

实施改革以后，情况发生了较大变化。尽管此间流通中货币供给量的增加主要不是来自财政性货币投放，而是来自于银行信用投放。1979～1989 年（除 1985 年外）我国一直处于赤字财政状态。严格说来，赤字靠使用借款弥补并不会导致更多的货币投放。但由于体制原因和各项贷款的向下刚性与信贷失控，[注] 财政硬性借款与各类经济行为主体高贷款倾向相结合，就在客观上造成了从 1979～1989 年大多数年份的贷款净增加。各年贷款增加额与存款增加额的绝对差分别为 −15 亿元、52.6 亿元、−24.1 亿元、−22.1 亿元、−9.4 亿元、380.9 亿元、458.5 亿元、594.4 亿元、279.4 亿元、665.41 亿元。② 与此相对应，各年货币投放量分别为 55.7 亿元、78.5 亿元、50.1 亿元、42.8 亿元、90.7 亿元、262.3 亿元、195.7 亿元、230.6 亿元、236.1 亿元、679.55 亿元。③ 流通中的货币供给随着 1984 年贷款规模的扩张而迅速增多，这就必然导致物价的大幅度上升。物价上升则不可避免地迫使城乡居民实际收入下降，从而影响其消费需求的正常增长。显然，要使消费需求不断上升规律顺利实现，必须严格控制货币供给量的增长，使货币供给增长与经济增长的实际要求相适应，也就是说，货币供给增长率只能等于或小于国民生产总值增长率（按不变价格计算）与人口增长率和

---

① 参见中国人民银行调查统计司编：《中国金融统计（1952～1987）》，中国金融出版社 1988 年版，第 12～13 页、第 178～179 页。

② 《中国金融统计（1952～1987）》，中国金融出版社 1988 年版，第 9～11 页；《中国统计年鉴》1989 年卷，第 679 页。

③ 《中国金融统计（1952～1987）》，中国金融出版社 1988 年版，第 11 页。

［注］ 信贷失控与信贷管理体制有关。由于实行"多贷款、多分成"体制，必然导致"软预算约束"下的盲目发放贷款，甚至出现"以贷谋私"这类现象（参见 1986 年 3 月 13 日《人民日报》第 2 版）。

货币流通速度长期平均降低率之和。[注]

在控制货币供给量增长问题上，城乡居民储蓄存款的增加或减少也具有不可忽视的作用。特别是到 80 年代末为止，它在银行信贷资金来源中的比重已由 1978 年的 8.3% 上升为 1989 年的 27%。相比之下，1989 年银行新增存款中，企业仅占 9.3%、财政仅占 16.5%，而居民储蓄却高达 67.6%。在这种情况下，居民储蓄率和储蓄增长率下降，就意味着银行贷款资金来源减少、货币投放增加。例如，据测算，1988 年储蓄率下降使当年多投放货币 300 亿元，1989 年储蓄率上升又使该年少投放货币 400 亿元。实践证明，为了保证城乡居民消费需求的持续稳定增长，采取积极、灵活的措施，调节居民储蓄倾向，对于稳定货币供给、稳定物价有着十分重要的作用。正确处理消费需求上升与货币供给增长的关系，也包括正确处理和调节消费需求上升与居民储蓄变动的关系。

（4）市场引导与计划引导的关系

消费需求的形成和实现过程具有一定的自发性。因此，为实现消费需求不断上升规律的要求，还应加强引导，主要是在加强市场引导的同时加强计划引导。而加强市场引导和计划引导的关键是处理好两种引导方式的关系。

市场引导是内在于消费需求的形成和实现过程之中的。特别是在实施改革以后的有计划商品经济体制下，消费需求总是与市场关系、市场状况、市场活动联系在一起的，并且经常受到市场上的"看不见的手"——价值规律的引导。因此，消费需求浪潮的形成具有盲目性、突发性甚至破坏性。这就在客观上提出了计划引导的必要性。

计划引导包括对消费需求方向的引导、消费需求结构的引导、消费内容和消费水平的引导。例如，在消费需求增长较快时，可以通过有关政策的宣传和实施，引导消费者适当减少消费、增加储蓄。在消费需求结构出现较大偏差时，可借助于典型示范和有计划地调整税种、税率等，使消费结构适应供给结构。对于某些高档耐用消费品，则可由计划当局出面，通过银行和厂商组织"信贷性消费"，扩大或减少市场即期需求量。①

实践证明，只有把市场引导和计划引导有机地结合起来，才能使消费需求保持持续增长，从而才能更好地实现消费需求不断上升规律的要求。

总之，消费需求的形成和发展是一个复杂过程，需要正确处理的关系也较多。但就主要方面来看，认真处理好以上四种基本关系，顺利实现消费需求不断上升规律的要求就有了基本保证。

---

① 参见曹文炼：《市场、储蓄与消费政策》，《经济研究》1990 年第 5 期，第 66～67 页。

[注] 在这一点上，美国经济学家米尔顿·弗里德曼在第二次世界大战后所提出的货币供给的"单一规则"是有借鉴意义的。参见他所著《货币最优量及其他论文》，1969 年英文版，第 48 页。

5

投资需求的长期增长

投资需求是总需求的一个重要组成部分,也是总需求变动的一个内在"助推器"。深入分析投资需求的长期变动,是全面理解和把握总需求变动的客观要求和逻辑展开。

在第 3 章,曾从总需求周期变动发生机制的角度,对投资需求的短期波动进行了概要的说明。本章则试图在已有分析的基础上,继续沿用第 4 章所采用的方法,集中探讨和阐明投资需求长期变动的内在规律性。

5.1　投资需求长期持续合理增长模型

为了更深刻地说明我国投资需求的长期变动及其内在规律性,有必要首先从阐述投资需求长期持续合理增长的理论模型开始。

如第 2 章所述,完整意义上的投资需求应是固定资产投资需求和库存储备投资需求的总和。但是,由于库存储备投资需求主要与当年经济状况有关(繁荣时减少、萧条时增加),对国民经济的长期发展影响较小,因此,在对投资需求进行长期分析时,可以将其舍去。这样,本章所讨论的投资需求就仅指固定资产投资需求了。

所谓固定资产投资需求,简单地说,是指整个社会在一定时期内用于建造和购置固定资产(包括生产性固定资产和非生产性固定资产)的货币支出总额。它由净投资需求和重置投资需求两个方面构成。前者来源于国民生产净值(即国民收入),是资本[注]存量的净增加额;后者来源于固定资产折旧,是资本存量的更新额。两者的资金来源和形成机制虽存在差别,但对投资品需求和社会总需求变动的影响是相同的。因此,在讨论投资需求长期变动时,必须把它们二者同时作为分析的对象。

5.1.1　人均收入增长目标下投资需求的理论增长模型

投资需求的增加是实现内涵扩大再生产和外延扩大再生产的重要条件。它形成新的资本存量,表现为资本生产能力的扩大和资本设施的增加。虽然在开放条件下,投资资金既可以来自国内积累基金和折旧基金,也可以来自国外借款,但

[注]　这里用"资本"一词代替社会主义政治经济学中"资产"一词,重点在于表明投资被物化以后所具有的增殖能力,但不包含马克思在《资本论》中所阐述的那种"资本"关系。

是，从长期来看，国外借款最终要用国内生产剩余来偿还，因此，国民生产总值是投资资金的最终来源。

在国民生产总值一定的条件下，能够实际用于投资支出的比重有多大，是由多种因素决定的。而就投资支出本身来看，它的形成与变动也是受多种因素影响的。

在市场经济中，投资需求发端于企业增殖的需要，是企业投资行为的总和。早在 20 世纪 30 年代，凯恩斯曾根据投资的边际效率递减规律，提出了投资需求是资本边际效率的增函数、是投资成本即市场利率的减函数的理论观点。在他看来，"资本之边际效率，乃以钱投资于新增资产，所可预期取得之酬报率（rate of return）"。[①]如果资本边际效率低于市场利息率，不会形成新的投资需求，甚至出现负投资。只有在资本边际效率高于市场利率时，投资需求才会增加。在正常条件下，"投资量一定会达到投资需求表上之一点，在该点上，一般资本之边际效率适等于市场利率。"[②]令 I_K 表示净投资需求、MEC 表示资本边际效率、R 表示市场利率，则凯恩斯所阐述的投资需求关系可用下式来表示：

$$I_K = f\ (MEC - R) \tag{5-1}$$

显然，按照凯恩斯的投资需求理论，在可支配收入一定的条件下，投资需求主要取决于资本边际效率和市场利率两个因素。

继凯恩斯之后，西方经济学家又相继提出了五种投资需求理论。[注]每种理论所强调的重点互不相同。

第一种是强调资本—产出率的加速原则理论（the Accelerator Theory）。这种理论认为，投资需求等于意愿资本存量（K_t^*）与实际资本存量（K_{t-1}）的差额，意愿资本存量的多少则取决于意愿的资本—产出率（α）。如果用 Q_t 代表以不变价格计算的产值，则在 Q 一定的条件下，α 值越高，K_t^* 越大，从而投资需求越大。用公式表示就是：

$$K_t^* = \alpha Q_t \tag{5-2}$$

第二种是流动性理论（the Liquidity Theory）。这种理论特别强调意愿的资本—自有投资基金比率（the desired ratio of capital to flow of internal funds available forinvestment）对于投资需求的决定作用。它认为，在流动性（L_t）一定的条件下，意愿的资本—自有投资基金比率（α）越高，投资需求越大。用公式表示就是：

$$K_t^* = \alpha L_t \tag{5-3}$$

第三种是预期利润理论（the Expected Profits Theory）。这种理论强调意愿的

---

① ［英］凯恩斯：《就业利息和货币通论》中译本，商务印书馆 1983 年第 2 版，第 115～116 页。

② ［英］凯恩斯：《就业利息和货币通论》中译本，商务印书馆 1983 年第 2 版，第 116 页。

［注］ 有关这五种投资理论的详细内容，可参阅 Dale W. Jorgenson & Calvin D. Siebert：A Comparison of Alternative Theories of Coopporate Investment Behavior, The American Economic Review, Sept. 1968, pp. 681～712。

资本—厂商市场价值比率对于投资需求的决定作用。它把厂商市场价值看做是存货市场价值与贷款入账价值的总和。在厂商市场价值（V_t）不变的条件下，意愿的资本—厂商市场价值比率（α）越高，投资需求越大。用公式表示就是：

$$K_t^* = \alpha V_t \tag{5-4}$$

第四种是新古典甲理论（the Neoclassical I Theory）。这种理论强调产值与资本设备价格比率对于投资需求的决定作用。它认为产值—资本设备价格比率中应包括资本收益（Capital gains）。在资本产出弹性（α）一定的情况下，产值—资本设备价格比率（$\frac{P_t Q_t}{C_t}$）越高，投资需求越大。如果以 q_t 代表投资品价格指数、δ 代表重置投资率、u_t 代表资本成本、μ 代表公司收入率、W_t 代表因税收使重置成本贬值的比率，则用公式表示就是：

$$K_t^* = \alpha \frac{P_t Q_t}{C_t} = \alpha \frac{P_t Q_t}{\frac{q_t}{1-u_1}\left[(1-u_t W_t)\ \delta + r_t - \frac{q_t - q_{t-1}}{q_t}\right]} \tag{5-5}$$

第五种是新古典乙理论（the Neoclassical II Theory）。这种理论与甲理论的唯一差别是排除了资本收益对投资需求的影响，强调资本收益为零的条件下投资需求的决定。用公式表就是：

$$K_t^* = \alpha \frac{P_t Q_t}{C_t} = \alpha \frac{P_t Q_t}{\frac{q_t}{1-u_t}\left[(1-u_t W_t)\ \delta + r_t\right]} \tag{5-6}$$

西方经济学家所强调的决定投资需求变动的种种因素都是重要的。但从总体上看，它们并不适合或不完全适合于社会主义经济中投资需求决定的分析。这主要是因为，投资需求的变动不仅取决于一般的经济因素，而且还受经济制度和经济体制的影响，并且是以一定的经济制度和体制为前提的。离开了体制和制度因素，不仅不能理解西方经济学家关于决定投资需求变动因素的分析，而且也无法理解社会主义条件下投资需求的变动。分析社会主义条件下投资需求的变动，必须首先考虑制度和体制因素的作用。

社会主义条件下投资需求的变动首先取决于制度因素。因为在公有制基础上发生的投资需求变动与私有制经济中投资需求的变动根本不同。在私有制经济中，投资需求的形成发端于企业，其总体变动也基本取决于企业的行为总和。在公有制经济中，投资需求的形成与变动总是与国家的宏观决策和计划紧密联系在一起的。无论是在社会主义经济体制改革前，还是在实施改革后，投资需求的第一决策主体是国家。虽然改革以后投资体制的变化在一定程度上强化了企业（包括地方和部门）[注]在投资决策中的作用，甚至在一定程度上改变了传统体制下的

[注]　以下论及企业投资需求时，均将地方和部门自行决定的投资包括在内，并统称企业投资需求。

投资行为，但是，企业投资需求最终仍是受国家决策影响和制约的。只不过这种影响、制约甚至决定作用是通过投资政策、投资法规、投资计划贷款和贷款额度的控制等间接形式实现罢了。在分权体制下，企业倾向于向收益高、见效快的加工工业投资，使这类投资增长较快，国家则注重对基础部门的投资，以适应国民经济均衡发展的需要，这正是制度因素决定投资需求变动的具体体现。

在社会主义公有制经济中，影响投资需求形成及其增长的制度因素是通过投资决策目标的确定以及该目标的实现过程表现出来的。从长期投资决策目标来看，社会主义条件下的投资目标是保持国民经济的长期稳定和协调发展，实现人均国民生产总值（广义国民收入）的不断提高。离开了这一长期目标的投资需求，虽然在短期内和局部范围内有可能取得一定成效，但是，由于它既不能保证人均消费需求的不断上升，也不能充分反映社会主义基本经济规律的要求，因此是与社会主义经济制度本身的性质相矛盾的。

人均收入（人均国民生产总值）不断增长，是社会主义条件下投资决策长期目标的核心内容，也是决定投资需求长期增长的主要因素。但这绝不等于说影响投资需求变动的其他因素无关紧要。恰恰相反，以人均收入增长为目标的投资决策正是通过其他因素（如投资的边际效率、资本—产出比率等）的作用得到实现的。通过投资增长实现人均收入增长，不过是投资预期收益较高的另一种表达方式。

人均收入反映的是人口总量与国民生产总值之间的对比关系。它等于一定时期的人口总量除以该期国民生产总值的商。如果以 $\bar{G}$ 代表人均收入、P 代表人口总量、G 代表国民生产总值，则一定时期的人均收入可用下式来表示：

$$\bar{G} = G/P \tag{5-7}$$

5-7 式表明，在其他条件不变的情况下，$\bar{G}$ 与 G 成正比、与 P 成反比。这就是说，人均收入的增长既与国民生产总值的增长有关，又与人口的增长有关。在其他条件不变的情况下，人均收入的增长是由国民生产总值增长和人口增长之间的相互关系决定的。

人均收入增长反映的是不同时期人均国民生产总值的变动率。因此，如果令 $\bar{g}$ 代表人均收入增长率，g 代表国民生产总值增长率，γ 代表人口增长率，那么，从 5-7 式可得到下式：

$$\bar{g} = g - \gamma^{[注]} \tag{5-8}$$

显然，在其他条件不变的情况下，$\bar{g}$ 是 g 的增函数，是 γ 的减函数。当 $g = \gamma$

[注] 此式可通过对 5-7 式求对数 $Ln\bar{G} = LnG - LnP$ 后，再进行微分求出 $\dfrac{dLn\,\bar{G}}{dt} = \dfrac{dLn\,G}{dt} - \dfrac{dLnP}{dt}$。由于式中 $\dfrac{dLn\,\bar{G}}{dt} = \dfrac{1}{\bar{G}}\dfrac{d\bar{G}}{dt} = \bar{g}$、$\dfrac{dLnG}{dt} = \dfrac{1}{G}\dfrac{dG}{dt} = g$、$\dfrac{dLnP}{dt} = \dfrac{1}{p}\dfrac{dp}{dt} = \gamma$，因此整理后便得到 5-8 式。

时，$\overline{g} = 0$；当 $g < \gamma$ 时，$\overline{g} < 0$；当 $g > \gamma$ 时，$\overline{g} > 0$。这就是说，要使 $\overline{g}$ 不断增长，就必须使 $g > \gamma$；$\overline{g}$ 增长的最低限是 $g = \gamma$。

　　人均收入是以人口总数为分母求得的。但人口并不都是国民生产总值的创造者。国民生产总值是由来源于人口的劳动力运用生产资料（即具有生产能力的资本）创造出来的。因此，人均收入的增长最终取决于劳动力投入量的增长。然而，在社会经济发展的一定阶段上，劳动力占人口的比例是相对稳定的。人口的增长本身包含着劳动力的等比例增长。这样，就有理由假定劳动力占人口的比例是一个不变的常数。如果令劳动力—人口比例为 λ，令 l 代表劳动力（L）的增长率，则可将 5 - 8 式改写为：

$$\overline{g} = g - l^{[\text{注}]} \tag{5-9}$$

　　在 5 - 8 式、5 - 9 式中都涉及了一个共同的变量 g。g 作为国民生产总值增长率，可以根据一般生产函数求得。在技术不变、规模收益不变的条件下，如果假定产出（G）的变动仅仅取决于固定资本和劳动的投入，则有：

$$G = f(K, L) \tag{5-10}$$

　　式中，K 代表固定资本投入量，L 代表劳动投入量。对 5 - 10 式微分后便可得：

$$\frac{dG}{dt} = \frac{\partial G}{\partial K} \cdot \frac{dK}{dt} + \frac{\partial G}{\partial L} \cdot \frac{dL}{dt} \tag{5-11}$$

5 - 11 式两端同除以 G、同时等式右端两项分子分母各同乘以 K、L，整理后便得到：

$$\frac{1}{G}\frac{dG}{dt} = \frac{K\frac{\partial G}{\partial K}}{G} \cdot \frac{dK}{K} + \frac{L\frac{\partial G}{\partial L}}{G} \cdot \frac{dL}{L} \tag{5-12}$$

　　式中，$\dfrac{1}{G}\dfrac{dG}{dt} = \dfrac{dG}{G} = g$，即国民生产总值增长率；

　　$\dfrac{dK}{K} = k$，即固定资本投入增长率；

　　$\dfrac{dL}{L} = l$，即劳动投入增长率；

　　$\dfrac{\partial G}{\partial K} = C$，即固定资本的边际收益率；

　　CK，则为固定资本所创造的收入；

　　$\dfrac{K\dfrac{\partial G}{\partial K}}{G} = \alpha$，就是由固定资本投入所带来的收入占总收入的份额；

――――――――――――

　　[注] 如果 λ 不是一个常数，而是一个随时间变化而变动的变量，则 L 不仅随时间变化而变化，而且随 λ 变化而变化。因此，5 - 9 式就必须改写为 $\overline{g} = g - l + \overset{\wedge}{\lambda}$，式中 $\overset{\wedge}{\lambda}$ 代表 λ 的变动率。

$\dfrac{\partial G}{\partial L} = \omega$，即劳动的边际收益，它等于实际工资率；

ωL，则为劳动所创造的收入；

$\dfrac{L \dfrac{\partial G}{\partial L}}{G} = \beta$，就是由劳动投入所带来的收入占总收入的份额；

$\dfrac{dL}{L} = l$，即劳动投入的增长率。

将 5 - 12 式化简后可得到：

$$g = \alpha k + \beta l \tag{5-13}$$

由于 $\alpha + \beta = 1$，因此 5 - 13 式又可改写为：

$$g = \alpha k + (1 - \alpha)l \tag{5-14}$$

5 - 14 式两端同减 l，便可得到：

$$g - l = \alpha k + (1 - \alpha)l - l$$
$$= \alpha(k - l) \tag{5-15}$$

式中，$g - l$ 就是人均收入增长率；$k - l$ 则是人均固定资本增长率或者说是资本深化增长率。

显然，在给定固定资本对产出的贡献系数 α 的情况下，如果不考虑技术进步的作用（5 - 15 式已将其舍象掉），那么，人均收入的增长就取决于固定资本和劳动投入增长。当 $k = l$ 时，$g - l = 0$；当 $k < l$ 时，$g - l < 0$；当 $k > l$ 时，$g - l > 0$。因此，在上述假定条件下，$g - l$ 持续增长的基本条件就是 $k > l$。为了保证 $g - l$ 长期持续增长，k 的增长就应是：

$$k = \frac{1}{\alpha}g + \left(1 - \frac{1}{\alpha}\right)l^{[注]} \tag{5-16}$$

从 5 - 16 式可知，在技术不变、规模收益不变及产出仅取决于固定资产投资和劳动投入等项假定的前提下，要保证人均收入增长，k 就不仅必须大于 l，而且必须大于 g。这里，$\left[\dfrac{1}{\alpha}g + \left(1 - \dfrac{1}{\alpha}\right)l\right]$ 就是人均收入持续增长目标下投资需求的理论增长率，5 - 16 式则是人均收入增长目标下投资需求的理论增长模型。

如果取消技术不变这一假定，那么，在技术进步条件下，整个生产函数将因此而发生变化。令 A 代表技术进步水平，则 5 - 10 式应改写为 $G = Af(K, L)$，经微分整理后便可得到：

$$g = \alpha k + \beta l + \hat{A} \tag{5-17}$$

[注]　即使假定人口—劳动比率 λ 是变化的，只要其他假定条件不变，该式仍成立。因为在 λ 变化条件下，$\bar{g} = g - l + \hat{\lambda}$。5 - 14 式两端同减（$l + \hat{\lambda}$），整理后仍有 $k = \dfrac{1}{\alpha}g + \left(1 - \dfrac{1}{\alpha}\right)l$。

式中，$\hat{A}$ 代表技术水平增长率。将 5 - 17 式两端同时减去 l，整理后可得到：

$$k = \frac{1}{a}g + \left(1 - \frac{1}{a}\right)l - \frac{1}{a}\hat{A} \qquad (5-18)$$

5 - 18 式就是其他假定不变但技术水平发生变化条件下，由人均收入持续增长目标所要求的投资需求理论增长率模型。

由于我国技术进步率较低，因此，可将 5 - 16 式视为人均收入增长目标下投资需求基本模型，简称模型 I 。

5.1.2 投资需求长期持续合理增长模型

前述分析表明，要实现人均收入不断增长的目标，就必须保持投资需求以高于 g 和 l 的速度增长。但是，仅仅明确了这一点是不够的。因为，它究竟应高出经济增长率和劳动（人口）增长率多少，仍然是不确定的。因此，应在模型 I 的基础上，对投资需求的合理增长率做出更为明确的界定。

投资需求合理增长率反映的是本期国民生产总值所能允许的最大投资需求规模与上期投资规模的比率。本期投资需求的规模，归根结底取决于国民生产总值能够用于固定资产投资支出的规模。在这个可允许的范围内，投资需求规模是合理的，因而是合理投资需求规模；超出了这个范围，投资需求规模则是不合理的，因而是不合理投资需求规模。[注] 由此不难理解，投资需求的合理增长率，首先涉及的是投资需求合理规模的确定问题。

投资需求的合理规模，是一定时期国民生产总值所允许的最大投资需求规模。一定时期国民生产总值所允许的这种投资需求规模，可以用合理投资率表示。合理投资率则是一定时期国民生产总值中能够最大限度地用于固定资产投资的比率。如果用 f_r 表示合理投资率、I_r 表示合理投资需求规模、G 表示国民生产总值，则可将合理投资率用下式来表示：

$$f_r = \frac{I_r}{G} \times 100\% \qquad (5-19)$$

在 5 - 19 式中，G 是统计资料给出的当年总量。在理论上它等于上年国民生产总值（G_0）乘以（$1 + g_0 + \Delta g$）。其中，g_0 代表一定时期平均的国民生产总值增长率，Δg 代表超过平均增长率的那部分增长率（即 $g_t - g_0$），I_r 则是一个有待确定的经济变量。

合理投资需求规模作为一定时期创造的国民生产总值所能允许的最大投资规模，是由两个部分构成的：一个部分是前期投资总量（用 K_0 表示）；另一个部分是本期合理增加的投资量（用 K_n 表示）。本期合理增加的投资量来自于本期新

　　[注] 应当指出，虽然将国外借款用于投资会扩大投资需求规模，但借款首先应计入国民生产总值项中，因此它并不破坏上述原则。

增加的国民生产总值，用公式表示就是：

$$K_n = G_0 \cdot g_0 \cdot f_0 + G_0 \cdot \Delta g \cdot f_z$$

$$= G_0 (g_0 \cdot f_0 + \Delta g \cdot f_z) \qquad (5-20)$$

式中，f_0 代表平均投资率；

$G_0 \cdot g_0 \cdot f_0$ 就是按国民生产总值平均增长率计算的投资平均增加量；

f_z 代表追加投资率，即超过按平均国民生产总值增长率计算的那部分国民生产总值中用于追加投资的合理比率；

$G_0 \cdot \Delta g \cdot f_z$ 就是超过国民生产总值平均增长部分所用于合理追加的投资量。

因此，$I_r = K_0 + G_0 (g_0 \cdot f_0 + \Delta g \cdot f_z)$。将此式代入 5－19 式就得到：

$$f_r = \frac{I_r}{G} = \frac{K_0 + G_0 (g_0 \cdot f_0 + \Delta g \cdot f_z)}{G_0 (1 + g_0 + \Delta g_0)}$$

$$= \frac{K_0 (1 + g_0 + \Delta g)}{G_0 (1 + g_0 + \Delta g)}$$

$$+ \frac{-K_0 (g_0 + \Delta g) + G_0 (g_0 \cdot f_0 + \Delta g \cdot f_z)}{G_0 (1 + g_0 + \Delta g)}$$

$$= \frac{K_0}{G_0} + \frac{-\dfrac{K_0}{G_0} (g_0 + \Delta g) + (g_0 \cdot f_0 + \Delta g \cdot f_z)}{1 + g_0 + \Delta g}$$

$$= f_0 + (f_z - f_0) \frac{\Delta g}{1 + g_0 + \Delta g} \qquad (5-21)$$

5－21 式就是一定时期国民生产总值所允许的合理投资率。式中 $f_z = \dfrac{\Delta I_r}{G - G \cdot g_0}$，可根据经验数据给定某一取值范围，即将其大体看做是某种平均值。这样一来，合理投资率就具有了长期特征，从而可以看做是长期合理投资率。

用长期合理投资率乘以本期国民生产总值，就得到了本期合理投资需求规模，即：

$$I_r = \left[f_0 + (f_z - f_0) \frac{\Delta g}{1 + g_0 + \Delta g} \right] G$$

$$= \left[f_0 + (f_z - f_0) \frac{\Delta g}{1 + g_0 + \Delta g} \right] G_0 (1 + g_0 + \Delta g) \qquad (5-22)$$

本期合理投资规模增加额与前期投资规模的比例，就是合理投资需求的增长率。令 k_r 代表合理投资需求增长率、K_0 代表前期投资需求规模，则可用下式来表示：

$$k_r = \frac{I_r}{K_0} = \frac{\left[f_0 + (f_z - f_0) \dfrac{\Delta g}{1 + g_0 + \Delta g} \right] G_0 (1 + g_0 + \Delta g)}{K_0} - 1$$

$$= \frac{G_0 \left[(1 + g_0 + \Delta g) f_0 + (f_z - f_0) \Delta g \right]}{K_0} - 1$$

$$= \frac{1}{\dfrac{K_0}{\overline{G}_0}} (f_0 + f_0 g_0 + f_z \Delta g) - 1$$

$$= \frac{f_0(1 + g_0)}{f_0} + \frac{f_z}{f_0} \Delta g - 1$$

$$= g_0 + \frac{f_z}{f_0} \Delta g^{[注]} \tag{5-23}$$

5-23 式就是投资需求的长期持续合理增长模型，简称模型Ⅱ。从模型Ⅱ可知，合理投资需求增长率不仅取决于国民生产总值增长率的高低，而且取决于追加投资率与平均投资率的比率。在正常条件下，f_z 值高于 f_0 值。因此，合理投资需求增长率必然高于国民生产总值增长率。实际投资需求增长率的合理变动区间应为 $g < k_t \leqslant (g_0 + \frac{f_z}{f_0} \Delta g)$。在短时期内投资需求实际增长率 $k_t > (g_0 + \frac{f_z}{f_0} \Delta g)$ 是应当允许的。因为 k_t 的增长可通过举借外债来形成，但投资需求实际增长率 k_t 如长期大于 k_r，则是不允许的。因为，这样不仅会加剧投资品供给的紧张程度，而且会导致人均消费需求水平的持续下降。这一点，在第 4 章论述消费需求增长的数量界限时已经指出过。保持实际投资需求增长率接近于 $(g_0 + \frac{f_z}{f_0} \Delta g)$ 的水平，是实现国民经济长期稳定和协调发展、人均收入稳定增长的一个重要条件，也是社会主义条件下有效控制投资需求规模及其增长率的一个重要依据。

总之，模型Ⅰ表明，在社会主义条件下，以人均收入不断增长为目标，在客观上要求投资需求以快于国民生产总值和劳动（人口）的增长率增长；模型Ⅱ则表明，投资需求增长的合理区间是保持投资需求的长期稳定增长，其基本依据是使实际投资增长率接近于合理投资增长率。只有这样，才能既保证国民经济的持续稳定和协调发展，又保证人均收入的持续稳定增长。

5.2 我国投资需求长期增长的基本特征

上节从公有制关系这个基本历史前提出发，概括说明了人均收入不断提高目标下投资需求长期持续、合理增长的理论模型。本节则试图从抽象的理论分析回到现实中来，通过分析和比较我国近 40 年的经验材料，阐明我国投资需求长期增长的基本特征。

[注] 这一模型的设计和推导借鉴了田椿生等著《积累形成与扩大途径》（经济科学出版社 1987 年版）、刘慧勇著《投资规模论》（中国财政经济出版社 1989 年版）以及孙永红著《1979~1988 年我国投资总量态势的实证研究》（《经济研究》1990 年第 5 期）的有关内容。

考察和说明我国投资需求长期增长的基本特征可以运用两种方法：一种是根据实际资料直接进行描述；另一种是用我国投资需求的实际增长与上节所给出的理论模型做对比进行说明。两种方法的侧重点不同，因此，由此所概括出的投资需求长期增长的特征也不同。但它们却能够从不同角度反映和说明我国投资需求长期增长的基本状态和总体特征。

5.2.1 投资规模成倍扩大，但发展水平不稳定

众所周知，实际经验材料是分析一切经济问题的客观依据和基本出发点。因此，运用前面所说的第一种方法，可以首先看到我国投资需求长期增长的第一个突出特征：投资规模成倍扩大，但发展水平很不稳定。

这里所说的投资规模，是指一定时期（通常为一年）整个社会实际发生的用于建造和购置固定资产的货币支出总额。用当年实际发生额直接计算的投资规模，就是人们常说的名义年度投资规模。而根据国民收入平减物价指数换算的年度投资规模，则是可比年度投资规模。

年度投资规模的变动，可通过纵向比较不同年份的投资规模进行说明。反映年度投资规模变动的指标主要是两项：一是年度投资规模增量的大小；二是年度投资规模对基年投资规模的倍数。

我国近 40 年来年度投资规模的变动表明（见表 5-1 和图 5-1），除个别年份投资规模出现缩小以外，大多数年份处于不断扩大的状态。按可比价格计算，1988 年与 1952 年相比，我国年度投资规模扩大了近 37 倍。按当年价格计算，我国解放后的第一个十年（即 1959 年）比 1952 年增长了 5 倍多；第二个十年（1970 年）比 1952 年增长了 6 倍多；第三个十年（1979 年）比 1952 年增长了 14 倍多；而第四个十年（1989 年）比 1952 年增长了 61 倍多。可见，无论按哪种价格计算，都表明我国投资规模具有成倍扩大的趋势。

表 5-1　　　　　　　　　　我国历年投资规模比较

年份＼类别	投资规模（亿元）（1）	增长倍数（2）	国民收入平减物价指数（3）	可比投资规模（亿元）（4）=（1）÷（3）	增长倍数（5）
1952	64.98	0.000	1.000	64.98	0.00
1953	114.43	0.761	1.055	108.46	0.67
1954	133.99	1.062	1.053	127.25	0.96
1955	136.10	1.094	1.042	130.61	1.01
1956	207.77	2.197	1.022	203.30	2.13
1957	180.10	1.772	1.007	178.85	1.79
1958	316.02	3.863	1.016	311.04	3.79

续表

年份　　　类别	投资规模（亿元）（1）	增长倍数（2）	国民收入平减物价指数（3）	可比投资规模（亿元）（4）=（1）÷（3）	增长倍数（5）
1959	418.93	5.447	1.027	407.92	5.28
1960	449.14	5.912	1.040	431.87	5.65
1961	184.47	1.839	1.207	152.83	1.35
1962	124.41	0.915	1.198	103.85	0.60
1963	171.61	1.641	1.171	146.55	1.26
1964	237.84	2.660	1.172	202.94	2.12
1965	299.94	3.616	1.192	251.63	2.87
1966	351.31	4.406	1.165	301.55	3.64
1967	276.21	3.251	1.178	234.47	2.61
1968	240.77	2.705	1.199	200.81	2.09
1969	338.16	4.204	1.148	294.56	3.53
1970	481.18	6.405	1.109	433.89	5.68
1971	539.70	7.306	1.118	482.74	6.43
1972	532.30	7.192	1.118	476.12	6.33
1973	596.09	8.173	1.120	532.22	7.19
1974	649.72	8.999	1.122	579.07	7.91
1975	754.26	10.608	1.104	683.21	9.51
1976	740.03	10.389	1.100	672.76	9.35
1977	784.61	11.075	1.111	706.22	9.87
1978	922.22	13.192	1.127	818.30	11.59
1979	996.20	14.331	1.172	850.00	12.08
1980	1081.24	15.640	1.212	892.1	12.73
1981	1061.56	15.337	1.235	859.56	12.23
1982	1252.64	18.277	1.234	1015.11	14.62
1983	1453.69	21.371	1.248	1164.82	16.93
1984	1859.09	27.610	1.311	1418.07	20.82
1985	2572.75	38.593	1.439	1787.87	26.51
1986	3050.24	45.941	1.499	2034.85	30.32
1987	3671.19	55.497	1.612	2277.41	34.05
1988	4479.03	67.929	1.824	2455.61	36.79
1989	4034.50	61.088	1.943	2076.43	30.96

资料来源：同表 2-2。其中，（2）以第（1）列 1952 年数为基按当年价格计算；（3）据《中国统计年鉴》1989 年卷，第 29 页~30 页计算；（5）以第（4）列 1952 年数为基按不变价格计算。

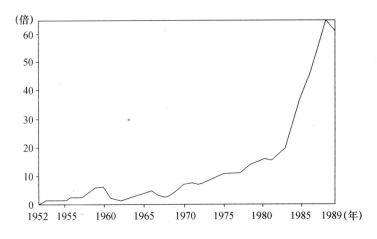

图 5 - 1　我国投资规模扩大倍数曲线

但是，如果进行长期动态比较，则不难发现，我国投资需求的发展又是很不稳定的。特别是实施改革前，尤其是 1953～1970 年间，曾经反复出现大起大落。实施改革以后，虽然其总体发展出现稳步上升态势，但 1989 年仍然出现了大幅度下降。因此，实施改革以后，我国投资需求的长期增长也仍具有不稳定性。

5.2.2　长期存在投资需求正负缺口，但实施改革前后相比缺口分布存在明显反差

投资需求正缺口，是指投资需求量大于投资品供给量，即表现为投资需求与投资品供给的正差额。

投资需求负缺口，是指投资需求量小于投资品供给量，即表现为投资需求与投资品供给的负差额。

投资需求与投资品供给的正负差额是投资需求正负缺口的绝对量。为了便于进行纵向对比，还可将其换算为相对量指标，用投资需求（正、负）缺口绝对量对投资需求绝对量的比率即投资需求缺口率，来分析和说明投资需求缺口的方向和大小。

表 5 - 2 给出了我国历年投资需求正负缺口（第 4 列）及投资需求缺口率。从这组经验数据可以看出，在我国，40 年中的大多数年份都存在投资需求正缺口。负缺口主要分布在实施改革以前，特别是 1970 年以前。实施改革前虽然也曾多次出现投资需求正缺口，但缺口绝对额最大也仅有 35 亿元。实施改革后，不仅始终未曾出现过投资需求负缺口，而且正缺口绝对额也明显高于实施改革之前，1988 年投资需求正缺口则高达 265 亿元。

如果根据实施改革以来，特别是进入 80 年代以来的实践经验，将投资需求

表 5 – 2   我国投资需求缺口的长期比较

年份	总需求与总供给差额（亿元）(1)	投资需求绝对量（亿元）(2)	投资需求占总需求的比重（%）(3)	投资需求与投资品供给差额（亿元）(4) = (1) × (3)	投资需求缺口率（%）(5) = (4)/(2)
1952	– 44.62	64.98	14.7	– 6.56	– 10.1
1953	– 14.70	114.43	19.1	– 2.81	– 2.5
1954	– 5.599	133.99	20.6	– 1.15	– 0.9
1955	– 16.33	136.10	20.7	– 3.38	– 2.5
1956	1.161	207.77	26.4	0.31	0.2
1957	28.32	180.10	21.4	6.06	3.4
1958	– 28.49	416.02	29.8	– 8.49	– 2.7
1959	49.20	418.93	30.4	14.96	3.6
1960	56.93	449.14	32.6	18.56	4.1
1961	93.36	184.47	18.0	16.81	9.1
1962	98.85	124.41	13.6	13.44	10.8
1963	79.07	171.61	17.4	13.76	8.0
1964	2.359	237.84	22.1	0.52	0.2
1965	– 59.49	299.94	24.3	– 14.46	– 4.8
1966	– 82.77	351.31	25.0	– 20.69	– 5.9
1967	– 44.42	276.21	21.1	– 9.37	– 3.4
1968	25.06	240.77	18.7	4.69	2.0
1969	– 70.78	338.16	23.9	– 16.92	– 5.0
1970	– 92.14	481.18	28.1	– 25.89	– 5.4
1971	– 80.35	539.70	28.8	– 23.14	– 4.3
1972	– 94.50	532.30	27.6	– 26.12	– 4.9
1973	– 42.34	596.09	27.7	– 11.73	– 2.0
1974	– 49.79	649.72	29.7	– 14.79	– 2.3
1975	3.07	754.26	31.3	– 0.96	0.1
1976	115.33	740.03	30.4	35.06	4.7
1977	46.16	784.61	29.6	13.67	1.7
1978	47.72	922.22	30.2	14.41	1.6
1979	69.79	996.20	29.1	20.31	2.0
1980	43.33	1081.24	28.4	12.31	1.1
1981	113.25	1061.56	25.8	29.22	2.8
1982	375.61	1252.64	26.7	100.29	8.0
1983	192.48	1453.69	29.0	55.82	3.8
1984	557.83	1859.09	28.8	160.66	8.6
1985	663.11	2572.75	31.5	208.88	8.1

年份 \ 指标	总需求与总供给差额（亿元）(1)	投资需求绝对量（亿元）(2)	投资需求占总需求的比重（%）(3)	投资需求与投资品供给差额（亿元）(4)＝(1)×(3)	投资需求缺口率（%）(5)＝(4)/(2)
1986	751.83	3050.24	32.7	245.85	8.1
1987	666.81	3671.19	33.3	222.05	6.1
1988	831.94	4479.03	31.9	265.39	5.9
1989	466.44	4034.50	26.6	124.08	3.1

资料来源：同表5-1。在各项指标中，"-"号表示供给大于需求，无"-"号者表示需求大于供给。

缺口率绝对值超过6%视为存在投资需求不足或投资需求膨胀的判断标准，[注1]那么，在实施改革之前曾于1961～1963年出现过一次连续三年的"投资需求膨胀"，1966年、1969～1970年则分别出现两次"投资需求不足"。结合当时的实践进行分析，前一次"膨胀"是在投资规模绝对下降过程中表现出来的"膨胀"，不具有典型性；后两次"不足"则显然与其间（及前推一至二年）计划安排的国民收入积累率过低有关。[注2]实施改革以来，继1982年出现一次投资需求膨胀后，1984～1988年又出现了持续时间长达5年的投资需求膨胀。这两次"膨胀"已不同于实施改革前的"膨胀"。其差异不仅在于这一时期的国民收入积累较高，多数年份在30%以上，而且"膨胀"的规模也较大。1984～1988年的投资需求正缺口分别相当于实施改革前最高年份（1976年）的4.6、5.9、7.0、6.3、7.6倍。

可见，长期存在投资需求正负缺口，但实施改革前后相比，缺口分布存在明显反差，是我国投资需求长期增长的另一个突出特征。

5.2.3　实际投资率持续上升，大多数年份高于合理投资率

本书用年度投资规模占同期国民生产总值（总供给）的比率表示实际投资率。实际投资率的变动，既涉及投资需求绝对量的变动，又涉及国民生产总值绝对量的变动，并且是后两者变动关系的综合反映。因此，我国投资需求长期增长的基本特征还可通过分析投资率的变动进行说明。

如果按计划期（五年计划）年平均投资率进行纵向比较，可直观地看到（见表5-3），除"二五"时期受"大跃进"影响，出现过一次投资率骤然上升

[注1]　这一数量标准是由表5-2第5列提供的经验材料给出的。本书第6章将具体分析和说明这一标准的经济意义。

[注2]　1964～1966年国民收入积累率分别为22.2%、27.1%、30.6%；1968～1970年则分别为21.1%、23.2%、32.9%（《中国统计年鉴》1989年卷，第36页）。

（年均投资率高达 25.92%）外，其他各期大体是从低到高依次递增的。不同时期投资率的逐渐上升表明，我国投资倾向具有不断上升的趋势。

判断实际投资率的高低，可根据它与合理投资率的差额进行。如第一节所述，合理投资率是国民经济长期发展过程中与经济增长水平相适应的投资率。这种投资率在本质上属于有保证的投资率。因此，它可以作为判定实际投资率高与低的一个参照系。

表 5 – 3　　　　　　　　　　我国各期年平均实际投资率　　　　　　　　单位：%

时期	1952 年	"一五"	"二五"	三年调整	"三五"
平均投资率	13.38	17.53	25.92	21.45	22.51
时期	"四五"	"五五"	"六五"	"七五"	1989 年
平均投资率	28.27	30.22	30.33	33.07	27.45

资料来源：同表 5 – 1。平均投资率是按当年价格计算的投资需求与总供给的比率；"七五"时期不包括 1990 年。

根据第一节所给出的合理投资率模型（5 – 23 式），可直接从统计数据中确定的指标有三个：一是长期平均国民生产总值增长率 g_0；二是国民生产总值实际增长率与平均增长率的差额 Δg；三是长期平均投资率 f_0。考虑到我国国民生产总值实际增长的差异，对 0 可以 1978 年为界分段计算（1978 年前为 0.076，1979 年后为 0.10），f_0 取 38 年平均值（0.264）。追加投资率 f_z 是一个待确定的指标，由于缺乏这类统计资料，根据经验可取上、下限两个值（上限为 0.6，下限为 0.4）。[①] 确定了以上各项指标值以后，即可根据两年统计指标求出合理投资率下限（fr_1）的长期数列和上限（fr_2）的长期数列。将这两组数列与实际投资率进行比较（见表 5 – 4）可看到，虽然合理投资率不是固定不变，而是有波动的，但波动较小。实际投资率的波动则比它大得多。实际投资率最低值与最高值相差 22 个百分点。合理投资率（包括上限和下限）最低值与最高值（除 1961 年外）仅相差 10 ~ 13 个百分点。

统计分析表明，在我国经济发展中，实际投资率低于合理投资率的情况均发生在实施改革前的 1952 ~ 1970 年，并集中发生在两个时期：一是 1952 ~ 1957 年（"一五"时期）；二是 1962 ~ 1970 年（"三年调整"和"三五"时期）。实际投资率持续高于合理投资率主要发生在 1971 年以后。但实际投资率持续超过合理投资率上限达 6 个百分点的年份则分别发生在 1960 ~ 1961 年和 1985 ~ 1988 年。

---

① 参见孙永红：《1979 ~ 1988 年我国投资总量态势的实证研究》，《经济研究》1990 年第 5 期，第 21 页。

表 5 - 4　　　　　　　　　我国实际投资率与合理投资率的长期比较

年份 \ 指标	实际投资率 （fs）（1）	fr₁（2）	fr₂（3）	fs - fr₁ （4）=（1）-（2）	fs - fr₂ （5）=（1）-（3）
1952	13.3	25.3	23.8	- 11.9	- 10.4
1953	18.6	27.7	29.7	- 9.1	- 11.1
1954	20.4	26.3	26.3	- 5.9	- 5.8
1955	20.1	25.9	25.2	- 5.7	- 5.0
1956	26.4	27.6	29.5	- 1.2	- 3.1
1957	22.1	26.0	25.5	3.8	- 3.3
1958	29.0	28.9	32.7	0.0	- 3.7
1959	31.5	27.8	30.0	3.6	1.4
1960	34.0	25.0	23.1	8.9	10.9
1961	19.8	15.9	0.53	3.8	19.2
1962	15.1	23.4	19.1	- 8.2	- 4.0
1963	18.9	27.0	28.0	- 8.1	- 9.1
1964	22.1	27.6	29.4	- 5.5	- 7.3
1965	23.1	27.6	29.4	- 4.4	- 6.2
1966	23.5	27.5	29.3	- 3.9	- 5.7
1967	20.3	23.7	19.8	- 3.3	0.5
1968	19.1	23.9	20.4	- 4.8	- 1.3
1969	22.7	28.1	30.6	- 5.3	- 7.8
1970	26.6	28.3	31.2	- 1.6	- 4.5
1971	27.5	26.4	26.4	1.1	1.1
1972	26.3	25.8	25.0	0.4	1.2
1973	27.1	26.4	26.5	0.6	0.5
1974	28.9	25.6	24.5	3.3	4.4
1975	31.2	26.6	26.9	4.6	4.3
1976	31.8	24.8	22.5	7.0	9.2
1977	30.1	26.8	27.4	3.2	2.6
1978	30.6	27.1	28.2	3.5	2.4
1979	29.6	26.0	25.5	3.6	4.0
1980	28.7	26.1	25.9	2.5	2.0
1981	26.5	25.6	24.5	0.9	2.0
1982	29.0	26.1	25.8	2.8	3.2
1983	30.1	26.4	26.5	3.6	3.5
1984	31.5	27.1	28.1	4.4	3.3
1985	34.3	27.1	28.1	7.2	6.1
1986	35.5	26.3	26.3	9.1	9.1

续表

年份 \ 指标	实际投资率 (fs) (1)	fr₁ (2)	fr₂ (3)	fs - fr₁ (4) = (1) - (2)	fs - fr₂ (5) = (1) - (3)
1987	35.4	26.6	27.0	8.7	8.3
1988	33.8	26.7	27.2	7.1	6.6
1989	27.4	25.6	24.5	1.7	2.8

资料来源：同表 2 - 2。

上述分析表明，分阶段的年均实际投资率持续上升，且大多数年份高于合理投资率，是我国投资需求长期增长的又一个突出特征。

5.2.4　投资需求在短期波动中高速增长，实际增长率高于合理增长率

实际投资需求增长率是反映年度投资规模实际变动状况的一个重要动态指标。按照前述指出的第二种方法，我国投资需求长期变动的基本特征也可通过比较实际投资增长率与国民生产总值（总供给）增长率以及合理投资需求增长率得到说明。

为了说明我国投资需求的这个特征，可先比较实际投资需求增长率与国民生产总值增长率，然后再比较合理投资需求增长率。

投资需求增长的理论模型I表明，在 α 一定的条件下，要保证人均收入不断增长，实际投资需求的增长必须高于国民生产总值的增长。这一点，在我国经济发展中是长期存在的。表 5 - 5 给出的统计数据表明，近 40 年来，我国投资需求增长率不仅在大多数年份高于国民生产总值增长率，而且投资需求的短期波动大体与国民生产总值的短期波动同步，并高于国民生产总值的波动幅度（见图 5 - 2）。

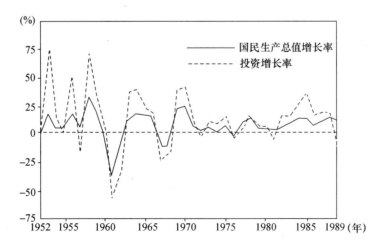

图 5 - 2　我国投资需求与国民生产总值（总供给）波动幅度比较

表 5 - 5　　　　　　我国实际投资需求增长率与国民生产总值增长率比较　　　单位:%

指标 年份	投资需求增长率（1）	国民生产总值增长率（2）	（3）＝（1）－（2）
1952	0.0	0.0	0.0
1953	76.1	19.6	56.5
1954	17.1	7.3	9.8
1955	1.6	3.9	- 2.3
1956	52.7	18.8	33.9
1957	- 13.3	4.8	- 18.1
1958	75.5	32.8	42.7
1959	32.6	20.8	11.8
1960	7.2	- 2.0	9.2
1961	- 58.9	- 39.2	- 19.7
1962	- 32.6	- 11.4	- 21.2
1963	37.9	13.2	24.7
1964	38.6	18.5	20.1
1965	26.1	18.2	7.9
1966	17.1	17.8	- 0.7
1967	- 21.4	- 9.9	- 11.5
1968	- 12.8	- 8.6	- 4.2
1969	40.4	23.0	17.4
1970	42.3	25.7	16.6
1971	12.2	7.7	4.5
1972	- 1.4	3.5	- 4.9
1973	12.0	8.2	3.8
1974	9.0	2.0	7.0
1975	16.1	9.4	6.7
1976	- 1.9	- 3.4	1.5
1977	6.0	11.0	- 5.0
1978	17.5	13.8	3.7
1979	8.0	7.4	0.6
1980	8.0	8.4	0.1
1981	- 1.8	4.2	- 6.0
1982	18.0	8.1	9.9
1983	16.1	10.6	5.5
1984	27.9	16.2	11.7
1985	38.4	16.0	22.4
1986	18.6	9.9	8.7
1987	20.4	12.3	8.1
1988	22.0	12.7	9.3
1989	- 9.9	4.4	- 14.3

资料来源：同表 5 - 1。其中国民生产总值增长率是按不变价格计算的总供给增长率。

比较实际投资需求增长率和合理投资需求增长率，可以确定实际投资需求增长速度是否过高。根据第一节所给出的合理投资增长率的理论模型 I（5－18式），合理投资需求增长率是有保证的增长率，它既反映消费需求不断增长的要求，又反映经济发展水平的实际承受能力。按前述合理投资率各项参数的取值范围，用所得到的合理投资需求增长率下限（kr_1）和上限（kr_2）与实际投资需求增长率进行比较（见表5－6），可以看到，二者波动趋势大体接近，但差异也较明显。

表5－6　　　　　　我国实际投资需求与合理投资需求增长率比较　　　　单位:%

指标 年份	实际投资需求增长率 （ks）（1）	kr_1（2）	kr_2（3）	$ks - kr_1$ （4）=（1）-（2）	$ks - kr_2$ （5）=（1）-（3）
1952	0.0	-3.9	-9.6	3.9	9.6
1953	76.1	25.7	34.8	50.3	41.2
1954	17.1	7.1	6.9	9.9	10.1
1955	1.6	1.9	-0.8	-0.4	2.4
1956	52.7	24.5	33.0	28.1	19.6
1957	-13.3	3.3	1.2	-16.6	-14.5
1958	75.5	45.7	64.8	29.7	10.6
1959	32.6	27.6	37.6	5.0	-5.0
1960	7.2	-6.9	-14.2	14.1	21.4
1961	-58.9	-63.3	-98.7	4.4	39.8
1962	-32.6	-21.1	-35.5	-11.4	2.9
1963	37.9	16.0	20.3	21.8	17.5
1964	38.6	24.1	32.3	14.4	6.2
1965	26.1	23.6	31.6	2.4	-5.5
1966	17.1	23.0	30.7	-5.9	-13.6
1967	-21.4	-18.9	-32.1	-2.5	10.7
1968	-12.8	-16.9	-29.2	4.1	16.4
1969	40.4	30.9	42.6	9.5	-2.2
1970	42.3	35.0	48.7	7.3	-6.4
1971	12.2	7.7	7.8	4.4	4.3
1972	-1.4	1.4	-1.7	-2.7	0.3
1973	12.0	8.5	8.9	3.5	3.0
1974	9.0	-0.9	-5.1	9.8	14.1
1975	16.1	10.3	11.6	5.7	4.4
1976	-1.9	-9.1	-17.4	7.1	15.5
1977	6.0	12.7	15.3	-6.7	-9.3

续表

年份 \ 指标	实际投资需求增长率（ks）（1）	kr_1（2）	kr_2（3）	$ks - kr_1$ （4）=（1）-（2）	$ks - kr_2$ （5）=（1）-（3）
1978	17.5	16.9	21.6	0.5	-4.1
1979	8.0	6.1	4.1	1.9	3.9
1980	8.5	7.6	6.3	0.9	2.1
1981	-1.8	1.21	-3.2	-3.0	1.3
1982	18.0	7.12	5.7	10.8	12.0
1983	16.1	10.9	11.3	5.2	4.7
1984	27.9	19.3	24.0	8.5	3.8
1985	38.4	19.0	23.6	19.3	14.0
1986	18.6	9.8	9.7	8.7	8.8
1987	20.4	13.4	15.2	6.9	5.2
1988	22.0	14.0	16.1	7.9	5.8
1989	-9.9	1.5	-2.7	-11.4	-7.1

资料来源：同表 5 - 4。

第一，大多数年份实际投资需求增长率高于合理投资需求增长率（上、下限），而低于合理投资需求增长率（上、下限）的只有 9 个年份。

第二，实际投资需求增长率与合理投资需求增长率（上、下限）差额的年平均值相同，都是前者高于后者 6.5 个百分点。它从一个侧面进一步表明实际投资增长率是长期高于合理投资需求增长率的。

第三，实际投资需求增长率显著高于合理投资需求增长率（+10% 以上）的年份和显著低于合理投资需求增长率（-9.0% 以下）的年份，多数分布在实施改革之前。其中，畸高的年份在实施改革前有 11 个，实施改革后仅有 2 个；畸低的年份实施改革前有 4 个，实施改革后仅有 1 个。

可见，投资需求在短期波动中高速增长，多数年份实际增长率高于合理增长率，是我国投资需求长期变动的又一特征。

诚然，我国投资需求长期变动的基本特征不止以上四个方面，但仅这四个方面已充分表明，在我国实施改革前，投资需求的长期变动是高速增长、非持续的，实施改革后则是持续高速增长、由投资膨胀相伴随的。其中，高速增长是其一般特征，高速增长非持续和投资膨胀是其特殊表现形式。

5.3 我国投资需求长期高速增长的客观动因

上节的分析表明，我国投资需求长期变动的总体特征是在短期波动中高速增长。在明确了这一点之后，随之而来的一个问题就是：为什么我国投资需求能够长期处于高速增长的状态？毫无疑问，投资需求在短期波动中以高于国民生产总值的速度增长并非我国特有的现象（见表 5－7），[注1] 但投资需求长期保持比一般国家高得多的速度增长，却有其特殊性。为了更深入地分析和说明我国投资需求长期高速增长的内在必然性，这里可先将投资波动问题暂时撒开，集中探讨其长期高速增长的客观动因。

表 5－7　　　　世界不同类型国家投资与国内生产总值增长率比较　　　　单位:%

类型	年份　　指标	1960～1970	1965～1980	1980～1987
市场经济 工业国家	国内总投资	5.8	2.7	2.7
	国内生产总值	5.1	3.7	2.6
中等收入国家	国内总投资	7.6	8.6	－1.6
	国内生产总值	6.0	6.2	2.8
低收入国家	国内总投资	4.9	8.7	10.2
	国内生产总值	4.5	5.4	6.7

资料来源：世界银行《世界发展报告》1984 年、1989 年。

我国投资需求高速增长既有体制和主观方面的原因，又有经济发展自身的客观动因。这里着重探讨经济发展自身的客观动因。

5.3.1　人口持续增长条件下人均收入不断提高和人均消费需求不断上升

（1）在人口持续增长条件下，人均收入不断提高的目标在客观上要求投资需求以较高的速度增长

众所周知，我国是一个低收入国家。到目前为止，人均国民生产总值（或称人均收入）仍排于世界第 100 位以后。[①] 1989 年与 1952 年相比，人均国民生产总值虽然增长了近 5 倍，但整个 80 年代始终在 300 美元上下徘徊（见表 5－8）。

我国又是一个"人口超级大国"。到 1989 年为止，我国人口已经突破 11 亿。年均净增人口 1700 万左右。如果按照发展经济学家 H. 钱纳里（H. B. Chenery）和 L. 泰勒（L. Taylor）于 1968 年提出的区分大国与小国的人口标准（1960 年人口高于 1500 万的为大国，低于 1500 万的为小国），[注2] 那么，我国每年要新生出

---

① 参见中国社会科学院世界经济与政治研究所综合统计研究室编：《世界经济统计手册（1982～1985）》，中国社会科学出版社 1988 年版，第 46～50 页。

[注1] 据世界银行统计，无论是发达国家，还是不发达国家，投资需求都有明显快于国内生产总值增长的特点。

[注2] 后来，H. 钱纳里又于 1975 年提出大小国的人口标准为 2000 万。见他与 M. 赛尔昆（M. Syrquin）著：《发展的型式（1950～1970）》中译本，经济科学出版社 1988 年版，第 83 页。

一个"大国"。在这样一个人口超级大国中，如果国民生产总值零增长，仅因人口增长一项，就要使人均国民收入减少近2%。

表5－8　　　　　　　　　　我国（人均）国民生产总值及其增长

指标＼年份	1952	1981	1982	1983	1984	1985	1986	1987	1988	1989
人均国民生产总值（美元）	52	300	310	300	310	310	264	282	343	314
国民生产总值增长率（％）	—	4.5	8.8	10.3	14.6	12.7	8.3	11.0	10.8	3.9

注：①1981～1985年人均国民生产总值见上海市统计科学应用研究所编：《GNP统计理论与实践》，上海社会科学院出版社1988年版，第126页。

②其他数据均据《中国统计年鉴》1989年卷，第28页、第29页；《中国金融统计（1952～1987）》（中国金融出版社1988年版）第156～157页和《1989年国民经济和社会发展的统计公报》计算。其中人均国民生产总值是按当年官方汇率换算的。

从理论上说，在人口持续增长的条件下，要保证人均收入水平不低于前期，就必须使投资需求增长率与人口增长率保持同步。这一点可从第一节所给出的人均收入增长率模型 $\bar{g} = g - \gamma = g - l = \alpha(k-l)$ 得到说明。如果假定经济增长只取决于劳动和资本两大要素，同时假定人口—劳动比例不变，则人均收入水平不变意味着 $\bar{g} = 0$。要使 $\bar{g} = 0$，在 $0 < \alpha < 1$ 的情况下，必须满足 $k = l$ 这一条件。否则，若 $l > k$，必有 $\bar{g} < 0$。

然而，要保证人均收入不低于前期，至少要使资本投入增长与人口增长保持同步，这只是一个理论假说，实际经济运行过程要比上述假说复杂得多。例如，人口—劳动比例不变以及中性技术进步、规模收益不变从而 $\alpha + \beta = 1$ 等等，在实际生活中是不存在的。实际经济增长过程，常常因劳动投入和资本投入在技术上的不合理性，导致劳动、资本对产出的贡献率下降（见表5－9）。而在技术进步条件下，以价值形式表示的资本投入又会由于无形损耗而不断贬值。因此，要保证资本投入的贡献率不变或上升，代表资本投入的货币额就必须更多。否则，仅仅保持资本投入与人口增长等比例变动，并不能保证人均收入水平不低于前期。表5－9已经清楚地说明了这一点。1986年的紧缩政策，使投资增长率由1985年的38.4%下降为18.6%，进而导致国民生产总值增长率由上年的12.7%降为8.3%；与此相对应，人均国民生产总值也由上年的310美元降为264美元，降低了14.8%。1989年的紧缩，使投资增长率下降9.9%，结果国民生产总值增长率由上年的10.8%降为3.9%；与此相对应，人均国民生产总值也由上年的343美元降为314美元，降低了8.5%。上述事实说明，在人口持续增长且增长

表 5 - 9　　　　　　　　　我国各要素对经济增长的贡献率　　　　　　　单位：%

年份	1954～1984	1954～1957	1958～1960	1961～1965	1966～1978	1979～1984
国民收入增长率	11.90	23.0	55.0	-2.6	8.9	6.1
总耗费增减	9.86	11.68	55.44	-4.32	8.28	3.97
劳动	3.21	2.63	24.89	-4.62	3.58	1.09
资本	6.65	9.05	30.55	0.03	4.7	2.88
固定资产	3.3	5.55	8.50	0.84	2.1	1.66
流动资产	3.33	3.50	22.05	-0.54	2.6	1.22
土地*	0.0	0.00	0.00	0.00	0.00	0.00
单位投入产出水平	2.04	11.32	-0.44	1.72	0.62	2.13
资源配置	-0.24	1.07	-2.31	-1.02	0.07	-0.23
规模效益	1.56	3.91	6.50	1.75	1.10	1.41
资本效益	-0.21	2.71	-10.01	-0.38	-0.53	-0.01
劳动效益	0.93	3.63	5.38	1.37	-0.02	0.96

注：* 我们假定土地的耗费量在此期间没有变化。

资料来源：张风波主编：《中国宏观经济结构与政策》，中国财政经济出版社 1988 年版，第 51 页。

的绝对量极大（相当于 H. 钱纳里的一个"大国"）的情况下，要保证人均收入水平不下降并有所上升，就必须使投资需求保持一个较高的增长率。

（2）在公有制关系下，人均消费需求不断上升，客观上也要求投资需求高速增长

在第 4 章论及消费需求上升的数量界限时，曾得出一个重要的结论：本期消费需求的上升，必须以保证续期消费需求继续上升从而保持一定比例的投资为前提。这里则将进一步指出，在公有制关系下，人均消费需求不断上升，客观上要求投资需求持续高速增长。为什么这么说呢？

第一，公有制关系决定了社会生产目的是满足人民日益增长的物质文化生活需要，公有制关系与商品货币关系的结合，是促使人民消费需求不断上升的客观原因之一。

第二，人均消费需求上升是以人均收入增加为前提的。在正常条件下，人均收入增加必然带来边际消费倾向下降，尽管这时消费需求绝对量仍可能比以前有所增长。边际消费倾向下降，意味着边际储蓄倾向（即边际净投资率）上升，从而意味着投资需求上升。前述表 5 - 3 从平均投资率持续上升的角度，反映了我国边际投资率上升的趋势。

第三，人均消费需求随人均收入上升而上升的另一个重要结果是恩格尔系数下降。恩格尔系数下降，是指人均收入用于消费支出的总额中食品类支出比重下降，非食品类支出比重上升。这里有两点值得我们注意：一是随着人均收入上升、食品类支出比重相对下降并不等于食品类支出绝对额下降，只是它的上升速度不如人均收入上升速度快；二是随着人均收入上升，非食品类支出比重相对上升，不仅意味着这类消费需求的上升速度快于人均收入，而且意味着这类消费需求的绝对额有较快扩大趋势。如果说食品类需求上升较慢，因而对这类生产的扩大从而投资的要求还不强烈的话，那么，由非食品类生产的特点所决定，非食品类需求上升快，必然要求用于这类生产的投资迅速扩大。否则，供给就跟不上需求。

从实践上看，我国边际消费倾向确实具有随收入上升而逐渐下降的趋势。边际消费倾向下降的同时，恩格尔系数也有轻微下降（见表5－10）。恩格尔系数和边际消费倾向随收入增长而下降，是符合一般经济发展规律的，但它并不意味着消费需求绝对额一定是下降的。例如，从1953～1989年，我国消费需求绝对额年均增长率达10%以上，增长速度相当高。[注]消费需求之所以能够有这么高的增长速度，除了其他条件外，投资需求以更快的速度增长是一个重要前提。回顾过去的40年，除去几个特殊年份（如1961～1962年因经济困难使投资需求下降比消费需求下降更快，1979～1981年因归还"消费欠账"使消费需求一度出现快于投资需求的增长，1988～1989年的紧缩又使投资需求增长受到抑制）出现消费需求增长快于投资需求增长外，绝大部分年份都是投资需求增长快于消费需求增长。1953～1989年投资需求每年平均增长14.99%，明显高于消费需求的年均增长率近5个百分点。可见，与人均收入不断提高相联系的人均消费需求不断上升，在客观上也要求投资需求持续高速增长。

表 5－10　　　　　我国消费需求上升与投资需求增长的相关分析

年份	边际消费倾向① (1)	恩格尔系数② (2)	消费需求增长率③ (3)	投资需求增长率④ (4)	(5) = (4) - (3)
1952			0.0	0.0	
1953			31.2	76.1	44.9
1954	0.70		4.5	17.1	12.6
1955	(0.99)		3.6	1.6	−2.0
1956			16.9	52.7	35.8
1957		58.43	5.2	−13.3	−18.5

[注]　资料来源：同表2－2。消费需求绝对额增长率未扣除物价因素。

续表

指标 年份	边际消费 倾向①（1）	恩格尔系 数②（2）	消费需求增长 率③（3）	投资需求增 长率④（4）	（5）=（4）-（3）
1958			8.3	75.5	67.2
1959			19.4	32.6	13.2
1960			5.9	7.2	1.3
1961			-0.9	-58.9	-58.0
1962			0.1	-32.6	-32.5
1963			-3.0	37.9	40.9
1964	0.60	59.22	2.5	38.6	36.1
1965			4.9	26.1	21.2
1966	(0.92)		7.6	17.1	9.5
1967			6.1	-21.4	-27.5
1968			-2.1	-12.8	-10.7
1969			7.6	40.4	32.8
1970			2.5	42.3	39.8
1971			5.7	12.2	6.5
1972			9.2	-1.4	-10.6
1973			7.2	12.0	4.8
1974			5.4	9.0	3.6
1975			7.1	16.1	9.0
1976			5.8	-1.9	-7.7
1977			6.5	6.0	0.5
1978	0.67		9.7	17.5	7.8
1979			18.7	8.0	-10.7
1980	(0.99)		17.9	8.5	-9.4
1981		56.6	9.8	-1.8	-11.6
1982		58.65	10.3	18.0	7.7
1983		59.20	10.4	16.1	5.7
1984		57.97	28.2	27.9	-0.3
1985		52.25	31.4	38.4	7.0
1986	0.68	52.43	13.3	18.6	5.3
1987	0.69	53.47	14.1	20.4	6.3
1988	0.66	51.36	29.9	22.0	-7.9
1989	0.60		17.9	-9.9	-27.8

注：①指标涵义为国民收入使用额边际消费倾向。其中，1952～1985年采用一元回归分段计算，括号内数字为相关系数；1986～1988年按 ΔC/ΔY 公式分年计算；1989年为估计值。资料来源为《中国统计年鉴》1989年卷，第36页、第38页。

②指标市家庭恩格尔系数。资料来自历年《中国统计年鉴》。

③指标涵义为全社会消费需求增长率。资料来源同表2-2。

④资料来源同③。

5.3.2　劳动力无限供给条件下的资本拓宽与资本逐步深化

所谓劳动力无限供给有两层涵义：一是指随着人口的净增长，适龄劳动人口绝对额不断增长，与社会所能提供的就业条件和就业机会形成尖锐矛盾，社会无力吸纳所有新增劳动力，表现为劳动力绝对过剩；二是指由于部门间相对劳动生产率发生变化，低收入部门游离出大量相对过剩劳动力，等待高收入部门吸纳，表现为劳动力相对过剩。按照发展经济学家 W. 刘易斯（W. Arthur Lewis）的观点，"劳动力充裕恰恰是一般不发达国家的状况"，"如果资本家欲以现行工资招收更多的劳动力，争求职位者会大大超过需求，劳动力供给曲线在现行工资水平下具有无限弹性。"[1] 因此，他特别重视对第二层涵义的劳动力无限供给的研究。然而，仅仅从第二层涵义上理解劳动力无限供给是不全面的。就我国的实际情况来说，不仅存在着第二层涵义的劳动力无限供给，而且还存在着第一层涵义的劳动力无限供给。

我国劳动力无限供给首先表现为劳动力的绝对过剩。一方面，传统农业部门发展迟缓，无力容纳日益增多的农业劳动力，使农业劳动力处于绝对过剩的状态。另一方面，非农业部门发展跟不上城镇就业需要，使城镇劳动力供给明显大于需求。表 5 - 11 粗略地反映了我国城乡劳动力绝对过剩的状况。

表 5 - 11　　　　　　　　　我国城乡劳动力就业状况[1]

指标　　　　年份	农村经济部门			城镇经济部门		
	劳力占乡村劳动人口比[2]（%）	劳力人均耕地（亩）	劳力人均负担人口（人）	劳力占城镇[2]劳动人口比（%）	城镇待业率（%）	劳力人均负担人口（人）
1952	48.5	12.2	3.3	67.1	13.2	16.8
1957	49.7	12.2	3.3	63.2	5.9	14.5
1962	53.9	9.9	3.2	55.9	—	14.5
1965	55.4	9.2	3.1	56.9	—	13.7
1970	57.1	7.7	2.9	64.6	—	12.5
1975	54.3	7.6	3.1	76.5	—	10.6
1980	51.6	7.3	3.4	96.9	4.9	7.5
1985	65.9	6.9	3.4	68.4	1.8	5.6
1989	81.2	6.7[3]	3.4	57.1	2.0[3]	4.9

注：①资料来源：《中国统计年鉴》1989 年卷，第 87 页、第 94 页、第 105 页、第 123 页、第 192 页。
②乡村和城镇劳动人口按 1987 年全国抽样调查 15 岁以上人口占总人口 71% 计算。
③为 1988 年数据。

———————————

① ［美］W. 刘易斯：《二元经济论》中译本，北京经济学院出版社 1989 年版，第 160 页、第 104 页。

从表 5 - 11 不难看出，虽然农村经济部门的劳动力占乡村劳动人口比重上升了，但劳动力人均耕地面积却下降了，每个劳动力负担的人口并没有明显上升。即使按 1989 年的指标，我国乡村适龄劳动力仍有近 20% 属于绝对过剩人口。城镇的情况同样如此，非农产业劳动力占城镇劳动人口比重基本上没有发生根本变化。与此相对应，非农产业劳动力负担的人口数量却明显下降了。官方公布的待业率虽不算高，但实际上适龄人口中有相当比重的人口处于待业状态。仅从本书选用的指标来看，城镇绝对过剩人口要占适龄劳动人口的 30% 左右（1980 年除外）。在大量存在绝对过剩劳动力条件下，城乡就业人口负担人口的能力已经下降。若其他条件不变，更多地吸纳过剩劳动力就业，将使这些指标进一步下降。

我国劳动力无限供给又表现为劳动力相对过剩。劳动力相对过剩的程度可以通过对不同产业比较劳动生产率的分析得到说明。比较劳动生产率是指不同产业所创造的国民收入的比重与该产业劳动力的比重之间的比率。纵观我国第一、二、三次产业[注] 比较劳动生产率（见表 5 - 12），不难看出以下四点：首先，第一次产业比较劳动生产率处于相对停滞并略有下降的状态，长期低于 0.6。这种情况表明，第一次产业劳动力占社会总劳动力比重下降虽较快，但劳动效益不高并有下降趋势。这种趋势意味着第一次产业中仍存有大量过剩劳动力迫切需要向其他产业转移。其次，进入 70 年代以后，第二次产业比较劳动生产率也出现了较明显下降的趋势。这表明第二次产业较高的比较劳动生产率因劳动投入的过快增长而受到影响，该产业吸纳劳动力的能力相当有限。再次，第三次产业比较劳动生产率进入 80 年代以后降到 1.0 以下，显然与这一产业发展过快有关。但随着时间的推移，其比较劳动生产率开始有所回升。这种回升又伴随着第三次产业就业人口比重的较快上升。因此，这一产业还有吸纳劳动力的潜力。最后，第一次产业比较劳动生产率与第二、三次产业比较劳动生产率的比率虽然有上升趋势，但上升得并不多。这不仅表明我国产业结构效益没有明显的改善，而且表明我国还广泛存在着劳动力的相对过剩。以上四点恰恰与著名经济学家西蒙·库兹涅茨（Simon Kuznets）对 40 个发展程度不同的国家 1948 ~ 1954 年三次产业比较劳动生产率统计分析的结论相符，即不发达国家的农业部门蕴涵着大量过剩劳动力，在人均收入低水平阶段二、三次产业又缺乏大量吸纳这些过剩劳动力的能力，从而使其比较劳动生产率的比值明显低于发达国家。①

---

① 参见杨治：《产业经济学导论》，中国人民大学出版社 1985 年版，第 51 页。

[注] 按我国三次产业划分标准，第一次产业为广义农业；第二次产业为工业和建筑业；第三次产业为流通部门和服务部门（参见《中国统计年鉴》1989 年卷，第 155 页；《GNP 统计理论与实践》，上海社会科学院出版社 1988 年版，第 35 ~ 36 页）。

表 5－12 我国三次产业比较劳动生产率

指标 年份	第一次产业 （1）	第二次产业 （2）	第三次产业 （3）	第二、三次产业 （4）	（5）＝（1）/（4）
1952	0.69	3.12	2.1	2.56	0.27
1957	0.58	3.70	2.03	22.83	0.21
1962	0.59	4.53	1.59	2.90	0.20
1965	0.57	4.80	1.36	2.92	0.20
1970	0.50	4.43	1.61	3.11	0.16
1975	0.49	3.72	1.26	2.73	0.18
1980	0.52	2.92	0.80	2.06	0.25
1981	0.56	2.77	0.77	1.94	0.29
1982	0.59	2.71	0.68	1.88	0.31
1983	0.60	2.66	0.64	1.81	0.33
1984	0.62	2.47	0.66	1.68	0.37
1985	0.57	2.41	0.85	1.72	0.33
1986	0.56	2.34	0.82	1.69	0.33
1987	0.56	2.33	0.82	1.66	0.34
1988	0.55	2.34	0.83	1.67	0.33

资料来源：根据《中国统计年鉴》1989 年卷，第 32 页、第 105 页提供的数据计算。

劳动力的绝对过剩和相对过剩，必然导致劳动力无限供给，从而使劳动力供给相对于需求来说具有无限弹性。劳动力无限供给对经济增长的影响有三种可能性：其一，引起资本浅化（Capital Shallowing）。劳动力无限供给虽不一定必然导致在业劳动者收入下降（因为存在收入刚性，在社会主义条件下降低劳动收入则更困难），但一定会影响人们的消费和储蓄倾向。其结果有可能导致整个社会储蓄（投资）倾向下降。如果劳动收入水平下降、就业增加，但投资增加较少，则必然导致人均资本拥有量降低，形成资本浅化。正如美国的一位经济学和工商管理学教授 J. L. 西蒙（Julain L. Simon）所说：“资本浅化将影响每个工人的产量和收入。”[①] 因此，经济活动本身的内在倾向必然会极力避免这种情况的出现。这是无需用经济行为主体的理智来解释的。其二，导致资本拓宽（Capital Widening）。如果在经济发展过程中，经济增长水平尚无力提供高于前期资本—劳动比率的投资，但客观上又存在吸纳劳动力的倾向，那么，其结果必定首先导致资

—————————

① ［美］J. L. 西蒙：《人口增长经济学》中译本，北京大学出版社 1984 年版，第 268 页。

本拓宽。在这种条件下，虽然资本—劳动比率没有随投资增加而上升，但资本存量的规模却扩大了。不过，在其他条件不变的情况下，资本拓宽只能引起产出绝对量增加，而不会使人均收入水平上升。因此，资本拓宽不可能成为经济发展的主流。其三，妨碍资本深化（Capital deepening）。在劳动力无限供给条件下，实现资本深化是极其困难的。因为，资本深化意味着资本—劳动比率上升。而要使这一比率上升，就不仅要求资本投入增长率明显高于劳动投入增长率，而且要求储蓄（投资）增长率高于收入从而高于消费增长率。尽管在现代社会和经济技术进步条件下，资本深化是经济发展的主流，但在劳动力无限供给条件下，没有资本的大量投入即投资的高速增长，实现资本深化是不可能的。

我国产业结构效益较低，除了其他原因之外，首先与劳动力无限供给条件下的资本深化水平较低有关。根据我国的经验数据，国营企业每增加一个劳动力就业平均需要1万元投资。显然，在劳动力无限供给条件下，资本拓宽必然要求投资需求以较高的速度增长，而资本深化则要求投资需求以更高速度持续增长。

5.3.3 经济发展过程中产业结构的转换

按照发展经济学家对世界各国经济发展经验的分析，人均收入水平与产业结构变化型式之间存在着有规律的联系，结构变化最迅速的阶段是人均收入在265美元至1075美元之间。[①] H. 钱纳里和M. 赛尔奎因根据他们对世界100多个国家的统计分析所得出的结论是："需求和生产结构的转变，在收入水平达300美元时完成一半。用初级产品产出的下降和工业的上升来衡量，工业化是构成这一过渡的结构变化的突出特征。收入水平超过300美元时，工业增殖通常超过初级品生产的增殖"。[②] 联合国统计处所提供的资料表明，1960～1975年85个发展中国家按人均国民生产总值分组，人均收入265～520美元的国家，制造业在国内总产值中的比重为11.3%～15.3%；而同期发达市场经济国家为26.8%～29.5%。[③]美国经济学家西蒙·库兹涅茨通过对世界上除中国之外的22个大国进行统计分析，得出的结论则是人均收入为70美元时，制造业在国内生产总值中的比重为21.0%；人均收入为150美元时，这一比重上升为28.4%；人均收入为300美元、500美元和1000美元时，这一比重分别上升为36.9%、42.5%、48.4%。[④]

我国的产业结构转换并没有按照上述发展中国家和其他大国的道路发展，而是走了一条斯大林式的优先发展重工业的工业化道路。我国是在1965年人均收

①③ 联合国工业发展组织：《世界各国工业化概况和趋向》中译本，中国对外翻译出版公司1980年版，第55、49页。

② ［美］H. 钱纳里和M. 赛尔奎因：《发展的型式（1950～1970）》中译本，经济科学出版社1988年版，第55页。

④ ［美］西蒙·库兹涅茨：《各国经济增长》中译本，商务印书馆1985年版，第128页。

入仅为 90.4 美元时达到库氏所说大国人均收入 300 美元的工业化水平的，而同期我国工业劳动力所占比重仅为 8.4%，农业劳动力所占比重则高达 81.6%。[①]显然，在这样的就业结构下，要使制造业净产值占国内总产值的比重迅速地由 1952 年的 19.5% 提高到 1965 年的 36.4%，没有大量的固定资产投资是不可能的。这就历史地形成了那一时期低收入水平下的投资需求高速增长。

但是，长期片面发展重工业是难于维持的。因此，到 70 年代末实施改革以后，我国产业结构又开始了一轮新的调整。这次调整的基本趋向是努力发展轻纺工业和食品工业。[②] 然而，这次产业结构调整仍然是在人均收入较低（300 美元左右）、农业劳动力占绝大比重（近 70%）、制造业劳动力占较小比重（20%）的基础上进行的。低收入水平决定了实现结构调整不仅仍然必须依赖于高投资率，而且还必须依赖于高投资增长率。尽管从 1989 年到 1990 年，我国出现了波及范围较广的"市场疲软"，但这种"市场疲软"的出现并不是对 70 年代末期以来的这次产业结构调整的否定。它恰恰从另一侧面预示了我国产业结构进一步转换的趋势。因此，从动态发展的角度看，与这种转换相伴随，我国投资需求仍将以较高的速度增长。

综上所述，在我国经济发展过程中，投资需求长期高速增长不是偶然的，而是由我国自身的客观动因决定的。正是由上述客观动因所决定，只要有可能，我国投资需求就总是趋向于高速增长。

5.4　投资需求高速增长非持续和投资膨胀的发生条件与机制

上节论证和说明了我国投资需求长期高速增长的客观动因。然而，仅仅说明了这一点是不够的。因为现实中的投资需求不仅是在短期波动中实现高速增长的，而且是有投资需求高速增长非持续和投资需求持续膨胀相伴随的。因此，必须在前述分析的基础上，进一步探讨和说明我国投资需求高速增长非持续和投资需求持续膨胀的发生条件与机制。只有这样，才能更深刻地理解和把握我国投资需求长期增长的内在规律性。

5.4.1　传统体制下投资需求的高速增长非持续

所谓投资需求高速增长非持续，首先是相对于投资需求的持续高速增长而言的。投资需求持续高速增长，不是指投资需求始终以完全相同的速度增长，而是指投资需求能够按人均收入水平不断提高和人均消费水平不断上升的要求，适应经济发展及其实际承载能力，实现连续不断的高速增长。毫无疑问，这种连续不断的高速增长并不排除投资需求增长水平的短期波动，而是包括周期性短期波动

---

① 资料来源：《中国统计年鉴》1989 年卷，第 32、87、105 页；《中国金融统计（1952～1987）》，中国金融出版社 1988 年版，第 156 页。其中人均收入按当年价格和当年汇率计算。

② 参见吴仁洪：《中国产业结构动态分析》，浙江人民出版社 1990 年版，第 185～188 页。

在内的高速增长。但是，投资需求高速增长非持续不是指在其增长过程中所发生的那种正常的波动，而是指其增长水平大起大落和畸高畸低反复交替出现的状况。

如上节所述，纵观我国40年经济建设的历史，投资需求高速增长非持续这类现象主要发生在实施改革前。因此，分析投资需求高速增长非持续的发生条件与机制，也必须以那个时期的投资实践为背景。

（1）传统体制下投资需求高速增长非持续的发生条件

传统体制下投资需求高速增长非持续的发生是由一系列经济条件决定的。就主要的和直接起作用的方面来说，可归纳为以下几点：

a. 传统的投资决策体制。

传统的投资决策体制是传统经济体制的重要组成部分。传统经济体制主要是指实施改革前的那种高度集权和以行政指令为主要纽带和实现方式的体制。反映到投资决策上，就是以国家为唯一主体的投资决策体制。

传统的投资决策体制的典型特征是高度集权、重大决策全都由国家说了算。在这种体制下，国家主要是通过投资计划的制定、项目的审批、资金的分配等形式实现其决策的。但是，这并不意味着非国家的决策不重要。

首先，中央计划部门虽然是国家决策的具体筹划者和制定者，但其决策并不直接就是国家决策。它仅仅是国家决策的一个具体职能部门。从已有的实践来看，即使假定组成这个部门的全体成员都能够以社会福利最大化为目标，站在全社会利益角度提出投资决策方案，[①] 其方案能否最后变为现实，还要看它是否符合国家的决策意向。因此，实际上这个部门只能用其理智的决策方案影响国家决策，却不能代替国家决策。然而，从经济关系的角度分析，它的这种影响作用仍然是重要的。这就是为什么在传统体制下地方和企业始终重视这一部门的决策的原因所在。

其次，地方政府虽然是中央政府的派出机构，因而具有与中央计划部门类似的职能，但具体分析，二者又存在重大差异。地方政府作为国家在地方的代理人，虽然也必须无条件地执行国家旨意，但它作为某一地区的最高首脑，往往又代表本地区独立的物质利益要求，从而又有自己的投资决策主张。在投资资金由国家支配的体制下，地方投资决策主张只能从属于国家决策。它是在与中央计划部门对话的过程中参与和影响国家决策、实现自己的决策主张的。例如，一笔投资或一个投资项目放在哪一地区，主要取决于国家意向，但在一定程度上又取决于地方政府的决策主张和活动能力。

再次，企业决策。企业的情况较为简单，因为在传统体制下企业（主要指全

---

① 参见樊纲等著：《公有制宏观经济理论大纲》，上海三联书店1990年版，第6章。

民所有制企业）根本没有投资决策权，只有投资项目和投资需求计划的申报权。因此，企业仅仅是主管部门、地方政府和国家决策的执行者。但从另一个角度看，投资项目和投资需求计划的申报等，实际上也渗透着某种决策意向。这就是说，在传统投资决策体制下，企业的投资意向对于国家决策也具有一定的影响作用，只不过它的这种影响作用更是以服从和接受支配为前提罢了。

在以国家为唯一主体的传统投资决策体制下，国家既掌握着一切重大投资项目的审批权，又控制着90%以上的投资资金分配权。例如，无论直接拨款还是银行贷款，拨（贷）给谁、拨（贷）多少最终都是由国家决定的。这就决定了国家决策在投资需求变动过程中所具有的突出地位和作用，从而成为投资需求增加或减少的一个决定性条件。

b. 传统体制下的投资偏好。

既然传统体制下的投资决策主体是国家，中央计划部门仅仅是国家决策的具体筹划人，而不是最后决定者；地方政府和企业则基本处于从属地位，它们的投资意愿和要求只能通过国家决策、在国家决策这个大前提下才能得到某种程度的实现。由此可见，传统体制下的投资偏好实质上是国家的投资偏好。

国家投资偏好决定于国家行为目标，是国家行为目标的函数。但是，国家行为及其目标不可能是抽象的、非人格化的。实际上，国家行为总是以这种方式或那种方式表现为国家首脑集团的行为。因此，国家行为目标不是空泛的，而是以国家首脑集团行为目标的形式表现出来的。正是这种国家首脑集团行为目标决定着传统体制下的国家行为，从而也决定着传统体制下国家的投资偏好。

国家首脑集团的行为目标取决于多种因素。除了组成该集团的主要成员的政治、文化和领导素质以外，还与该集团的历史责任与使命、在国内经济和政治生活中所处的地位以及他们对国内外形势的估计与预期有关。由社会主义公有制关系和国家性质所决定，国家首脑集团必须对人民当前的利益以及国家和社会发展的长远利益负责。因此，其行为目标的选择也必然以此为基本前提。但是，在不同时期、不同历史条件下，其行为目标的具体内容却可能有所不同。例如，它可能以巩固政权、加速经济建设为目标，也可能以满足人民群众现期消费偏好、取得他们的拥护为目标，还可能以人均收入水平和人均消费水平不断提高为目标，又可能以经济稳定和社会稳定为目标，等等。因此，与这些重点目标的选择相适应，会形成不同的投资行为目标和不同的投资偏好。

但是，除了上述由希望满足人民群众现期消费偏好、取得他们拥护这一目标所决定的投资偏好外，其他任何目标所决定的投资偏好，最终都必然是一种倾向于投资高速增长的偏好。正因为如此，传统体制下投资需求发生反复高涨（大起）才具备了任何微观个体所不能代替的主观经济条件。

c. 传统体制下的投资争取行为。

如前所述，在传统体制下地方和企业没有典型意义上的投资行为，仅有从属性的执行行为。但是，这并不等于说地方和企业的从属性执行行为毫无经济意义。首先，它们执行的效果或成绩不同，具体"执行人"所得到的"好处"也不同。一般来说，执行效果好，成绩突出，得到上级较高评价，获得升迁的机会也就多一些；反之，则少一些。其次，执行并不等于对国家投资决策毫不参与。况且，传统体制下的投资决策总是经过上下几次反复才最后敲定的。一般是先让国家职能部门（如中央计划部门）拟定投资计划草案，然后再以一定方式征求地方和企业的意见，地方和企业则根据自己的投资意愿和要求提出修改意见报到上级部门，经再次修改、平衡后下达各地、各企业执行。显然，传统体制下的执行行为是以参与为基础的。再次，参与也不是完全被动的。实践证明，谁能够在参与的过程中得到更多的投资，就等于谁得到了更多的投资支配权。哪怕这种支配权极其有限，但有总比没有好。况且，在实际经济生活中，这种支配权是有其经济意义的。它不仅是具体执行人权力、地位的象征，而且是获得进一步升迁的实力的象征。因此，在传统体制下，地方和企业所表现出的参与国家投资决策的积极性和主动性甚至要比在实施改革后的"双重体制"下高。这样一来，它们原有的单纯的执行行为也就转化成为一种"准投资行为"，即不是依靠自我积累的、不怕投资风险的、单纯依靠参与国家投资决策获得更多投资支配权的"投资争取行为"。

传统体制下地方和企业投资争取行为由以存在和发展的前提，是科尔内所说的"软预算约束"或"投资资金供给制"，其根源是地方和企业具体领导人（执行人）对其"利益"目标的追求。因此，只要在实际经济生活中存在上述前提条件和动因，投资争取行为就不可避免。投资争取行为的普遍化，反过来又构成投资需求畸形高涨的一个重要微观行为基础和条件。

总之，在传统体制下，以国家为主体的投资决策体制、国家投资偏好、地方和企业的投资争取行为三个方面，是我国投资需求高速增长非持续由以发生的主要条件。只要存在这些条件，投资需求的增长就必然是高速而非持续的。

（2）传统体制下投资需求高速增长非持续的机制

传统体制下投资需求高速增长非持续的机制是由以下互相区别又紧密联系的三个环节构成的：

a. 传统体制下国家的投资决策及其偏好，必然造成投资需求高速增长的倾向。

首先，国家的经济增长目标必须依靠生产规模的不断扩大来实现。由于生产规模扩大必须以劳动生产率不变并有所提高为前提，因此，为保证劳动生产率不变并有所提高，在其他条件（如劳动者的技术水平、技术熟练程度和劳动积极性等）不变的情况下，必须保证劳动者的技术装备水平不变并有所提高。劳动者的技术装备水平不变意味着资本存量增长率与劳动投入量增长率的差额等于零（即 $k-l=0$）。在由劳动投入迅速增长相伴随的扩大再生产过程中，要维持人均收入不变的经济增长目标，资本投入也必须等比例增长。这就决定了投资需求必须以更大的规模和更快的速度增长。

其次，重工业部门是高技术构成和高价值构成部门。与轻工业部门相比，其资本—劳动比率要高得多。因此，国家偏好重工业部门的发展，必然会带来投资需求以更大的规模和更快的速度增长。

再次，重工业部门的投资需求不是孤立发展的，这类投资需求的扩张会引起其他部门投资的扩张。根据我国"一五"时期至"五五"时期的经验，全民所有制基建投资总额中，建筑安装工程平均约占 60%、机械设备购置约占 33%、其他约占 7%。而按照一般估计，每一笔投资中，又有相当的比重要转化为消费需求。即使不考虑这种转化所形成的引致需求，仅按上述构成就不难发现，重工业部门的投资需求中至少有 40% 要由其他部门投资的扩张来保证。这就决定了传统体制下的国家投资偏好，必然造成极高的投资倾向。

b. 传统体制下地方和企业的投资争取行为进一步强化了投资需求高速增长的倾向。

如前所述，投资争取行为是在传统的投资资金供给制体制下地方和企业"执行行为"的转化形态。即使在国家决策已经形成的条件下，这种争取行为也会使实际投资需求规模大于计划投资需求规模，使实际投资需求增长速度高于国家最初确定的增长速度。

例如，如果以 $I_g = I_g\left(\dfrac{G}{L}\right)$ 表示反映国家投资偏好的投资函数，以 $I_e = I_e(Z)$ 表示反映地方和企业争取行为的投资函数（两式中 I_g、I_e 分别表示国家确定的投资水平和地方与企业在国家确定的投资水平之外争取到的投资额，$\dfrac{G}{L}$、Z 分别表示人均收入和由争取所得到的"好处"），那么，原则上传统体制下的投资需求函数应为 $I_g\left(\dfrac{G}{L}\right)$，或者应为 $I = f[I_g, I_e(Z)]$ 即 $I = f(I_g, I_e)$。据此，可得到一个反映投资争取行为的重要关系式：

$$I' = (1-\eta)I'_g + \eta I'_e \qquad (5-24)$$

式中，η 代表地方和企业争取投资效果系数，I'_g 代表反映国家投资偏好的投资需求增长率，I'_e 代表反映地方和企业争取达到的投资增长率。该式表明，传统体制下的实际投资需求增长率 I' 取决于三个因素：η、I'_g、I'_e。由于 I'_e 总是高于 I'_g，因此，I' 便主要决定于 η 的大小。又由于 η 总是处于小于 1 大于 0 的状态（$\eta=1$ 意味着国家失去了唯一决策主体的地位，$\eta=0$ 则意味着不存在地方和企业的投资争取行为），因此，I' 必然大于 I'_g，即传统体制下所形成的实际投资需求增长率总是高于反映国家最初投资偏好的投资需求增长率。一般来说，对于这种现象的发生，国家并不认为是坏事。因为，它并不是与国家投资偏好根本冲突的。这就是说，在传统体制下，一方面，地方和企业的投资争取行为容易助长国家的投资热情；另一方面，这种"争取"行为又会把实际投资增长率推到高于国家最初投资偏好的水平。

c. 传统体制下投资需求高速增长必然遇到国力限制。

投资需求的高速增长不仅取决于国家的投资偏好以及地方和企业的投资争取行为，而且最终取决于实际拥有的国力。尽管作为一种"内在冲动"，前者总是力图使投资需求以尽可能高的速度增长，但作为一种客观物质基础，后者又总是为投资需求的高速增长划定出一个最高边界。一旦超出了这个边界，投资需求的超高速增长必然会被低增长甚至负增长所代替。超出最高边界越多，所导致的负增长越严重，投资需求正常增长轨迹的"裂缝"就越大。

在这个过程中，最先感受到投资需求超高速增长已经接近甚至超出了它的可能性边界的是国家宏观职能部门。"资源约束"以及"预算约束"对于国家来说都是硬的。[注]尽管国家职能部门知道可以动用行政指令，通过压消费的办法来补充投资需求，但同时也懂得这样做仍是有限度的。当投资需求超高速增长达到其最高边界时，国家宏观职能部门就会将这个信息反馈给国家首脑，进而由其做出收缩投资需求的决策，发出收缩指令。由于传统体制是以行政等级制为组织框架的，因此，国家首脑收缩投资的指令要逐级下达才能传递到各级"执行人"那里。尽管其传递速度并不慢，但从传递指令到具体实施之间仍存在一定时滞。因此，待到收缩指令全部到位，投资需求的收缩程度往往已经超过了预期水平，结果必然使实际收缩超过意愿收缩水平（假定意愿收缩水平是适度的）。这样，投资需求高速增长过程中每隔一段时间出现一次大起大落，就在所难免了。

表5-13具体展示了我国投资需求高速增长非持续的发生过程与机制。仔细观察该表可以发现，我国实施改革前的投资需求共发生过五次超高速增长（1953年、1956年、1958～1959年、1963～1964年、1969～1970年）。这五次超高速增长的年份有两个共同特点：一是人均国民收入增长水平比较高；二是国民收入消费率都有明显下降（与投资需求超高速增长年份之前比较）。这就表明，尽管经济增长为投资需求高速增长提供了一定的承载力，但由于这种超高速增长又依赖于压低消费来实现，当收入水平一定、消费相对减少的弹性也很小时，这种超高速增长将会达到乃至超出它的可能性边界。这时消费需求刚性的压力及其他社会力量，就会迫使国家动用行政指令来压缩投资需求。在经济增长水平下降的条

[注] 匈牙利经济学家科尔内所谈社会主义经济是"资源约束"经济，恰就此而言。

件下，与国民收入消费率上升相伴随的必然是投资需求的大幅度下降，直降到国民经济长期发展目标的最低限和人均消费需求长期上升的最低限为止。

表 5 – 13　　　　　我国传统体制下投资需求高速增长非持续的发生机制

年份	投资需求增长率① （%）	人均收入② （当年价） （元/人）	人均收入③ 1952 年价格 （元/人）	人均收入增长率④ （%）	国民收入消费率⑤ （%）
1952	NA	104	104	NA	78.6
1953	76.1	122	114.2	9.8	76.9
1954	17.1	126	117.9	6.1	74.5
1955	1.60	129	122.9	4.2	77.1
1956	52.7	1422	137.2	11.6	75.6
1957	– 13.3	142	139.3	1.5	75.1
1958	75.5	171	166.6	19.6	66.1
1959	32.6	183	177.1	6.3	56.2
1960	7.2	183	177.2	0.1	60.4
1961	– 58.9	151	125.2	– 29.4	80.8
1962	– 32.6	139	114.6	– 8.5	89.6
1963	37.9	147	123.4	7.7	82.5
1964	38.6	167	141.0	14.3	77.8
1965	26.1	194	160.3	13.7	72.9
1966	17.1	216	182.5	13.9	69.4
1967	– 21.4	197	165.3	– 9.5	78.7
1968	– 12.8	183	150.3	– 9.1	78.9
1969	40.4	203	174.5	16.1	76.8
1970	42.3	235	209.1	19.8	67.1
1971	12.2	247	217.9	4.3	65.9
1972	– 1.4	248	219.1	0.6	68.4
1973	12.0	263	231.2	5.6	67.1
1974	9.0	261	230.1	– 0.5	67.7
1975	16.1	273	245.1	6.5	66.1
1976	– 1.9	261	235.4	– 3.9	69.1
1977	6.0	280	250.4	6.4	67.7
1978	17.5	315	277.5	10.8	63.5

注：①资料来源：同表 5 – 5。

②⑤资料来源：《中国统计年鉴》1989 年卷，第 29 页、第 36 页。

③④按定基（1952 年）国民收入平减物价指数换算。

总之，传统体制和传统体制下的国家投资决策、国家投资偏好、"准投资行为"以及投资争取机制等，这些因素的结合所形成的投资需求超高速增长必然会遇到其客观边界的限制，并最终被迫走向自己的反面。可见，投资需求高速增长非持续是传统体制下长期存在的一种经济现象。正是由于这种现象的存在，才造成了实施改革前我国总需求变动的大幅度波动。

5.4.2 双重体制下投资需求的持续膨胀

所谓投资需求持续膨胀，不是指投资需求在短期（例如 1 年或 2 年）内的超高速增长，而是指投资需求规模连续数年大于投资品供给规模，实际投资率连续数年高于合理投资率，实际投资需求增长率连续数年高于合理投资需求增长率。根据我国的实践，投资需求持续时间超过 5 年、膨胀程度（投资缺口率）超过 6 个百分点这种类型的投资需求膨胀，主要发生在实施改革后。因此，这里的分析仅以我国实施改革后的投资实践为背景，着重探讨和说明"双重体制"下投资需求持续膨胀的发生条件与机制。

（1）双重体制下投资需求持续膨胀的发生条件

"双重体制"是实施改革后的一种过渡性体制。我国投资需求的持续膨胀主要发生在双重体制形成以后。因此，探讨投资需求持续膨胀的发生条件，必须以双重体制的形成为前提。在这个前提下，可以将我国投资需求持续膨胀的发生条件概括为以下几个方面：

a. 双重体制下投资决策主体的多元化。

众所周知，我国的经济体制改革是从扩大企业自主权开始的。到 1984 年《中共中央关于经济体制改革的决定》颁布实施，企业自主权已明确肯定为六项。[注] 它预示着国家单一决策体制将要终结和投资主体多元化即将形成。

党的十三大以后，企业的经营自主权、产品定价权以及投资决策权都在不同程度上又有所扩大。到 1987 年，国营企业固定资产基本折旧基金已经不再全部上缴国家。[1] 它表明，这时企业实际上已有了简单再生产的投资决策权和一部分扩大再生产投资决策权（以企业自筹投资形式来表现）。

在我国经济发展和投资形成过程中，更具特殊意义的是地方政府投资决策权的形成。地方政府的投资决策权是在中央给企业放权的过程中形成的。地方国营经济关系的存在和财政收入实行"分灶吃饭"，为地方政府扩张其投资决策权提

---

①　参见陈吉元、［美］吉·蒂德里克主编：《中国工业改革与国际经验》，中国经济出版社 1987 年版，第 45 页。

［注］　这六项自主权是："在服从国家计划和管理的前提下，企业有权选择灵活多样的经营方式，有权安排自己的产供销活动，有权拥有和支配自留资金，有权按照规定自行任免、聘用和选举企业的工作人员，有权自行决定用工办法和工资奖励方式，有权在国家允许的范围内确定本企业产品的价格，等等。"（《中共中央关于经济体制改革的决定》，人民出版社 1984 年版。）

供了条件。因此，在实行改革的过程中，国家对企业集中控制的放松往往被地方政府控制的加强所替代。这就使地方政府成了实际控制和操纵投资的"新权威"。尽管在双重体制下地方政府不可能把企业的自主权全部收归己有，但实际投资决策主体的重心已经转移到地方政府方面。据考察，南斯拉夫、匈牙利的改革中也发生了类似的问题。① 其结果是，本来从属于国家的企业决策逐渐转化为从属于地方政府。尽管这时企业已拥有一定的投资决策权，但极其有限。当然，外资引入后由于三资企业和独资企业的形成，以及私人企业的发展，相对于国有企业来说，这类非国有企业的投资决策权还是较大的。

多元化投资主体格局的形成，不仅意味着传统的国家单一决策关系的终结，而且意味着自主的投资（主要表现为自筹投资）将日益占据突出地位。这就为双重体制下投资需求持续膨胀提供了必要的前提条件。

b. 双重体制下投资决策目标的多重化。

投资决策主体的多元化必然伴随着投资决策目标的多重化。甚至可以说，有多少个投资主体，就有多少种投资目标。如果按投资决策主体的性质归类，双重体制下的投资决策目标主要有以下三种：

（a）企业投资决策目标。毫无疑问，一切非国有企业、特别是非公有制企业，其投资决策的目标必然是净收益（或者说利润）最大化。在正常条件下，只要投资的边际收益大于边际成本，投资的边际收益率高于市场利息率，这类企业就会尽可能地争取得到贷款、增加投资。然而，我们所关心的企业投资决策目标主要不是指这类企业，而是指具有一定自主权的国有企业。实施改革以后，这类企业的独立性得到了加强，尽管在此期间其投资决策权还很有限，但在有限的权力范围内，其目标是明确的。这就是：一方面，企业要尽可能通过增加投资来获得归自己支配的净收益；另一方面，企业又要尽可能通过增加投资来满足企业职工货币收入（包括福利）最大化的要求。而在我国现阶段，满足职工货币收入最大化要求可能比企业单纯掌握更多的净收益更具实际意义。因此，从这个角度看，双重体制下企业投资决策目标归根结底是职工货币收入最大化。这样，双重体制下企业投资决策目标就有两个：一是从传统体制中继承下来的投资争取行为目标；二是职工货币收入最大化目标。不过；前一个目标在这时已不具有独立的经济意义，它在一定程度上已从属于第二个目标并尽可能为第二个目标服务。

（b）地方政府投资决策目标。实施改革以后，特别是实行行政性分权和财政包干体制以后，地方的独立利益逐渐形成并凝固化。在双重体制下，地方政府扮演着"双重角色"。对国家来说，它是下级和执行者；对企业来说，它则是上级和决策者。作为下级和执行者，它必须以完成上级指令为目标；作为上级和决

---

① 参见郭树清：《模式的变革与变革的模式》，上海三联书店1989年版，第76页。

策者，它则明显地倾向于使自己可支配净收益最大化。虽然从形式上看，这两个目标是并列的，但在实际上第二重目标却是起决定作用的。由地方政府独立的物质利益要求所决定，它必然会力图使第一重目标为其第二重目标服务，或者说它总是力图借助于第一重目标来更多地实现第二重目标。因此，在双重体制下，除了企业的"准投资行为"仍起作用外，又形成了地方政府的"准投资行为"。不过，这时地方政府的"准投资行为"目标已经是借助于执行上级指令来谋求更多的净收益了。

（c）国家投资决策目标。在双重体制下，投资决策主体的多元化和地方政府、企业投资决策目标的形成，意味着地方和企业总是尽可能地向耗资少、见效快的加工工业增加投资。其结果必然造成加工工业迅速发展和基础工业相对滞后的局面，使本来就不合理的资产存量结构，在投资流量的推动下出现更严重的扭曲。在这种情况下，国家投资决策便由主动转为被动，其决策目标就不仅是追求经济增长，而且还必须是努力克服增长"瓶颈"。

上述三种投资决策目标的交织或结合，便构成了双重体制下投资需求持续膨胀的又一个重要经济条件。

c. 双重体制下对投资需求"预算约束"的进一步"软化"。

如果说传统体制下投资需求的软预算约束在于资金分配供给制的话，那么，双重体制所改变的只是资金供给制的分配形式，而未真正涉及其实质。一方面，虽然实施改革后传统的投资无偿拨款已占很小比重，绝大部分实行了银行贷款，但银行贷款投资实际上对地方和企业的投资需求没有约束力。这不仅因为贷款利率明显低于投资收益率，而且因为贷款人实际上不承担贷款投资的风险。这就决定了地方和企业对贷款投资的持续性冲动，因而也决定了国家对银行投资贷款实行额度控制、对地方和企业实行贷款计划指标等项措施的形成。另一方面，尽管被保留下来的国家计划内无偿拨款所占比重较小，但由于其无偿性，因而它仍是地方和企业追逐的对象。加上双重体制下实际由国家直接控制的投资资金以及国家对投资需求控制力度的下降，上述进一步"软化"的预算约束，就成了新的历史条件下投资需求持续膨胀的一个更基本的经济条件。

（2）双重体制下投资需求持续膨胀的机制

上述投资决策目标多元化的分析表明，在双重体制下，国家投资决策目标的调整是被迫发生的，而地方政府和企业投资决策目标却有很大的主动性。正是这些目标的交织，决定了双重体制下投资函数的多重化。投资主体和决策目标与不完善的投资体制的结合、投资函数与投资资金来源渠道拓宽的结合，既为投资需求高速增长提供了可能，又为投资需求持续膨胀提供了条件，并在此基础上形成了双重体制下投资需求持续膨胀的发生机制。

a. "低水平均衡陷阱"与投资膨胀。

"低水平均衡陷阱"（The low – level equilibrium trap）是美国经济学家纳尔逊（R. R. Nelson）于 1956 年在其博士论文中提出的一种不发达国家经济增长理论。[①] 纳尔逊认为，不发达国家有两个最突出的特征：一是人均收入水平极低；二是人口增长水平很高。因此，在低收入水平条件下，人口的增长迫使人均资本占有量零增长或负增长。只有在人均收入达到一定水平，人均资本占有量才会出现逐渐增长的趋势。在其他条件不变的情况下，只有通过增加投资，使投资和产出的增长超过人口的增长，才能跨越"低水平均衡陷阱"，实现人均收入的大幅度提高。

实施改革以来，我国人均收入水平虽然明显提高，并且也明显高于人口的增长水平，但是，由于我国是一个人口大国，人均收入水平的增长对投资增长有着更高的要求。一旦投资增长水平下降到一定程度，人均收入水平将必然迅速随之下降。因此，到目前为止，我国实际上仍未能真正跨越纳尔逊的"低水平均衡陷阱"。这就在客观上决定了国家在传统体制下曾经具有的投资冲动必然要延续到新的历史时期。地方政府和企业为跨越其面临的"低水平均衡陷阱"，也不断地再生出新的投资热情。于是在投资决策多重目标的驱使下，一方面，国家总是尽可能动用其有限财力[注₁]向基础产业（能源、交通、电力、原材料工业等）不断追加投资；另一方面，国家又会以"乐观的态度"容忍甚至支持地方和企业的轻加工投资倾向。而后者的增长和实际生产能力的形成，又迫切要求基础产业的迅速发展，因而迫使国家再次向这些部门追加更多的投资。两种类型的投资互相诱发，后者推动前者，前者容忍甚至支持后者并受后者引导，便成为一种行为常态。由此，也就形成了"低水平均衡陷阱"约束下的投资需求持续膨胀。

b."软预算约束"下利益诱发出地方和企业新的"投资争取行为"，使无弹性的贷款利率更加无弹性。

如前所述，在双重体制下，对投资的"软预算约束"不仅表现在国家财政拨款投资上，而且表现在银行贷款投资上。地方和企业作为投资主体，本应通过投资成本（贷款利率）与投资收益的比较来确定自己的贷款投资规模。但是，在双重体制下，利率对地方和企业来说实际上是无弹性的，[注₂]利率的上升或下降，对贷款投资需求几乎毫无影响。这主要是因为贷款投资如果失败，最后承担责任的既不是地方政府或企业，更不是这些政府或企业的领导人，而是国家和整

---

① Richard R. Nelson, *A Theory of the Low – Level Equilibrium Trap in Underdeveloped Economics*, The American Economic Review, Dec. 1956, pp. 894 ~ 908.

[注₁] 因为，在双重体制形成以后，直接归国家支配的财力主要是预算内收入，而这部分收入占全部预算收入的比重已由 1978 年的 69% 降为 1987 年的 10.3%。与此相对应，国家预算内投资仅相当于全社会固定资产投资的 9.0%。

[注₂] 虽然在资本主义国家投资与利率之间也并非是完全有弹性的（参见美国斯坦福特大学经济学教授 Lori E. Tarshis, The Elasticity of the Marginal Efficiency Function. The American Economic Review, Dec. 1961, pp. 958 ~ 985）。但与我国双重体制下的投资行为相比，其弹性则近乎无限大。

个社会。

当然，即使存在上述意义上的"软预算约束"，如果投资不能给投资主体带来任何"好处"，那就没有充分的根据说它一定会导致投资需求膨胀。但是，如果上述意义上的"软预算约束"与投资主体追求的利益目标结合起来，那么，由此诱发的投资冲动就不可避免。从第二层涵义的"软预算约束"来看，只要贷款利率低于通货膨胀率和投资净收益率，那么，在地方和企业投资决策目标的推动下，必然会发生"几乎不能满足的投资需求"。如果考虑到第一层涵义的"软预算约束"，地方和企业显然不会轻易放弃其"投资争取行为"，而且在双重体制下他们采取这种行为的条件更充分了（如拉关系、走后门、行贿、给回扣等）。这势必将导致持续的投资需求膨胀。

为了说明利益诱发投资膨胀的机制，可直接选用全民所有制工业计件超额工资和奖金等项工资总额增长率（简称活工资增长率）、全民所有制工业投资增长率、全民所有制制造业投资增长率与固定资产投资贷款实际利率（固定资产贷款平均利率减通货膨胀率）等几项指标进行分析比较（见表5-14）。

表5-14　　　　　　　　我国双重体制下利益诱发投资膨胀的机制[①]

年份 指标	1979	1980	1981	1982	1983	1984	1985	1986	1987	1988
活工资增长率	33.7	44.2	13.2	14.9	6.2	42.3	23.1	23.7	19.4	39.0
全民所有制工业投资 增长率[②]	-6.0	7.3	-21.3	22.9	16.9	19.6	39.8	26.9	21.3	21.5
全民所有制制造业投资 增长率	—	—	—	20.0	14.9	15.7	49.2	33.6	22.7	—
固定资产贷款实际利率[③]	1.1	1.0	2.8	5.2	3.6	-1.3	-7.8	3.4	-1.9	-11.8

注：①资料来源：据《中国统计年鉴》1984年卷，第458页、第461页和1989年卷，第142页、第129～130页；《中国固定资产投资统计资料》（1950～1985）第82～83页；《中国工业经济统计年鉴》1988年卷，第30页；《中国金融统计》（1952～1987），中国金融出版社1988年版，第149页计算。

②1979～1981年为全民所有制工业基建投资增长率。

③实际利率＝贷款利率－通货膨胀率。通货膨胀率按国民收入平减物价指数计算。

比较的结果表明，全民所有制工业，特别是全民所有制制造业固定资产投资增长率与贷款利率没有明显的相关关系，而与活工资的增长[注]高度相关，二者

[注]　这里之所以选用活工资指标，是因为固定工资经常被当做生存工资看待。而双重体制下地方和企业的投资决策目标实际上是人均货币收入。

时间差大约为 1～2 年。1984 年以后，这一点尤为突出。其机制是：活工资较高增长以投资较快增长为前提，投资较快增长又带动起活工资的较高增长，活工资增长的地区、部门、行业和企业差异进一步引起收入攀比，进而导致互相推进的投资扩张，形成持续的投资膨胀。

c. 工资刚性推起消费扩张从而带动投资膨胀。

工资只能升不能降，是当今世界各国普遍存在的一种"刚性"现象。在我国，这种"刚性"现象尤其突出。究其原因主要是两条：一是对社会主义制度优越性存在片面的、甚至是庸俗化的理解，似乎社会主义必然要保证人人都要获得报酬，而不管他是否向社会提供必要劳动；二是收入分配的管理体制和政策存在弊端，主要表现在改革以来的几次工资调整不仅没有有效地克服分配中的平均主义和"大锅饭"，反而进一步强化了平均主义和收入不公，使劳动贡献大的人的收入往往比贡献小的还少。加上流通领域中存在的混乱和通货膨胀的影响，工资收入的分配在很大程度上既失去了其应有的激励劳动积极性的功能，又模糊了其应有的客观标准。

改革过程中在一部分企业实行了工资收入与企业经济效益挂钩制度，但由于改革措施不配套，宏观调控与微观运行机制的形成和发展不平衡，使企业效益也发生了扭曲。最常见的一种现象是，企业效益的高低主要不是来自生产经营水平和产品质量与产量的提高，而是来自产品商标名称或包装的变化和价格的提高。道理很简单，如果剩余产品不变，价格提高，其净价值必然提高。在双重体制下，企业净价值提高了，其利润留成就多。而在国家对企业利润留成使用方向失去控制的条件下，企业职工提高收入的压力必然导致个人收入提高。这种现象会很快在各个企业和各个地区普遍化。

个人收入提高后，即使边际消费倾向下降，平均消费需求仍可能绝对上升。在消费品供应水平一定的条件下，消费需求上升必然导致消费品价格上涨（不管是采取公开的还是隐蔽的形式）。由于价格不仅是交换比例的标志，而且是收入再分配和生产扩张（或收缩）的信号。因此，价格上涨，会引起地方和企业更大的投资热情。这种投资热情反过来又会促使个人收入上升。于是，便形成了工资刚性推起的消费扩张，消费扩张带动消费品生产、生产消费品的生产资料生产以及生产消费品的生产资料的生产资料生产的扩张，即消费扩张引发投资需求膨胀；投资膨胀在满足了工资刚性要求的同时，进一步引起了消费扩张和城乡居民个人储蓄的增长（见表 5－15）；[注]消费扩张和个人储蓄的迅速增长反过来又为投资在更大规模上的扩张提供了动力来源和资金保障。这就是工资刚性约束下消费膨胀带动投资需求持续膨胀的机制。

[注]　该测算结果正是上述投资膨胀机制的反映。

表5-15   我国储蓄结构比较   单位:%

项目＼年份	1979	1980	1981	1982	1983	1984	1985	1986	1987	1988	1989	1990
居民储蓄	24.4	31.9	32.0	34.5	44.8	50.6	50.0	59.5	61.2	62.7	65.9	80.0
政府储蓄	31.8	25.7	26.1	22.5	24.0	24.1	24.3	22.2	16.4	11.1	0	0
企业储蓄	43.8	42.4	41.9	43.0	31.2	25.3	25.7	18.3	22.4	26.2	34.1	20.0

资料来源:《经济研究》1990年第5期,第13页和1990年10月14日《亚太经济时报》第2版。

　　总之,双重体制、双重体制下投资主体的多元化和投资决策目标的二重化,与消费需求扩张、利益制衡缺位、微观(及中观)行为扭曲、宏观管理失控、政策失误结合在一起,必然导致投资需求的持续膨胀,进而造成总需求膨胀。

5.4.3　尊重规律,实现投资需求长期持续合理高速增长

　　上述分析表明,在我国经济发展中,投资需求高速增长具有充分的客观必要性。但是,投资需求高速增长必须限定在一定范围内 $\left(即\ g_0 < k_t \leqslant g_0 + \dfrac{f_z}{f_0}\Delta g\right)$ 才是合理的和能够长期持续的。保持投资需求长期持续的合理高速增长,既是国民经济长期持续稳定和协调发展的要求,又是它的一个前提条件。因此,投资需求长期持续合理高速增长是内在于我国经济发展全过程的一条客观规律。尽管这一规律不排除投资波动的可能性,而是以其为前提的,但投资波动不等于投资需求高速增长非持续或持续膨胀。投资需求高速增长非持续和持续膨胀的发生,不仅没有否定投资需求长期持续合理高速增长规律的存在,反而从实践的角度证明了这一规律的客观性。

　　在我国传统体制下之所以长期发生投资需求高速增长非持续,在双重体制下之所以连续发生投资需求膨胀,除了其他原因外,重要的一条原因就是没有尊重投资需求长期持续合理高速增长的规律。因此,结合前述几节的分析,总结历史经验,要实现投资需求长期持续合理高速增长规律的要求,应着力处理好以下几个基本关系:

　　(1)继续坚持严格控制人口增长,减轻资本浅化对投资需求的压力

　　如第3节所述,人口对于我国经济发展来说是一个巨大的压力。尽管自70年代中期以来人口控制取得了举世瞩目的成就,人口自然增长率已降到2%以下。但由于我国人口基数大,每年以2%的速度增长,净增人口绝对量就达2000万。即使人均资本装备水平不变,按增加一个劳动力平均需要1万元固定资产计,每年就需净增固定资产2000亿元。如果依此指标换算成固定资产投资额,那么,为维持劳动人口就业每年就需要净增固定资产投资3300多亿元。1989年

我国固定资产投资总额为 4000 亿元，1988 年投资规模较大也不过 4500 亿元。如果把原材料涨价因素考虑在内，偌大的投资规模却仅能够维持原有人均资本装备水平，根本谈不上资本深化。这显然是与我国经济发展的需要不相适应的。

1984 年以后，我国人口自然增长率重新出现上升趋势。到 1989 年，全国人口自然增长率已由 1984 年的 10.81‰上升为 14.38‰，上升幅度相当大。而这一时期人口的过快增长又主要发生在农村。1989 年与 1984 年相比，城市人口自然增长率虽然有所上升，但仅由 1984 年的 9.14‰上升为 1989 年的 11.7‰左右；农村则由 11.17‰陡升为 16.0‰以上，如果将许多地区超计划多生不报现象包括在内，农村人口自然增长率很可能要超过 1963 年 32.7‰的水平。[注]

人口的高增长率重新抬头，不仅对人均国民生产总值增长目标的实现形成压力，而且直接导致资本浅化。而资本浅化，在劳动者生产技术水平不变和经营管理水平不变的条件下，则意味着资本有机构成降低和劳动生产率下降，其结果将是导致人均收入水平下降。这种情况反过来会进一步造成对投资需求增长的压力，要求投资需求以更高的速度增长。然而，在人均收入增长水平很低的条件下，要维持人口的基本生活水平不变，并逐年有所上升，能够用于投资需求的净收入不可能很多。这是一个矛盾。为了克服这个矛盾，当前一项十分重要的工作就是继续严格控制人口增长。什么时候都不要忘记，控制人口增长是我国的一项基本国策。只有不断降低人口增长率，才能既实现经济增长的目标，又可避免投资增长水平的大起大落，实现投资需求长期持续合理高速增长。

（2）积极引导投资方向，鼓励向短线产业投资

投资方向问题是我国经济发展中长期存在的问题。实施改革以前，我国投资需求之所以高速增长非持续、长期处于大起大落的困境之中，原因之一是投资方向不合理，重工业部门投资增长过快、规模过大。实施改革以后，我国投资需求之所以持续膨胀，投资方向不合理仍然是一条重要原因。地方和企业预算外投资过多地投向"短、平、快"的加工工业、电子工业、轻纺工业，而为这些部门提供原材料、机械设备的工业部门发展却相对落后，由此必然导致"面多加水、水多加面"的"和面效应"，迫使投资需求持续膨胀。

我国是一个发展中国家，目前又正处于结构转换的关键时期，结构变动将是今后一个相当长的时期内经济发展的基本问题。因此，积极引导投资方向，大力鼓励各地区、各部门、各企业向短线产业投资，对于我国经济的长期发展和短期增长以及实现我国投资需求长期持续的合理高速增长，都具有十分重要而深远的意义。这里，实施"引导"应以政策、法令为主，进行"鼓励"则应以反映物质

［注］据笔者到河北省、安徽省等地农村调查，育龄中青年妇女生两胎的为正常，三胎以上的则相当普遍。行文中的 1989 年城乡人口自然增长率为估计数。

利益关系的经济手段和措施为主。在实施"引导"和"鼓励"的过程中，要避免盲目性和主观随意性，讲求科学，切忌"朝令夕改"，以适应保证投资需求长期持续合理高速增长的要求。

（3）理顺筹资渠道，合理控制贷款、自筹资金及其他固定资产投资的结构和规模

实施改革以来，我国各类投资主体筹措资金的渠道增多了。例如，企业既可以通过"投资争取行为"向国家（中央）申请预算内投资，也可以借助于法人地位向银行申请贷款，还可以借助于银行的信誉发行股票进行筹资。虽然目前国家对企业发行股票筹资还有很多限制，但小企业特别是乡镇、民办企业已经这样做了。而且这类企业进行筹资甚至根本不通过银行。地方政府的筹资渠道则主要有两条：一是向国家申请，包括直接拨款申请和减免财政上交份额申请；二是以地方政府的特殊身份强迫地方银行超中央银行信贷计划发放投资贷款。中央政府的筹资渠道也拓宽了，财政征集、发行国家公债和国库券、通过银行发行建设债券和直接由银行发行金融债券等，都是国家可动用的筹资形式。

筹资渠道增多既是市场经济发展的要求，又是国民经济活力增强的表现，因而有助于我国经济发展。但同时也应看到，筹资渠道和筹资方式不规范，缺乏必要的筹资法规和条例，更缺少统一的管理和协调等等，则是与国民经济协调发展不相适应的。近年来我国经济发展中出现的投资需求持续膨胀，主要发端于计划外贷款和自筹投资（见表 5 - 16）。利用外资所进行的投资虽然增长较快，1988年与 1981 年相比增长了 5.99 倍，但这部分投资不会造成国内投资需求膨胀，因为这部分投资可通过进口投资品满足需求。

表 5 - 16　　　　　　　我国固定资产投资资金来源变动　　　　单位:%

指标 \ 年份	1981	1982	1983	1984	1985	1986	1987	1988
国家预算内投资	- 22.8	3.5	21.6	23.9	- 3.1	8.0	7.9	- 15.3
国内计划外贷款投资	119.8	44.3	- 0.3	47.3	97.4	25.1	30.9	9.4
自筹及其他投资	——	34.1	18.7	27.6	41.7	17.9	19.1	33.5

资料来源：根据《中国统计年鉴》1989 年卷第 477 页计算。其中，国家预算内投资包括计划内贷款投资。

计划外贷款投资增长快也与利率对地方和企业的投资需求无弹性直接相关。它既是地方和企业利用"软预算约束"关系谋取更高的投资收益的结果，也是银行借发放贷款谋取更多收益分成的结果。贷款规模失控和贷款投向不合理是其主要问题。

自筹及其他投资增长过快，直接与筹资渠道不规范有关。以更新改造投资为例，近年来自筹投资过快增长主要发端于地方政府和企业（见表 5 – 17）。正是由于自筹和其他投资的过快增长推起了轻加工工业生产的重复建设，进而才引起了投资需求的持续膨胀。显然，对这部分投资规模要从筹资渠道入手进行调节与控制，改善其投资结构。只有这样，才能使我国投资需求的长期增长步入良性循环的轨道。

表 5 – 17　　　　　　　我国全民所有制单位更新改造投资资金来源变动　　　　单位:%

指标 ＼ 年份	1980	1981	1982	1983	1984	1985	1986	1987
自筹投资占更改投资比重	57.9	57.9	57.1	59.1	53.0	50.5	51.3	48.3
其中　中央各部		12.3	14.0	14.5	10.3	6.6	6.7	4.8
其中　地方各级		6.3	7.4	8.7	7.7	8.7	11.9	7.4
其中　企、事业单位		39.3	35.7	35.9	35.0	35.2	32.7	36.1

资料来源:《中国固定资产投资统计资料》1950～1985 年卷，第 218 页；1986～1987 年卷，第 171 页。

（4）深化体制改革，实现投资需求长期持续的合理高速增长

实施改革以前，投资需求高速增长非持续与国家投资决策失误有着十分密切的联系。实施改革以后，投资需求持续膨胀则与投资主体的投资行为发生扭曲紧密相关。"财政分灶吃饭"、"利润递增包干"、"工资与效益挂钩"等，都是增强地方和企业的活力、促进经济发展的必要和可行的措施。但是，由于改革措施不配套，市场机能不健全、宏观调控存在缺位等现象，因而出现了投资行为和取向不合理的问题：一方面，企业实际上尚未成为真正的具有自我改造和自我发展能力的"自主经营、自负盈亏的社会主义商品生产者和经营者"，行为短期化是其主要经营特征；另一方面，地方政府又成了企业的直接上级和生产经营者，而没有实现如同我国改革目标所要求的实行政企职责分开、简政放权、不再直接经营管理企业。地方政府不仅充当了生产经营者，而且成了新的、实际起作用的投资主体，并在实践上造成了"诸侯经济"、"地区封锁"的局面。如果说在改革中企业还倾向于跨地区、跨部门经营和联合的话，地方政府则更倾向于"分割"和"封锁"。

"地区封锁"、"诸侯经济"强化的是地区自身利益，这就决定了其行为倾向必然是轻加工工业的"短、平、快"投资，因而会造成重复建设，引起投资需求在全社会范围的持续膨胀。

可见，改革的不深入，既直接影响投资，当然也必然直接影响发展。要实现

国民经济的长期稳定、协调发展，没有投资需求的长期持续合理的高速增长不行。而要保证投资需求长期持续合理的高速增长，不继续深化改革（包括企业改革、中观经济体制改革的价、财、税、利等宏观经济体制改革）是不行的。到20世纪末还剩下不到10年，对此，我们绝不可掉以轻心。

6

总需求变动的供给效应

按照从分析到综合的逻辑顺序，本章将在前述分析的基础上，从需求与供给内在联系的角度，运用短期分析与长期分析、规范分析与统计验证相结合的方法，着重探讨和说明我国总需求结构变动和总量变动的供给效应，以进一步揭示总需求变动的内在规律性。

6.1 总需求结构变动及其产出效应

结构变动和总量变动是总需求变动的两种基本形态。虽然在实际经济生活中总需求变动常常是以总量形式直接表现出来的，但其基础和前提却是结构变动。因此，分析总需求变动的供给效应，必须首先探讨和说明总需求结构变动的特性及其产出效应。

6.1.1 总需求结构变动的基本特性

如第 2 章所述，总需求结构变动主要包括总体结构变动（主要指各需求子项占总需求比重的变动）和内部结构变动（主要指各需求子项自身结构的变动）两层涵义。但严格说来，我国总需求结构变动还应包括地区结构变动这样一层涵义，只是由于地区间消费结构变动的差异较小，总需求的地区结构变动主要是通过地区间投资结构变动表现出来的，因此，又可将这一层涵义的结构变动放到投资需求结构变动中进行分析。

（1）总需求结构变动的具体测定指标

总需求结构变动是通过各需求子项所占比重的变化表现出来的。在第 2 章的分析中，曾用各需求子项占比变动率（2 - 5 式、2 - 6 式）来表示总需求结构在某一时点上的具体状态。从总需求结构的一般变动角度看，通过比较各需求子项占比变动率，大体上是能够说明总需求结构变动的。但是，从揭示总需求结构变动的基本特性的角度看，仅仅采用这种指标是不够的。因此，还应寻求一种既能帮助我们确切把握总需求结构变动的质点状态，又能帮助我们确切把握总需求结构变动总体趋势的指标。

联合国欧洲经济委员会秘书处曾提出过一种测度产业结构变动的方法，即

"结构变化指数"测度法。[①] 考察我国总需求结构变动时，借鉴这个方法是可行的。因为，运用这个方法既有助于确切把握总需求结构变动的质点状态及其变化趋势，又有助于说明总需求结构变动的基本特性。按照这种方法，如果设 Q_i 为各需求子项所占比重，a、b 分别代表比较期内不同年份，$\sum$ 代表各需求子项比重变化正负值的分别求和，那么，求和后所得最大绝对值就是总需求结构变动总指数 q_d。用公式表示就是：

$$q_d = \sum |(Q_{ia} - Q_{ib})| \qquad (6-1)$$

如果令 n 代表 a 与 b 的间隔年份，则年平均结构变动指数 $\bar{q}_d$ 可用公式表示为：

$$\bar{q}_d = \frac{1}{n} \sum |(Q_{ia} - Q_{ib})| \qquad (6-2)$$

由于总需求结构是随时间的变化而变动的。因此，不同时期年平均结构变动指数必然是不同的。根据这个事实，依据经验材料可计算出不同时期的 $\bar{q}_d$ 值。同时，再依照同样的方法计算得出不同时期总供给结构的 $\bar{q}_s$ 值。比较 $\bar{q}_d$ 与 $\bar{q}_s$，可直观地看到总需求结构变动的主要特性。

（2）我国总需求结构变动的基本特征

表 6-1 是根据表 6-2 及其他统计资料提供的数据，按上述测定方法计算得出的总需求结构变动、消费需求结构变动、投资需求结构变动、地区投资结构变动、三次产业投资结构变动，以及总供给结构变动的长期和分段指数。仔细分析表 6-1 给出的各项指数，可以将我国总需求结构变动的基本特性归纳为如下五点：

第一，总需求结构变动具有逐渐扩大趋势。尽管从长期来看，1952～1988年总需求结构变动总指数较低，仅为 0.29，但逐期分析，1953～1963 年总需求结构年均变动指数不仅低于 1965～1978 年的年均指数，而且明显低于 1979～1989年的年均指数。出现这种情况，可能主要与那一时期消费需求结构年均变动指数较低有关。总需求结构变动年均指数发生明显转折是从 1979 年开始的。1979～1989 年期间，总需求结构年均变动指数不仅明显高于 1965～1978 年的年均指数，而且超出 1952～1988 年的年均指数达 2.6 倍以上。产生这种趋势的原因可能直接与这一时期消费需求，以及地区投资需求结构年均变动指数较高有关。

第二，消费需求结构变动与总需求结构变动的总趋势大体相同，但其年均变动指数明显低于总需求结构变动指数。消费需求结构变动发生明显转换也恰在

[①] 参见丁浩金：《有关产业结构及其变化定量计算的国际比较》，《经济工作者学习资料》1988 年第40 期。

1978 年实施改革以后。1979～1989 年，消费需求结构年均变动指数比 1965～
1978 年高出近 0.7 倍，比 1952～1988 年年均指数则高出 3.1 倍。

表 6-1　　　　　　　　　　我国总需求结构变动的年均指数

时期 指标	1953～1964	1965～1978	1979～1989	1952～1988
总需求	0.59①	0.63	1.05	0.29
消费②	0.38	0.49	0.82	0.20
投资③	2.40	0.36	0.89	0.56
地区投资③	1.60	1.05	1.43	0.64
三次产业投资③	2.10	0.53	0.89	0.43
总供给④	1.59	0.89	1.24	0.85

注：①为 1953～1963 年年均指数；
②为全社会消费品零售额构成指数；
③为全民所有制单位基建投资构成指数；
④为农轻重产值构成指数。
资料来源：表 6-2 和《中国统计年鉴》1989 年卷第 54 页、第 607 页；《中国固定资产投资统计资料》
1950～1985 年卷第 96～97 页、第 104 页，1986～1987 年卷第 24 页、第 76 页。

表 6-2　　　　　　　　　　我国历年总需求构成　　　　　　　　单位：%

构成 年份	消费需求①	投资需求②	出口需求
1952	62.9	31.4	5.7
1953	61.3	33.3	5.4
1954	59.4	34.7	5.9
1955	59.4	33.1	7.5
1956	59.5	33.2	7.3
1957	59.1	34.1	6.8
1958	50.8	42.6	6.6
1959	47.0	47.2	5.9
1960	50.0	45.1	4.9
1961	66.9	28.0	5.1
1962	75.1	19.3	5.6

年份＼构成	消费需求①	投资需求②	出口需求
1963	67.9	27.0	5.2
1964	63.4	31.5	5.0
1965	57.8	37.2	4.9
1966	54.7	40.8	4.5
1967	62.4	33.3	4.3
1968	62.3	33.4	4.3
1969	61.3	34.6	4.1
1970	52.0	44.8	3.2
1971	50.4	46.1	3.6
1972	53.2	42.6	4.2
1973	50.4	44.4	5.2
1974	51.1	42.9	5.9
1975	50.2	44.2	5.6
1976	52.9	41.9	5.3
1977	52.0	43.0	5.0
1978	49.0	45.8	5.2
1979	51.3	42.9	5.8
1980	54.2	38.6	7.2
1981	54.4	36.1	9.5
1982	53.3	37.6	9.2
1983	54.6	36.7	8.7
1984	53.8	37.6	8.5
1985	53.1	38.0	8.9
1986	52.3	37.4	10.3
1987	51.1	36.8	12.0
1988	52.1	36.6	11.2
1989	57.0	31.5	11.5

注：①包括个人消费需求和社会公共消费需求；
②包括固定资产投资需求和库存储备投资需求。
资料来源：同表2－2。

第三，投资需求结构变动（包括地区和三次产业的投资结构），前期畸高，中期以后逐渐与总需求变动相吻合，但始终明显高于消费需求结构变动年均指数。例如，1953～1964年期间，投资需求结构年均变动指数极高。其中，农轻重投资结构变动年均指数高达2.4，地区投资结构年均变动指数也达到1.6，三次产业投资结构年均变动指数则高达2.1，三项指标均普遍高于以后两个时期。产生这种情况的主要原因在于，1965年之前的十几年，恰处在我国工业化的起步时期，许多产业均处于创建过程，投资结构变动远比消费和出口结构变动剧烈。1965～1978年期间农轻重投资结构变动指数明显低于同期其他投资指标，是由这一时期重化工投资倾向相当坚挺、稳定决定的。至于地区投资结构年均变动指数在后来的两个时期都比较高的原因，则主要与1965～1978年期间向"大三线"倾斜的投资战略，1979～1989年期间向东部地区倾斜的投资战略，以及实施改革前后投资主体特别是地方政府投资行为的变化密切相关。从总体上说，1965年以后我国投资结构变动与总需求结构变动的基本趋势已逐渐吻合。

第四，总需求结构年均变动指数始终低于总供给结构年均变动指数，但总需求结构年均变动指数的变动幅度（以1952～1988年年均指数为基准进行计算）在后两个时期均高于总供给结构年均变动指数的变动幅度，从而出现了总供求结构相对变动系数[注]逐渐向1.0逼近的趋势。这种趋势的出现，既表明了总供求结构变动的相互依赖程度有所加强，又表明了总供求结构变动开始向合理化方向发展。

第五，总需求结构和总供给结构在1979年以后同时进入较为剧烈的变动时期。这种情况的出现，既与我国改革、开放的逐渐展开以及我国经济结构已进入急剧转换时期相适应；同时也表明在商品经济获得一定发展的条件下，需求已不再是一个完全被动的派生变量，而是一个能够对供给直接发生作用的重要因素。

（3）决定我国总需求结构变动基本特征的因素

毫无疑问，上述总需求结构变动的五大特征是由多种因素决定的。而就主要因素来说，至少有以下三项：

第一，体制。1953～1964年投资需求结构年均变动指数明显高于消费需求和总需求年均结构变动指数，这与那一时期高度集权的经济体制以及由这种体制派生出来的宏观决策密切相关是毋庸待言的，尽管那一时期工业化起步具有重要的制约作用。而1979～1989年期间总需求结构变动的各类指数均高于1965～1978年各项年均变动指数，就更加不是与体制无关的偶然现象了。正是由于体制规定着经济行为主体的行为目标，制约着其决策机，因而决定和制约着总需求结构的变动。例如，消费需求实行和不实行"配给制"、投资需求实行和不实行"指令性指标"，对消费需求结构变动和投资需求结构变动的影响和决定作用就是完全不同的。

第二，形成即期需求的资金来源。实施改革前，形成即期需求的消费基金和

[注]　总供求结构相对变动系数 $= \dfrac{\text{总需求结构变动指数}}{\text{总供给结构变动指数}}$

投资基金是由国家按统一计划分配的，预算外资金所占比重很小。因此，那时总需求结构变动主要取决于国家资金分配的结构和流向。实施改革后，形成即期需求的资金来源多渠道化了，使预算外收入和预算外投资的比重明显上升。例如，1952 年、1978 年、1987 年预算外收入占国民收入的比重分别为 2.3%、11.5%、21.7%，与此相对应，1953 年、1978 年、1988 年全民所有制单位预算外基建投资占全民所有制基建投资总额的比重分别为 16.5%、16.7%、75.8%。[注1] 最近的一项测算结果表明，在我国实施改革以后，预算外收入占国民收入的比重每提高 1%，全社会固定资产投资将增加 80 亿元，[1] 加上城乡居民收入水平和收入支出结构的变化，就导致了实施改革后总需求结构变动所具有的特征的形成。

第三，经济发展阶段。这里所说的经济发展阶段包括两层涵义：一是指我国经济发展自身的发展阶段；二是指我国经济发展在整个国际环境中所处的发展阶段。1953 ～ 1964 年是我国经济重建和工业化准备与起步阶段。在内外压力之下，经济建设是当务之急。与这种客观情况相适应，形成了该时期总需求结构变动所具有的特征。[注2] 70 年代末以来我国总需求结构变动指数上升，则是我国经济进入振兴和改革开放后国际环境对我国发生影响的一个必然结果。它表明，经济发展阶段制约总需求的结构变动，总需求的结构变动反过来又影响经济发展的进程，是社会经济运动的一个内在逻辑。

6.1.2 投资抑制消费的"逆霍夫曼定理"效应

从表 6－1 可以看出，我国总需求结构变动的产出效应有两个重要分期：一是实施改革前的 27 年；二是实施改革后的 11 年。在前一时期，总需求结构变动指数较低，消费需求结构变动指数较小，投资需求结构变动较为剧烈，总供求结构变动相对系数则更小，产出效应也较低；在后一时期，总需求结构变动指数上升，总供求结构变动相对系数增大，产出效应明显上升。为了确切把握总需求结构变动产出效应的规律性，有必要按上述两大分期分别进行分析。这一小节先分析实施改革前的传统体制下总需求结构变动的产出效应。

（1）对总需求结构的进一步界定

从原则上说，总需求结构应将出口项包括在内。但是，从实践上看，出口需求完全可以归类到投资需求和消费需求项目中。

---

① 参见熊性美、唐杰、傅继军：《总量、结构、成本与通货膨胀》，《南开学报》1990 年第 5 期，第 7 页。

[注1] 据《中国统计年鉴》1989 年卷第 29、484、674 页和《中国固定资产投资统计资料》1950 ～ 1985 年卷第 58 页计算。

[注2] 美国经济学家 W. 里昂惕夫、A. 卡特、P. 佩特里在《世界经济的未来》（中译本，商务印书馆 1982 年版，第 21 ～ 23 页）一书中也曾指出：发展中地区工业化的一个显著特点是轻工业增长低于重工业、投资率增长快于消费率。

首先，我国出口需求主要依赖于国内投资的增长水平。到 1978 年为止，我国进口的重点一直是机械设备等投资品。虽然 1978 年以后我国进出口结构发生了一些变化，但仍存在明显的进口替代倾向。[注] 1952 ~ 1978 年，进口对国民生产总值的依存度年平均为 3.9，而对投资需求的依存度高达 8.3。1953 年，我国进口总额中机械设备、原材料所占比重分别为 56.6%、33.7%。1978 年生产资料的进口比重仍高达 81.4%。国内投资需求的增长要求进口更多的机械设备和原材料，而出口需求的增长，则完全是为了弥补增加这类进口所造成的外汇缺口。因此，从这个意义上说，出口需求不仅决定于进口需求，而且决定于国内投资的增长水平。国内投资需求增长水平越高，对投资品进口需求越强烈，从而对出口需求增长的要求也越迫切。

其次，我国出口需求的重点主要是初级产品。初级产品包括农副产品和矿产、燃料等。它的很大一部分可直接构成消费需求的对象。因此，出口需求越大，意味着消费需求的规模越大。

以上分析表明，我国出口需求在很大程度上是由国内投资需求及其结构的变动决定的，并且在一定程度上还是通过消费需求及其结构的变动来实现的。这也就是说，出口需求归根结底是投资需求和消费需求的组成部分。因此，分析总需求结构变动的产出效应时，着重说明投资需求与消费需求二者之间对比关系的变化以及这种变化的产出效应具有特别重要的意义。

（2）传统体制下投资对消费的抑制

在传统体制下，投资抑制消费的一个重要表现是投资需求结构变动指数明显高于消费需求结构变动指数。尽管 1965 ~ 1978 年期间出现过农轻重投资结构变动指数低于同期消费需求结构变动指数那种情况，但对此应作两方面的分析。一方面，应看到那个时期向重化工工业投资的倾向一直相当稳定所起的作用；另一方面，也应看到，农轻重投资结构变动指数、地区和三次产业投资结构变动指数简单平均以后还是明显高于消费需求结构变动指数的。

投资抑制消费主要是通过两种形式实现的：

第一，投资挤消费。所谓投资挤消费，在这里主要是指国民收入分配中重积累、轻消费的倾向。这种倾向在实践上具体表现为城乡居民个人收入增长水平低，居民收入的平均消费倾向高，固定资产投资增长快于城乡居民货币收入增长和消费需求的增长。以全国职工平均工资为例，1952 ~ 1957 年年均增长 1.3%，增长幅度尽管不算大，但还是逐年上升的。1957 年以后，全国职工年均工资几乎一直处于下降状态，直到1978年仍未恢复到1957年的水平。其中，1962年、1965年、

［注］ 指通过进口设备来发展国内消费品和投资品生产，以取代原先需要进口同类产品的倾向。

1970 年、1975 年、1978 年与 1957 年相比分别下降了 11.7%、5.8%、10.1%、7.1%、1.4%。到 1978 年全国农民人均收入为 134 元，平均每天为 0.37 元。收入水平低，消费占收入的比重即平均消费倾向必然高。从 1952~1978 年，我国城乡居民平均消费倾向一直高于 0.9，其中 1962 年、1963 年、1969 年、1970 年分别高达 1.07、1.01、1.004、1.006。这就是说，在前 27 年中共出现四次收不抵支，而这四个年份中除 1962 年固定资产投资需求出现负增长外，其他三个年份则分别增长 37.9%、40.4%、42.3%，与同期消费需求分别增长 - 3.8%、5.7%、2.8% 形成明显反差。[注]

第二，投资向重化工业倾斜，间接抑制消费需求。解放前，我国是一个典型的农业国家。到 1952 年，我国农、轻、重产值构成仍为 56.9%、27.8%、15.3%。1956 年 156 项基建项目上马以后，到 1964 年重工业产值所占比重上升了 1.25 倍，轻工业和农业产值所占比重分别下降了 1.4% 和 32.9%。1978 年重工业产值所占比重在 1964 年的基础上又上升了 24.4%，轻工业产值所占比重也上升了 18.3%。[①] 由于长期实行向重化工业倾斜的投资政策，重化工业脱离农业和轻工业发展，使后二者发展明显落后，这就必然导致消费品的生产和供给不足。由此便形成了开始于 1955 年的部分必需品定量配给制向 60 年代"计分定量配给制"（即按职工工资收入水平向职工发放"工业券"、消费者凭"工业券"用货币购买工业品）的转变。定量配给的结果是，一方面造成科尔内所说的"强制替代"；另一方面引发票证黑市交易，使无价证券成为"有价证券"。此外，还抑制了居民消费特别是农民的消费需求。由此可见，投资过分向重化工业部门倾斜并过快增长，必然抑制其他部门的发展，从而不能不抑制消费需求。

当然，如果投资需求不是如上述分析的那样超高速增长和过分向重化工业倾斜，那么，合理的投资需求增长率和投资结构就是有助于消费需求增长的。但是，这种情况在我国却未曾发生。

（3）我国"霍夫曼比例"超前转换的实现过程

在 1978 年前的 27 年中，投资过分向重化工业部门倾斜，是由当时体制下我国"逆霍夫曼定理"发展战略决定的。

所谓"逆霍夫曼定理"，简单地说，就是对"霍夫曼定理"的反操作。"霍夫曼定理"是以德国经济学家霍夫曼（Wather Hoffman）的名字命名的关于工业化规律的理论。这一理论是霍夫曼于 1931 年在《工业化的阶段和类型》一书中阐述的。在这部著作中，他对近 20 个国家工业化过程中消费资料工业与资

---

① 参见《中国统计年鉴》1989 年卷，第 54 页。

[注] 上述所列数据均按本文表 6-2 和《中国统计年鉴》1989 年卷第 138、596~597、719、742 页计算。

本资料工业间的比例关系及其长期变化趋势作了分析。他根据消费资料工业附加价值与资本资料工业附加价值的比例关系（即"霍夫曼比例"），通过统计比较，得出了一个重要结论：一般国家工业化过程大体要经历"霍夫曼比例"从高到低四个阶段，而在工业化程度极高的第四阶段，"霍夫曼比例"将降到 1.0以下。①

"霍夫曼定理"问世以后虽然受到学术界很多诘难，但多数人在实际上已经承认了主要资本主义国家工业化初期所具有的"霍夫曼比例"特征。而广泛引起人们怀疑的只是工业化进入高级阶段以后，"霍夫曼比例"是否一定会降到 1.0以下。因为至少目前主要资本主义国家的经济实践还不能为"霍夫曼定理"提供充分的佐证。

表 6 - 3　　　　　　　我国"霍夫曼比例"超前转换的历史过程

年份 \ 指标	重工业投资倍数①	重工业投资增长（%）	轻工业投资增长（%）	霍夫曼比例
1952	—	—	—	1.35
1953	4.69	—	—	1.30
1954	4.69	35.4	35.8	1.26
1955	7.08	19.1	-21.8	1.16
1956	6.20	55.9	79.1	1.10
1957	5.56	4.4	16.9	0.98
1958	6.94	146.4	97.5	0.72
1959	8.05	22.9	5.7	0.61
1960	9.94	12.3	-9.5	0.47
1961	8.89	-66.9	-62.9	0.66
1962	11.77	-46.5	-58.9	0.76
1963	12.54	23.4	13.6	0.71
1964	11.20	45.3	62.8	0.71
1965	11.69	23.8	19.6	0.99
1966 ~ 1970	11.61	21.8②	21.6②	0.95
1971 ~ 1974	8.34	33.7③	87.5③	0.74

① 参见杨治：《产业经济学导论》，中国人民大学出版社 1985 年版，第 2 章第 3 节。

续表

年份 \ 指标	重工业投资倍数①	重工业投资增长（%）	轻工业投资增长（%）	霍夫曼比例
1975	8.91	55.8④	44.7④	0.76
1976	10.33	−8.5	−20.5	0.68
1977	7.02	−0.03	47.2	0.67
1978	8.40	28.2	8.2	0.62
1979	7.45	−7.2	4.4	0.62
1980	4.42	−0.7	66.3	0.71
1981	3.98	−23.2	14.8	0.85
1982	4.58	24.1	7.1	0.80
1983	6.31	13.7	−16.6	0.74
1984	7.07	22.8	9.5	0.68
1985	6.05	28.0	49.5	0.68
1986	5.46	17.3	29.7	0.68
1987	5.88	29.9	20.5	0.69
1988	6.05	17.1	13.6	0.74
1989	—	—	—	0.78

注：①全民所有制基建投资中重工业与轻工业之比；

②1966～1970年年均投资额与1965年投资额之比；

③1971～1974年与1966～1970年年均投资额之比；

④1975年投资额与1971～1974年年均投资额之比。

资料来源：据《中国固定资产投资统计资料》1950～1985年卷第97页，《国民收入统计资料汇编》1949～1985年卷第15页，《中国统计年鉴》1989年卷第263页和1989年卷第292、487页计算。其中，1989年"霍夫曼比例"按《统计公报》以轻重工业物耗率0.82和0.78折算。

　　我国工业化起步于落后的农业大国这样一个基础。在此条件下，要在较短时期内实现工业化，按"霍夫曼定理"首先从发展消费资料工业起步显然是不行的。为了尽快赶上工业化国家的发展水平，我国接受了斯大林"优先发展生产资料生产"的"逆霍夫曼定理"战略，以此来实现"霍夫曼比例"超前转换。表6-3具体展现了我国"霍夫曼比例"的超前转换的历史过程。

　　表6-3表明，一直到1952年国民经济恢复时期结束，我国"霍夫曼比例"还是比较高的。由于这一时期的高"霍夫曼比例"完全以农业净产值所占比重高达74.7%为基础，因此，其内在缺陷又是显而易见的。但是，从"一五"计划第一年开始，我国没有把发展的重点放在轻工业，而是放在了重化工业。重化工业部门的投资相当于轻工业部门的4倍。到"一五"计划最后一年，"霍夫曼

比例"便降到了 0.98。从 1988~1989 年，"霍夫曼比例"虽发生过两次明显波动（第一次是 1965~1970 年，第二次是 1981~1982 年），但从总体上看，大体稳定在 0.6~0.78。撇开 1959~1960 年的特殊情况不说，我国"霍夫曼比例"最低点（0.62）发生在 1978 年。1978 年以后，"霍夫曼比例"有所回升。

纵观我国"霍夫曼比例"变动的历史不难发现，其历史性转折点（"霍夫曼比例"向小于 1.0 转变）不是发生在工业化进程的高级阶段，而是发生在工业化初期的起步阶段。其时点标志是 156 项大中型建设项目上马后的第 2 年（1957 年）。我国"霍夫曼比例"是在消费资料生产发展水平很低的基础上实现超前转换的。1957 年以后低于 1.0 的"霍夫曼比例"长期延续，在很大程度上则是由抑制消费和向重化工业部门倾斜的投资政策来维持的。

（4）"逆霍夫曼定理"效应分析

在我国经济发展中长期实施"逆霍夫曼定理"战略所产生的经济效应是二重的：其一是正效应；其二是负效应。

判断"逆霍夫曼定理"发展战略是否具有正效应的标准主要有两条：一是看它是否有助于加速工业化的进程；二是看它是否有助于人均收入水平和人均消费水平的持续提高，或者说看它是否有助于总供求关系的长期稳定和协调发展。据此判断，在我国工业化初期实行"逆霍夫曼定理"战略的正效应要大于负效应。归纳起来，"逆霍夫曼定理"发展战略的正效应主要表现在以下三个方面：

第一，有力地推动了我国生产资料工业生产的发展，为我国工业化的实现奠定了必要的物质基础。由于实行向重化工部门倾斜的投资政策，到 1964 年我国主要生产资料工业产品的产量都获得了成倍的增长。例如，与 1952 年相比，钢产量达到了 64 万吨，增加了 6 倍；金属切削机床产量达到了 2.81 万台，增加了 1 倍多；农用化肥产量达到了 100.8 万吨，增加了近 25 倍；矿山设备产量达到了 2.82 万吨，增加了近 15 倍；化学农药产量达到了 12.9 万吨，增加了近 64 倍；发电设备产量达到了 44 万千瓦，增加了 72 倍；等等。与上述情况相适应，我国产业结构也发生了重大变化，由农、轻比重大于重工业比重转变成为重工业比重大于轻工业比重、工业比重接近于农业比重。

第二，带动了我国消费资料工业生产的增长。尽管 1978 年以前特别是 1964 年以前，消费资料工业生产比生产资料工业生产的增长速度低得多（例如 1964 年与 1952 年相比，布仅增加了 23.0%，糖仅增加了 1 倍多，毛线和自行车增加较多也不过 4 倍和 21 倍），但与解放前相比，增长水平还是相当高的。虽然这一时期消费资料工业生产尚未成为国民经济发展的重点，但随着"逆霍夫曼定理"战略的实施，消费资料工业生产也受到了一定的带动。至少重化工部门劳动者人数的增加，在客观上要求消费资料工业生产有一定程度的增长。

第三，有力地抵制了资本主义国家对我国的"封锁"和"禁运"，从而提高了我国在国际经济生活中的地位。例如，到 1964 年，我国外贸入超局面已被扭转，出超达 13.3 亿元；钢产量已接近意大利国的产出水平（979 万吨），由占世界产量的 0.6% 上升为 2.3%；机床产量则超过了法国的水平（2.6 万台），相当于美国的 18.3%。[注1]众所周知，第二次世界大战以后的 20 年是钢、铁、军事力量竞争的年代。随着我国经济实力和军事实力的增强，最终迫使资本主义国家承认了我国自立于世界民族之林的能力，从而提高了我国在国际事务中的地位。

总之，在我国工业化初期采用"逆霍夫曼定理"战略，不仅在经济上，而且在政治上，都发挥了不可忽视的积极作用。其正效应是应予充分肯定的。

但是，同时也应看到，在我国经济发展中长期实行这样一种战略，其负效应也是不可低估。根据前述判断标准，结合我国的实践进行分析，应当说在短期内实行"逆霍夫曼定理"战略有助于发挥"后起国优势"。[注2]但在长期发展过程中，在人均收入水平很低的条件下，长期采用这一战略来勉强维持远远低于 1.0 的"霍夫曼比例"，其负效应必然会日趋明显。归纳起来主要有以下几个方面：

第一，进一步抑制了人均货币收入和人均消费水平的提高，最终导致供给即经济增长水平下降。人均货币收入的提高，主要取决于国民收入特别是相当于 m 的那部分净收入的增加。而相当于 m 的那部分净收入的增加除了依赖于资本投入和新技术的应用以外，在我国尤为重要的一个方面是劳动者的生产积极性和创造性。长期实行用投资抑制消费的战略，必然使人均货币收入下降或者即使上升也极为缓慢。在平均消费倾向极高的条件下，这意味着人均消费水平下降或者即使上升也极为缓慢。一旦"入不敷出"或者即使"收支相抵"，也不利于从根本上调动劳动者的生产积极性和创造性，其结果必然导致生产增长水平下降。例如，1964 年与 1957 年相比，全国职工货币收入总额和农民货币收入总额（按当年价格计算）仅增长了 3.7% 和 2.0%，远低于 1952～1957 年年均增长 7.6% 和 6.2% 的水平；与此相对应，同期国民收入增长率仅为 1.2%，明显低于 1952～1957 年年均增长 8.9% 的水平。国民收入增长水平下降使个人货币收入难以提高，个人收入提高缓慢反过来又抑制供给以及国民收入的增长，这是"逆霍夫曼定理"战略的一个突出负效应。

第二，既造成消费品供给短缺，又加大了投资品供给的短缺强度。持续实行

[注1] 此处所引资料均据《中国统计年鉴》1989 年卷第 175、296～301、633 页和《国外经济统计资料（1949～1976）》（中国财政经济出版社 1979 年版）第 145～146、223 页计算。

[注2] 这里主要指在工业化初期首先重点发展重化工业，可以直接借鉴和利用先进国家的现成生产技术，加速工业化基础建设。

向重化工业倾斜的投资政策，必然会相对抑制消费品工业生产的增长，引起消费品供给的相对下降乃至绝对下降。实施改革前，大部分消费品实行配给制和科尔内所说的"排队"现象广泛存在，是消费品供给短缺的基本标志。另外，由于重化工项目建设所需投资品明显多于非重化工项目，其建设周期也较长，因此，持续向这类部门增加投资，又必然会加剧投资需求与投资品供给的矛盾，使本来就已经很紧张的投资品供给变得更加短缺。由此便形成了所谓越增加投资、投资品供给越不足、投资建设周期越长的"逆霍夫曼定理"负效应。

第三，既造成总需求结构的不合理，又导致产业结构失衡。如果以 H. 钱纳里根据 1950～1970 年间对 101 个国家近两万个观察数据、30 个变量所做分析得出的世界发展"标准结构"和半工业化"大国模型"为参照系，[①] 分别用我国 1957 年、1964 年、1978 年的总需求结构与之相比较，不难发现，长期推行"逆霍夫曼定理"战略的结果，必然造成总需求结构的不合理。例如，1957 年我国人均 GNP 为 67 美元，固定资产投资和个人消费需求占总需求的比重分别为 20.2% 和 53.1%。与"标准结构"相比，前者高于人均 GNP 100 美元（1964 年美元）时的"标准"比 4.4 个百分点，恰等于人均 GNP 300 美元（1964 年美元）时"标准结构"的水平，接近于"大国模型"中人均 GNP 900 美元（1980 年美元）时的水平；后者则不仅比"标准结构"中人均 GNP 100 美元时的水平低 18.9 个百分点；而且比"大国模型"中人均 GNP 900 美元的水平还低 15.1 个百分点。到 1964 年，上述偏离仍严重存在。1978 年，我国人均 GNP 233 美元，固定资产投资和个人消费需求占总需求的比重分别变为 28.2% 和 42.3%。前者超过"标准结构"中人均 GNP 100 美元（1964 年美元）时的水平达 4.5 个百分点，比"大国模型"人均 GNP 900 美元时的水平还高 6.9 个百分点；后者则比"标准结构"中人均 GNP 300 美元（1980 年美元）时的水平低 29.7 个百分点，比"大国模型"人均 GNP 900 美元时的水平低 34.5 个百分点。这就是说，我国总需求结构的不合理不仅没有随着人均 GNP 的上升而得到改善，反而更加恶化了。总需求结构的不合理长期持续存在，必然导致资产存量从而产业结构的不合理，形成所谓"重工业过重、轻工业过轻"的"逆霍夫曼比例"状态。我国 1957～1978 年的 21 年中有 6 个年份国民收入负增长，负增长率最高达 -29.7%，既是上述不合理结构的必然结果，又是"逆霍夫曼定理"战略负效应的另一个突出表现。

总之，投资抑制消费的"逆霍夫曼定理"战略，在我国工业化初期具有不可低估的积极作用，其正效应远远大于负效应。但经过一段时期以后，仍继续采用这种战略勉强维持过低的"霍夫曼比例"，则有损于我国经济的稳定和协调发

---

① 参见［美］H. 钱纳里等著：《发展的型式（1950～1970）》中译本，经济科学出版社 1988 年版，表 3；世界银行：《中国经济结构变化与增长的可能性与选择方案》中译本，气象出版社 1984 年版。

展。而在实施改革前这种倾向得以长期维持，高度集权的经济体制以及指导思想上的偏差是非常重要的条件。1978 年开始的调整和改革，标志着这种战略以及与这种战略相统一的高度集权的经济体制的终结。

6.1.3　消费诱发投资的需求牵动效应

1978 年是我国经济体制和总需求结构变动历史分期的重要时点标志，改革有力地推进了这种历史分期的形成。实施改革以后，双重体制的形成带来了整个社会经济秩序和总需求结构变动与总供给间的关系的变化，并在此基础上形成了消费诱发投资、需求结构变动牵动供给结构变动和供给增长的产出效应。

（1）消费诱发投资

实施改革前，消费需求对于供给即国民经济的发展来说，几乎毫无功能意义。那时，消费虽然是社会再生产的一个重要环节，但社会所关心和重视的实际上是生产消费，而不是生活消费。特别是受"左"的错误的影响，劳动者个人收入以及与此相联系的消费只有在需要体现社会主义优越性时，才有可能予以调整和提高。出于爱国和尽快富国的热情，在那个时期的大多数情况下，人们也确实常常表现出"关心他人比关心自己为重"和"公而忘私"的精神。应当说，这也是当时"逆霍夫曼定理"战略得以长期维持和延续的一个重要条件。然而，即便如此，人们实际上并没有彻底忘记"关心自己"，也没有因"忘私"而变得完全"无私"。正因如此，"逆霍夫曼定理"负效应才逐渐充分暴露出来，并由此导致全社会的改革呼声和改革热情。[注]

我国的经济体制改革首先从农村实行家庭联产承包制开始，继之是城市企业实行扩大自主权、企业承包和"财政分灶吃饭"。所有这些改革，不仅在一定程度上改变了人们之间的财产关系，而且在很大程度上改变了国民收入分配关系。财产关系和分配关系的变化，首先带来了个人收入水平的上升，同时也带来了消费需求在总需求以及整个社会经济生活中的地位的转换。从 1978 年到 1989 年，职工平均工资收入（含奖金和价格补贴）年均递增 10.1%，农民人均纯收入年均递增 13.4%。1978 年，我国城乡居民人均储蓄存款年末余额仅为 32.13 元，占当年人均货币收入（含上年结余购买力）的 17.5%。到 1989 年这两项指标已分别上升为 461.82 元和 45.6%。1989 年城乡居民人均手持现金年末余额达 215.02 元，是 1978 年的 12.1 倍。① 显然，在新的历史条件下，个人货币收入的涵义已经与过去根本不同了。尽管在这个时期仍不能排除供给制约和体制影响造成"强迫储蓄"的可能性，但从社会角度看，个人收入与个人消费间差额的形

---

① 参见《中国统计年鉴》1989 年卷第 87、138、598～599、743 页和《1989 年国民经济和社会发展的统计公报》。

[注] 注意，这绝不等于说人们的"偏私观念"或"私欲"是改革由以发生的动力来源。恰恰相反，改革、改革的发展和深化也绝对不可能在"偏私观念"或"私欲"的驱使下顺利展开和取得最后成功。

成和发展，已为投资需求的形成创造了一个新的资金来源。固定资产贷款投资体制的形成，则意味着传统的国民收入分配所形成的积累与消费关系，已经显得不如需求形成过程中投资、储蓄与消费以及消费结构与投资结构的关系重要了。它表明，在经济运行过程中，国民收入分配的调节已开始让位于投资、储蓄与消费及其使用效率的调节。

即使撇开储蓄转化为投资、投资派生消费不说，仅就双重体制下个人货币收入上升后消费规模扩大和消费结构变化的作用而言，投资需求的规模和结构已经受到了极大的影响。在一定意义上，消费需求已经成了投资需求形成及其结构变动的"发动机"和"主动轮"。例如，1988 年与 1978 年相比，城镇居民恩格尔系数下降了 7.3 个百分点，日用品和文娱用品消费指数分别上升了 4.24 和 1.43 个百分点；农民恩格尔系数则下降 12.4 个百分点；住房和用品类消费指数分别上升了 12.8 和 6.1 个百分点。同期全民所有制单位轻、重工业基建投资分别增长了 2.8 和 1.8 倍，年均递增率分别为 14.3% 和 10.8%；全社会固定资产投资增长了 3.9 倍，年均递增 17.2%。1989 年第 2 季度开始出现"市场疲软"，结果导致彩电、录音机、电冰箱、洗衣机和投资品类金属切削机床、高精度机床的产量分别下降 9.6%、11.6%、12.6%、21.1%、13.8% 和 23.3%。与此相对应，1989 年全社会固定资产投资也比上年下降了 9.9%。[注1]

在存在消费者主权和生产者主权的市场经济体制[注2]下，产出靠需求来引导、靠投入来维持是一种必然现象。需求上升要求产出上升，进而诱发投资需求上升；反之，则反。尽管我国双重体制下的市场经济还不够发达，但消费对投资的诱发或抑制作用已经相当突出、明显。

（2）消费诱发投资的需求牵动效应

消费对投资的关系的变化，必然带来总需求结构的变动。总需求结构的变动则会进一步导致供给结构的变动，从而形成所谓需求牵动效应。

在具体阐述需求牵动效应之前首先应当指出两点：

第一，这里所说的需求牵动效应不是凯恩斯"需求决定供给定律"[注3]的简单重复，在一定意义上它甚至是同凯恩斯定律相对立的。其一，凯恩斯的"需求

[注1]　此处所引资料参见本书表 2 - 2；《中国统计年鉴》1989 年卷，第 296～298、727、743 页；《1989 年国民经济和社会发展的统计公报》。

[注2]　在我国现行双重体制下，计划者（国家）主权仍具有独立的主导意义，消费者主权和生产者主权还是"有限主权"。不过，这种"有限主权"已给消费者和生产者的自主选择提供了很大的余地。特别是消费者主权所具有的实际经济意义更加明显。

[注3]　即凯恩斯所论证的"有效需求不足时，就业量（也即供给量——引者）亦不足"，"有效需求增加时，就业量亦增加"的原理。本书将他的这个原理称为凯恩斯的"需求决定供给定律"（参见《就业利息和货币通论》中译本，商务印书馆 1983 年第 2 版，第 2 章第 6 节和第 20 章第 3 节）。

决定供给定律"着意描述和说明的是总供求间的短期变动关系；而本书所述"需求牵动效应"则不仅包括总供求间的短期变动关系，而且还包括总供求间的长期变动关系。其二，凯恩斯的"需求决定供给定律"强调的是资本家阶级的需求决定供给；而本书所要讨论和说明的"需求牵动效应"，则是社会主义市场经济关系基础上以劳动者为主体的整个社会的需求对供给的影响和制约作用。其三，凯恩斯的"需求决定供给定律"只注重总量均衡分析，根本不涉及结构变动关系；本书所阐述的"需求牵动效应"则首先是指结构变动以及结构非均衡对供给的决定作用。当然，凯恩斯的"需求决定供给定律"中的合理成分，例如强调需求在短期中对供给的决定作用等等，本书仍要尽可能批判地吸收。

第二，这里所说的需求牵动效应更不是对马克思"生产决定论"的否定。按照马克思的观点，在社会再生产的四个环节中，生产是占首位的，是生产决定分配、交换和消费；分配、交换、消费也会对生产发生影响作用，在一定条件下甚至决定生产；但归根结底，生产是第一性的，分配、交换、消费是第二性的。可见，马克思的"生产决定论"也就是"供给决定论"。这一理论的真理性在于：它不仅深刻地揭示和说明了在人类社会发展过程中生产（供给）的基础和前提作用，而且正确地指出了消费（需求）对生产乃至整个社会经济的反作用。没有生产，就没有人类社会发展过程中所结成的各种经济关系，从而也就没有分配、交换、消费。但绝不能反过来说，生产可以脱离分配、交换、消费。正如谷书堂教授所说：生产从而供给决定需求是人类社会产生和人群划分为阶级以后开始的。在此之前，第一推动是需求（需要）。在此之后，第一推动则是生产关系。生产关系决定生产，生产决定分配、交换、消费，也就是供给决定需求。需求的决定作用，则是从生产进一步发展的目的和方向的角度而言的。[注1]本书所述"需求牵动效应"，正是在这个意义上展开的。

消费诱发投资、需求结构牵动投资结构变动导致供给结构变动的效应，是在实施改革以后逐渐表现出来的。从我国近年来的实践角度看，需求的这种牵动效应主要表现为以下几个方面：

a. "霍夫曼比例"重新出现上升趋势。

按照马克思的观点，供给的最终目的是需求。然而在实施改革之前，这个问题实际上被忽视了。1978年底开始实施改革，从这以后我国理论界和实际工作部门才真正意识到这一点，并围绕"社会主义生产目的"展开了广泛、深入的讨论，[注2]揭开了需求与供给相互关系研究的新篇章。经过讨论，彻底否定了"为

[注1] 谷书堂教授的观点，是他在讨论本书写作大纲时阐发的。他的这一观点对本书的写作起到了重要的指导作用。其他章节的分析也渗透着他的教诲和思想，因篇幅限制未能一一指出。

[注2] 1980年冬在北京西郊举行了"全国社会主义生产目的讨论会"，来自全国各级决策部门、研究机构、高等学校的近200名专家、教授出席了这次大会。

革命而生产"、"为计划而生产"一类错误理论，同时也纠正了持续实施多年的"逆霍夫曼定理"战略。经过短短两年，"霍夫曼比例"很快上升到 0.8 以上（见表 6-3）。1983 年以后"霍夫曼比例"虽有下降，但其总趋势是上升的。如果考虑到近年来许多重化工部门也已开始生产消费品，实际上的"霍夫曼比例"可能比表 6-3 所统计出的结果还高一些。不过，对于理论分析来说，只要统计证明了"霍夫曼比例"具有上升趋势已经足够了。

对于"霍夫曼比例"上升趋势来说，仅仅用地方和企业具有向轻加工部门倾斜的投资倾向来解释，虽然具有一定的说服力，但是不够深刻有力。因为，如果市场对轻加工产品没有需求，那么，地方和企业的收入最大化动机将无法实现，它们的这种投资倾向也不可能长期维持下去。1989 ~ 1990 年出现"市场疲软"以后，许多加工工业特别是耐用消费品工业处于停产或半停产状态，就从反面证明了这一点。根据我国已有的产业结构基础和现存市场需求状况，在今后的经济发展中"霍夫曼比例"仍会继续上升，而且上升到 1.0 左右是有可能的（1965 年曾达到 0.99），但不可能太高，上升的速度也不应太快。这可从需求结构变动的另一重牵动效应进行说明。

b. 导致新的一轮产业结构失衡，抑制了供给的合理增长。

实施改革以来，由于改革措施不配套，既缺乏较为完善的竞争机制和展开竞争的微观基础，又缺乏对基础产业产品生产的应有保护，这就决定了在国家逐步放开对需求弹性高的工业品价格管制的同时，不可避免地要造成高物价水平基础上的"比价复归"，使不合理的价格结构更加不合理。而城乡居民货币收入和消费需求的迅速增长与地方、企业生产经营和投资决策权不断扩大相结合，在客观上又为建设周期短、收效快的加工工业部门的迅速发展提供了条件。从表 6-4 可以看出，除化学、建材工业外，整个基础工业部门生产的年均增长率远远落后于加工工业部门生产的年均增长率。据有关部门估计，全国每年因缺电 700 亿度而使 20% 左右的生产设备不能正常运行；我国火电设备年利用率已高达 5974 小时（1986 年），比国外高出近 20%。尽管我国现阶段由需求结构牵动所造成的产业结构失衡，是在基础工业部门已经获得了长期发展基础上的失衡，但需求结构

表 6-4　　　　　　我国 1978 ~ 1987 年主要工业部门发展速度比较　　　　单位:%

指标 ＼ 部门	煤炭	石油	森林	电力	冶金	化学	建材	机械	纺织	皮革
年均增长	3.3	4.9	5.3	7.1	7.3	9.8	10.8	11.0	11.2	11.8
定基增长	138	162	167	200	203	255	279	284	290	305

资料来源:《中国工业经济统计年鉴》1988 年卷，第 54 ~ 55 页。均按 1970 年不变价格计算，其中定基增长率以 1978 年为 100。

牵动供给结构过于迅速的变动，乃至所形成的新的一轮产业结构失衡，仍然产生了不可低估的负效应。这种负效应主要表现为供给的健康发展和正常增长受到了明显抑制。

c. 再现了生产资料较快增长规律。

在我国实施改革之初，许多学者对生产资料较快增长规律[注1]提出了质疑。① 至今仍有人持有这样的观点，并认为消费资料生产"优先"增长也是一条规律② 我并不怀疑在一定时期消费资料生产较快增长的必要性和可能性，我国近年来也确实出现过消费资料生产快于生产资料生产的事实。但是，我更认为，在现代生产条件下，从长期发展的角度看，消费资料生产的较快增长归根结底离不开生产资料生产的更快增长。根据我国的经验材料，如果以轻工业部门代表消费资料生产，以重工业部门代表生产资料的生产，[注2]那么，即使不考虑技术进步、资本有机构成提高等因素，仅从物质消耗方面来考察，由于我国轻工业部门物耗率高于重工业部门，而且近12年来具有不断上升的趋势，[注3]因此，只要轻工业部门即消费资料生产有较快增长，就必然要求重工业部门即生产资料生产有更快的增长。考虑到轻重工业部门的物质消耗都属于中间需求，这些中间需求又都是由原材料、机械设备以及建筑设施等构成的，因此，只要整个工业增长的同时物耗率上升，生产资料的生产必然会较快地增长。实践证明，在市场经济不断发展的过程中，消费诱发投资的需求牵动作用越大，越要求生产资料生产更快地增长；工业生产发展水平越高，需求结构变动和消费增长对生产资料的生产更快增长的依赖程度也就越高；生产资料生产只有更快地增长，才能适应消费资料生产较快增长的要求，从而才能在促进物耗率降低的同时使整个国民经济即总供给更快地增长。

通过上述分析，可得出一个基本结论：消费需求诱发投资需求进而牵动"霍夫曼比例"上升的产出效应，并没有否定生产资料较快增长的规律。恰恰相反，它从一个新的角度和层次再现了这一规律。生产资料较快增长是需求结构变动牵动供给结构变动和供给增长效应的具体体现。

―――――――――

① 参见《建国以来政治经济学重要问题争论（1949～1980）》，中国财政经济出版社1981年版；《中国社会主义经济问题讨论纲要》，吉林人民出版社1983年版。

② 参见薛敬孝：《产业结构分析的理论基础》，河北人民出版社1988年版。

[注1] 本书用"较快"二字表述这一规律，而不用斯大林的"优先"二字，意在强调这一规律的客观性。

[注2] 因我国缺乏消费资料和生产资料生产的统计资料，所以一般认为可采用这样一种近似划分法。

[注3] 轻重工业部门的物耗率在不同时期有所不同，但始终是前者高于后者。例如1952年分别为70.6%、60.5%，1978年分别为69.2%、62.5%，1988年分别为86.3%、73.2%（据《国民收入统计资料汇编》1949～1985年卷第7、14页和《中国统计年鉴》1989年卷第51、292页计算）。

6.2　需求总量变动的供给效应

需求总量变动是需求结构变动的集中表现。尽管导致需求总量变动的因素与导致需求结构变动的因素不尽相同，因而实际经济生活中常常出现结构发生变动而总量不变或总量发生变动而结构不变的情况。但从长期的角度看，它们二者总是紧密联系、相互伴随的。需求结构变动对供给的影响，最终都表现为需求总量变动对供给的影响。因此，必须在上一节分析的基础上，进一步深入研究和探讨需求总量变动的供给效应。

从我国的实践经验来看，需求总量变动是在总量扩张或总量收缩过程中表现出来的。需求总量变动的供给效应也是通过总量扩张或收缩最终形成的。为了便于展开分析，有必要首先对需求总量扩张或收缩的经济学涵义作出界定。

6.2.1　需求总量扩张和收缩的涵义

（1）涵义 I

需求总量的扩张或收缩，首先是就总需求本身的数量变化而言的。从这个角度看，所谓需求总量的扩张或收缩，简单地说，就是指需求总量的增加或减少。用公式表示就是第 t 期总需求 AD 比第 t-n 期增加或减少的倍数 d_t'，即：

$$\pm d_t' = \frac{AD_t - AD_{t-n}}{AD_{t-n}} = \frac{\pm \Delta AD_t}{AD_{t-n}} \tag{6-3}$$

式中，$\pm \Delta AD_t$ 就是第 t 期需求总量比第 t-n 期扩张或收缩的绝对量，$\pm d_t'$ 则是两期相比较的扩张或收缩率也即扩张或收缩倍数。

从需求总量扩张或收缩的这一层涵义，我们可以把握两点：第一，需求总量自身变动所处的状态。例如，它是处于扩张状态（存在 ΔAD_t，且 $d_t' > 0$），还是处于收缩状态（存在 $-\Delta AD_t$，且 $d_t' < 0$），或是处于相对静止状态（存在 $\Delta AD_t = 0$，且 $d_t' = 0$）。第二，需求总量变动的方向和程度。例如，它是持续扩张（$d_t' > d_{t-1}'$），还是持续收缩（$-d_t' < -d_{t-1}'$），以及扩张或收缩的程度有多大。除了上述两点之外，仅从这一层涵义还无法对总需求变动对供给的影响作出判断。因此，还必须探讨需求总量变动的第二层涵义。

（2）涵义 II

从总需求与总供给相互关系的角度看，所谓需求总量的扩张或收缩，主要是指需求是处于大于还是小于总供给的状态。但深入探究，这样概括也不是无懈可击的。第一，如果总需求下降的同时总供给也下降，但仍有 AD > AS（AS 代表总供给），那么，说这时需求总量仍处于扩张状态就是不确切的。第二，如果总需求上升的同时总供给也上升，但仍有 AD < AS，那同样很明显，说这时需求总量还处于收缩状态也是不确切的。第三，如果总需求不变、总供给上升，但仍有 AD > AS，那么，说这时需求总量也处于扩张状态同样是不确切的。第四，如果总需求上升、总供给不变，但仍有 AD < AS，显然，这时再说需求总量仍处于收缩状态也不确切。第五，如果总需求和总供给都不变且同时存在 AD > AS 或 AD < AS，从而说仍存在需求总量的扩张或收缩，也是含糊不清的。

显然，要对需求总量扩张或收缩作出更确切的界定，就必须将总需求自身的变动以及它与总供给变动间的关系结合起来，从这两个方面相统一的角度进行界定。据此，典型的需求总量扩张或收缩的第二层涵义应是指：扩张表示总需求上升过程中存在着需求总量大于供给总量的趋势，收缩表示总需求下降过程中存在着需求总量小于供给总量的趋势。

6.2.2 我国需求总量扩张或收缩"过度"与否的区分

上述两层涵义界定的是需求总量扩张或收缩所处的状态或者说质态。而从实践的角度看，需求总量扩张或收缩还是以一定的"度"来区分的。例如，需求总量扩张或收缩是"适度"还是"过度"。因此，还应从"度"的角度把握需求总量扩张或收缩的第三层涵义。

对于需求总量扩张或收缩的"过度"与"适度"，我国理论界的看法很不相同。归纳起来主要是两种观点：

一种观点认为，需求总量扩张"过度"是指它不仅超过了实际总供给，而且超过了"潜在总供给"；[注1]"适度"则是指它虽然大于实际总供给，但小于"潜在总供给"。与此相对应，需求总量收缩"过度"是指它不仅小于潜在总供给，而且小于实际总供给；"适度"则是指它在收缩过程中不引起实际总供给下降。

另一种观点认为，只要需求总量增长速度明显高于供给总量增长速度，就是需求总量扩张"过度"；如果二者增长速度大体相等，就是"适度"。[注2]反之，如果需求总量增长速度明显低于供给总量增长速度，而且具有引起供给总量增长速度进一步下降的趋势，就是需求总量收缩"过度"；如果需求总量增长速度低于供给总量增长速度，但前者的下降不引起后者进一步下降，就是需求总量收缩"适度"。

上述两种观点中关于需求总量收缩不引起实际供给总量进一步大幅度下降即为"适度"，反之则为"过度"的界定，我基本上是赞同的。但他们关于需求总量扩张"过度"或"适度"的概括，我则不敢苟同。

[注1] "潜在总供给"一般是指"现有生产资源（自然资源、生产资料和劳动）在现有的技术条件下充分利用时所能达到的最大产出"（参见舒元：《总需求·总供给·潜在总供给》，《复旦学报》1987 年第 2 期）。

[注2] 这种观点主要以蒋学模为代表。参见他所著《我国总需求和总供给应有怎样的格局?》，《复旦学报》1987 年第 2 期。

就第一种观点来说，由于"潜在总供给"实际上是一个无法确定的量，因此，依此谈"度"，那个"度"也就是一个无法把握的"度"了。例如，近年来我国因缺电而使现有生产能力的 20% 不能正常发挥作用，那么，用实际总供给乘以（1 + 20%）应近似等于潜在总供给。据此判断，只要需求总量的扩张不突破实际总供给的 120%，它就应是"适度"的。以此与 1988 年的实践相比较，这一年我国即期需求总量仅仅超过实际总供给（按当年价格计算）6.3%，能否说这一年根本未发生需求总量扩张"过度"呢？

至于第二种观点，我则认为它不仅在理论上含糊不清，而且在实践上也难于把握。首先，这种观点虽然避免了"潜在总供给"无法确定的问题，却带来了另一个无法确定的问题，即何为需求总量增长速度"明显超过"供给总量增长速度。例如，如果说 9 个百分点以上是"明显超过"，因而是需求总量扩张"过度"，那么，是否低于 9 个百分点就是"不明显超过"，因而是需求总量扩张"适度"呢？据本书第 2 章的测算，1988 年总需求的增长速度为 27.4%，总供给（按当年价格计算）的增长速度为 27.6%，后者比前者高 0.2 个百分点。 - 0.2 个百分点是明显低于 9 个百分点了。能否据此说该年根本未发生需求总量扩张"过度"呢？其次，增长速度是一个相对指标，只具有相对意义。因此，用这种指标来定性总供求变动关系时，必须首先对增长速度本身作出确切界定，同时还应参照绝对量指标。否则，所作出的判断仍可能是含糊的。例如，假定起点期总需求明显小于总供给，到比较期前者增长速度虽然明显高于后者，但在绝对量上前者仍明显小于后者，那就很难说这时的需求总量扩张是"过度"的。

显然，在对我国需求总量的变动进行定性判断时，应从现实出发，将影响总需求变动的决定性因素放到一起进行综合分析。具体地说除了上述已论及的方面外，特别应考虑实际存在的商品、货币关系所起的作用。前述各章的分析中曾舍象了这个因素，假定它内在于总供求的变动关系之中，并始终与总供求变动保持完全一致。这是适合于前述各章理论分析本身的要求的。现在，为了对需求总量变动的临界点——扩张或收缩的"度"作出确切说明，有必要将商品、货币关系特别是货币供给因素引入理论分析。引入货币供给因素以后，区分需求总量扩张或收缩"过度"或"适度"的标准就显得十分明确了，归纳起来主要是两条：第一是通货膨胀率；第二是实际经济增长率。

众所周知，在商品经济条件下，通货膨胀率实际上反映的是总需求与真实总供给之间的关系。这种关系可以借助著名的费雪方程进行说明。

根据费雪方程 $M \cdot V = P \cdot Q$ 可知，方程的左端相当于总需求，右端相当于名义总供给。如果对方程两端取对数，经微分后便可得：

$$\frac{\Delta M}{M} + \frac{\Delta V}{V} = \frac{\Delta P}{P} + \frac{\Delta Q}{Q} \tag{6-4}$$

式中，$\dfrac{\Delta M}{M}$的本义为货币供给增长速度、$\dfrac{\Delta V}{V}$为货币流通速度变化率、$\dfrac{\Delta P}{P}$为通货膨胀率、$\dfrac{\Delta Q}{Q}$为真实供给增长率。在市场能够出清的经济条件下，$\dfrac{\Delta M}{M} + \dfrac{\Delta V}{V}$实际上就是即期总需求增长率，$\dfrac{\Delta P}{P} + \dfrac{\Delta Q}{Q}$则是名义总供给增长率。如果令$\dfrac{\Delta M}{M} + \dfrac{\Delta V}{V} = $ d'，则可得：

$$\frac{\Delta P}{P} = d' - \frac{\Delta Q}{Q} \qquad (6-5)$$

6-5式表明，通货膨胀率等于即期总需求增长率减去真实总供给增长率。真实总供给增长率，也就是按可比价格计算的实际经济增长率。6-5式中三个变化率之间至少存在27种排列组合关系。分析这27种排列组合关系不是本书的任务。而运用此式所涉及的主要变量关系说明需求总量扩张"过度"与否的涵义，则是本书所直接关心的。为此，就要证明此式在我国的适用性。

应当客观地、实事求是地说，6-5式所反映的关系无法说明我国实施改革前的实践。因为，在实施改革前，我国实行高度集权的经济体制，不仅生产完全靠指令性计划支配，而且价格水平和货币供给也完全依赖于计划调节。即使如许多学者所说，在传统体制下通货膨胀是以隐蔽的形式存在的，但从总体上看，那时商品货币关系对社会经济生活的影响要比计划指令关系小得多。

实施改革以后，情况发生了很大变化。商品经济的发展、双重体制的形成、价格管制的逐步放松、"消费者主权"和"生产者主权"逐渐形成以及指导性计划和市场调节范围的扩大等等，在很大程度上改变了微观经济运行和宏观经济运行的条件，出现了传统的产品经济向商品经济和货币经济过渡的趋势。因此，6-5式所包含的基本关系，在我国经济生活中已经存在，用该式所包含的变量关系来说明实施改革以后我国需求总量扩张或收缩"过度"与否具有一定的可行性。

表6-5　　　　　　　　我国的理论通货膨胀率与实际通货膨胀率　　　　　　　单位：%

年份 \ 指标	即期总需求① (1)	真实总供给② (2)	理论通货膨③胀率 (3) = (1) - (2)	实际通货膨胀率 (4)
1952	0.0	0.0	0.0	0.0
1953	35.8	19.6	26.4	—
1954	8.7	7.3	1.4	-0.2
1955	1.2	3.9	-2.7	-1.0
1956	19.6	18.8	0.8	-1.9
1957	6.7	4.8	1.9	-1.5
1958	26.1	32.8	-6.7	0.9

指标 年份	即期总需 求① （1）	真实总供 给② （2）	理论通货膨③胀率 （3）＝（1）－（2）	实际通货膨胀 率（4）
1959	30.0	20.8	9.2	1.0
1960	0.1	−2.0	2.1	1.3
1961	25.5	−39.2	64.7	16.7
1962	10.4	−11.4	21.8	−0.9
1963	7.4	13.2	5.8	−2.6
1964	9.4	18.5	−9.1	0.1
1965	14.4	18.2	−3.8	2.0
1966	14.0	17.8	−3.8	−2.7
1967	6.8	−9.9	16.7	1.2
1968	1.9	−8.6	10.5	2.1
1969	10.0	23.0	−13.0	−5.0
1970	21.0	25.7	−4.7	−3.8
1971	9.6	7.7	1.9	0.8
1972	2.8	3.5	−0.7	−0.02
1973	11.6	8.2	3.4	0.2
1974	1.8	2.0	−0.2	0.1
1975	10.0	9.4	0.6	−1.7
1976	1.2	−3.4	4.6	−0.4
1977	8.8	11.0	−2.2	1.1
1978	15.1	13.8	1.3	1.5
1979	12.3	7.4	4.9	4.5
1980	11.1	8.4	2.7	4.0
1981	7.9	4.2	3.7	2.2
1982	14.1	8.1	6.0	−0.1
1983	7.0	10.6	−3.6	1.4
1984	28.5	16.2	12.3	6.2
1985	26.5	16.0	10.5	12.7
1986	14.4	9.9	4.5	6.0
1987	18.2	12.3	5.9	11.3
1988	27.4	12.7	14.7	21.2
1989	7.9	4.4	3.5	11.8

注：①据国民生产总值支出法测算；

②按1952年不变价格计算；

③按国民收入平减物价指数计算。

资料来源：同表2－2。

表 6 – 5 第 3 列数据是按 6 – 5 式测算的我国理论通货膨胀率。[注]将其与我国实际通货膨胀率进行比较，不难发现，实施改革前这两种指标出入极大。它从一个侧面说明在那样一种体制下确实存在着隐蔽性通货膨胀。实施改革以后这两项指标大体相吻合，所存在的差异则主要来自于双重体制间的摩擦和政策调整。因此，实施改革以后，我国的理论通货膨胀率大体上是一个能够反映需求总量变动与供给总量变动内在联系的重要范畴。

如果以理论通货膨胀率指数 $\dfrac{\Delta P}{P}$ 为二维坐标系中的横轴，以真实总供给增长率指数 $\dfrac{\Delta Q}{Q}$ 为纵轴，将表 6 – 5 中 1978 ~ 1989 年两项指标移入该坐标系中，可得到一条重要曲线（见图 6 – 1）。笔者称其为"需求总量变动的供给效应曲线"（简称供给效应曲线）。

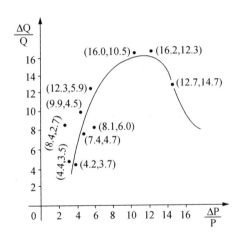

图 6 – 1　我国需求总量变动的供给效应曲线（1978 ~ 1989 年）

注：图中括号内左右数字分别为 $\Delta Q/Q$ 和 $\Delta P/P$ 的指数。

观察分析图 6 – 1 可以发现，我国的理论通货膨胀率低于 6.0% 时，供给效应曲线的斜率最大；理论通货膨胀率超过 6.0% 以后，供给效应曲线的斜率逐渐变小；当理论通货膨胀率达到 10.5% ~ 12.3% 时，供给效应曲线的斜率接近于 0；理论通货膨胀率超过 10.5% ~ 12.3% 以后，供给效应曲线向右下方弯曲，曲线斜率由此也变为负值。这是一种耐人寻味的经济现象。结合我国实施改革以来的经济实践，分析上述总需求变动的供给效应曲线，可以得到如下四点启示：

[注]　考虑到按 6 – 3 式测算的通货膨胀率与实际通货膨胀率之间的内在差异而采用这一概念。

第一，供给效应曲线斜率大，意味着真实总供给增长的机会成本低（即较低的理论通货膨胀率）。因此，在供给效应曲线斜率最大的区间内，真实总供给增长的代价最小。

第二，供给效应曲线的斜率较小，意味着真实总供给增长的机会成本上升。也就是说，在供给效应曲线斜率较小的区间内，要使真实总供给以更高的速度增长，就必须以较高的理论通货膨胀率为代价。

第三，供给效应曲线斜率为 0 时，真实总供给增长的"收益"与其"成本"[注]相抵。从我国的情况看，供给效应曲线斜率为 0 大体发生在两个区间：一是在理论通货膨胀率低于 3.0% 时；二是在理论通货膨胀率高于 10.5% ~ 12.3% 时（参见图 6－1）。从经济学的角度看，如果不考虑其他因素（如紧迫的经济增长目标、使人人满意的零通货膨胀率等），那么，真实总供给增长的"收益"与其"成本"相抵实质上是不经济的。

第四，供给效应曲线斜率为负，意味着真实总供给增长的机会成本远远超过其增长的"收益"，真实总供给的较小增长必须以理论通货膨胀率的较大增长为代价。十分明显，在正常条件下，这样实现的真实总供给的增长是完全不经济的。

上述四点表明，对需求总量扩张或收缩"过度"与"适度"的确定，必须考虑与需求总量变动密切相关的真实总供给增长的代价。其代价有高有低，最经济的选择显然应是代价最小者。

从主观愿望的角度看，零理论通货膨胀率可能是真实总供给增长的代价最小的标志。但从我国实践的角度看，这是一种脱离实际的愿望，因而是一种"虚无"的代价标志。

反过来看，如果理论通货膨胀率以及与其相联系的实际通货膨胀率高，但这种高通货膨胀率是社会所能容忍的，那么，由这种高通货膨胀率所表示的真实总供给的高增长率的代价也可视为约等于 0。然而，这种假定只是一种设想，也是不现实的。在我国现实生活中，社会可容忍的实际通货膨胀率大体是小于 10.0%，理论通货膨胀率则大体是小于 6.0%，这是 1984 ~ 1985 年，特别是 1987 ~ 1988 年的实践已经证明了的。1984 年理论通货膨胀率为 12.3%、实际通货膨胀率为 6.2%，引起的一个重要社会现象就是 1984 年底和 1985 年初的全国各大城市居民"抢购风"。只是由于那时人们的商品意识尚在形成过程中，因而来势不如 1988 年。到 1987 年理论通货膨胀率由上年的 4.5% 上升为 5.9%，实际通货膨胀率由上年的 6.0% 上升为 11.3%，物价看涨的趋势引起了社会的普遍"恐惧"。当 1988 年发出"价格改革闯关"的动员后，这种"容忍"便走到了其

[注] 这里借用"收益"和"成本"两个概念来表示社会福利的获得和社会福利的损失。

最后"边界",人们心理上的"恐惧"也就迅速向"恐慌"转化,并形成了全社会的"不容忍"行为——"八月抢购风潮"。

当然,社会对通货膨胀率的"可容忍度"并非固定不变,因此,在理论分析中不应把它凝固化,而应该具体情况具体分析。从原则上说,这里的所谓"可容忍度"主要取决于三点:其一,多数老百姓的实际生活水平不会因此而发生明显下降;其二,社会经济秩序不会因此而出现严重混乱;其三,国民经济稳定增长目标也不会因此而受到明显干扰或动摇。这就是说,以理论通货膨胀率表示的需求总量扩张或收缩的"度"应是一个区间。只有在这个区间内,它才是"适度"的,超出这个区间则是"过度"的。

结合表6-5所给出的经验资料,从上述分析中可以得出两点基本结论:第一,在需求总量扩张阶段,理论通货膨胀率低于6.0%,同时真实总供给增长率高于4.0%,需求总量扩张为适度;反之,则为过度。第二,在需求总量收缩阶段,理论通货膨胀率高于3.0%,但低于6.0%,同时真实总供给增长率不低于4.0%,需求总量收缩为适度;如果理论通货膨胀率不仅低于6.0%,而且低于3.0%,同时真实总供给增长率又明显低于4.0%,则为收缩过度。

6.2.3 需求总量过度扩张下供给的增长及其负效应

从理论上说,在完全竞争条件下,价格变动不受人为控制,价格机制和竞争机制能够充分发挥其调节经济行为、进行资源配置的作用,因此,这种关系反映到宏观经济领域就主要表现为总供求的协调运动。总需求的扩张或收缩,会引起总供给大体同步的扩张或收缩;总供给的扩张或收缩,也会引起总需求大体同步的扩张或收缩。它们二者互为因果、互相作用,并总能在动态中达到均衡。这是人所共知的现代西方经济学常识。

然而,在现实经济生活中,完全竞争的市场经济是不存在的。在我国条件下情况就更复杂一些。例如,在实施改革前的传统体制下,货币关系仅仅是社会主义进行"经济核算的工具"和"出于无奈而不得不采用的尺度"。① 因此,那时供给与需求常常是互相分离着的,往往出现供给增长,需求并不发生变动;或需求上升,供给根本不受影响等情况。所以,总有"短缺"或"滞存"相伴随。它表明了总供求在短期中出现脱节的客观现实性。当然,总供求的短期脱节并不排斥它在长期的内在统一。理论研究表明,即使在我国传统体制下,从长期的角度看,总供求也仍是内在统一的。[注]再比如,实施改革后,体制的双重性不仅带来了运行机制和经济主体行为的双重性,而且产生了地方、企业乃至个人以各种方式表达出来的"双重依赖"。在这种环境下,国家计划常常是个人收入攀比和

---

① 《马克思恩格斯选集》第3卷,第348页。

[注] 张志超对我国积累率与经济增长率关系的分析,从另一个角度证明了这一点。参见《对卡莱斯基增长模型的初步分析和验证》,《南开经济研究》1990年第3期,第62~63页。

消费膨胀，投资主体进行"投资争取"和投资膨胀的被动机制与工具。[1] 因此，这时总供求关系就不仅以"短缺"或"滞存"等形式表现出来，而且也以通货膨胀或"市场疲软"等形式表现出来。总供求关系不仅变得更密切、更直接了，同时也变得更复杂从而更有研究的必要了。鉴于上述情况，考虑到科尔内在《短缺经济学》等著作中对传统体制下总供求关系的分析已经非常充分，因此，这里的讨论将不再涉及实施改革前的情况，而集中分析实施改革后需求总量过度扩张的供给效应。

（1）需求总量过度扩张的正效应

为了说明需求总量过度扩张的正效应，有必要先观察表6－6。

表6－6　　　　　　　　　我国不同时期总供给的需求弹性

时期 指标	1953～1962	1963～1966	1967～1978	1979～1989
弹性系数	0.70	0.62	0.91	0.98[1]
相关系数	0.75	0.51	0.61	0.99
D.W. 检验	2.10	3.41	1.06	1.52
截距	－1.23	－0.67	－2.43	0.11

注：据本书表2－2按最小二乘法求对数回归计算。其中，"①"为经一阶差分后的数值。

表6－6的数据表明，实施改革前的27年中，除1963～1966年具有特殊性，因而其间各项指标没有统计检验意义外，其他两个时期总供给的需求弹性系数、相关系数均很低，但截距值却很高。这意味着那个时期总供给的变动具有极大的独立性。实施改革后，总供给的需求弹性、相关系数都相当高，而截距却极低。这充分表明在此期间总需求变动与总供给变动的关系不仅更密切了，而且影响力度也更大了。

实践中的直观材料也表明了这一点。例如，1958年、1959年总需求分别增长了26.1%、30%，而同期真实总供给却分别增长了32.8%、20.8%；1961年、1962年前者分别为25.5%、10.4%，后者则为－39.2%、－11.4%；1969年、1970年前者分别为10.0%、21.0%，后者却为23.0%、25.7%。实施改革后的12年，总需求扩张的年份大都是真实总供给高速增长的年份；反之，则是真实总供给低速增长的年份。

实施改革后的12年中，多数年份都处于需求总量的扩张状态。其中，需求总量扩张过度出现过五次（按理论通货膨胀率超过6.0%划分）。这五个年份（1982年、1984年、1985年、1987年、1988年）需求总量扩张度（用理论通货

---

[1] 参见拙作《论计划与市场有机结合的宏观依据》，《南开学报》1990年第5期。

膨胀率表示）平均为 9.88%，明显高于 12 年中其他年份的平均值（3.98%）。与此相对应，这 5 年的真实总供给增长率平均为 13.1%，也明显高于 12 年中其他年份的平均值（8.4%）。表 6 - 7 具体描述了需求总量过度扩张的"正供给效应"。

表 6 - 7　　　我国 1978～1989 年需求总量过度扩张的供给效应（年增长率）　　　单位:%

指标＼年份	1982	1984	1985	1987	1988	1978～1989 年平均(1)	五年平均(2)	其他年份平均(3)	差额 Ⅰ (4) = (2) - (3)	差额 Ⅱ (5) = (2) - (1)
真实总供给	8.1	16.2	16.0	12.3	12.7	10.3	13.1	8.4	4.7	2.8
理论通货膨胀率	6.0	12.3	10.5	5.9	14.7	5.53	9.88	3.98	5.9	4.4
人均实际国民收入	6.6	12.4	12.2	8.6	9.5	7.6	9.9	6.0	3.9	2.3
全国职工工资总额	7.6	21.3	22.0	13.3	23.1	14.8	17.5	12.8	4.7	2.7
全国职工平均工资	3.4	17.9	17.9	9.8	19.7	10.8	13.7	8.8	4.9	2.9
农民人均纯收入	20.9	14.7	11.9	9.2	17.8	11.7	14.9	9.4	5.5	3.2
个人消费需求	10.0	28.4	32.3	14.5	31.8	17.9	23.4	14.0	9.4	5.5

资料来源：据本书表 6 - 5、表 2 - 2 和《中国统计年鉴》1984 年卷第 697～698 页，1989 年卷第 29 页、第 124 页、第 138 页、第 743 页，以及《1989 年国民经济和社会发展的统计公报》计算。其中人均实际国民收入按 1952 年不变价格计算。

　　在我国现阶段，需求总量过度扩张之所以仍能够产生刺激供给增长的正效应，是由于我国现行条件下存在着推动供给增长的因素。第一，中央、地方、企业都有尽可能使供给增长的使命感和热情。第二，客观上也存在使供给增长的余地。例如，我国固定资产有效利用率一直只有 60% 多，其中金属切削机床利用率仅 50%，我国现有企业中富余人员约 1500 万、农村过剩劳动力则超过 1 亿。[①]因此，只要注入资金，总能推动供给增长。问题是，如果需求总量过度扩张带动供给增长的正效应小于负效应，则这种过度扩张显然也是不可取的。

　　（2）需求总量过度扩张的负效应

　　根据我国的经验，需求总量过度扩张的负效应主要表现在以下四个方面：

　　第一，刺激"短、平、快"产业发展，加剧产业结构失衡。如上所述，需求总量过度扩张意味着理论通货膨胀率超过 6.0%，实际通货膨胀则可能更高。高通货膨胀率是高物价上涨率的同义语。在我国条件下，高通货膨胀率对经济发展的刺激作用主要取决于两个基本因素：一是预期；二是行业体制特点。如果通

　　① 参见 1987 年 4 月 17 日，《人民日报》、《经济研究》1987 年第 6 期和《瞭望》1988 年第 28 期等文献资料。

货膨胀是未预见的，由于全社会劳动者均无理由要求平添货币收入，因此，通货膨胀来临后，企业可从即期销售中获得较高利润，从而使企业利润留成乃至企业职工收入增加，由此将导致企业生产规模扩大。如果通货膨胀是已预见的，则劳动者将要求同时增加货币收入（这种要求的理论表现就是所谓"工资收入指数化"），企业也将力求增加存货（形成所谓"囤积倾向"），以便将来按更高价格出售产品。这时会出现短期供给下降、长期供给上升。如果在通货膨胀期间有些行业产品产量和价格均受计划控制，那么，这些行业的生产就会失去增长动力；而那些不受控制的行业的生产就会迅速扩张。到目前为止，我国价格控制的重点是那些关系国计民生的产品，而这些产品又都是需求价格弹性很低的"基本产品"。[注] 由于我国至今未形成较为完善的保护"基本产品"生产的经济政策和措施，因此，在需求总量过度扩张的情况下，那些不受控制或控制程度较低的"非基本产品"的生产就会获得普遍迅速发展。其结果必然是短线更短，长线更长，产业结构更加失衡。

第二，刺激资产增量迅速扩张，抑制资产存量有效调整。在需求总量过度扩张的压力下本来不适合市场需求的"滞存"商品和物资会变得"身价"倍增，而那些适合市场需求的商品和物资则会变得更加紧俏和"短缺"。特别是价格管制程度较低的那部分短缺商品和物资，在这种情况下其价格将大幅度上升。在"短缺强化短缺"链条的作用下，一切生产的扩张都变得"有利可图"了，由此便导致各类经济行为主体投资热情的高涨。资产增量的迅速扩张代替了资产存量的合理调整。而已有的实践也证明，在上述条件下，如果国家着手实施紧缩政策，那么，在这种政策实施的过程中，谁真的执行紧缩政策，减少流量扩张、增大存量调整，谁就会因此而使即期产量和收益下降、扩大存量调整的净支出。观察分析表 6-8 可以清楚地看到这种效应。1986 年是国家从 1985 年下半年开始实施紧缩政策的后期，由于有些省市在这次紧缩中仍注重资产增量的扩张，因而其工业产值和国民收入增长水平也较高。相反，严格实施紧缩的省市，其工业产值和国民收入增长水平就相对低一些。这种情况表明，需求总量过度扩张必然妨碍资产存量的合理调整。

表 6-8　　　　　我国 1986 年固定资产投资与产出效应比较（增长率）　　　单位:%

地 区 ＼ 指 标	全社会固定资产投资	工业总产值	国民收入
全国	18.7	11.7	7.7
北京	11.3	6.0	1.6

[注] 即斯拉法所说的"那些参加所有商品生产的商品"（参见 [英] 斯拉法：《用商品生产商品》中译本，商务印书馆 1963 年版，第 14 页）。

续表

指标 地区	全社会固 定资产投资	工业总产值	国民收入
上海	18.9	5.5	3.6
天津	7.6	6.2	5.1
吉林	0.8	7.4	6.6
辽宁	27.8	9.6	7.9
江苏	57.5	18.0	10.2

资料来源:《中国固定资产投资统计资料》1986~1987年卷，第23页;《中国统计年鉴》1988年卷，第42、56页，1989年卷，第31、53页。

第三，刺激即期消费，导致城乡居民实际收入水平和消费水平下降。在需求总量过度扩张过程中，所有经济行为主体都自然会形成通货膨胀预期，这种预期将改变经济行为主体的经济行为。作为消费者，他们将会普遍形成"提前消费"、"购物保值"倾向。作为生产者，他们则将普遍形成"惜售"和"囤积"倾向。如果在这种条件下存在价格管制，"灰市"和"黑市"将变得猖獗，形成所谓"灰市"或"黑市"价格，[注]出现"私倒"、"官倒"横行甚至欺行霸市。其直接结果或是迫使放松物价管制、导致物价大幅度上涨，或是扭曲消费行为、形成"强制替代"，而最终结果则必然使城乡居民实际收入水平和消费水平下降。

第四，加剧总需求周期和经济周期的波动与震荡，导致资源配置效益下降。需求总量过度扩张往往造成市场的虚假繁荣，导致社会经济的"超高速增长"。但这种"繁荣"和"超高速增长"不可能长期延续。因为过旺的需求和过高的增长速度是与实际供给和社会经济承载力不相适应的。这就决定了"萧条"的迅速来临。而在我国目前的双重体制下，一旦"萧条"来临，各产业部门、地区、企业等又往往采取"等待"、"观望"态度，依赖国家的"启动"，形成所谓经营和资源再配置的低效性。经营和资源再配置的低效性同市场的虚假繁荣及生产短期"超高速增长"并发或交替出现，又会加剧总需求周期和经济周期的波动与震荡，并进一步导致资源配置效益的下降。

总之，在我国经济发展中，虽然需求总量过度扩张仍会在一定程度上刺激总供给的增长，有时甚至是超高速增长，但它同时也会给国民经济长期持续和稳定增长设下不可逾越的障碍，代价十分高昂。因此，从总体上、从比较效益的角度

[注]"灰市"（Gray Market），指不正当地投市场需求之机，以高价现货成交稀缺商品的市场。它出现于第二次世界大战以后，依赖于双重价格制度。"灰市"与"黑市"（Black Market）的区别在于前者不合道德准绳但合法，后者则是非法的（参见［美］D. 格林沃尔德编:《现代经济辞典》中译本，商务印书馆1981年版，第203页。另外可参见樊纲:《灰市场理论》,《经济研究》1988年第8期）。

看，需求总量过度扩张对于我国经济发展来说是有害而无益的。

6.2.4 需求总量过度收缩的供给效应及其代价

根据前述需求总量过度收缩的判断标准，结合我国 40 年的经验材料，不难发现，需求总量收缩过度主要发生在实施改革前的 27 年。实施改革后的 12 年中，只有 1989 年第 4 季度至 1990 年第 2 季度工业生产出现持续负增长，从而才带有需求总量收缩过度的特征。需求总量收缩过度的供给效应集中表现为供给总量下降。

需求总量收缩过度必然导致供给总量下降这种经济现象，在实施改革前的传统体制中是以扭曲的形式表现出来的。因为，在生产统一计划、产品统一收购、资源统一配置、收入统一分配、支出统一安排的条件下，产出完全有可能脱离市场需求而自行发展。只要产成品由国家统一收购，即使产出转化为"滞存"，甚至以后还可能成为"废品"，在统计上就仍表现为供给的增长。[注]这种情况的存在给我们的理论分析带来了一定困难。不过，通过对长期统计资料的分析，仍然可以发现，只要存在需求总量收缩过度，经过一个或长或短的时期后，其供给效应总能通过通货膨胀率（即使是被压抑的）下降或真实总供给增长率下降等形式表现出来。从这个意义上说，借助于长期比较分析探讨需求总量过度收缩的供给效应是有益的。

需求总量过度收缩必然造成供给总量下降，是由总需求本身所具有的二重性决定的。首先，总需求反映的是生活消费和生产消费与生活品和投资品供给之间的关系。根据马克思的再生产图式，如果将 Ⅱ（c + v + m）看作全社会消费品的供给，那么，在扩大再生产条件下只有同时存在 I（v + Δv + $\frac{m}{x}$）+ Ⅱ（v + Δv + $\frac{m}{x}$）这样多的生活消费需求，等式 Ⅱ（c + v + m）= I（v + Δv + $\frac{m}{x}$）+ Ⅱ（v + Δv + $\frac{m}{x}$）才能成立。同样，如果将 I（c + v + m）看作全社会投资品的供给，那么，只有同时存在 I（c + Δc）+ Ⅱ（c + Δc）这样多的生产消费需求，等式 I（c + v + m）= I（c + Δc）+ Ⅱ（c + Δc）才能成立。如果上述两等式右端小于左端，就意味着生产即供给过剩、需求不足，社会再生产连续循环的链条就会因此而发生中断。反之，则反是。这也就是说，没有即期需求，就不会有长期供给；即期需求收缩，长期供给迟早要收缩。其次，总需求本身还能够直接创造供给。如果撇开消费需求间接创造供给的作用不说，仅就投资需求和出口需求而言，不难理解，投资需求会形成资产存量，从而构成促使供给增长的手段和基本要素；出口需求则会形成外汇储备和在国际金融机构的资产，从而构成增加进口，

[注] 由此就不难理解，为什么在传统体制下统计上更注重总产值指标，而不注重净产值指标；同时也就能够理解，在我国现阶段人们对经济形势的判断为什么更重视净产值指标，而对总产值指标持怀疑态度了。

促使供给增长的物质基础和条件。如果由于工资收入刚性和进口压力等项原因，消费需求和出口需求不能收缩，仅收缩投资需求，那么，需求总量也会因此而收缩。投资需求下降，必然减小资本形成的规模、导致资本浅化。这不仅会降低社会资本有机构成和生产技术水平，同时还会降低消费和进口需求。在这种情况下如果其他条件不变，则供给总量下降就成为必然。

我国实施改革前，依靠行政命令和指令性计划的力量，每经历一段扩张期后总要来一次砍投资、压需求，进而形成总需求和总供给的大起大落，甚至国民经济持续 2～3 年的负增长。这便是需求总量过度收缩必然产生的供给效应。

虽然从实施改革后 12 年的经验材料看，还难于得出我国近年来也发生了需求总量收缩过度的确切判断，但是，传统的行政指令受到各种形式的"自主权"的限制，并不意味着行政指令已完全消失或失去了意义；强制性的"砍"、"压"已经失效或在很大程度上失效，并不意味着基层或中层投资主体对什么性质的投资都充满热情。因此，不能排除在双重体制下出现需求总量收缩过度迫使总供给大幅度下降的可能性。而这种可能性能否变为现实，既取决于改革本身继续深化的程度，又取决于宏观政策选择以及对这些政策实施时机的把握、政策操作的技术和力度。

需求总量收缩过度除了会产生供给总量下降的效应以外，其他方面的代价也相当高。第一，造成现有生产能力和资源的更大闲置浪费。需求总量收缩过度意味着即期消费需求和投资需求不足。尽管在传统体制下消费需求因"配给制"而对供给不直接发生影响，但投资需求却直接与既定生产能力的发挥密切有关。投资需求不足，将直接导致现有生产能力闲置，同时还使应该及时开发和利用的资源得不到应有的开发和利用，最终造成人力资源、物力资源和其他自然资源的巨大浪费。第二，进一步抑制产业结构的合理调整，并使这种调整失去目标。产业结构的调整既是一个存量重组的过程，又是一个需要一定数量的追加资金支持的过程。如果需求总量收缩过度，不仅会使实施增量调整（用增加投资推进产业结构变动）的资金不足，而且还会使实施存量重组的资金不足。其结果，必然延缓甚至阻碍产业结构的合理调整。另外，无论是在传统体制下，还是在双重体制下，从长期看，需求具有为产业结构调整提供导向的作用。如果需求总量收缩过度，则必然在导致需求普遍下降的同时，使供给增长（即使是低速增长）和产业结构的合理调整失去方向和目标。例如，到 1990 年 10 月为止，全国彩色电视机、自行车、收录机、洗衣机、家用电冰箱等均库存积压上千万台（辆），全国此类产品生产线也分别达到 140 条。但仅据此，还很难做出需要对这类生产进行全面调整和实行关、停、并、转的判断。第三，进一步加大总需求和整个经济周期的波动幅度，阻碍国民经济的正常稳定增长。在需求收缩过度的条件下，除少数需求弹性较低的生活必需品和投资品外，大部分产品将因需求不足而处于"滞销"状态。用国营商业收购、统一储存的办法虽能维持一时，但绝不是保证供给稳定增长的长久之计。一旦国库饱和，这个"蓄水池"也仍然要发生"外溢"，最终免不了波及整个社会生产，使本来应该发展的短线生产和不应该发展的长线生产都受到冲击，形成进一步加剧总需求和整个国民经济的周期波动效应，中断其长期稳定增长的链条。

总之，如果说需求总量过度扩张还具有一定程度的刺激供给增长的正效应的话，那么，需求总量过度收缩则只能带来供给下降的负效应，其代价绝不会比过度扩张来得小。因此，同需求总量过度扩张一样，过度收缩也是不可取的。

6.2.5 需求总量适度扩张和收缩的必要性及其意义

前述分析表明，需求总量过度扩张或过度收缩，都背离了总需求变动规律的要求，无助于实现我国总需求乃至整个国民经济的长期持续和稳定增长，因而是不可取的。那么，需求总量的适度扩张或适度收缩是否符合总需求变动规律的要求，并有助于我国总需求以及整个国民经济的长期持续和稳定增长呢？我的回答是肯定的。

前述分析表明，判断我国需求总量扩张或收缩适度与否的关键，是看前述双重数量界限所处的状态。概要地说，"双重数量界限"主要是指：真实总供给增长率不低于 4.0%，同时理论通货膨胀率不大于 6.0%。这里应明确两点：第一，真实总供给增长率不低于 4.0% 意味着可以大于 4.0%；第二，真实总供给增长率不低于甚至大于 4.0% 必须以理论通货膨胀率或扣除了合理涨价因素的实际通货膨胀率不高于 6.0% 为前提。如果通货膨胀率不高于 6.0%，真实总供给的高速增长又能够长期持续，则它正是需求总量适度扩张或收缩的经济意义所在。

在我国现阶段，随着市场经济的发展和总供给增长对总需求增长依赖程度的提高，保持需求总量适度超前增长是必要的。

第一，我国是一个人口大国，人口状况是迫使我国需求总量适度扩张的一个长期起作用的因素。道理很简单，按目前我国每年人口净增 1700 万计，如果假定每个新增人口一年平均需口粮 100 公斤、豆油 2.5 公斤、猪肉 5 公斤、布 3.33 米、住房 4 平方米，全国新增消费需求总值约为 190 亿元（按现行价格计算）。为满足这部分需求，就要提前增加固定资产投资 487 亿元（按 1987 年投资效果系数 0.39 折算）。如果再把新增人口就业问题考虑进来，按每增加一个劳动力就业平均需增加固定资产 5000 元计算，又需增加固定资产投资 1200 亿元（按 1988 年固定资产交付使用率 0.71 折算）。另外，如果全国人均生活水平在现有基础上计划每年提高 5.0%，按 1988 年人均消费水平（639 元）计算，还需新增消费额 355 亿元，为此也要提前增加固定资产投资 910 亿元。如果不考虑消费需求存量和资产存量调整所要求的投资需求，仅上述三项相加，净增需求总值已超过 1989

年新增国民收入的 1.4 倍，相当于全年国民收入的 24.2%。这样一个相当保守的
假设例证表明，在人口增长的压力下，迫使需求总量扩张的压力相当大，真正做
到"适度"扩张而不是"过度"扩张并不是一件很容易的事情。

第二，我国目前正处于结构转换的高峰期，结构的转换在客观上也要求需求
总量保持适度扩张。这里所说的结构转换包括四个层次：其一，产业结构的转
换。随着我国经济的发展和产业部门的拓宽，三次产业的比重将发生明显变化，
特别是第一次产业就业份额和比较劳动生产率[注1]将出现倒比变动。与此相适
应，第一次产业过剩劳动力向外转移和第二次产业内部就业门类的发展及其过剩
劳动力向外转移，都将导致消费需求和投资需求的增加。其二，行业结构的转
换。随着生产力的发展和社会文明（物质的与精神的）程度的提高，第二、三
次产业内部的行业结构，特别是第二次产业内部的行业结构也会发生明显变化。
高附加价值的加工工业、高技术产业的兴起和发展，必然对基础产业和行业的发
展提出更高要求。由此必然会引发扩张需求总量的要求。其三，消费结构的转
换。虽然 19 世纪德国统计学家恩斯特·恩格尔（Ernst Engle）最先系统地阐明
了消费结构变动与收入间的关系，但他却忽略了"示范效应"对消费结构的影
响作用。而我国城乡居民消费结构转换来得较早，恰是在收入水平有一定程度提
高但还不够高的情况下发生的。我国消费结构的转换快于收入水平的增长速度，
其中一个重要机制就是"示范效应"。一是开放条件下发达国家的消费"示范效
应"。这一效应首先引致城市居民的"消费模仿。"二是商品经济发展过程中城
市居民的消费"示范效应"。这一效应进一步引致农村居民的"消费模仿"。"示
范效应"导致消费结构超前转换，消费结构超前转换反过来又对个人货币收入的
提高形成压力，继之而来的则是形成较高的投资增长要求。其四，进出口结构的
转换。随着改革、开放、国际贸易关系的发展和进口需求的增长，必然要求出口
结构迅速向高附加价值、高质量、深加工产品转变，否则，就只能是以量抵质、
以多换少。而要适应这种转变的要求，提前增加对这类出口产品生产的投资就不可
避免。总之，我国目前已进入了结构转换高峰期。在这样一个时期，没有需求结构
的合理调整和需求总量的适度扩张，上述四个层次的结构转换就无法顺利实现，其
结果反而不利于我国经济的健康发展。

第三，我国目前已经形成的总供求格局，在客观上也要求需求总量保持适度
扩张。本书的测算及其他多数有关测算表明，1978～1989 年我国总需求一
直处于大于总供给的状态。[注2]在我国以市场为取向的改革需要继续深化、商品

[注1]　比较劳动生产率 = $\dfrac{\text{国民收入的相对比重}}{\text{劳动力的相对比重}} \times 100\%$

[注2]　有些人认为，1989 年我国已出现即期最终需求不足，且缺额达 899 亿元（参见乔刚、马建堂：
《适当增加最终需求、逐步消除市场疲软》，《经济研究》1990 年第 5 期，第 60～61 页）。

货币关系和市场经济需要继续发展的条件下，企图一下子改变这种状态，消除总供求差额（即超额需求）是不现实甚至是有害的。而从已经有的实践经验来看（参见表6-9），保持需求总量适度扩张是有助于国民经济适度增长的。从表6-9所提供的数据不难发现，除1978年外，其他年份中只要总供求差额占总供给的比重低于4.0%，必然有一个较低的真实总供给增长率与其相对应。当然，总供求差额占比过高，与其相对应的虽然是较高的真实总供给增长率，但同时也伴随着较高的理论通货膨胀率。1989年11月9日通过的《中共中央关于进一步治理整顿和深化改革的决定》提出，今后几年内要保持国民生产总值年均递增5%~6%的速度。这个增长水平低于1978~1989年平均增长10.3%的水平，也低于除5个需求总量过度扩张年份外其他7个年份平均增长8.38%的水平。即便如此，要实现这个目标，除了其他条件之外，没有需求总量的适度扩张，也是不可能的。这一点不仅为1989年的实践所证明，也为1990年"放松紧缩力度"的实践所证明。其原因在于，我国经济发展到今天，总供给的增长已不仅依赖于改革、管理、组织、经营等条件，而且首先依赖于资金即需求总量超前增长的"启动"。

表6-9　　　　　　　　　　　我国1978~1989年总供求格局

指标＼年份	1978	1979	1980	1981	1982	1983	1984	1985	1986	1987	1988	1989
总供求差额[①]（亿元）	47.72	69.79	43.34	113.25	375.60	192.48	557.83	663.12	751.83	666.82	831.95	466.45
总供求差额占总供给比重（%）[②]	1.6	2.1	1.2	2.8	8.7	4.0	9.5	8.9	8.8	6.4	6.3	3.2
理论通货膨胀率（%）	1.3	4.9	2.7	3.7	6.0	-3.6	12.3	10.5	4.5	5.9	14.7	3.5
真实总供给增长率（%）	13.8	7.4	8.4	4.2	8.1	10.6	16.2	16.0	9.9	12.3	12.7	4.4

注：①指即期总需求与即期名义总供给差额。
②指即期总供求差额占即期名义总供给的比重。
资料来源：同表2-2、表6-5。

"需求总量适度扩张（或适度收缩）论"遇到的一个诘难是，它可能引起物价加速上升，甚至使国民经济陷入"滞胀"困境。[①] 对此我是持怀疑态度的。

———————————

① 参见戴园晨：《组织总需求和总供给平衡的几个问题》，《财经问题》1987年第2期；《从总需求膨胀的体制分析到宽松环境的政策选择》，《财政研究资料》1989年第29期。

首先，我国不存在发生"滞胀"的条件。所谓"滞胀"（Stagflation），原指经济增长处于停滞状态，同时又伴随着较为明显的通货膨胀。"滞胀"是 20 世纪 70 年代以后西方发达资本主义国家经济生活中出现的一种新现象。在这些国家之所以发生"滞胀"，直接原因是人口增长下降、边疆开拓的完成、殖民地相继独立、需要吸收大规模投资的新兴部门减少、折旧基金增加使厂商无需利用储蓄即可满足资本更新的需要以及利率下降导致消费倾向上升等等，根本原因则是资本主义基本矛盾日益深化及其经济制度的内在危机。而在我国，不仅社会基本矛盾的性质与资本主义根本不同，而且各个层次的经济行为主体所表现出来的增长动机、投资热情、储蓄和消费倾向等等，都比资本主义国家强烈得多。到目前为止，我国尚未发生"胀"由"滞"相伴随的实践已证明了这一点。今后能否因"胀"而导致"滞"，不仅要看经济条件的变化，而且要看社会基本矛盾的发展。不过据我考察，似无这种必然性。

其次，这里所强调的需求总量适度扩张的具体内涵也与"滞胀"根本不同。如果以美国 1966～1982 年国内生产总值和消费品指数年均增长率（分别为 2.8% 和 6.8%）[注] 作为"滞胀"内涵的指标参照系，那么，这里所说需求总量适度扩张的内涵指标分别为大于 4.0%、小于 6.0%。这一指标内涵显然与那种典型的"滞胀"根本不同。

再次，需求总量伴随 6.0% 以下的通货膨胀率而适度扩张，也是与改革中货币在供给增长中所具有的"润滑剂"和"大轮毂"作用不断加强密切相关的。据测算，近年来我国货币供给对国民经济发生影响作用一般要滞后 7～12 个月。[①] 资金不足，其中流动资金不足常常是影响我国当年供给增长的一个重要因素。而增发流动资金贷款，实际就是扩大货币供给量。货币供给量提前或推迟 7～12 个月和增发的货币供给量提前或推迟 7～12 个月，对当年总供给的增长将产生极不相同的影响。一般来说，货币超前供给有助于总供给增长。我国 1986 年的实践，特别是 1990 年的实践证明了这一点。从 1989 年第 4 季度到 1990 年第 2 季度，我国工业生产一直处于负增长状态。由于国家从 1990 年第 2 季度开始放松紧缩力度，在降低利率、增加固定资产投资的同时，增加流动资金贷款（到 9 月末增加贷款 1430 亿元），因此，后来才出现了"市场疲软"有所缓解、工业生产逐步回升、全年可望增长 6% 的局面。[②]

总之，在我国现阶段，需求总量适度扩张有助于保持总需求和总供给持续、稳定和适度增长。这是实践证明了的一种客观必然性。仅从"感情"的角度来观察，是难以对它有一个确切的理解和把握的。把需求总量适度扩张简单地等同

---

①　参见张风波：《中国宏观经济分析》，人民出版社 1987 年版，第 123 页。

②　参见 1990 年 10 月 9 日和 10 月 30 日《人民日报》第 1 版。

[注]　据《中国统计年鉴》1984 年卷，第 542、551 页计算。

于"凯恩斯的需求刺激经济的措施"也是不恰当的。而且 1989 年第 4 季度至 1990 年第 2 季度的实践也已证明，否定需求总量适度扩张、实行过度紧缩，反而有可能导致国民经济陷入"滞胀"的困境。

与需求总量适度扩张相对应的另一个方面是适度收缩。收缩只能适度，而不能过度。过度收缩会产生负效应。由于适度收缩恰与适度扩张措施相反、结果却相同。因此，明确了适度扩张的必要性及其意义，对于适度收缩时必要性及其意义也就一目了然了。

以上分析表明，在我国的条件下，无论需求总量的过度扩张或过度收缩，都是负效应大于正效应。只有适度扩张或收缩，才符合我国国情，才能使其正效应大于负效应，从而才有助于实现国民经济的长期持续、稳定和高效益增长。

7

调节需求、推进供给的宏观政策选择

理论是通过政策来深刻说明和指导实践的。因此，在分析和阐明了总需求变动及其供给效应的基础上，进一步探讨和说明适合于我国的宏观政策选择原理，不仅是本书内在逻辑的展开，而且也是实践发展的客观要求。

7.1 推进供给始终是我国经济发展的主题

我国是实行社会主义制度的国家，又是一个正在发展中的"人口超级大国"。因此，在各个方面它都表现出与一般国家不大相同的特点。[①] 如果撇开这些特点的具体差异不说，仅从需求与供给的总体关系的角度看，那么，我国经济发展中的一个基本方面就是必须始终以推进供给为主题。

7.1.1 把推进供给作为我国经济发展的主题的原因

在我国经济发展中之所以必须以推进供给为主题，主要是由以下三个基本原因决定的。

（1）我国所处的发展阶段及收入水平

我国是一个低收入发展中国家，目前正处于由低收入向中等收入转变的阶段，按人均收入（人均国民生产总值）比较，在人口超过 100 万的国家中，我国始终排在 100 位以后。按当年官方汇率计算，1989 年人均收入 300 美元多一点。而这样一种人均收入水平也是经过 10 年改革、开放和经济建设的努力才达到的。回顾 40 年的历史，我国人均收入大约是 10 年上一个台阶（即增加 100 美元）。不仅与发达国家相比人均收入低，并且有差距扩大趋势；就是与中等收入国家相比，差距也不算小。[注]造成我国人均收入水平低、上升速度慢的原因主要有以下

---

① 参见世界银行经济考察团：《中国：社会主义经济的发展》，中国财政经济出版社 1983 年版；世界银行 1984 年经济考察团：《中国：长期发展的问题和方案（主报告）》，中国财政经济出版社 1985 年版。

[注] 国内有些学者认为，尽管用美元计算的人均收入低，但由于国内商品、劳务价格低，因此我国实际人均收入并不低。这种观点虽有一定道理，但不十分确切。因为进行国际比较，只能借助于"国际价值"、用国际社会必要劳动来衡量（参见马克思：《资本论》第 1 卷，第 614 页和第 3 卷，第 264 页及拙作《对外开放与马克思的国际贸易和世界市场理论》，《新华文摘》1983 年第 12 期，第 50 页）。

几个方面：

首先，我国人口基数大、人口自然增长率高是一个重要原因。我国人口净增长率虽然比其他发展中国家低，但明显高于美、英、日等发达国家和苏、东国家。由于我国人口基数大，因此，每年净增人口绝对量也非常大，相当于每年净增一个澳大利亚或马来西亚。[注]在这种条件下，经济增长或者说总供给增长的速度稍有放慢，人均收入就会下降。

其次，体制约束下产业结构调整效率低也是一个重要原因。产业结构不合理，产业结构效益不可能高。人均收入水平的上升在很大程度上要依赖于产业结构的合理化。为此，就要合理调整产业结构。近40年来，我国产业结构的大规模调整主要有四次：第一次是"一五"时期。那次调整的重点是发展重化工业、为实现工业化打基础。但由于"左"的错误，向重化工部门投资过猛，导致了产业失衡，因而带来了1963～1965年的"三年调整"。这次调整在一定程度上是对当时产业结构重型化倾向的修正。但受体制因素的影响，产业结构重型化倾向很快复归。1978年实施改革以后的第三次调整是在"双重体制"形成过程中进行的。这次调整虽然纠正了产业结构重型化倾向，但同时又形成了产业结构过度轻型化倾向。因而在一定程度上也降低了产业结构调整效率，使人均收入未能达到其应有的水平。目前正在进行的是第四次调整。如果在这次调整中能够积极地总结历史经验，产业结构调整效率可望提高。但如果在调整过程中对"双重体制"和"双重依赖"的弊端重视不够，其代价也不会很小。而在产业结构调整效率较低的情况下，要想使人均收入较快上升是不可能的。

最后，经济增长中的产出效益低是另一个重要原因。尽管我国经济增长速度很高，但由于管理水平低、劳动效率低，因而物耗率高、净产出水平低，增长速度与产出效益不对称。在我国经济总体关系中，全民所有制经济占绝大比重。而比较不同所有制经济的产出效益，近年来明显存在"国营不如集体、集体不如个体、个体不如合资（主要是中外合资）"的现象。这充分表明，在全民所有制经济的产出效益得到明显改善以前，人均收入不可能有较快的增长。

上述三个方面，既是人均收入低的原因，同时又是人均收入低的结果。这似乎是一种"恶性循环"。例如，人均收入低，在分配关系给定的条件下，人均货币报酬也低。特别是在我国农村，人均货币报酬低，"为了防老"，人们就倾向于多要子女、多生孩子，结果导致人口增长率上升。人口增长率上升反过来又造成人均收入水平降低。同样，人均收入低，产业结构调整所需资金就不可能充足，加上体制因素的影响，产业结构调整的效率就无法明显提高。较低的产业结

[注] 我国人口自然增长率为14‰左右，年净增人口约1700万。澳大利亚、马来西亚人口分别为（1987年）1625万和1653万（参见《中国统计年鉴》1989年卷，第915页）。

构调整效率，不可能带来人均收入水平的迅速上升。至于产出效益，除其他条件（如技术装备水平、经营管理水平等）外，在人均收入水平低的情况下，能够归劳动者个人支配的收入份额必然较小。这就客观地决定了劳动者个人收入中"必要劳动收入"大于"剩余劳动收入"。在后一种收入占劳动收入比重较小的条件下，从物质利益关系上刺激人们"拼命"提高劳动效率（包括体力劳动和脑力劳动）的财力就不充裕，因而产出效益也必然相应较低。反过来，产出效益低不可能带来较高的人均收入水平。

以上分析表明，我国目前还处在低收入水平的经济发展阶段。在这样一个历史阶段，必须始终把推进供给作为一个首要战略目标。

（2）社会主义生产关系

我国实行的是生产资料公有制基础上的社会主义制度，在这种制度下，占统治地位的是社会主义生产关系。社会主义生产关系在客观上要求把推进供给作为我国经济发展的主题。

第一，社会主义生产关系决定了社会生产必须以满足劳动人民的物质文化需要为根本目的。尽管从微观经济活动的角度看，不同企业有不同的生产目的；就是同一企业在不同时期、不同条件下，其生产目的也不尽相同；甚至在特定条件下，有的企业常常用损害社会公共利益和劳动人民的长远利益的办法来达到自己的目的。但从总体上、从宏观经济关系的角度看，生产资料社会主义公有制关系决定了整个社会生产的目的是为了劳动人民的物质文化需要。如果社会生产不反映这样一种关系，那么，生产资料的社会主义公有制也就不存在了。

第二，劳动人民的物质文化需要的不断增长必须以供给的更快增长为物质基础。这里所说的劳动人民的物质文化需要是最终消费需要，而最终消费需要的对象则是实际存在的物质文化产品。物质文化产品的生产不仅需要各种物质资料的中间投入，而且需要各类劳动的长期投入。这就决定了投资品和生活品必须以更快的速度增长，也即供给的更快增长。离开了供给的更快增长，满足劳动人民日益增长的物质文化需要就是一句空话。

由以上分析可见，只有大力推进供给，才能使社会主义生产关系的本质要求得到顺利实现。

（3）国际环境

我国所面临的国际环境，在客观上也要求把推进供给作为我国经济发展的主题。

首先，建国之初我国面临帝国主义的包围和压力，必须以推进供给作为经济发展的主题。实践证明，在那种条件下，如果不以推进供给为主题，不仅国民经济得不到迅速恢复和发展，而且社会主义制度也得不到巩固和完善。

其次，经过 40 年经济建设，我国经济实力虽然提高了，但至今仍未能从根本上改变我国的"穷困"面貌。我国人均收入水平低，人均消费水平也低。农业和工业生产力水平仍然与社会主义制度的根本要求不相适应。在国际贸易关系中，我国所占份额很小，而且初级产品出口仍占主体的状况并未得到根本改善。在这种情况下，如果放松了对供给的推进，问题将变得更加严重。

最后，从发展的角度看，当今的世界已经进入了超越国界的全面竞争和整体化发展阶段。这种竞争不仅是经济力量竞争（包括产品的产量、品种、质量的竞争，生产技术水平和管理水平的竞争，国民文化素质、文明程度和生活水平的竞争等各个方面），而且是社会制度的竞争（包括经济制度、政治制度等各个方面）。这两种形式的竞争虽然常常是以经济力量的形式表现出来的，但实质是社会制度的较量。整个世界就是在这样的竞争中达到"均衡"、求得发展的。十分明显，在这种国际环境下，我国经济发展不以推进供给为主题，其前景是不可想象的。

总之，我国所处的发展阶段、我国社会主义生产关系和我国所面临的国际环境，在客观上决定了必须大力推进供给、促使供给以较高的速度、较协调的比例、更大的效益增长。由此可见，推进供给始终是我国经济发展长期不变的主题。

7.1.2 推进供给的本质内容

前述分析表明，在我国经济发展中必须以推进供给为长期不变的主题。然而，从实践的角度和政策选择的目标来看，仅仅明确了这一点是不够的。因为，在那里的分析中所说的"推进供给"仍然是一个十分笼统的概念。经济发展的体制条件不同，供给的内涵也就不同。就我国来说，"供给"至少包括名义供给和有效供给这样两层涵义。因此，在探讨和阐述调节需求、推进供给的政策选择原理时，还必须对"推进供给"的涵义作出界定，并在此基础上说明推进供给的本质内容。

（1）名义供给

经济学一般把名义供给定义为未扣除物价因素的或者说用现期价格表示的供给（Nominal total supply）。在价格上升的情况下，名义供给总是大于实际供给（Real total supply）。

但这里所说的名义供给则与上述涵义不尽相同。它不仅是指用现期价格计算的供给，而且是指反映国家计划目标和企业计划目标的供给。其最突出的特点是直接反映计划目标的要求，而把市场需求的要求放在次要地位。例如，在我国传统经济体制下，国家决策以及反映这种决策要求的计划决定着企业决策和企业计划。企业是国家计划目标的执行人。在正常条件下，只要企业能够完成国家计划规定的指标，企业领导人和企业职工都能够相应地得到由国家计划分配的基本收益。如果企业超额完成计划，即使计划规定的指标不符合市场的需求，企业也仍然能够因此而得到更多的"好处"。这就是说，在传统体制下，供给首先表现为国家计划目标所规定的名义供给。

在实施改革后所形成的双重经济体制下，企业决策和企业计划虽然仍受制于国家决策和国家计划，但后者对前者的约束力已大大下降。相反，在现实生活中，国家决策特别是国家计划常常成为企业"积极"利用的对象。如果国家决策以及反映这种决策的计划对企业有利，即能够给企业直接带来"好处"，那么，企业就会积极地去争取获得更多的计划指标。如果国家决策以及反映这种决策的计划不能给企业带来直接利益，但能够带来间接利益，比如得到计划指标就等于得到了向国家讨价还价的砝码和条件，那么，企业也会以"慎重的"、"投机性的"态度先去"积极"争取得到少量国家计划指标，然后再依此向国家套取更多的直接利益。如果国家决策以及反映这种决策的计划既不能给企业带来直接利益，也不能带来间接利益，那么，企业将尽可能地逃避计划指标。这样一来，双重体制下的双重决策以及反映这种决策的双重计划目标，就在客观上造成了双重产出指标。而双重产出的总和，便构成双重体制下的名义供给。

由以上分析可见，在我国条件下所形成的名义供给，实际上是一种"计划性供给"。这种"计划性供给"可能反映市场的要求，也可能不反映市场的要求。按照马克思主义经典作家的设想，当社会主义代替资本主义以后，生产的无政府状态将被"有意识的社会调节"所代替，"按照预定计划进行的社会生产就成为可能"。[①] 因此，在这种条件下所形成的"计划性供给"必然能够"和各种不同的需要相适应"。[②] 但是，现实生活中的社会主义在实行"有意识的社会调节"时，既做不到像马克思所说的那样正好"和各种不同的需要相适应"，也做不到像列宁所说的那样"个个生产部门的一切计划都……严密地协调一致"。[③] 这不仅是因为每个个人的消费偏好和消费行为不同且多变，同时还因为企业的投资倾向、投资动机及其经营行为也存在许多差异且不稳定。"计划"往往赶不上"变化"，这就在客观上决定了"计划性"的名义供给与市场需求之间的内在差异。

（2）有效供给

所谓有效供给（Effective aggregate supply），即符合市场需要或者说由市场需求所决定的供给。按照马克思的观点，有效供给必须同时满足两个条件：第一，产品必须是在社会正常生产条件下按社会必要劳动时间生产的；第二，产品又必须是按照社会总需求、以社会总劳动时间的必要比例生产的。[④] 只有同时满足这

---

① 《马克思恩格斯全集》第 19 卷，人民出版社 1963 年版，第 247 页。
② 《马克思恩格斯选集》第四卷，人民出版社 1972 年版，第 368 页。
③ 《列宁全集》第 31 卷，人民出版社 1958 年版，第 464 页。
④ 参见《资本论》第 1 卷，人民出版社 1975 年版，第 52 页；第 3 卷，第 716～717 页。另外可参见魏埙、谷书堂著的《价值规律在资本主义各个阶段中的作用及其表现形式》，上海人民出版社 1956 年版。

样两个条件，社会才能"得到和各种不同的需要相适应的产品量"。而这些"和各种不同的需要相适应的产品量"，就是有效供给量。

这里所说的有效供给也有按当期价格计算的名义有效供给和按不变价格计算的真实有效供给之分。名义有效供给与真实有效供给的指标涵义不尽相同，所要说明的问题也不同。前者侧重于反映即期供给价值量，后者侧重于表示即期供给实物量。但不管它们二者之间存在多少差别，其质的规定性却是相同的，即它们都是指符合市场需要的供给量。如果产品不符合市场需要，即使已经生产出来了，也不能算作有效供给。

（3）推进供给的实质是有效供给

上述分析表明，原则上说，在社会主义"有意识的社会调节"制度下，名义供给与有效供给应当是一致的。但是，受主客观条件和体制的限制与制约，它们二者又常常会出现不一致，在多数情况下表现为名义供给大于有效供给。

名义供给大于有效供给，意味着计划的生产脱离了市场需求，没有正确反映市场需求。名义供给超出有效供给的部分，实际上也就是那部分不"和各种不同的需要相适应的产品量"。这部分供给的形成尽管也同样依靠资本、劳动和其他自然资源的投入，但由于它实质上是"无效供给"，因此，这部分供给越多，给社会造成的损失也就越大。

当然，即期名义供给是否是有效供给，不能仅仅依据即期市场需求的水平和结构作判断，还必须依据前期和续期市场需求状况、需求强度、需求总水平和需求饱和度，作长期分析和综合判断。但是，这里所说的"长期"也是一个相对概念，其长度界限只能依据长期滞存成本与供给延迟实现的收益的比较。如果长期滞存成本既高于按平均市场利率计算的收益，又高于延迟供给实现的收益，那么，超过这个界限的即期名义供给就是"无效供给"。反之，如果长期滞存成本不仅低于按平均市场利率计算的收益，而且低于延迟供给实现的收益，则这种即期名义供给就可视为有效供给。可见，即期名义供给延迟的时间界限是长期滞存成本等于延迟供给收益减去按平均市场利率计算的收益。只有在这个时间界限范围内的即期名义供给才是有效供给。

对于社会需求来说，真正有意义的不是名义供给，而是有效供给。只有有效供给才能真正反映两种涵义的社会必要劳动时间的内在要求，从而才能"和各种不同的需要相适应"。在我国社会主义市场经济条件下，也只有"和各种不同的需要相适应"（包括即期市场需求和续期市场需求）的有效供给，才能真正体现社会主义生产关系的本质要求。因此，在我国经济发展中，推进供给的本质内容只能是有效供给，而不应是名义供给。

7.2 推进供给必须以调节需求为基本手段

上节概要地分析和说明了在我国经济发展中必须始终以推进供给为长期不变

的主题，推进供给的实质是有效供给。这一节则以上述分析为基础，着重分析和论证在我国条件下推进供给必须以调节需求为基本手段的客观现实性以及调节需求的政策选择依据。

7.2.1 对"需求调节论"与"供给推进论"的再评价

本书一开头曾对我国经济理论界关于"需求调节"与"供给推进"的争论进行过评价。这里则试图在前述各章理论分析的基础上，对似乎构成"两难"的那场争论做一次再评价，主要是论证和说明在我国现阶段以及今后一个很长时期，推进供给必须以调节需求为基本手段这样一个观点。

（1）究竟应该用什么手段推进供给

在我国的经济条件下，推进供给到底应以什么为手段，人们的理解很不相同。归纳起来不外是两种观点：一种是所谓用调节供给推进供给，即"供给推进论"；另一种则是所谓用调节需求推进供给，即"需求调节论"。

如果对上述观点进行具体分析，那么，对所谓用调节供给推进供给又有两种不同的理解。一种理解是将其等同于"用生产推动生产"。按照这种理解，它实质上是一种与产品经济，特别是"命令经济"相联系的推进供给方略。实事求是地说，在特定环境或特定历史条件下，采用这种办法，并不是完全"无效"的，而是相当"有效"，甚至是"立竿见影"的。这样的实践在苏联和我国传统体制下都曾发生过。但是，长期采用这种办法，由于它在根本上是违背社会再生产规律的，因此，其"效力"总是有限的，甚至是"递减"的。而一旦离开了"特定环境或特定历史条件"，它则实际上是不可行的，这已为实践所证明。另一种理解是将非需求因素直接等同于供给。例如，它不仅把储蓄等同于供给，而且把资产存量及其结构对产出的贡献也等同于供给。按照这种理解，改变储蓄水平和储蓄结构，也就改变了供给水平和供给结构；通过资产存量流动和资产存量结构的调整，也就相应地改变了供给总量和供给结构。但是，严格地说，在收入水平一定的条件下，储蓄水平和储蓄结构的调整，是通过需求水平和需求结构的调整实现的，而资产存量的流动和资产结构的调整，不仅依赖于需求存量的变动和需求存量结构的调整，而且往往是直接通过需求流量（主要是投资需求，参见第6章第2节）的形式实现的。纯粹"无成本"的资产存量流动和结构调整，肯定有助于推进供给，但至少在我国现阶段以及今后一个很长的时期，这种意义上的"流动"或"调整"尚不具备广泛的现实性。即使在将来，这种"流动"或"调整"也是极其有限的。因此，不能片面地强调用调节供给推进供给。

至于产业政策的选择和调整，很多人认为它属于"供给"范畴。[①] 我则认为它是一个介于"供给"与"需求"之间的范畴。一方面，产业发展重点和顺序、

---

① 参见杨沐：《产业政策研究》，上海三联书店1989年版。

产业组织以及产业发展道路的选择，从政策内容的角度看，应属于"供给"范畴。例如，通过产业组织结构和形式的选择，无需改变需求，即可直接改善供给；而产业发展重点和顺序以及产业发展道路，只要作出正确选择，同样可以在不引发需求压力的情况下推动供给增长。另一方面，如果对产业发展重点的顺序、产业组织以及产业发展道路进行大规模调整，那么，从这种调整的决定及其实施过程角度看，它又属于"需求"范畴。例如，在实行产业重点大转移的过程中，不仅要进行资产存量的大规模重组，而且要有资产流量（投资）的大规模注入。而资产存量往什么方向调整、注入多少投资、采取什么方式注入等，则显然属于调节需求方面。可见，产业政策并非单纯属于某一范畴，而是上述两个方面的统一。因此，从这个意义上说，产业政策是推进供给的总手段和总政策。这一观点对本书以后的分析也是有意义的。

所谓用调节需求推进供给，主要是指用调节需求总量和结构的办法推进供给，包括调节消费需求、投资需求、出口需求的总量和结构等各个方面。虽然从供给与需求的内在联系的角度看，说推进供给只能以调节需求为手段，同片面强调以调节供给为手段推进供给一样，都是错误的；但从现代社会经济发展的内在规律和我国实践的角度看，强调推进供给必须以调节需求为基本手段，则是正确的，具有不依人的意志为转移的客观必然性。

（2）用调节需求推进供给的客观必要性

根据我国经济发展的历史经验，特别是实施改革以来的经验，推进供给必须以调节需求为基本手段，既符合总供求变动关系的内在逻辑，又是客观现实的内在要求。

第一，它是由我国供给增长越来越依赖于需求增长这个客观经济现实决定的。诚然，实施改革前，我国总需求与总供给间的联系存在一定特殊性。这主要表现在两个方面：其一是过去受传统体制的影响，消费需求，特别是个人消费需求几乎与供给没有直接联系。消费需求的形成主要取决于计划配给，而不是取决于市场选择。其二是投资需求，特别是全民所有制单位固定资产的投资需求，又直接影响甚至完全决定着供给。在传统体制下，需求是通过投资抑制消费，进而影响和决定供给的。正因如此，在我们以总供给为因变量、以总需求为自变量进行长期回归分析时，才得出了1952～1978年总需求每增加1亿元，总供给则增加0.998亿元，1979～1989年总需求每增加1亿元，总供给却仅增加0.948亿元的计算结果。[注]这一结果表明，即使在实施改革前，需求也会通过特殊的形式来影响供给。

[注] 在此项回归分析中，1952～1978年的相关系数和D.W.检验值分别为0.992和0.649，1979～1989年分别为0.999和1.053。

　　实施改革以后，情况发生了较大变化。不仅传统的高度集权的经济体制被打破了，而且商品货币关系在社会经济生活中的作用也加强了。与此相适应，总需求内部各主要子项对总供给的关系也与实施改革前不同了（见表7-1）。首先，个人消费需求（C_1）对总供给的影响作用提高了。实施改革前，个人消费需求每增加1亿元，总供给仅增加0.26亿元；实施改革后，个人消费需求每增加1亿元，总供给则提高为1.29亿元。其次，社会公共消费需求（C_2）对总供给的影响作用虽然相对下降了，但仍明显高于个人消费需求的影响作用。再次，全民所有制单位固定资产投资需求（I_1）对总供给的影响作用明显下降，以致出现了这部分投资需求每增加1亿元，总供给反而下降0.89亿元的情况。与此相反，城乡集体所有制单位固定资产投资需求（I_2）对总供给的影响作用明显上升了。最后，统计分析还表明，在投资需求（I）中对总供给影响作用上升幅度最大的是库存储备（其中主体是流动资产）投资需求（I_4）。这种现象在一定程度上反映出实施改革以来的10多年中，投资流向存在某种偏差。即使撇开上述具体差异，在总体关系上，我国总供给增长越来越依赖于总需求增长也是显而易见的。随着我国改革的深化和市场经济的发展，这种依赖关系将更加明显。这样一种经济现实在客观上决定了推进供给必须以调节需求为基本手段。

表7-1　　　　　　　　我国实施改革前后需求对供给的影响

项　目	指　标	时　期 1952～1978	1979～1989
C	截　距	11.06	344.50
	C_1	0.26	1.29
	C_2	12.39	2.98
	R^2	0.97	0.99
	D.W.	0.95	1.25
I	截　距	400.66	274.52
	I_1	1.56	-0.89
	I_2	-1.61	1.20
	I_3	34.70	8.28
	I_4	1.07	4.69
	R^2	0.99	0.98
	D.W.	0.96	1.56

　　第二，推进供给必须以调节需求为基本手段，又是由供给本身的形成机制决定的。供给作为一个生产范畴，实际就是产出。在技术进步、管理水平等不变的条件下，供给的增长直接取决于投入的增长。投入则包括资本投入、其他自然资

源和劳动的投入。因此,经济学总是把产出即供给看作是资本(K),劳动(L)和自然资源(N)投入的函数。用公式表示就是:

$$G = f(K, L, N) \qquad (7-1)$$

如果将技术进步,管理水平以及体制等因素考虑进来,上式可改写成:

$$G = Af(K, L, N, S\cdots) \qquad (7-2)$$

如果不考虑其他因素,而把产出即供给仅仅看做是资本投入和劳动投入的函数,则7-2式又可简化为:

$$G = f(K, L) \qquad (7-3)$$

就7-3式所表达的简单函数关系来说,资本投入包括两个大类、三个分项内容。两个大类指资本存量和资本流量;三个分项指固定资产重置投资(折旧)、固定资产净投资、原材料和产成品等库存储备投资。劳动投入则首先是指对劳动者劳动报酬的支付。产出(即供给)是上述诸项投入及这些投入合理搭配、使劳动对象发生使用价值和价值形态变化的结果。

如果从需求形成的角度进行分析,那么,不管资本投入分解为多少项,这种投入一开始就直接构成需求。虽然固定资产重置投资在价值形态上属于简单替换,但其物质内容仍直接构成对投资品的需求。至于劳动投入,尽管它首先采取劳动报酬支付的形式,而劳动者得到这部分货币报酬以后总是将其中的一部分用于储蓄,因此总有一部分不直接形成消费需求或投资需求。但是,从社会再生产过程的角度看,劳动报酬中的储蓄部分,经过银行最终仍然要以不同的方式转化为投资需求。这就是说,劳动投入是由直接消费需求和间接投资需求两部分构成的。而由资本投入直接形成的投资需求和劳动投入直接形成的消费需求及间接形成的投资需求的总和,在不考虑国外需求因素的条件下,就是社会总需求。

如果从产出(供给)与投入(需求)相互关系的角度分析,那就不难说明,没有投入就没有产出,所谓"巧妇难为无米之炊"讲的恰是这个道理;没有投入也就没有需求,没有需求当然也就不能形成供给。投入与产出、需求与供给的这种逻辑关系表明,在市场经济条件下,调节需求对于推进供给具有不可忽视的直接经济意义。正因如此,那些主张放弃"需求调节"的"供给推进论"者,在阐述推进供给的方略时,其所谈内容才始终没有离开调节需求。[注]

[注] 参见常修泽、柳欣:《供给推进论》,《南开经济研究》1987年第2期。这里需要顺便指出,本世纪80年代初形成的"供应学派"确实是一个主张废弃"需求管理"、改行"供给管理"学派。但其基本主张是"减税",通过减税来刺激投资、增加供给。除此以外,该学派并无更多建树(参见[美]P. C. 罗伯茨:《供应学派革命》中译本,上海译文出版社1987年版;[美]T. J. Hailstones, "A Guide to Supply—side Economics", Reston Publishing Co. Inc. 1982)。而在我看来,真正的"供给管理"应当首推社会主义传统经济体制下的"计划管理"。因为,这种管理不仅管流通和分配,而且管生产(供给),此其一。另一方面,也不要把本书所述"调节需求"简单地等同于凯恩斯学派的"需求管理"。因为从下文的分析中可以看到,它们二者的理论涵义和政策涵义是根本不同的。

第三，推进供给必须以调节需求为基本手段，还是由我国经济的短缺性质决定的。如第 3 章所述，在我国经济发展中确实多次发生供给大于需求即需求不足这类情况，但实施改革以来我国经济运行中需求持续大于供给即短缺却是一种常态。具体分析，我国经济生活中所存在的短缺主要是两种类型：一种是总量短缺，另一种是结构性短缺。

总量短缺的直接表现形式是供给总量明显小于需求总量。其发生条件是在完全实现需求替代（包括意愿替代和强制替代）以后，供给仍然赶不上需求规模的要求，出现需求总量缺口。

结构性短缺的典型形式是供给结构不适应需求结构。这种类型的短缺既可能发生于总量平衡的条件下，也可能发生于总量失衡的条件下。结构性短缺的最终形成同总量短缺一样，也往往是出现在一切可能的需求替代完全实现以后。因此，这里所说的结构短缺主要是指需求完全实现替代以后仍然存在的短缺。

我国存在的短缺不是总量平衡条件下的单纯结构性短缺，而是总量不平衡条件下的结构性短缺与总量短缺共生的短缺。其基本格局是供给总量不足、结构失衡，需求总量过旺、结构不合理，总量短缺与结构性短缺互相交织、互相影响、共同发展。这种性质的短缺的存在，反过来进一步影响经济主体的行为，诱发短缺强化短缺的消费倾向和投资倾向，加剧经济运行的波动和震荡，扭曲经济行为，损害资源配置效益。显然，在这样一种情况下，忽视对需求的调节是危险的。它从我国现阶段存在的短缺性质的角度表明，只有以调节需求作为推进供给的基本手段，才能逐步克服结构性短缺和总量短缺，实现供给的稳定增长。

总之，在我国的条件下，为了实现需求和供给的合理增长与协调发展，必须以调节需求为基本手段。

7.2.2　调节需求的政策选择依据

调节需求的政策选择必须依据我国经济发展中客观存在的经济规律和现实经济状况，这是毫无疑义的。尽管在实际经济生活中常常发生政策选择与实施不依据甚至违背客观经济规律和现实经济状况的现象，但存在的并不都是合理的。因此，不合理的存在并不能否定上述命题的真理性。然而，经济规律有不同层次和类型，例如，从生产方式的发展和变化的角度看，有生产关系产生和发展的规律以及生产力发展变化的规律；从宏观经济运行的角度看，有总供给变动规律和总需求变动的规律；等等。面对如此众多的规律和复杂的现实，调节需求的政策选择首先应依据哪些规律呢？

（1）来自经验的启示

从实际出发选择调节需求的宏观政策，对于实现有效供给的长期稳定、协调和高效增长，有着十分重要的意义。例如，是强调需求总量调控还是强调需求结构调控；在什么情况下应注重总量调控，在什么情况下又应注重结构调控；就总量调控说，是选择从紧的调节政策，还是选择从松的调节政策；就结构调控说，是控制消费、鼓励投资，还是刺激消费、抑制投资；什么时候应以流量调节带动存量调整，什么时候又应以存量调整推动流量变动；等等。所有这些都属于调节需求的宏观政策选择问题。宏观政策选择得当，可以收到事半功倍的效果，从而能够推动有效供给的高速增长，满足复杂的社会需求。宏观政策选择失当，则必然导致事倍功半，代价高，收益小，甚至严重阻碍有效供给的正常增长，妨碍社会主义生产目的的实现。

回顾 40 年的历史，我国在调节需求的宏观政策选择中曾有过成功的经验，也有过沉痛的教训。例如，多数人都认为 1963～1965 年的"调整"是成功的。这次调整之所以成功，最重要的一条就在于从当时的实际出发，选择了正确的调整政策。当时的政策重点主要是两条：其一是降低国民收入积累率，压缩基建投资，调整投资结构，相对扩大农业和非生产性投资比重；其二是在提高国民收入消费率的同时，提高城乡居民消费率，降低社会公共消费率。[注1] 这两条所服从的一个基本点就是纠正"为生产而生产"的错误倾向，调整需求结构，提高人民群众的消费水平，促进有效供给的迅速增长。实践证明，这种政策选择是符合实际和客观规律的，因而实施效果也相当明显。[注2] 与此相反，1958 年开始的"大跃进"是我国政策选择最不成功的一例。其所以不成功，除了它主要依靠脱离实际和脱离群众的"长官意志"与"政治动员"外，还在于政策选择重点失当。用抑制消费的办法片面鼓励投资，既挫伤了劳动者的社会主义积极性，又造成产业失衡。其结果必然导致有效供给大幅度下降。[注3]

1978 年实施改革以来，我国调节需求的宏观政策选择积累了许多有益的经验和值得汲取的教训。例如，1984 年底出现需求膨胀以后，1985 年下半年实施"微调"的宏观政策选择就是比较符合客观实际的。但是，由于实施中对需求结构及其变动规律缺乏自觉认识，因此又带来了 1986 年上半年工业生产停滞甚至负增长，结构未得到应有改善，劳动生产率增长速度下降但消费基金继续高速增长等一类问题。① 1988 年秋季至 1990 年第 1 季度的紧缩虽然抑制了通货膨胀的

---

① 参见张文中、朱军：《对 1985 年紧缩政策的反思》，《经济工作者学习资料》1988 年第 9 期。

[注1] 这一时期的国民收入积累率和消费率已分别由"二五时期"的 30.8%、69.2% 调整为 22.7%、77.3%；非生产性积累比重由 13.3% 上升到 34.0%，社会公共消费比重由 8.84% 降为 8.6%；全民所有制基建投资中农业投资比重由 11.2% 上升为 17.6%（参见《中国统计年鉴》1989 年卷，第 36、38、42 页；《中国固定资产投资统计资料》1950～1985 年卷，第 78 页）。

[注2] 1963～1965 年国民收入年均增长 14.7%，社会商品零售总额年均增长 3.5%，分别比"二五时期"年均增长率高 17.8 和 1.5 个百分点（参见《中国统计年鉴》1989 年卷，第 31、600 页）。

[注3] 1958 年全社会固定资产投资净增 75.59%，国民收入净增 22.0%；1959 年工业商品零售总额负增长 21.4%；继之 1960～1962 年国民收入连续三年负增长（参见表 2－2 及《中国统计年鉴》1989 年卷，第 31、604 页）。

恶性发展，但由于存在着与过去相同的原因，1990 年第 2 季度以来连续地、迅速地扩大贷款规模、增加货币投放，可能又孕育着新的通货膨胀危险。

总结我国经济发展 40 年来调节需求政策选择的历史经验和教训，能够得出的一个重要启示就是：调节需求的宏观政策选择必须依据国民经济发展的客观规律和实际情况，首先是总需求的变动规律和实际情况。只有依据总需求的变动规律和实际情况，才能正确把握需求流量和存量的变动关系，以需求总量和结构的失衡为着力点，选择和实施有效推进供给的宏观经济政策。

（2）调节需求的政策选择必须依据总需求变动规律

第一，只有依据总需求变动的周期性，才能在总需求变动的不同阶段超前选择和正确实施不同的宏观经济政策。如第 3 章所述，在我国经济发展中，总需求的变动是有规律的。每隔 3～5 年，总需求就有一次大的波动，充分表明了我国总需求变动的周期性。毋庸讳言，人们对上述总需求变动的周期性可能还存在这样或那样的疑问，有人甚至可能根本否认这种周期性的存在。但是，实践是检验真理的唯一标准。既然在我国经济发展中总需求周期波动是客观的，它便是不依人的意志为转移的。人们能够改变的只是总需求周期波动循环出现的时间长度和波动幅度的大小，而不能消灭它。因此，调节需求的政策选择就不能不考虑这样一种客观现实的存在。以往的教训不在于没有确定的宏观政策工具，而在于没有自觉地按照总需求变动周期性的内在要求相机超前选择正确的宏观经济政策。

总需求变动的周期性为选择和正确实施调节需求的宏观经济政策提供了一个十分重要的脉络，即在总需求周期变动的不同阶段可超前选择和实施不同的宏观经济政策。

例如，在总需求周期的扩张阶段，或者说在总需求变动轨迹由周期谷底向上回升的阶段，宏观政策的选择应由从松的总量政策逐渐转为从紧的总量政策；政策转换相机超前，同时配之以结构上的松紧搭配、逐渐转为总量从紧、结构从松的政策。只有这样，才能既防止出现需求总量扩张过度和供求结构负向失衡，又可防止造成需求总量收缩过度、引起供求结构正向失衡，从而才能实现供给的稳定增长。

又如，在总需求周期的收缩阶段，或者说在总需求变动轨迹由周期的顶峰向下拐折的阶段，宏观政策的选择应由从紧的总量政策逐渐转为从松的总量政策，同时配之以紧松搭配、逐渐转为总量从松、结构从紧的政策。只有这样，才能既防止出现需求总量收缩过度、导致有效供给大幅度下降，又可防止引发总需求周期中间的剧烈震荡、造成总需求不规则膨胀和结构失衡。

实践证明，依据总需求变动的周期性，对于较为有把握地超前选择宏观调控政策，较为准确地掌握宏观调控政策的力度，避免盲目性和随意性，实现需求和有效供给的稳定增长，具有极为重要的作用。

第二，只有依据消费需求不断上升规律，才能正确选择和实施合理的收入分配政策和适当引导消费与投资的价格政策。众所周知，保证广大劳动人民的基本生存需要，是我国社会主义制度的基本要求。所谓在生产发展的基础上使人民群众的生活水平每年都有所提高，也只能首先从这个意义上来理解。但保证广大人民群众的基本生存需要，不等于收入分配中搞平均主义，吃"大锅饭"。当然，从我国的基本国情出发，做到"人人有饭吃"也是进行收入分配时必须考虑的一个重要因素。因此，在收入分配的内涵上，有必要区分"生计收入"[注1]和"贡献收入"。[注2]作为生计收入，收入分配的政策目标是各个人不分老幼、不分职业、不分性别，只要从事一定的社会工作，就应得到大体相同的一份收入；随着生产的发展，这部分收入的水平也应不断提高。作为贡献收入，收入分配的政策目标则必须突出强调"等量劳动相交换"的"资产阶级法权"，效率优先。① 只有效率优先，收入分配才能体现"公平"（Fairness）。只有保证生计收入，收入分配才能体现"平等"（Equity）。② 同时，只有在保证生计收入的基础上突出强调效率优先的贡献收入，才能体现消费需求不断上升规律的要求，纠正鼓励懒惰和过分依赖公共消费的倾向，形成鼓励勤奋的机制，刺激和推动有效供给的更快增长。

但是，不应把收入分配政策的选择和运用直接等同于调节消费需求。因为，消费需求在总量和结构上的变动既与收入分配结构和收入增长水平有关，又与广义价格水平和价格结构（包括货币价格—利率的水平和结构、商品的价格水平和结构）有关，还与社会集团消费以及居民消费习惯有关。在价格水平和其他条件一定的情况下，消费需求的变动与收入水平的变动呈正相关。尽管在收入水平达到一定高度以后，受边际消费倾向下降规律的影响，消费需求的相对增长会慢于收入的增长。在收入水平和其他条件一定的情况下，消费需求的变动则与价格水平的变动呈负相关。[注3]一方面，价格上升将迫使消费需求下降，价格下降则会诱使消费需求上升。另一方面，消费需求上升也会导致价格上升，消费需求下降则会牵引价格下降。而在实际经济生活中，只要生产经营者具有投资决策权，投资需求水平就必然会与价格水平呈正相关。在我国实施改革以后，这种情况显得尤为突出。一般来说，消费需求较为旺盛的商品，大都是价格弹性大、价格上升快的商品。价格上升幅度大，意味着等量投资带来更多收益。因此，对这类商品生产的投资增长也会更多、更快。

---

① 参见李学曾、张问敏、仲济垠：《建立以效率为导向的工资体制》，《经济研究》1989年第2期。

② 参见拙作：《论当前我国的脑体劳动者收入倒挂》，《中青年经济论坛》1989年第6期。

[注1] "生计收入"这个概念是陈宗胜在其博士论文《经济发展中的收入分配》中提出来的。其涵义是指保证人的基本生存需要的货币收入，相当于"必要劳动"收入。

[注2] "贡献收入"是超过"生计收入"的那部分收入，近似于"剩余劳动"收入。

[注3] 这里应把被预期的价格上涨以及对"吉芬商品"的需求两种情况排除在外。

消费需求不断上升规律既对即期消费需求发生作用，又对续期消费需求从而即期投资需求发生作用。因此，必须依据这一规律的要求选择适当引导消费与投资的价格政策。具体地说，这种价格政策主要包括两项内容：其一，结构性商品价格管理政策，即对需求价格弹性低的消费品和"基本产品"（如煤、电、油等）实行低价保护政策，其他商品则多由市场决定；其二，结构性货币价格管理政策，即短期（2年以内）存款利率由市场决定，长期（3年以上）存款利率则采取相对稳定的储蓄政策和短期（2年以内）贷款利率由市场决定，长期（3年以上）贷款利率则采取相对稳定且较高并区别对待的投资政策。这两项内容是互相联系、互相影响的。只有选择这样的价格政策，才能保证消费需求不断上升规律得到顺利实现；同时，只有依据消费需求不断上升规律，才能正确地选择和实施这样的价格政策，促进有效供给的更快增长。

第三，只有依据投资需求长期持续合理高速增长规律的要求，才能正确地选择和实施促进资产流量适度增长、资产存量结构不断优化的投资政策。

资产存量的结构状况对投资需求有着十分重要的影响。特别是经过40年投资建设和改革中多元化投资体制形成以后，资产存量结构对投资需求的影响作用更加明显了。在固定资产投资由财政拨款改为贷款、预算外投资占绝大比重、重置投资决策主要由地方和企业自主进行的条件下，资产存量规模越大，资产存量的结构矛盾即加工工业发展快于基础工业发展的矛盾就越突出，投资就越向建设周期短，见效快的加工工业部门倾斜，[注] 投资品的短缺和产业结构失衡就越严重。这是一种恶性循环的"怪圈"。总结我国的历史经验，考虑到我国资产存量的现状和未来经济的发展，要打破上述"怪圈"，正确的选择只能是依据投资需求长期持续合理高速增长规律的要求，实施促进资产流量适度增长、资产存量结构不断优化的投资政策。

在我国现阶段，资产存量结构优化首先取决于经济体制改革的进一步深化。实践证明，随着我国改革的展开，资产存量流动和结构重组的机制逐渐形成，存量结构不合理状况已有所改变。例如，传统的军工企业，近年来已经开始生产民用产品；效率过低，社会供给过多的某些机械加工业，也开始生产市场上短缺的其他产品；等等。但是，深化改革并不能解决资产存量结构优化的全部问题。因为，如前所述，优化资产存量结构的过程同样需要一定的投入。所以，资产存量结构优化还有赖于投资流量的推动。

用投资流量推动资产存量结构优化包括两层涵义：其一是利用折旧进行再投资，改变资产存量的结构，使之适应推进有效供给的需要；其二是利用净投资直

[注] 即使设想完全放开国家对基础工业产品价格的管制，这部分产品的价格也不可能很高。因为，过高的基础工业品价格只能导致整个社会最终产品价格轮番上涨，最终形成"比价复归"，而不会有其他结果。

接改变资产存量结构,使之更加有力地推动有效供给增长。前者属于资产存量的自我推进,后者属于资产增量的边际推进。与此相适应,也就有一个资产流量适度增长与资产存量结构不断优化的关系问题。一般来说,没有资产流量的适度增长,无法实现资产存量结构的不断优化;只有以资产存量结构不断优化为基点,资产流量适度增长才能够产生更大的经济效益。因此,选择促进资产流量适度增长、资产存量结构不断优化的投资政策是非常重要的。而这种政策选择的基本依据就是投资需求的长期持续合理高速增长。

根据投资需求长期持续合理高速增长规律的要求,促进资产流量适度增长、资产存量结构不断优化的投资政策,核心是用改善投资结构来推动资产存量结构的调整,用改变了的投资结构来改变资产存量结构,用新的资产存量结构来保证资产流量适度增长。在这方面,除了应继续实施和完善中央财政从企业收入中提取"能源交通建设基金"这类措施外,建立和实施抑制长线生产、鼓励短线生产的"投资法"以及奖励地方和企业与中央联合向基础部门投资的政策等,有着特别重要的意义。在政策选择上,过多的投资总量控制绝不会优于对投资结构的调节。而在总量控制目标内,更多地运用投资结构的调节,不仅有助于避免大面积的、重复性的、外延型的投资反复推起投资的过度扩张,而且有助于实现投资需求长期持续合理高速增长规律的要求,推动有效供给的高速增长。

总之,只有依据总需求变动的内在规律和现实经济状况,调节需求的宏观政策选择才能反映社会主义市场经济运行机制的要求,从而才能使总需求变动产生最大的供给效应,实现有效供给的长期稳定、协调和高效增长。

7.3 调节需求、推进供给的政策选择及其实现

关于调节需求政策的具体内容,我国理论界论述已经很多。上节的分析也已论及其中许多方面。因此,这里不打算予以重述,而只想就我国调节需求、推进供给政策选择的主要原则及其实现条件谈一点看法,并以此作为本书全部研究的结束语。

7.3.1 总量调节与结构调节并重、以结构调节为主,是调节需求、推进供给的根本政策选择

调节需求政策理论的提出和实施,是我国实施改革以来在理论和实践上的一个突破。但是,在过去几年的理论研究和政策实践中,人们往往偏重于总量,而忽视结构。有些论著虽然提出了结构调节问题,但仍未将其放到应有的位置。[①]产生这种倾向的原因主要有四条:其一是受西方宏观经济理论的影响;其二是我

[①] 参见国际货币基金组织:《经济增长与宏观管理——国际研讨会论文集》,中国金融出版社 1987 年版;魏杰:《社会主义宏观经济控制》,河北人民出版社 1987 年版;张寄涛主编:《社会主义经济运行的宏观调控》,中国计划出版社 1988 年版。

国宏观经济运行中的矛盾常常以总量形式直接表观出来，而传统的宏观调控方式也一直侧重于总量方面；其三是总量调节比结构调节直观、简单、便于操作；其四是在理论上对总需求变动内在规律的深入分析和研究不够，因此缺乏自觉性。其中第四条可能是更深刻的原因。

实践证明，在我国的条件下，调节需求、推进供给的政策选择不仅应当注重对需求总量的调节，而且特别应当注重对需求结构的调节，要在把握总量的基础上，坚持两种调节并重、以结构调节为主。这既是我国总需求变动、特别是总需求变动供给效应的客观要求，又是在我国条件下调节需求、推进供给政策选择的基本原则。

第一，总量调节与结构调节必须并重。所谓需求总量调节与需求结构调节并重，是说这两种调节方式不可偏废，不能只注重其中的一个方面而忽视另一个方面。如果在理论和实践中只注重其中的一个方面，特别是只注重总量调节，既不符合总需求变动内在规律的要求，又脱离我国的现实。

我国总需求变动不仅表现在总量上，而且表现在结构上，并且常常是以结构变动来推动总量变动的。因此，总量调节必须以结构调节与之相配合。没有结构调节与之相配合的总量调节，必然是不完善的总量调节。如果说这样一种总量调节在结构问题交由市场解决的西方国家尚可行的话，那么，在结构问题也较多依赖国家协调的我国，这种总量调节则基本上是不可行的。

我国结构矛盾十分突出，总量矛盾与结构矛盾交织在一起，并在很大程度上受制于结构矛盾。在这种条件下，片面强调和运用总量调节，其政策效应只能是：紧缩需求总量，往往以供给的大幅度下降为代价；放松需求总量，又往往使供给增长赶不上需求增长，甚至造成需求膨胀。尽管在这样一种政策实施过程中也会收到一定的促进结构变动的效果，但从已往的总体经验看，其最终结果只能是总量失衡和结构矛盾反复重演。其主要经验教训就在于长期忽视和排斥结构调节政策，不愿运用结构调节政策，甚至把结构调节政策简单地等同于"一对一的谈判"。由于在理论和实践上过分倾向于没有结构调节与之配合的总量调节，因此，必然在政策实施中出现"一刀砍"下去，该鼓励的受到打击，应抑制的反而日子好过这类"不经济"现象。

总量调节与结构调节并重是内在于整个宏观政策选择之中的。一方面，从调节需求的宏观政策构成来看，无论是财政政策、货币政策，还是收入分配、投资或消费政策，它们首先是总量调节政策。例如，调整税率或利率，税收机制或利率机制首先会以其总量调节功能波及社会经济生活的各个方面。提高税率或利率，将从总量上减少所有"经济人"的即期可支配收入；反之，则会增加所有"经济人"的即期可支配收入。在前一种情况下，总量调节政策的运用产生"漏出"效应，降低总需求的同时会减少总供给。在后一种情况下，总量调节政策的运用产生"注入"效应，增加总需求的同时会增加总供给。其他宏观政策虽然与上述两项政策的作用范围不同，但实施中同样也会产生总量扩张或总量收缩的政策效应。因此，在需求总量出现过度扩张或过度收缩的阶段，运用上述政策进行逆向总量调节是必不可少的。这是宏观政策选择与实施的前提和基础。另一方面，从调节需求的宏观政策的具体内容来看，上述各项政策同时又是结构调节政策。例如，财政政策不仅要通过税率发挥作用，而且还可通过税种、税目以及差别税率的制定和实施发挥调节作用。十分明显，税种、税目以及差别税率的制定和实施，就不仅是总量调节问题，首先是结构调节问题。再比如，货币政策首先是通过准备金率、贴现率和利率的调整来发挥其总量调节作用的，但是，这些政策工具同样也能够发挥其结构调节作用。只要根据宏观经济运行中结构矛盾提供的稳定信息，把统一准备金率、贴现率和利率差别化，所形成的结果就是具有重要实践意义的结构性货币政策。近年来，我国在这方面已经积累了一些经验。差别利率、择优扶植，就是这种结构性货币政策的具体体现。可见，上述两个方面中，总量调节有助于稳住全局，结构调节则有助于巩固全局。因此，在把握总量的基础上坚持总量调节与结构调节并重，既是我国条件下调节需求的宏观政策的基本涵义，又是这种政策选择的重要原则。

第二，调节需求必须以结构调节为主。所谓调节需求以结构调节为主，是说既要坚持总量调节与结构调节并重的这一重要原则，又要突出强调和更多地运用结构调节，通过结构调节保证和实现总量调节。我国总需求变动的供给效应表明，需求结构不仅直接制约和影响着需求总量变动和规定着需求总量变动的方向，而且是需求总量变动的内在基础，同时它还在一定程度上影响和决定着供给总量和供给结构的变动。虽然我国宏观经济运行中的问题常常以总量形式表现出来，但深层矛盾却是结构。[①] 这里所说的结构不仅指供给结构，而且指需求结构。虽然供给结构构成需求结构的物质基础，但需求结构最终又决定着供给结构。在我国经济发展中，即使是出现了需求总量的过度扩张（或不足），它同时也必然是与需求的结构性过度失衡相联系的，并且常常是由需求的结构性失衡从反面推动的。例如，投资的地区性失衡、收入分配的部门性偏差等等，在我国曾常常成为"投资争取"和"收入攀比"的重要砝码，进而也是导致需求总量进一步扩张的重要机制。从我国经济发展和改革进程来看，这类问题在短期内还无法得到根本解决。即使在将来，由于整体利益与局部利益的矛盾以及公有制基础上收益分配关系中的矛盾的存在，也仍然无法避免上述问题以其他形式表现出来。这就决定了需求结构变动所具有的特殊经济意义及其客观必然性。在这样一种必然性面前，正确的政策选择只能是以结构调节为主，而不是为辅，更不是把

---

① 参见吴敬琏主编：《1987年中国经济实况分析》，中国社会科学出版社1989年版，第36～46页。

它放到可有可无的位置。[注1]

以需求结构调节为主有助于实现优化需求流量结构的宏观政策功能。首先，对投资需求的结构调节，可以直接改变投资的结构失衡状况，进而改变供给结构。供给结构的变化反过来会使需求结构失衡的状况发生相应变化，使需求结构逐渐适应供给结构。其次，对消费需求的结构调节，不仅可以直接改变消费结构的失衡状况，而且还能引致投资结构发生相应的变化，使供求结构逐渐趋于协调或一致。最后，对税率和利率结构的调节，不仅可以直接改变即期需求结构，而且还能引导续期需求结构和供给结构，进而使需求结构逐渐适应供给结构。至于外贸政策中的结构性调整，同样也具有优化需求结构、推进有效供给的宏观政策功能是显而易见的。

另外，以需求结构调节为主，还有助于熨平总需求周期变动的波动幅度，防止需求总量过度扩张或过度收缩的出现，从而有助于实现有效总供给的持续、稳定和高效增长。

由于以需求结构调节为主是以把握总量的基础上坚持总量和结构调节并重为前提的，因此，它并不排除在需求总量过度失衡的情况下以较大力度进行总量调控的必要性和现实性。这也是在实施调节需求的宏观政策选择时必须明确的。

第三，总量与结构调节并重、以结构调节为主，要贯穿于宏观政策的各个方面和宏观调节的各个环节。所谓总量与结构调节并重、以结构调节为主要贯穿于宏观政策的各个方面，主要是指在整个宏观政策体系中要充分体现上述原则。例如，在财政收支政策的选择与实施上，既要坚持总量调节以照顾一般，又要坚持结构调节即重视特殊。并且，在具体实施过程中，财政收支的调节首先应充分考虑特殊。因为，从经济运行的一般关系来看，在各种经济技术替代关系给定的情况下，需求总量和结构与供给总量和结构的动态平衡总是按照"短边规则"[注2]进行的。而有效供给的增长，在很大程度上取决于总量和结构变动关系中处于较"短"的那个方面被解决的时效和程度。因此，在财政收支调节中充分考虑特殊，实际就是充分考虑"短边"的制约效应，通过解决结构问题达到调节总量的目的。其他宏观政策，如税收政策、利率政策、汇率政策、收入分配政策、投资与消费政策、货币供给政策等等，亦同样是如此。

[注1] 张寄涛等人在他们所著《社会主义经济运行的宏观调控》（中国计划出版社1988年版）一书中认为："随着转轨时期的结束，中央政府、地方政府和企业就会严格按照各自的投资范围进行投资。这时，国家对投资的控制主要是控制投资总量，而不必要花很多的精力去控制投资结构"（见该书第144页）。这种看法，显然把问题看得过于简单化了。

[注2] "波兹模型"曾从供求总量关系的角度表述过这一规则的基本内涵（参见刘小玄：《宏观非均衡模型的比较》，《经济研究》1987年第10期）。科尔内则形象地将其描述为"木桶效应"（参见陈宗胜：《论科尔内经济理论的贡献与局限》，《经济学家》1988年第5期）。

所谓总量与结构的调节并重、以结构调节为主要并要贯穿于宏观调节的各个环节，则是指宏观调节并非一次行动，而是一个连续不断的运作过程。在这个过程中，政策选择、政策组织，政策搭配、政策实施、政策效应反馈等诸环节是不可或缺的。在我国的条件下，上述各个环节都必须始终贯彻宏观政策选择的同一原则。到目前为止，我国理论界多数学者都认为总量调节属于短期调节，结构调节属于长期调节。我认为这种看法存在着一定的片面性。诚然，如果从产业结构的调整或供给结构只有通过需求结构的变动才能最终完成的角度看，说需求结构调节只有经历一个较长的过程才能实现对产业结构或供给结构的调节，的确不无道理。但在这种意义上，同样也应当说总量调节亦属于长期调节。因为总量调节也有短期供给效应和长期供给效应之分，在具体运用时必须将其作为一个连续不断的过程。因此，正确的理解应当是：总量调节和结构调节兼有长短期两种调节功能。基于这样一种认识，无论长期调节或短期调节，在政策选择、政策组织、政策搭配、政策实施等诸环节中，都应始终贯彻上述宏观政策选择的原则。当然，在不同时期和不同条件下，由于需求总量和需求结构变动的态势以及产业和资产存量对供求结构的影响程度不同，政策选择及实施的重点也应有所差别。例如，有的情况下可以突出运用财政政策和货币政策，有的情况下则必须突出运用收入分配政策或投资与消费政策，有的情况下还可以主要运用汇率政策，等等。但无论在哪种情况下，都必须贯彻上述宏观政策选择的原则。因为，只有这样，才能使政策选择反映我国的实际，从而才能既有效地调节和改善需求结构和供给结构，又有效地调节和改善需求总量和供给总量，达到促进总供求均衡发展、有效供给迅速增长的目的。

总之，从我国现实出发，依据总需求变动的规律及其供给效应，选择在把握总量的基础上坚持总量与结构并重、以结构为主的调节需求、推进供给的宏观政策，既能够有效地避免政策失误，形成保证总供求协调增长的"稳定政策"，又有助于推进有效供给，从而推动整个国民经济的长期持续、协调和高效增长。这是本书全部理论分析得出的一个基本政策结论。

7.3.2　调节需求、推进供给政策选择的实现

总量调节与结构调节并重、以结构调节为主，是我国条件下调节需求、推进供给的根本政策选择。为了实现这种选择，使调节需求的宏观政策充分发挥其调节总量、协调结构、熨平总需求周期的波动幅度、推进有效供给稳定增长的功能和作用，进一步深化改革，并在改革中再造宏微观经济管理和运行体系是十分必要的。

当前，深化改革的一个关键仍然是企业改革，主要是国有企业改革。回顾和总结1978 年以来、特别是1988 年底以来企业改革的经验和教训，我以为深化企业改革主要应包括两个层次：第一是企业经营机制的改革；第二是企业管理体制的改革。

第一个层次涉及企业如何真正成为具有自我约束、自我积累、自我改造、自

求发展的商品生产者和经营者的问题。如果不解决这个问题，将无法真正解决企业的"双重依赖"倾向，也就无法避免企业行为的短期化，更无法从根本上使企业提高经营管理水平。在这种情况下，任何形式的"需求调节"，对企业都将是没有明显作用的。为什么从 1989 年第 2 季度开始中央银行和各专业银行向企业注入"启动资金"后，国有企业仍是"启而不动"？为什么集体企业，特别是乡镇企业、私人企业和"三资企业"不待"启动"就已经从"市场疲软"的困境中"挣扎"出来，并取得了较快的增长速度和较高的经济效益呢？其中一个重要原因是前者与后者的经营机制不同。而经营机制不同，说到底是由于企业自主权的大小不同。前者产权和经营权在很大程度上属于国家，因此，它必然在损益得失上都依赖于国家。改革又要求其经营独立，因此，它又在很大程度上从属于市场。这就带来了企业的"双重目标"、"双重行为"及其生产经营的低效益。后者则不然，其产权属于经营者自己，其损益得失与国家没有"父子关系"。因此，它只有一种依赖——专心经营，只有一种从属——市场。正是依靠这样两条，后者才表现出比前者具有更大的竞争力和发展潜力。也正是这种竞争力和发展潜力，才为进一步深化前者的改革提供了重要线索。

深化企业经营机制的改革并非必须搞私有化。私有化不仅在理论上背离了社会主义方向，而且在实践上也是不可取的。但把少数长期亏损或即将破产的中小国有企业出租或拍卖给私人（包括国人和外资），却是必要的。过去将这项改革长期置于"试点"阶段，而"试点成本"又过高，显然是不明智的。其他相当部分国有企业可考虑"广东经验"，改行"集体所有制化"。至于少部分大型、超大型且具有垄断地位的企业，则主要应在经营管理上做改革的文章。这类企业是否统一都搞"承包制"还值得重新研究。这类企业改革的关键是提高其生产经营效率，而不是摆脱国家对它们的直接控制。不仅如此，还应从宏观经济运行的角度，将这部分企业改造成为国家调控其他企业行为的"工具"。按照这样一种思路，改革后的大部分企业是否还会再生出盲目的"投资冲动"和收入分配"实物化"倾向，看来未必会是这样。

有了第一层次的企业改革，第二层次企业改革的文章就不难做了。因为那时，国家对绝大部分企业来说将主要充当"收税人"和"交通警"，而不是直接管理者甚至经营者。

与深化企业改革配套的是健全市场体系和宏观管理体系的改革。宏观管理体系的改革主要包括三个方面：第一，现行"划分收支、分级包干"的财政体制要加以改造，中央和地方"分税制"是可行的选择。① 尽管目前提出"分税制"

---

① 参见李权时：《统制经济研究》，商务印书馆 1937 年版。该书分析和阐述了我国解放前"分税制"的一些经验和教训。

会遭到地方政府的反对，但它正说明了实行这种改革的必要性。否则，"诸侯经济"、"地区封锁"就会越来越严重，统一的国内市场就会因此而被分割，任何调节需求的政策选择都会受其影响、阻隔甚至扭曲变形。第二，现行货币管理体制也要加以改革。中央银行与专业银行的职能必须分离。同时，专业银行之间的职能也应相对独立。否则，对投资需求的调节就会长期陷入无规则、无秩序的状态，货币政策也就无法起到调节总量、平衡结构的作用。第三，现行计划管理体制同样要进一步改革。前些年把什么都推给市场的那阵风固然不对头，但采取相反的态度，重新搞实物计划指令也不高明。实践证明，事无巨细，把什么都由国家以计划的形式包下来，并不利于需求和供给的协调和稳定增长。从宏观管理体系的角度考虑，"二级计划管理体制"似乎是可行的选择。具体地说，国家计委隶属于国务院，但凌驾于国家财政和中央银行之上，它们之间保持直接指令计划关系；而地方和企业与国家计委不发生直接指令关系，主要受财政政策，货币政策及其他各项宏观政策的调节。至于少数应由国家控制的大型垄断企业，则仍与国家保持第一级指令计划关系，在组织形式上它们可直接隶属于国家计委的某个专门管理局。

　　除上述而外，要下决心尽快健全市场体系。通过十年改革，我国已经形成了市场体系的雏形。除了商品市场外，要素市场已有所发展，资金市场、外汇市场、债券市场，股票市场以及期货市场在一些地区和城市已经起步。当务之急是总结已经取得的经验和教训，找出问题和困难所在，推进市场体系的发展和完善。

　　总之，回顾 40 年来我国总需求变动及其供给效应的历史，总结实施改革前后的经验与教训，从我国目前的实际情况出发，继续探索和深化以市场为取向的改革，对于形成社会主义市场经济运行机制，实现积极调节需求、大力推进有效供给的宏观政策选择，使我国较早、较顺利地步入中等收入国家的行列，使人民生活水平有更大的提高，使社会主义市场经济制度更加巩固和完善，都有着紧迫、重要而深远的意义。我们应当为之努力奋斗！

附　录

1. 总需求与总供给计算程序及程序使用说明

（Ⅰ）程序使用说明

A. 运行程序之前首先做三个数据文件：

（1）文件名"DnD. DAT"。

内有 20 列，在程序中的序列名为 A1、A2…A20，分别代表城乡居民年末货币收入总额、居民上年末结余购买力总额、售给社会集团的消费品总额、居民农业生产资料购买总额、居民向国家缴纳税金、居民其他货币支出、居民年末储蓄存款余额、居民年末手持现金、全民所有制单位固定资产投资、城镇集体所有制单位固定资产投资、农村集体所有制单位固定资产投资、出口总额、进口总额、全社会流动资产积累、城乡个人固定资产投资、净出口、对外借款还本付息、地质勘探费、新产品试制费、国民收入个人积累。

样品区间为 1952～1989 年（下同）。每列数据的资料来源见本书正文各表说明。

（2）文件名"SSS. DAT"。

内有 12 列，在程序中的序列名为 B1、B2…B12，分别代表国民收入总额、第三产业劳动者占总劳动人口比重、国外借款、国家预算内收入、国家预算外收入、地方财政预算外资金、行政事业单位预算外资金、国营企业和主管部门预算外资金、各项存款净增加额、各项贷款净增加额、财政收支差额、农民自给性消费。

（3）文件名"OCC. DAT"。

内有 5 列，在程序中的序列名为 B14、B15…B18，分别代表广义政府部门收入、财政增拨流动资金、城镇集体固定资产投资、国民收入中社会公共消费额、国民收入固定资产积累额。

以上数据文件存在同一片磁盘，运行程序时插入现行驱动器，磁盘不要贴写保护。

B. 各列输出结果的经济意义：

C_1 个人消费支出：A1 + A2 − A3 − A4 − A5 − A7 − A15；

C_2 社会公共消费支出：B17；

CC 消费总需求：C1 + C2；

I_1 全民所有制单位固定资产投资：A9 + A18；

I_2 城乡集体所有制单位固定资产投资：B16；

I_3 城乡个人固定资产投资：A15；

I_4 库存储备投资：A4 + A14 − A20；

Ⅱ 投资总需求：$I_1 + I_2 + I_3 + I_4$；

Ⅲ 全社会固定资产投资需求：$I_1 + I_2 + I_3$；

X 净出口需求：A16 + A17；

AD 总需求：CC + Ⅱ + X；

AS 总供给：（B2/300 + B13 + 1.13）XB1 − B12；

其中，B13 = 0.0005（为 1952 ~ 1979 年平均数）；

B13 = 0.00197（为 1980 ~ 1989 年平均数）。

DS 总供求差额：AD − AS。

C. 将计算结果存入磁盘：

（1）文件名 "DS. DAT"。

内有 15 列，其中：

IB：Ⅲ − B18；

CB：A1 + A2 − A3 − A4 − A5。

（2）文件名 "BG. DAT"。

内有 10 列，是以 1952 年为基的比重值的基比增长率。

（3）文件名 "BGJ. DAT"。

内有 10 列，是需求分量对总需求的比重。

（4）文件名 "BH. DAT"。

内有 13 列，是环比增长率。

（5）文件名 "BJ. DAT"。

内有 13 列，是以 1952 年为基的基比增长率。

这五个输出文件仍写在 B 驱动器所在磁盘上。

（Ⅱ）计算机程序

```
10  WIDTH "Iptl:", 155
20  DIM A (38, 20), CC (38), Ⅱ (38), X (38), C (38, 2), I
(38, 4), AD (38)
30  DIM AS (38), B (38, 18), DS (38), CR (38), Ⅲ (38), IB
(38)
```

40　DIM T1 (38, 13), TID (38, 10), TIDG (38, 10), TIH (38, 13), TIG (38, 13)

50　OPEN "i", #1, "ddd. dat": OPEN "i", #2, "SSS. dat": OPEN "i", #3, "ccc. dat"

60　FOR K = 1 TO 38

70　FOR J = 1 TO 20

80　INPUT #1, A (K, J)

90　NEXT J

100　NEXT K

110　FOR K = 1 TO 28

120　FOR J = 1 TO 12

130　INPUT #2, B (K, J)

140　NEXT J

150　NEXT K

160　FOR I = 1 TO 28

170　B (I, 13) = 0. 0005

180　NEXT I

190　FOR I = 29 TO 38

200　B (I, 13) = 0. 00197

210　NEXT I

220　FOR K = 1 TO 38

230　FOR J = 14 TO 38

240　INPUT #3, B (K, J)

250　NEXT J

260　NEXT K

270　CLOSE

280　FOR K = 1 TO 38

290　CR (K) = A (K, 1) + A (K, 2) − A (K, 3) − A (K, 4) − A (K, 5)

300　C (K, 1) = CR (K) − A (K, 7) − A (K, 15): C (K, 2) = B (K, 17); I (K, 1) = A (K, 9) + A (K, 18); I (K, 2) = B (K, 16)

310　I (K, 3) = A (K, 15); I (K, 4) + A (K, 14) + A (K, 4) − A (K, 20); X (K) = A (K, 16) + A (K, 17)

320　Ⅲ (K) = I (K, 1) + I (K, 2) + I (K, 3): IB (K) = Ⅲ (K) − B (K, 18)

330　AS（K）＝［B（K，2）/300＋B（K，13）＋1.13］XB（K，1）－B（K，12）；CC（K）＝C（K，1）＋C（K，2）

340　Ⅱ（K）＝I（K，1）＋I（K，2）＋I（K，3）＋I（K，4）：AD（K）＝CC（K）＋Ⅱ（K）＋X（K）：DS（K）＝AD（K）－AS（K）

350　NEXT K

360　FOR K＝1 TO 38

370　TI（K，1）＝C（K，1）：T1（K，2）＝C（K，2）：T1（K，3）＝CC（K）：Tl（K，4）＝I（K，1）：T1（K，5）＝I（K，2）

380　T1（K，6）＝I（K，3）：T1（K，7）＝I（K，4）：T1（K，8）；Ⅱ（K）：T1（K，9）＝Ⅲ（K）：T1（K，10）＝X（K）

390　T1（K，11）＝AD（K）：T1（K，12）；AS（K）：T1（K，13）＝DS（K）

400　NEXT K

410　FOR K＝1 TO 38

420　FOR J＝1 TO 10

430　TID（K，J）＝T1（K，J）/AD（K）

440　NEXT J

450　NEXT K

460　FOR K＝2 TO 38

470　FOR J＝1 TO 10

480　TIDG（K，J）＝［TID（K，J）－TID（1，J）］/TID（1，J）

490　NEXT J

500　NEXT K

510　FOR J＝1 TO 10

520　TIDG（1，J）＝0

530　NEXT J

540　FOR K＝38 TO 2 STEP－1

550　FOR J＝1TO 13

560　TIH（K，J）＝［TI（K，J）－T1（K－1，J）］/T1（K－1，J）

570　NEXT J

580　NEXT K

590　FOR J＝1 TO 13

600　TIH（1，J）＝0

610　NEXT J

620　FOR K＝2 TO 38

```
·630    FOR J = 1 TO 13
 640    TIG (K, J) = [T1 (K, J) − T1 (1, J)] /T1 (1, J)
 650    NEXT J
 660    NEXT K
 670    FOR J = 1 TO 13
 680    TIG (1, J) = 0
 690    NEXT J
 700    LPBINT "年份   总需求 D   总供给 SDS"
 710    FOR K = 1 TO 38
 720    LPRINT USING "####"; 1951 + K; LPRINT "   ";
 730    LPRINT USING "######## · ##"; AD (K), AS (K), DS (K)
 740    NEXT K
 750    LPRINT：LPRINT "年份 C₁  C₂  CC  I₁  I₂  I₃  I₄  Ⅱ  Ⅲ  X  IB  CR"
 760    FOR K = 1 TO 38
 770    LPRINT USING "####"; 1951 + K; LPRINT "   ";
 780    FOR J = 1 TO 10
 790    LPRINT USING "######## · ##"; T1 (K, J);
 800    NEXT J
 810    LPRINT USING "######## · ##"; IB (K); CR (K)
 820    BEXT K
 830    LPRINT：LPRINT "需求分量对总需求的比重"
 840    LPRINT：LPRINT "年份 C₁  C₂  CC  I₁  I₂  I₃  I₄  Ⅱ  Ⅲ  X"
 850    FOR K = 1 TO 38
 860    LPRINT USING "####"; 1951 + K;： LPRINT "   ";
 870    FOR J = 1 TO 10
 880    LPRINT USING "####### · ###" (K, J);
 890    BEXT J
 900    LPRINT
 910    NEXT K
 920    LPRINT：LPRINT "比重的基比增长率（以 1952 年为基）"
 930    LPRINT：LPRINT "年份 C₁  C₂  CC  I₂  I₃  I₄  Ⅱ  Ⅲ  X"
 940    FOR K = 1 TO 38
 950    LPRINT USING "####"; 1951 + K; LPRINT "   ";
 960    FOR J = 1 TO 10
```

```
970    LPRINT USING "####### · ###"; TIDG (K, J);
980    NEXT J
990    LPRINT
1000   NEXT K
1010   LPRINT: LPRINT "环比增长率"
1020   LPRINT: LPRINT "年份 C₁  C₁   CC  I₂  I₃  I₄  Ⅱ   Ⅲ   X  AD
AS  DS"
1030   FOR K = 1 TO 38
1040   LPRINT USING "####"; 1951 + K; lPRINT "    ";
1050   FOR J = 1 TO 13
1060   LPRINT USING "####### · ###" TIH (K, J);
1070   NEXT J
1080   LPRINT
1090   NEXT K
1100   LPRINT: LPRINT "基比增长率（以 1952 年为基）"
1110   LPRINT: LPRINT "年份  C₁  C₂  CC  I₁  I₂  I₃  I₄  Ⅱ   Ⅲ   X
AD  AS  DS"
1120   FOR K = 1 TO 38
1130   LPRINT USING "####"; 1951 + K; LPRINT "    ";.
1140   FOR J = 1 TO 13
1150   LPRINT USING "####### · ###" TIG (K, J);
1160   NEXT J
1170   LPRINT
1180   NEXT K
1190   OPEN "0", #1, "ds. dat": OPEN "0", #2, "bg. dat": OPEN "0",
#3, "gj. dat"
1200   FOR K = 1 TO 38
1210   PRINT #1, USING "###### · ###"; AD (K); AS (K); DS (K); C
(K, 1); C (K, 2); CC (K); I (K, 1); I (K, 2); I (K, 3); I (K, 4);
Ⅱ (K); Ⅲ (K); X (K); IB (K); CR (K)
1220   NEXT K
1230   FOR K = 1 TO 38
1240   FOR J = 1 TO 10
1250   PRINT #2, USING "#### · ###"; TID (K, J);
1260   NEXT J
```

```
1270    PRINT #2，"    "
1280    NEXT K
1290    FOR K = 1 TO 38
1300    FOR J = 1 TO 10
1310    PRINT #3，USING "####·###"；TIDG（K，J）；
1320    NEXT J
1330    PRINT #3，"    "
1340    NEXT K
1350    CLOSE
1360    OPEN "0"，#1，"bh. dat"：OPEN "0"，#2，"bj，dat"
1370    FOR K = 1 TO 38
1380    FOR J = 1 TO 13
1390    PRINT #1，USING "####·###"；TIH（K，J）；
1400    NEXT J
1410    PRINT #1，"    "
1420    NEXT K
1430    FOR K = 1 TO 38
1440    FOR J = 1 TO 13
1450    PRINT #2，USING "####·###"；TIG（K，J）；
1460    NEXT J
1470    PRINT #2，"    "
1480    NEXT K
1490    CLOSE
1500    END
```

2. 国家统计局制定的《社会总需求与社会总供给的平衡测算方案》

（Ⅰ）总需求

（1）总需求 = 投资需求 + 消费需求 + 国外需求；

（2）投资需求 = 固定资产投资需求 + 流动资产投资需求；

（3）固定资产投资需求 = 财政拨款（基建支出 + 更新改造支出 + 设备购置及其他）+ 银行贷款（基建贷款 + 技改贷款 + 发展少数民族经济贷款 + 开发性贷款 + 农行开发性贷款 + 集体工业设备贷款）+ 国营单位预算外支出（基建支出 + 更改支出 + 设备购置及其他）+ 利用外资 + 城乡集体投资 + 城乡个人投资；

（4）流动资产投资需求 = 国家银行贷款（流动资金贷款 - 集体工业设备贷款）+ 财政增拨流动资金 + 预算外增拨流动资金 + 城乡集体投资 + 城乡个体企业投资；

（5）社会消费需求＝国家财政支出（新产品试制费＋地质勘探费＋工交商部门事业费＋农林水气事业费＋城市维护建设费＋文教卫生科学事业费＋城镇青年就业补助费＋国防费＋行政管理费＋公检法支出＋其他各部门事业费＋简易建筑费＋其他类支出）＋国营单位预算外支出＋农村集团购买消费品支出－预算内外设备购置及其他；

（6）居民个人消费需求＝居民购买消费品支出＋居民文化生活服务性支出＋农民自给性消费支出＋城乡居民结余货币（手持现金＋活期储蓄存款）－房屋和建材支出；

（7）国外需求＝海关统计的出口总值。

（Ⅱ）总供给

（1）总供给＝国内供给（国内生产总值－不可分配部分）＋国外供给；

（2）国内供给＝劳动者收入＋福利基金＋利润＋税金＋固定资产折旧＋其他；

（3）不可分配部分＝林业和畜牧业自然增长部分；

（4）国外供给＝海关统计的进口总值；

（5）上年价总供给＝上年的现价总供给/上年的不变价总供给×当年的不变价总供给。

（Ⅲ）供需差额及差率

（1）供需差额＝总供给－总需求；

（2）供需差率（％）＝供需差额/总供给×100％。

3．主要参考文献

（Ⅰ）中文著作

1．马克思：《资本论》第 1～3 卷。

2．马克思：《政治经济学批判（1857～1858 年草稿）》，《马克思恩格斯全集》第 46 卷，人民出版社 1979 年版。

3．马克思：《流通和再生产》，《经济学译丛》1981 年第 9 期。

4．列宁：《论所谓市场问题》，《列宁全集》第 1 卷，人民出版社 1955 年版。

5．列宁：《在全俄苏维埃第八次代表大会（1920 年 12 月 22～29 日）》，《列宁全集》第 31 卷，人民出版社 1959 年版。

6．《中共中央关于经济体制改革的决定》，《红旗》杂志 1984 年第 20 期。

7．《在中国共产党第十三届中央委员会第三次会议上的报告（1988 年 9 月 26 日）》，1988 年 10 月 28 日《人民日报》。

8．《为我国政治经济和社会的进一步稳定发展而奋斗——1990 年 3 月 20 日在第七届全国人民代表大会第三次会议上的政府工作报告》，1990 年 4 月 6 日《人民日报》。

9. 钱伯海主编：《国民经济学》，中国财政经济出版社 1986 年版。

10. 张风波主编：《中国宏观经济结构与政策》，中国财政经济出版社 1988 年版。

11. 钱伯海主编：《经济统计学概论》，中国财政经济出版社 1985 年版。

12. 谷书堂主编：《社会主义经济学通论——社会主义经济的本质、运行与发展》，上海人民出版社 1989 年版。

13. 魏埙、谷书堂：《价值规律在资本主义各个阶段中的作用及其表现形式》，上海人民出版社 1956 年版。

14. 谷书堂、宋则行主编：《政治经济学（社会主义部分）》，陕西人民出版社 1983 年修订版。

15. 谷书堂：《商品经济与发展中的新体制》，陕西人民出版社 1989 年版。

16. 胡寄窗：《一八七〇年以来的西方经济学说》，经济科学出版社 1988 年版。

17. 陶文达：《发展经济学》，中国财政经济出版社 1988 年版。

18. 谭崇台主编：《发展经济学》，上海人民出版社 1989 年版。

19. 杨治：《产业经济学导论》，中国人民大学出版社 1985 年版。

20. 吴敬琏主编：《1987 年中国经济实况分析》，中国社会科学出版社 1989 年版。

21. 符钢战、史正富、金重仁：《社会主义宏观经济分析》，学林出版社 1986 年版。

22. 樊纲、张曙光等著：《公有制宏观经济理论大纲》，上海三联书店 1990 年版。

23. 黄达：《财政信贷综合平衡导论》，中国金融出版社 1984 年版。

24. 吴仁洪：《中国产业结构动态分析》，浙江人民出版社 1990 年版。

25. 周其仁等著：《发展的主题——中国国民经济结构的变革》，四川人民出版社 1987 年版。

26. 魏杰：《社会主义宏观经济控制》，河北人民出版社 1987 年版。

27. 国际货币基金组织：《经济增长与宏观经济管理》，中国金融出版社 1987 年版。

28. 薛敬孝：《产业结构分析的理论基础》，河北人民出版社 1988 年版。

29. 刘伟、杨云龙等著：《资源配置与经济体制改革》，中国财政经济出版社 1989 年版。

30. 史晋川：《社会主义经济通货膨胀导论》，上海三联书店 1989 年版。

31. 刘慧勇：《投资规模论》，中国财政经济出版社 1989 年版。

32. 郭树清：《模式的变革与变革的模式》，上海三联书店 1989 年版。

33. 李权时：《统治经济研究》，商务印书馆 1987 年版。

34. 田椿生、王加春、刘慧勇：《积累形成与扩大途径》，经济科学出版社 1987 年版。

35. 张继录：《科技进步宏观经济效益的度量与分析》，上海科学普及出版社 1988 年版。

36. 上海市统计科学应用研究所：《GNP 统计理论与实践》，上海社会科学出版社 1988 年版。

37. 潘振民、罗首初：《社会主义微观经济均衡论》，上海三联书店 1988 年版。

38. 厉以宁：《社会主义政治经济学》，商务印书馆 1986 年版。

39. 杨德明：《当代西方经济学基础理论的演变——方法和微观理论》，商务印书馆 1988 年版。

40. 世界银行经济考察团：《中国：社会主义经济的发展》，中国财政经济出版社 1983 年版。

41. 世界银行 1984 年经济考察团：《中国：长期发展的问题和方案（主报告）》，中国财政经济出版社 1985 年版。

42. 世界银行：《中国经济结构变化与增长的可能性与选择方案》中译本，气象出版社 1984 年版。

43. 陈吉元、［美］吉·蒂德里克主编：《中国工业改革与国际经验》，中国经济出版社 1987 年版。

44. 马洪、孙尚清主编：《中国经济结构问题研究》，人民出版社 1981 年版。

45. ［日］佐藤经明：《现代社会主义经济》中译本，中国社会科学出版社 1986 年版。

46. ［法］让·帕斯卡尔·贝纳西：《市场非均衡经济学》中译本，上海译文出版社 1989 年版。

47. ［澳］迈克尔·卡特、罗德尼·麦道克：《理性预期：八十年代的宏观经济学》中译本，上海译文出版社 1988 年版。

48. ［波］布·明兹：《现代政治经济学》中译本，东方出版社 1988 年版。

49. ［苏］B. A. 梅德韦杰夫主编：《政治经济学》中译本，天津人民出版社 1989 年版。

50. ［美］理查·A. 穆斯格雷夫等：《美国财政理论与实践》中译本，中国财政经济出版社 1987 年版。

51. ［美］布坎南：《自由、市场和国家》中译本，北京经济学院出版社 1988 年版。

52. ［美］罗伯特·E. 霍尔、约翰·B. 泰勒：《宏观经济学——理论、运行和政策》中译本，中国经济出版社 1988 年版。

53. 〔英〕马歇尔：《经济学原理》中译本，商务印书馆 1964～1965 年版。

54. 〔英〕凯恩斯：《就业、利息和货币通论》中译本，商务印书馆 1983 年版。

55. 〔美〕劳伦斯·克莱因：《供求经济学》中译本，商务印书馆 1988 年版。

56. 〔美〕哈伯勒：《繁荣与萧条》中译本，商务印书馆 1988 年版。

57. 〔美〕刘易斯：《增长与波动》中译本，华夏出版社 1987 年版。

58. 〔英〕K. 卡什伯特逊：《关于宏观经济政策的争论》中译本，中国经济出版社 1988 年版。

59. 〔英〕理查德·斯通、吉奥瓦特·斯通：《国民收入与支出》中译本，上海译文出版社 1988 年版。

60. 〔日〕经济企业厅：《国民收入倍增计划（1961～1970 年度)》中译本，商务印书馆 1980 年版。

61. 〔匈〕亚诺什·科尔内：《短缺经济学》中译本，经济科学出版社 1986 年版。

62. 〔匈〕亚诺什·科尔内：《增长、短缺与效率》中译本，四川人民出版社 1986 年版。

63. 〔匈〕亚诺什·科尔内：《矛盾与困境》中译本，中国经济出版社 1987 年版。

64. 〔匈〕亚诺什·科尔内：《理想与现实》中译本，中国经济出版社 1987 年版。

65. 〔匈〕亚诺什·科尔内：《突进与和谐的增长：对经济增长理论和政策的思考》中译本，经济科学出版社 1988 年版。

66. 〔波〕米哈尔·卡莱斯基：《社会主义经济增长理论》中译本，上海三联书店 1988 年版。

67. 〔美〕费景汉、古斯塔夫·拉尼斯：《劳力剩余经济的发展》中译本，华夏出版社 1989 年版。

68. 〔美〕《世界各国工业化概况和趋向》中译本，中国对外翻译出版公司 1980 年版。

69. 〔德〕黑格尔：《小逻辑》中译本，商务印书馆 1980 年版。

70. 〔美〕联合国经济和社会事务部统计处：《国民经济核算体系与国民经济平衡表体系的比较（SNA & MPS)》中译本，中国财政经济出版社 1981 年版。

71. 〔美〕H. 钱纳里、S. 鲁滨逊、M. 赛尔奎因：《工业化和经济增长的比较研究》中译本，上海三联书店 1989 年版。

72.［美］H. 钱纳里、M. 赛尔奎因：《发展的型式（1950～1970）》中译本，经济科学出版社 1988 年版。

73.［美］爱德华·夏皮罗：《宏观经济分析》中译本，中国社会科学出版社 1985 年版。

74.［美］D. 梅多斯等：《增长的极限》中译本，商务印书馆 1984 年版。

75.［美］E. 多马：《经济增长理论》中译本，商务印书馆 1983 年版。

76.［英］罗伊·哈罗德：《动态经济学》中译本，商务印书馆 1981 年版。

77.［美］刘易斯：《二元经济论》中译本，北京经济学院出版社 1989 年版。

78.［美］J. L. 西蒙：《人口增长经济学》中译本，北京大学出版社 1984 年版。

79.［捷］吉里·考斯塔：《社会主义的计划经济理论与实践》中译本，中国社会科学出版社 1985 年版。

80.［美］西蒙·库兹涅茨：《各国的经济增长：总产值和生产结构》中译本，商务印书馆 1985 年版。

81.［美］西蒙·库兹涅茨：《现代经济增长》中译本，北京经济学院出版社 1989 年版。

82.［美］W. 里昂惕夫、A. 卡特、P. 佩特里：《世界经济的未来——联合国的一项研究》中译本，商务印书馆 1988 年版。

83.［日］日中经济协会：《中国经济的中长期展望》中译本，经济科学出版社 1988 年版。

84.［美］P. C. 罗伯茨：《供应学派革命》中译本，上海译文出版社 1987 年版。

（Ⅱ）中文学术论文

85. 吴敬琏、胡季、李剑阁：《论控制需求和改善供给》，《人民日报》1986 年 3 月 10 日。

86. 贾康：《抽紧银根与压缩规模》，《经济研究》1988 年第 5 期。

87. 常修泽、柳欣：《供给推进论》，《南开经济研究》1987 年第 2 期。

88. 邓英淘、罗小朋：《论总量分析和总量政策在我国经济理论与实践中的局限性》，《经济研究》1987 年第 6 期。

89. 卫兴华、洪银兴、魏杰：《论总供给与总需求平衡》，《管理世界》1986 年第 6 期。

90. 吴玉春：《总供给总需求的平衡测算问题》，《统计研究》1987 年第 1 期。

91. 郭树清：《消费、投资和储蓄》，《经济研究》1990 年第 4 期。

92. 刘志彪、王国刚：《国民经济核算：我国总供给与总需求的界定》，《经济理论与经济管理》1989 年第 3 期。

93. 纵横：《社会总供给总需求平衡的测算和分析方法》，《统计研究》1989 年第 3 期。

94. 田江海：《社会总需求和总供给平衡的重要性》，《光明日报》1985 年 10 月 26 日。

95. 陈森良：《社会总供需平衡统计的几个问题》，《贵州财经学院学报》1988 年第 2 期。

96. 宋则行：《关于社会总需求与社会总供给的平衡问题》，《经济研究参考资料》1986 年第 4 期。

97. 杨培新：《投资体制改革不容保留旧模式》，《投资研究》1988 年第 1 期。

98. 黄桂远等：《试论固定资产投资与货币投放的关系》，《投资研究》1988 年第 6 期。

99. 杨缅昆、曾伍一：《社会总需求统计理论与方法思考》，《福建统计学刊》1988 年第 3 期。

100. 朱绍文、陈实：《总供给与总需求分析对我国经济适用吗?》，《经济研究》1988 年第 4 期。

101. 逢锦聚：《论宏观控制》，《山东计划经济》1985 年第 6 期。

102. 陈宗胜：《再论国民经济的适度增长——首季工业低速增长分析》，《南开经济研究》1986 年第 3 期。

103. 柳欣：《试论当前我国的货币政策》，《南开经济研究所季刊》1988 年第 1 期。

104. 周立群：《社会总需求膨胀的特点与宏观控制重点的转移》，《南开经济研究》1987 年第 2 期。

105. 贾秀岩：《试析"温和通货膨胀论"》，《四川物价》1982 年第 3 期。

106. 郭鸿懋：《总供给与总需求的结构分析与动态平衡》，《天津社会科学》1987 年第 1 期。

107. 尹世杰：《试论需求上升规律》，《消费经济》1988 年第 3 期。

108. 牛仁亮、宋光茂、丁宝山：《1988 年以来紧缩的总体效应分析》，《经济研究》1990 年第 5 期。

109. 赵人伟：《市场化改革进程中的实物化倾向》，《经济研究》1989 年第 4 期。

110. 上海市市场问题研究组：《消费品市场变动与国民经济总体运行》，《经济研究》1990 年第 6 期。

111. 孙永红：《1979～1988 年我国投资总量态势的实证研究》，《经济研究》

1990 年第 5 期。

112. 丁浩金：《有关产业结构及其变化定量计算的国际比较》，《经济工作者学习资料》1988 年第 40 期。

113. 舒元：《总需求·总供给·潜在总供给——兼论我国的宏观经济政策》，《复旦学报》1987 年第 2 期。

114. 蒋学模：《我国总需求和总供给应有怎样的格局？——兼与舒元同志商榷》，《复旦学报》1987 年第 2 期。

115. 逄锦聚：《论结构性紧缩》，《天津社会科学》1989 年第 2 期。

116. 周振华：《经济政策目标的适度选择——兼论我国经济政策的某些缺陷》，《经济研究》1989 年第 1 期。

117. 马建堂：《从总量波动到结构变动——再论经济周期影响产业结构变动的机制》，《经济研究》1989 年第 4 期。

118. 林叶：《总供给总需求的非均衡运动》，《中青年经济论坛》1986 年第 6 期。

119. 杜辉：《论我国经济增长周期波动的内在机制》，《中青年经济论坛》1986 年第 4 期。

120. 夏振坤、李享章：《关于民工浪潮的理论思考》，《经济研究》1989 年第 10 期。

121. 张志超：《对卡莱茨基增长模型的初步分析和验证》，《南开经济研究》1990 年第 3 期。

122. 戴园晨：《组织总需求和总供给平衡的几个问题》，《财经问题》1987 年第 2 期。

123. 戴园晨：《供需失衡体制根源的比较研究》，《经济工作者学习资料》1989 年第 24 期。

124. 叶振鹏、范一飞：《紧缩总量优化结构》，《中央财政金融学院学报》1989 年第 3 期。

125. 朱刚体：《需求偏好相似理论评述》，《经济学动态》1987 年第 6 期。

126. 陈佳贵：《市场疲软的原因与对策》，《光明日报》1989 年 12 月 16 日。

127. 赵海宽：《我国当前的经济形势及对策》，《光明日报》1990 年 6 月 2 日。

128. 乔刚、马建堂：《适当增加最终需求，逐步消除市场疲软》，《经济研究》1990 年第 5 期。

129. 龙玮娟：《市场疲软与资金"体外循环"》，《南开经济研究》1990 年第 5 期。

130. ［南］亚历山大·巴伊特：《南斯拉夫的通货膨胀机制》，《经济学译丛》1987 年第 6 期。

（Ⅲ）英文论著

131. Allan C. Deserpa. Microeconomic Theory: Issues and Applications. Allyn and Bacon, Inc. 1985.

132. Kenneth Weiher. Macroeconomics: Aggregate Theory and Policy. West Publishing Company, 1986.

133. Richard G. Lipsey, Peter O. Steiner. Economics. New York, 1981.

134. Marc Jarsulic. Effective Demand and Income Distribution. Polity Press, 1988.

135. Joserph A. Schumpeter. History of EconomicS. Oxford University Press, 1954.

136. David K. H. Begg. The Rational Expectations Revolution in Macroeconomics. The Johns Hopkins University Press, 1982.

137. Mark Blaulg. Economic Theory in Retrospect. Cambridge University Press, 1985.

138. Louis Lefeber. Planning in a Surplus Labor Economy. The American Economic Review, June 1968.

139. Richard R. Nelson. The Theory of The Low – Level Equilibrium Trap in Underdeveloped Economics. The American Economic Review, December 1956.

140. Stanley Bober. Modern Macroeconomics: A post Keynesian perspective. New York 1988.

141. Edwin Charle. Macroeconomics of Developing Countries. McGraw – Hill, Inc. 1983.

142. Paul Wachtel. Macroeconomics: From Theory to Practice. McGraw – Hill, Inc. 1989.

143. Harvey Leibenstein. A Theory of Economic Demographic Development. Princeton University Press, 1954.

144. Julian L. Simon. Theory of Population and Economic Growth. Bacil Blackwell, 1986.

145. D. A. Vines, I. Maciejowski, J. E. Meade. Demand Management. London, 1983.

146. W. H. Banson. The Dual Roles of The Government Budget and The Balance of Payments in The Movement form Short – run to Long – run Equilibrim. Quarterly Journal of Economics, 90, August 1976.

147. A. Stevenson, V. Museatell, M. Gregory. Macroeconomic Theory and Stabilisation Policy. Barns & Moble Books, 1988.

148. K. Cuthbertson. The Supply and Demand for Money. Basil Blackwell, 1985.

149. C. Luch, A. A. Powell, R. A. Wiliams. Patterns in Household Demand and Savings. Oxford University Press, 1977.

150. P. Gregory. Socialist and Nonsocialist Industrialization Partterns：A comparative appraisal. New York，1970.

151. Michael Hopkins，Rolph Van Der Hoeven. Basic Meeds in Development Planning，Gower，1983.

152. John Ston，R. Kiby. Agriculture and Structral Transformation：Strategics for Late Developing Countries. Oxford University Press，1975.

153. Leif Danziger. Costs of Price Adjustment and the Welfare Economics of Inflation and Disinflation. The American Economic Review，Sept. 1988.

154. T. J. Hailstones. A Guide to Supply – Side Economics. Reston Publishing Co. Inc. 1982.

（Ⅳ）统计文献

155.《中国统计年鉴》1980～1989 年各卷，中国统计出版社 1980～1989 年版。

156.《中国工业经济统计年鉴》（1988 年），中国统计出版社 1989 年版。

157.《中国固定资产投资统计资料》（1950～1985 年），中国统计出版社 1987 年版。

158.《中国固定资产投资统计资料》（1986～1987 年），中国统计出版社 1989 年版。

159.《国民收入统计资料汇编》（1949～1985 年），中国统计出版社 1987 年版。

160.《中国财政统计》（1950～1985 年），中国财政经济出版社 1987 年版。

161.《中国金融统计》（1952～1987 年），中国金融出版社 1988 年版。

162.《1989 年国民经济和社会发展的统计公报》，《人民日报》1990 年 2 月 21 日。

163. 房维中主编：《中华人民共和国经济大事记（1949～1980 年）》，中国社会科学出版社 1984 年版。

164.《国外经济统计资料》（1949～1976 年），中国财政经济出版社 1979 年版。

165. 世界银行：《世界发展报告》，中国财政经济出版社 1984～1990 年版。

原版后记

　　本书是在我的导师谷书堂教授精心指导下完成的博士学位论文。论文选题开始于 1987 年我被录取为博士研究生之后。在此之前，我主要从事"社会主义经济运行机制"的研究。研究中我深深感到，如果不把运行机制的研究具体化到微观和宏观经济领域，这种研究就不可能取得突破性进展。1988 年秋，我陪同谷先生去北京。在列车隆隆震颤的伴随下，结合中国经济发展、改革、"八月抢购风潮"以及社会主义宏观经济理论现状，重谈我的论文选题。今天奉献给读者的这部著作，其选题就是在那次讨论中由谷先生帮我最后确定下来的。

　　这是一个充满难点的论题。面对这样一个论题，我确实"头痛"了一阵子。尽管可资借鉴的文献不算少，但对象及任务的特殊性决定了这项研究必须更多地依赖于方法论的选择和对我国历史与现实资料的系统把握。在这种选择与把握的过程中，不仅需要有敢于探究的勇气，而且需要有虚心请教和刻苦求索的精神。本书正是依靠这样一种勇气和精神才最后完成的。

　　本书虽然是由我独立完成的，但从初期谋划到最后定稿，它都凝结着谷先生的心血。谷先生逐章、逐句、逐字审阅了全部文稿，纠正了其中许多疏漏和不足。也正是在上述过程中，我才深深得益于他那尊重科学、一丝不苟的治学精神的陶冶。

　　在写作过程中，我参阅了国内外大量有关文献，从中受到许多启迪。其中，凡直接引用的，都分别在页下做了注释；未曾直接引用的，也尽可能将主要参考文献收在"附录 3"中，以备查阅。

　　本书的研究与写作还得到了魏埙教授及其他许多老师和同学以不同形式所给予的支持与帮助。张灿讲师协助我对总需求和总供给进行了测算。另外，在本书的研究和写作过程中，我的双亲、岳母及妻子也给予了有力的支持和帮助。如果没有他们的支持与帮助，本书肯定也是无法如期完成的。

　　本书作为博士论文定稿以后，曾分别呈送国内在此领域深有研究的经济学家进行审阅和学术评论。他们是：中国社会科学院财贸物资经济研究所所长张卓元研究员，中国社会科学院经济研究所戴园晨研究员，北京大学经济学院肖灼基教授，中国人民大学经济系卫兴华教授和陶文达教授，中央财政金融学院刘光弟教授，南开大学魏埙教授、贾秀岩教授、郭鸿懋教授、张仁德教授以及南京大学国际商学院洪银兴教授等。其中，张卓元研究员（答辩委员会主席）、戴园晨研究员、魏埙教授、张仁德教授、谷书堂教授出席了我的博士论文答辩。他们分别以文字和口头形式对这篇博士论文的学术价值和理论贡献给予高度评价和充分肯定，同时也提出了中肯的修改意见或建议。此次正式付梓出版之前，我尽力借鉴他们的意见，对原作进行了加工、删改和充实，该书因此也大增其辉。

本书责任编辑，陕西人民出版社副总编、副编审朱玉同志对本书的出版给予了极大的关怀和支持。特约编辑、南开大学经济研究所常修泽教授为编辑出版本书也付出了辛勤的劳动。

总之，这部著作不仅是我个人的研究成果，而且还凝结着以上许多专家、学者、朋友及亲属的心血。值此，我一并向他们表示诚挚的谢意。

科学无止境。在科学研究领域，特别是在社会主义宏观经济学和发展经济学领域，要继续深入探究的问题还浩如烟海，本书仅从一个侧面进行了一次尝试性的探索，其中的疏漏和不足必定不少。不过我想，如果本书的出版能够给理论和实践的发展提供一个新的思考线索，就是值得庆幸的。我希望得到国内外同仁的批评、指正，同时也期望有更多的宏观经济研究专著问世。

刘迎秋

1992 年 5 月 30 日

于南开大学经济研究所

再版后记

经济管理出版社组织出版"当代中国经济学家文库"，并决定将笔者于1993年出版的这部专著再版。听到这个消息后，我心里感到特别高兴。

之所以感到特别高兴，一是因为这本书由陕西人民出版社正式出版后不久便销售一空，几乎成为当代绝版，在书店里早已不可能再买到这本书了，我自己留存几十本书，现在也已所剩无几。如果能将其再版，不仅有助于解决这个问题，且有助于让更多的人从这个已经成为过去的研究成果中找到一点儿进一步深化的历史线索，并由此展开新的研究、构造新的逻辑、提出新的观点、得出新的结论。二是因为这本书原创于1987～1990年，是笔者的博士学位论文。这篇论著所讨论的问题及其所阐述的理论，为笔者后来的研究奠定了重要基础。例如，此后近20年来我主持或独立完成的多项研究成果，包括国家社科基金项目《中国经济增长：格局与机理》（人民出版社1996年版）和《次高增长阶段的中国经济》（中国社会科学出版社2002年版）以及《中国宏观经济走势分析的逻辑与方法探讨》（《经济研究》2009年第9期）等，大都是在此基础上，根据新的实践和新的认识做出的新的研究、新的分析、新的展开和新的深化。

"总需求变动规律与宏观政策选择"，是当年在我的导师谷书堂教授指导下选择确定的一个论题。当时，开展这样一项研究，写这样一篇博士论文，对于我来说，确实是带有挑战性的。尽管如此，我仍坚持努力做好这项研究，其中一个基本且迫切的愿望或者说目标，就是力图通过开展这项研究，尽可能科学地揭示我国经济体制转轨过程中总需求变动所具有的规律性，为宏观政策选择与操作提供必要的理论支持，以充分体现经济学作为经世济民、致用之学的功能优势与学科特点。本书出版后的第二年即获得团中央、文化部、广播电视部、新闻出版总署联合组织评选的"首届中国青年优秀图书奖"，表明基本实现了上述愿望、达到了上述目标。今天，经济管理出版社决定将这本书再版，我听后当然会感到特别高兴。

高兴之余仍必须指出，由于这是一部完成于20世纪80年代末的学术论著，时间已经久远，因此，不管书中有多少有价值的思想火花或学术观点，用现在的眼光看，其中必然存在众多缺憾或不足。如果通过阅读此书，读者能够从中发现或感悟到进一步深化宏观经济理论和政策研究的新的历史线索，能够从中发现或找到进一步推进宏观调控政策和参数研究的新的理论支点，那么，今天再版这部老书当然是具有积极意义的。

在策划再版本书的过程中，出版社要我再写个序，至少把过去的论述与现在的发展关系做一些介绍。确实，为再版书写序，介绍一下有关问题的研究和思路，当然是必要的。它不仅有助于读者更深刻地理解和把握原作，而且也有助于有兴趣的同行进一步深化原作已经开启的研究。但是，由于原作已经有两篇序（序一、序二），并且两篇序对原作的研究与写作、优点和缺点等均做了精辟的分析和评价，因此，无论如何，我不可能再写出一篇比之更好的新序。于是，在征得出版社的同意后，我决定把前不久完成和刚刚发表在 2009 年第 9 期《经济研究》上的一篇新作《中国宏观经济走势分析的逻辑与方法探讨》作为"代再版序"。用这篇学术研究新作作为再版本书的"代序"，读者不仅可以从中看到笔者学术思想的新进展、理论观点的新突破，而且还可以从中看到进一步开展和深化这一领域的研究所面临的一系列新矛盾、新问题与新挑战，因此，可能更有助于达到承前启后、开拓思路、深化研究的目的。

不管怎么说，原作本身是一个历史。因此，再版时也只能保持原作的原有文字特点和学术风格。虽然必要的技术处理不可避免，但再版本书的一个基本原则，就是不对原作做任何理论、观点甚至文字方面的变动或修改。

这次再版，经济管理出版社的陈力同志不仅主动担当了本书的责任编辑，而且为编辑出版好本书付出了大量劳动，特别是在文字录入与校对、排版编印与技术处理、数学公式和统计数据的核校等方面，更是认真负责、一丝不苟、精益求精，保证了本书再版的水平和质量。经济管理出版社社长张世贤、总编辑沈志渔两位研究员不仅对本书的再版给予热情关心与大力支持，而且亲自参与本书的再版设计等工作。在本书再版付梓出版之际，我要向经济管理出版社以及以上提及和未提及的所有参与本书再版工作的智士仁人与同行一并表示衷心的感谢！

刘迎秋

2009 年 10 月 10 日于北京小倦游斋